Oma.
Magst Du Leber.
Sag Nein.

Ein Kaleidoskop

Und eine Rentnerarbeit
vorgelegt im Jahr 2016 von Bernd Kull
tatkräftig unterstützt von der Familie (Rosi, Gerd-Kristian und Jan-Niklas)
herausgegeben von der RE GmbH, Bad Breisig

Satz und Druck: PAPIERFLIEGER Verlag GmbH, Clausthal-Zellerfeld

ISBN 978-3-86948-526-3

Bibliografische Information der Deutschen Nationalbibliothek

Die Deutsche Nationalbibliothek verzeichnet diese Publikation in der Deutschen Nationalbibliografie; detaillierte bibliografische Daten sind im Internet über http://dnb.dnb.de abrufbar.

Bibliographic information published by the Deutsche Nationalbibliothek

The Deutsche Nationalbibliothek lists this publication in the Deutsche Nationalbibliografie; detailed bibliographic data are available in the Internet at http://dnb.dnb.de.

Telemannstraße 1 · 38678 Clausthal-Zellerfeld
www.papierflieger.eu

1. Auflage, 2016

ISBN 978-3-86948-526-3

Teile

(Impression statt leerer Seite: Willkommen daheim)

Warum bzw. Warum eigentlich nicht

Wenn man Eltern (und Großmütter) hat, die auf Bauernhöfen in Ostpreußen bzw. im Weser-Elbe-Dreieck großgeworden sind und auch selber auf dem Land aufgewachsen ist, dann geht es mit einem Rucksack ins Leben, der eine gewisse Menge an nützlichen Vorräten (emotional basics) enthält, gefüllt von der Familie (wen man auch immer dazu zählt), Nachbarn, Freunden, Schule und nicht zuletzt von einem selbst. So war es jedenfalls bei mir.

Und natürlich war mit achtzehn (18) noch lange nicht Schluss und selbstverständlich fängt das Leben mit sechsundsechzig (66) erst an.

Was man mit dem Inhalt macht, was herausnimmt, was neu hineingibt im Laufe der Zeit, was das für einen selbst und für andere bedeutet, davon könnt ihr euch, sofern ihr weiterlesen wollt, selbst ein Bild machen. Das Ganze ist als eine Art „Kaleidoskop“ gedacht und wird durch den individuellen Blick auf die einzelnen Teile hoffentlich für jeden, der hineinsieht, anders ausschauen oder zusammengesetzt sein.

(Mit Kaleidoskop, eigentlich ein optisches Spielzeug, ist hier der Aufbau des Buches, die Zusammensetzung aus vielen kleineren und größeren Schnipseln gemeint, und die sich jeder Leser in für ihn bekömmliche Häppchen zusammensetzen möge.)

Obwohl ich versucht habe, möglichst viele unterschiedliche und interessante Teile zusammenzutragen, muss ich aber doch zugestehen, dass die einzubringende Menge eine Obergrenze hatte; mehr wäre von Raum und Zeit her rational für mich nicht sinnvoll gewesen (schließlich haben auch Rentner Anspruch auf Feierabend).

Und damit ihr nicht ganz unvorbereitet dem weiteren Strom an Informationen folgen müsst, finden sich im nachstehenden Tortendiagramm die wesentlichen der mit bzw. in den Schnipseln angesprochenen Themenbereiche anteilsmäßig ganz grob grafisch dargestellt wieder:

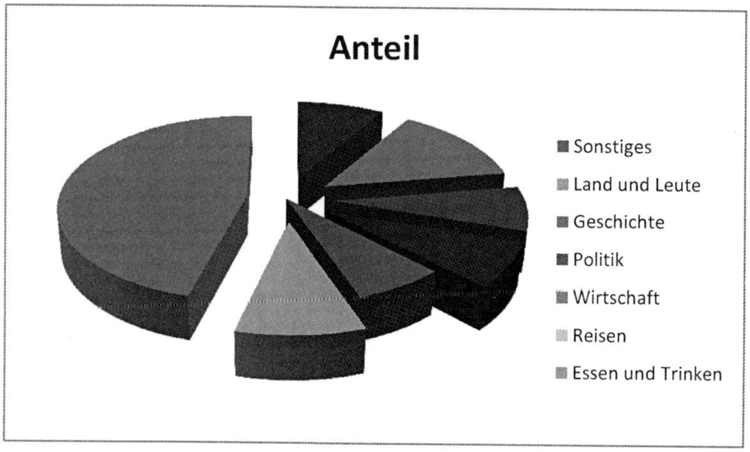

Obwohl von Flüchtlingen und deren Integration auf einigen Seiten die Rede sein wird, gibt es für sie kein eigenes Stück Kuchen, was aber nicht heißt, dass sie nichts abbekommen soll(t)en; in der Realität waren und sind sie tatsächlich immer Teil des Ganzen (gewesen), haben mitgebacken und mitgegessen.
Allerdings zeigte schon die Vergangenheit, dass nicht alles gelingen oder allen gleich gut schmecken muss.

Da ich davon ausgehen kann, dass dieses Konvolut nur von Angehörigen, Freunden oder Bekannten angeschaut werden wird, verwende ich durchgehend die **Du**- Anrede, und zwar **im plattdeutschen Sinne**.

Ausdrücklich festhalten möchte ich, dass diese Erzählungen, trotz einer gewissen Systematik, weder eine Chronik noch Memoiren darstellen, nicht belehren oder zur Nachahmung dienen, schon gar nicht gesellschaftspolitisch „korrekt“ sein sollen (solltet ihr also trotz dieses Warnhinweises ohne seelischen Beistand einfach weiterlesen, so habt ihr jedes Recht verwirkt, euch durch den Inhalt beleidigt zu fühlen), hoffentlich trotzdem oder gerade deshalb etwas Vergnügen beim Lesen machen, auch zum Querdenken anregen mögen, aber eigentlich nur das Ergebnis einer Ausrede für mich sind, nämlich nach dem Frühstück und Lesen der Tageszeitungen mit einem Becher Kaffee und der Info: „Bin in meinem Büro“ eventuellen anderen Tätigkeiten entkommen zu können.
Oder mit den Worten Mark Twains (Manfred Pawlak Verlagsgesellschaft mbH) gesagt:

„Personen, die versuchen, ein anderes Motiv in diesem Strom an Worten zu finden, werden gerichtlich verfolgt; Personen, die versuchen, eine Moral darin zu finden, werden verbannt; Personen, die versuchen, eine (oder mehrere) Fabeln darin zu finden, werden erschossen.

Auf Befehl des Autors
für G.G., Kommandant der Artillerie“

Schon an dieser Stelle muss ich mich bei Rosi (eigentlich Irmtraut Rosette) entschuldigen, dass ich den Begriff Rucksack benutzt habe. Ich, der beim Wandern nie etwas auf dem Rücken trägt, alles bei seiner **Oberharzer Kiepen-Frau** ablädt. Aber viel genauer w(s)ollt ihr das an dieser Stelle noch gar nicht wissen.

Die Entscheidung, so eine Zusammenstellung zu machen, fiel am 14. Mai 2011, und zwar genau um 14:55 auf dem Teilstück vom Maarhof in Oberdürenbach zum Gasthof in Waldorf anlässlich eines Familientreffens (Bild: Start mit dem Vulkan-Express). Schwager Alf fragte, bis wann ich denn noch arbeiten wolle und Sohn Jan-Niklas, wie aus der

Pistole geschossen und bevor ich überhaupt nachdenken, geschweige denn antworten konnte, einwarf: „Der Papa kann gar nicht in Rente gehen, der hat doch überhaupt kein Hobby“. Damit hatte er ins Schwarze getroffen und die Sache für mich entschieden.

Wissen solltet ihr noch, dass nichts aber auch gar nichts in den folgenden Geschichten nachträglich auf Plagiat oder Urheberschaft überprüft wurde. Zitate und Auszüge werden ***KURSIV*** erscheinen, die Quellen dazu werden, wo immer möglich, direkt angegeben; ich bin aber sicher, dass z.B. Darstellungen, Rezepte oder Sprüche schon in anderer Form und zumindest sinngemäß von anderen verwendet worden sind.

Die meisten der zur Auflockerung (daher oft sinn- oder alternativlos) eingestreuten Bilder stammen aus dem Familienfundus (neuere auch aus dem Smartphone), allerdings nicht immer exakt aus der beschriebenen Situation oder Zeit; für andere Bilder sowie Graphiken und Karten wurde auf freie Quellen wie „Open Street Map, Open Clip Art und Pixabay“ zurückgegriffen; Rechte von Dritten sollen keinesfalls verletzt werden.

Da ich außerparlamentarischen, auf Dauer angelegten Institutionen mit bezahlten Funktionären (nur zur Klarstellung: Vereine und ehrenamtlich Engagierte sind nicht gemeint) eher skeptisch gegenüberstehe, weil sie, obwohl im engeren Sinne auch nur Lobbyisten, sich als das antreibende gute Gewissen ihrer Mitmenschen und von diesen demokratisch gewählter Abgeordneten verstehen, - weiß „man“ eigentlich, wie viele international agierende NGOs es weltweit gibt? Sind es bereits mehr als fünftausend (5000) bei nicht einmal 200 Staaten? - und mich von daher bewusst, außer gelegentlichen Spenden, nicht am organisierten Retten von aussterbenden Arten, Verteilen von Überschüssen aus sog. entwickelten in sog. unterentwickelte Länder oder Betreiben von Tafeln als sinnstiftende Beschäftigung von enkellosen, unterausgelasteten Rentnern und Pensionären und dergleichen mehr beteilige, aber doch auch etwas „Gutes“ der Allgemeinheit zurückgeben möchte, werde ich versuchen, dem Aussterben des Schachtelsatzes im deutschsprachigen Raum entgegenzuwirken.
Ich habe mich nie damit beschäftigt, wie die genaue Begründung für die Verleihung des Nobelpreises für Literatur (1929) an Thomas Mann gelautet hat; es kann jedenfalls nicht die einfache Übertragung des Satzaufbaus seines Romans „Buddenbrooks“ in andere Sprachen als ein wesentlicher Grund darunter gewesen sein.

Zu Beginn meines Berufslebens musste ich einmal kurzfristig für einen Kollegen einspringen und habe in Doha, Qatar seinen Fachvortrag in englischer Sprache halten, besser gesagt, vorlesen müssen. Dieser Text war offensichtlich, von wem auch immer, aus einer deutschen Vorlage fast wörtlich übersetzt worden. Jedenfalls unterbrach eine weibliche Stimme meine „Vorlesung“ mit der Bitte, doch das entscheidende Verb möglichst am Anfang eines Satzes zu bringen, damit ihre Kolleginnen beginnen könnten, ins Arabische zu übersetzen. Von daher merke: Je knapper der Satz, desto besser der Vortrag (zu übersetzen). Ich gestehe zu, dass „PowerPoint“ geschulten Managern und sonstigen „SMS, WhatsApp, Twitter, Facebook“ gebildeten Menschen so etwas wohl nicht mehr passieren würde. Und also merke weiter: Dies ist kein Vortrag und auf die Verwendung von Füllwörtern wird nicht verzichtet.

Beim Lesen werdet ihr immer mal wieder auf **FETT** herausgestellte einzelne Wörter, Begriffe oder (Teil-) Sätze stoßen; damit wird darauf hingewiesen, dass es dazu kleinere Geschichten und vor allem viele Rezepte weiter hinten im Buch geben wird.

Ach ja, zur Auflockerung der Rezepte wurden Bilder von Zutaten und Gegenständen, die beim Nachkochen Verwendung fanden, eingefügt; sie sind nicht als Product Placement zu verstehen, und es gab auch keinerlei Gegenleistungen dafür.

Alle Bilder und Darstellungen werden schwarz-weiß sein. Zum einen gelten Schwarz und Weiß als „einfache“ Farben, damit stehen sie in der Evolution der Sprache *(B. Berlin und P. Kay)* für die wichtige erste Stufe, andererseits konzentrieren sich Kleinkinder zunächst auf Umrisse, Farbblindheit bleibt häufig lange unentdeckt, d.h. die Wahrnehmung von Hell und Dunkel ist funktional die wichtigere. Schwarz-weiße Bilder signalisieren darüber hinaus eher Informationen als Images:

Fort mit der schwarzen Nacht
Rasch durch das Morgengrau
Moin Moin dem hellen Tag

Außerdem haben hier verwendete ältere Bilder, die nur schwarz-weiß vorliegen, dadurch keinen Nachteil gegenüber neueren farbigen. Wer einmal alte Aufnahmen aus den Anfangsjahren der Fotografie gesehen hat, beispielsweise maritime Bilder von Gustave Le Gray aus den 1850er Jahren, weiß, was ich meine; sie entwickeln mit den Jahren einen ganz eigenen Charme.
Und, nicht zuletzt, ist der Druck kostengünstiger, ein nicht zu unterschätzendes Argument im Falle der Herausgabe solcher Machwerke von Rentnern in Buchform.

Person(en)

Da ich einfach davon ausgehe, dass ihr Leser die vorkommenden Personen entweder kennt oder diese euch nicht sonderlich interessieren werden, verzichte ich von vorn herein auf tiefer gehende individuelle Beschreibungen.
Ansonsten werden, außer einiger für das Verständnis wichtiger Ausnahmen, alle vorkommenden Personen mit ihrem Vor- und dem/den ersten Buchstaben des Nachnamens aufscheinen (so viel Datenschutz muss sein).

Eine knappe Darstellung einiger Mitglieder der Familie ist einer Rede zum 70. Geburtstag unserer Mutter, gehalten in der alten Mühle in Heerstedt, zu entnehmen:

„... liebes Geburtstagskind, liebe Gäste...

Als Ältester und Größter, zumindest dem Gewicht nach, muss ich unbedingt ein paar Worte sagen, allerdings nicht auf nieder-, sondern hochdeutsch, hat doch Mutter früher immer darauf geachtet, dass ihre Kinder gutes Deutsch sprechen, nicht etwa platt (deutsch), ostpreußisch oder gar ein Slang ähnliches Mischmasch. Für den niederdeutschen Teil, sozusagen Kinder- und Jugendjahre in der Familie Stelling, ist Onkel Herbert, Unterstützer der „Männer vom Morgenstern“, zuständig.

Geboren wurde Mutter am Dienstag, den 27.Dezember 1921 als Älteste von 5 Kindern der zweiten Frau, die wiederum eine Schwester der ersten Frau ihres Vaters war, und mit der er bereits 8 Kinder hatte, in Hönau bei Bremervörde. Was sonst noch alles an diesem Tag zwischen Weser und Elbe passierte, könnt ihr im Geschenk „Faksimile des Hamburger Echo“ nachlesen.

Überschlagen wir die folgenden Jahre und kommen zur Hochzeit „unserer Dora“ mit unserem Vater Gerhard; diese war am 04.Dezember 1948. Ich kann mich „dunkel“ an diese lautstarke Feier, die da um mich herum passierte, erinnern. Die Beschaffung von geeigneten und ausreichenden Speisen und Getränken soll reichlich schwierig gewesen sein; einige Geschwister sollen sich allerdings in besonderer Weise dabei hervorgetan haben, denn selbstgebrannter Rübenschnaps ist besser als gar kein Getränk.

Nach einer unglaublich kurzen Tragezeit, gerechnet vom Termin der Hochzeitsfeier, kam dann Anfang Februar 1949 das erste Kind, selbstverständlich ein Sohn, Bernd Gerd, zur Welt. Von ihm ist nicht so viel zu berichten, außer, dass die kurze Fertigungszeit offensichtlich ein gewissermaßen enges Verhältnis zu gutem Essen und Trinken gelegt hat. Die Begründung für die relativ kurze Spanne zwischen Hochzeit und Geburt des ersten Kindes ist klar: bei dem Frauenüberschuss nach dem Krieg heiratet ein pragmatisch denkender Bauernsohn aus Ostpreußen keine Katze im Sack.

Das Dasein als Einzelkind endete bereits Ende Juli 1950, denn da kam Gitti, eigentlich Margrit Auguste, zur Welt. Gitti blieb eigentlich immer relativ klein, abgesehen von einer kurzen Phase so mit 14, 15 Jahren, warf zwischendurch mit eisernen Feuerhaken und dicken Lexika nach ihrem älteren Bruder, ließ sich auch schon mal eine Perücke von einem Affen vom Kopf klauen, bildete sich solange weiter bis sie neben der Aufrechterhaltung absoluter Ordnung und Sauberkeit endlich, staatlich geprüft, das machen konnte, was sie an ihrer Mutter so bewunderte, nämlich andere, vornehmlich jüngere Menschen zu erziehen.

Im Jahr 1955, es gab zu dieser Zeit noch den nicht begradigten Beek, Wasser auf den Wiesen, z.B. denen von Stellings, und damit auch reichlich Frösche, brachte der erste frühe Storch, wahrscheinlich aus Ägypten, wieder im Februar ein weiteres Kind, Herbert Hinrich heute Herby genannt, welches sofort von Gitti erzogen wurde. Dies hat ihm nicht besonders geschadet, wenn man einmal davon absieht, dass er ein wenig zu extremen Ansichten neigt. Jedenfalls ist er der heimliche Liebling unserer Mutter, die sich mit ihm besonders gerne Streitgespräche liefert. Ach ja, an sich ist Herby ausgeguckt, der erste Doktor (nicht Arzt) der Familie Kull zu werden, denn einen könnten wir verkraften, aber wahrscheinlich wird jener Zwischenfall mit dem Pferd, das seinen Kopf als Futterkrippe nutzte, dieser Entwicklung wohl doch im Weg stehen.

Damit die Familie wieder ins Gleichgewicht kam und insbesondere Gitti sich noch besser auf die Aufgabe als Bewahrerin von Ordnung und Sauberkeit sowie Erzieherin von Mensch und Tier vorbereiten konnte, kam im Oktober 1958 Gerlinde Frieda zur Welt. Von da an war Chaos, aber erstens konnte Lindi nicht überall sein, und zweitens beherrschte unsere Mutter, ihrer Zeit weit voraus, das sogenannte Chaosmanagement. Dies wird übrigens in den nächsten Jahren wohl in vielen Institutionen Einzug halten. Jedenfalls hieß es von da an im Dorf: das ist der älteste Bruder von Gerlinde, das ist die Großmutter von Gerlinde, das ist ... von Gerlinde. Nach kurzen Anläufen in Betriebswirtschaft und Stewardess ist Lindi seit einigen Jahren beim Bundeskriminalamt; die verheerenden Auswirkungen auf den Osten können wir alle sehen. Infolgedessen widmet sich Lindi dem Kinderkriegen und hat es am 19.Dezember 1991 geschafft, mit Gitti anzahlmäßig gleichzuziehen. Wir wünschen ihr an dieser Stelle weiter viel Erfolg.

Damit wären die Kinder durch. Auf die detaillierte Erörterung der anderen Mitbewohner, immerhin war Nachkriegszeit, außer unserer Mutter, unserem Vater und der Omi (eigentlich unsere Oma, die aber wegen der Enkel unserer Mutter sprachlich abgegrenzt werden musste), die mehr oder weniger lang im Haus aufgenommen wurden, möchte ich verzichten. Nur so viel:

Da gab es die Tante Herta mit dem großen Zartgefühl und dem besonderen Geschick für ältere, alleinstehende Männer (heute unter Kriegsfolge- oder Kollateralschäden zu sehen).

Dann die Tante Martha, die uns das überwiegende Quarkessen beibringen wollte (gesund und preiswert) und einmal eine Großcousine (Ingrid G.) mitbrachte, die später sieben (7) Kinder, alles Töchter, haben sollte (was Quark so alles anrichten kann).

Tante Olga, ihretwegen unsere Mutter nach dem Verkauf eines Schweines mit dem Rad auf einem Umweg zu dem Schlachter gefahren war, um die Koteletts zu bezahlen, die die Tante, zu Fuß unterwegs, auf Grund uralter ostpreußischer Gewohnheitsrechte dann gratis bei ihm einforderte.
(Migrationshintergrund bedeutet immer auch unterschiedliche Gepflogenheiten)

Onkel Willi, der in einer Mussehe einem sehr jungen (und sehr hübschen) Marylin-Monroe-Double aus Bederkesa verbunden war und sich nach Trennung (die Tochter Monika ist Lehrerin und lebt inzwischen in Frankreich) *bei seiner ältesten Schwester regenerieren musste und dafür an den Wochenenden uns Kinder ein zusätzliches Taschengeld beim Pokern, Black Jack (17 und 4), Bauernskat, etc. gewinnen ließ. Wir konnten dabei Schuldscheine einsetzen, er nur Bargeld, und es wurde so lange gespielt bis unser Gewinn für Kinobesuche und dergleichen reichte.*
(Die Schuldscheine waren natürlich nicht besichert, reichten also nicht ganz an ABS (assed backed securities) heran, spiegelten aber damals unsere feste Absicht wider, so lange zu spielen, bis wir den uns unserer Meinung nach zustehenden Geldbetrag gewonnen haben würden, ein Verhalten, dass uns eigentlich in die erste Reihe heutiger Finanzjongleure hätte bringen müssen).

Dies alles wäre ohne unsere Mutter sicher nicht ohne bleibende Schäden an Leib und Seele durchzustehen gewesen.

An was man sich an so einem Tag noch erinnert:

Die wöchentlichen „Muck"runden unserer Eltern mit Greims.
(ein Kartenspiel für Nichtkartenspieler ähnlich Sibbeström ohne Geld im Rheinland)

Als Gitti in der Lune Schwimmen lernen musste, wobei ihr Geschrei jedes Mal lauter anstieg, wenn sie vom Vater wieder ins Wasser befördert wurde bis sie es ausreichend konnte (wobei unserer Mutter als Nichtschwimmerin fast das Herz brach, und wir anderen genug Wiesenchampignons für das Abendessen gesammelt hatten).

An die Kinderbesatzung auf dem Stellwerk, wenn unser Vater bei Stellings, trotz Dienst am Sonntag, an einem Geburtstag „richtig" Karten (also Skat oder Doppelkopf) spielte und die Schranken und Signale ja weiterhin kompetent und verantwortungsbewusst bedient werden mussten.

Als Lindi (und vorher Gitti auch schon mal) *die* **Oma** (die spätere Omi) *fragte:* **„Magst du Leber? Sag nein!"**

An das Torfstechen und besonders das Verfüllen der Grube mit anschließendem Maibocktrinken (allerdings ausschließlich den Männern vorbehalten).

An die Kindergeburtstage bei Stellings mit Versteckspiel, wobei es gerade immer dann am schönsten war, wenn es nach Hause gehen sollte.

Ja, es war zurückblickend eigentlich eine ziemlich schöne Zeit. ...Danke dafür..."

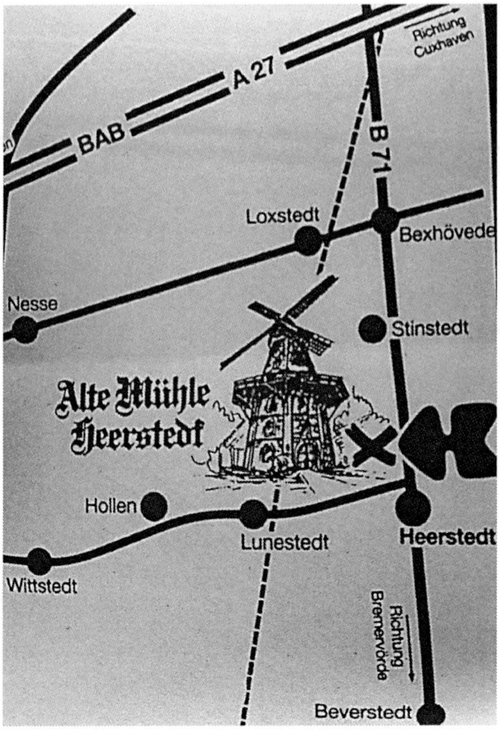

Damit sind natürlich nicht alle in den folgenden Geschichten vorkommenden Personen aufgezählt; es werden zwangsläufig immer neue dazukommen, einige vielleicht nur auf einem Bild zu sehen sein, wieder andere womöglich mehrmals genannt werden; aber alle ließen sich nun mal nicht in die Erzählungen integrieren (eine Erfahrung, die einigen Politikern in Berlin noch bevorstehen wird), also seid bitte nicht zu sehr enttäuscht, wenn nichts von euch zu sehen oder lesen sein sollte.

Für diejenigen Leser, die in jedem Falle ganz genau wissen wollen wer da eigentlich schreibt (bzw. geschrieben hat), und um Nachfragen oder womöglich gar Versuchen, diese Person in sozialen Netzwerken zu finden, zu entgehen, ist ein für Bewerbungen früher üblicher Lebenslauf (CV) angefügt:

NAME:	**Kull, Bernd**	**PRAKTIKA:**	Jeweils mehrmonatige Aufenthalte in Firmen in Deutschland und der Schweiz (NORDCEMENT, DESAG, KLÖCKNER, LAUFEN)
GEB:	**Februar 1949** in Freschluneberg, Kreis Wesermünde		
EHEFRAU:	Kull, Irmtraut R. (geb. Bohne) (Januar 1951)	**BERUF:**	**01.04.1977** technischer Verkauf der Brohltal-Deumag AG für den Bereich Zement/Kalk **01.07.1978** Leiter Verkaufsabteilung „Nichtbasische Massen" **01.07.1980** Leiter techn. Verkauf „Nichtbasische Produkte" (Handlungsvollmacht) **01.01.1983** Gesamtverkaufsleiter der Brohltal-Deumag AG sowie der Vertriebsgesellschaft Deutsche Magnesit GmbH (Prokura) **01.01.1991** Verkaufsdirektor Radex West GmbH **01.03.1993** stv. Geschäftsführer Veitsch-Radex Spaeter GmbH **01.01.1999** Geschäftsführer RHI Refractories Spaeter GmbH RHI Refractories Site Services GmbH Managing Director RHI Refractories (Site Services) Ltd.
KINDER:	Kull, Gerd-Kristian (Februar 1981) Kull, Jan-Niklas (November 1982)		
SCHULEN:	**1955-1959** Volksschule Westerbeverstedt **1959-1961** Grundschule Bremerhaven (Hermann-Löns-Schule) **1961-1965** Mittelschule Bremerhaven (Wilhelm-Raabe-Schule) **1965-1967** Gymnasium Bremerhaven (Humboldt-Schule)		
WEHRDIENST:	**01.10.67-31.03.69** PzGrenBtl. 71 Altenwalde		
STUDIUM:	**SS 69-SS74** TU Clausthal (Steine und Erden, Glas und Keramik) **WS 74/75-WS 76/77** TU Braunschweig (Wirtschaftswissenschaftliches Aufbaustudium)		
		RENTE:	**01.07.2014**

Und dann mal nichts wie los.

(Impression statt leerer Seite: Da kommt noch viel mehr)

Familie(n)

...in Niedersachsen

Es bietet sich an, hier mit dem mütterlichen Zweig in Niedersachsen anzufangen. Dieser ist personell deutlich stärker vertreten, überwiegend im Weser-Elbe-Dreieck versammelt und vor allem besser und verfolgbar dokumentiert.

Der Name „Stelling" ist als Begriff bereits seit dem 9. Jahrhundert in sächsischen und 14. Jahrhundert in friesischen Siedlungsgebieten zu finden. Nachzulesen inklusive eines Quellen-Verzeichnisses ist dies bei (weder verwandt noch verschwägert) *„Dr. Klaus Stelling: Beitrag zur Herkunft und zur Verbreitung der Familiennamen Stelling und Stelljes in jüngster Zeit".* Da das Wort „Stelling" als Begriff durchaus unterschiedliche Bedeutungen gehabt haben wird, werde ich keine Festlegung hierzu treffen; lest einfach nach und sucht euch die interessanteste oder gesellschaftspolitisch korrekteste bzw. den Zeitgeist treffendste Wurzel selber aus.

Unsere (Teil-)Familie Stelling, wohnhaft zum Zeitpunkt meiner Geburt 1949 in Freschluneberg, war in den 1920er Jahren aus einem Dorf bei Bremervörde zugezogen.

Dies geschah laut unserer Mutter aus wirtschaftlichen Gründen. Der Bauernhof in Hönau (Bild oben) war nicht mehr zukunftsfähig; die vielen Kinder hatten keine wirkliche Perspektive außer „Knecht oder Magd", sprich Hilfsarbeiter/in zu werden, denn andere Arbeitsplätze hatte der Raum an der Oste kaum zu bieten.

Demgegenüber hatte Freschluneberg einen Bahnhof an der Strecke Bremen – Bremerhaven *(einen Überblick geben die folgenden Ausschnitte der Dörfer sowie der Region zwischen Elbe und Weser).* **Der Bauernhof (Bild unten) selber war zwar klein(er), aber speziell den jüngeren Familienangehörigen eröffneten sich mit dem Umzug deutlich bessere Aussichten, eine Arbeit oder Ausbildung in der Stadt zu finden.**

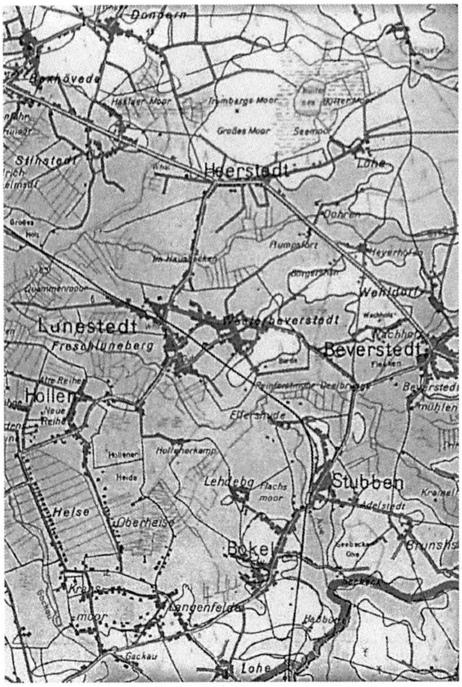

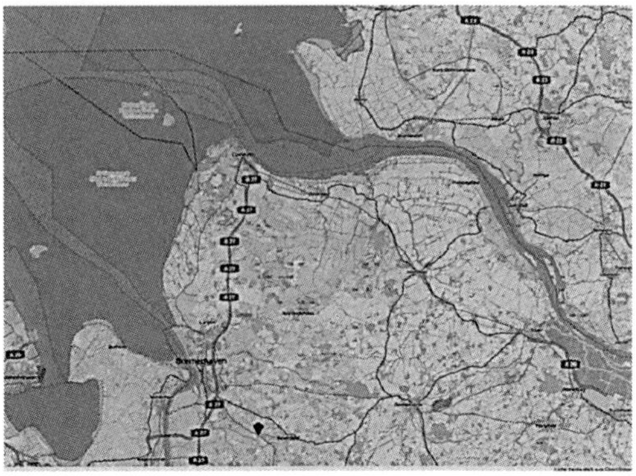

Vom Aufstieg und dann Machtübernahme des Nationalsozialismus in Deutschland Ende der 20er, Anfang der 30er Jahre war natürlich auch die Familie Stelling betroffen. Aus einer väterlicherseits sozialdemokratisch geprägten Familie wurde eine gespaltene. Und geradezu als Ironie des Schicksals mussten zwei der Jungen aus der ersten Ehe (der Vater hatte nach dem Tod seiner ersten Frau deren jüngere Schwester geheiratet) ihre Hoffnungen in den Nationalsozialismus mit dem Leben in den östlichen Weiten bezahlen, also in dem Raum, der von solchen jungen Leute, vom Bauernhof stammend, arbeitsgewohnt und zukunftshoffend, für „Großdeutschland" hätte besiedelt werden sollen. Selbstverständlich wäre für die bereits dort lebenden Menschen eine „andere Lösung" gefunden worden.

Aus dieser Zeit hat sich das in der Schule ausgegebene und ausgefüllte Stammbuch unserer Mutter ***„Meine Ahnen – herausgegeben und bearbeitet vom nationalsozialistischen Lehrerbund, vom bayerischen Kultusministerium genehmigt und empfohlen"*** **erhalten. Es befindet sich jetzt bei Gerlinde. Typisch für unsere Mutter, denke ich, sind die Angaben zu schwere Krankheiten und Todesursache: Schwere Krankheiten wurden von ihr nicht er-**

wähnt, in einem Fall mit „keine" angegeben. Als Todesursache wurde bei fast allen Personen „Altersschwäche", einmal bei ihrer Großmutter väterlicherseits „Gehirnschlag" eingetragen. Nun ja, diese Frau war auch nur 38 Jahre alt geworden.

Es bleibt damit festzuhalten, dass die Familie (im Bild lehnt unsere Mutter hinten rechts an der Wand) völkisch gesehen gesund war, man zwar nicht besonders lange lebte, dafür aber an Altersschwäche starb.

Mit der Rückverfolgung der Bauernfamilie Stelling aus Hönau bzw. Mittelstenahe im Raum Bremervörde hat sich seit vielen Jahren ein Cousin beschäftigt. Gerd König hat dafür (Kirchen-) Unterlagen bis ins 15. Jahrhundert zurückverfolgt. Eine Aufstellung inklusive Wappen und anderer Hinweise liegt seither vor; über Inhalt und Genauigkeit müsstet ihr euch aber gegebenenfalls selbst ein Bild machen und ihn direkt kontaktieren.

...in Ostpreußen

Nun zum väterlichen Zweig der Familie. Dieser ist nicht besonders gut dokumentiert, was wohl in erster Linie daran liegen mag, dass unser Vater, seine Mutter und eine Schwester erst infolge des 2. Weltkrieges in das Weser-Elbe-Dreieck gekommen waren. Eigentlich stammen sie aus Ostpreußen, und zwar aus dem Kreis Mohrungen *(siehe auch Kartenauszug Reymann Spezial Nr.32 Marienwerder um 1850)* südlich des Frischen Haffs bzw. der Stadt Elbing.

Die Umstände, wie sie nach Lunestedt gekommen sind, waren ziemlich verworren, man könnte fast sagen: rein zufällig.
Ach ja, der Ort Lunestedt entstand 1967 aus dem Zusammengehen von Freschluneberg, dem Dorf mit Bahnstation, und Westerbeverstedt, dem größeren Nachbardorf. Alles bedeutende Dörfer, die man mindestens einmal im Leben besucht haben sollte (wobei der Zeitpunkt der Zusammenlegung und Um- bzw. Neubenennung einiger Straßen sehr gut gewählt worden war, gab es doch bei der Weitergabe meiner neuen Adresse von der Bundeswehr wegen Umzugs einen Tag Sonderurlaub).
Der Vater und die zweite Schwester (nachfolgend ihr Hochzeitsbild, unser Vater steht hinten in der Mitte links) waren gegen Kriegsende in Ostpreußen verschleppt worden und kamen nicht wieder.

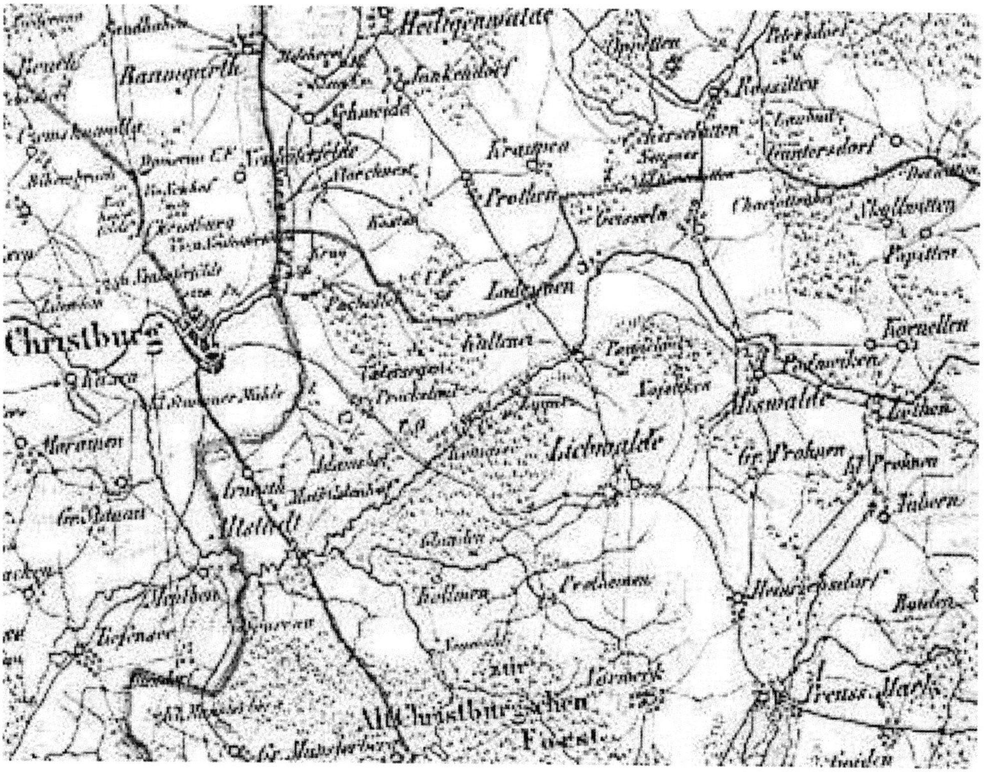

Auf der vorstehenden Karte sind fast alle in Verbindung mit der engeren Familie bekannten Orte im Kreis Mohrungen in Ostpreußen zu finden: Skollwitten (letzter Wohnort), Miswalde (Schule, Kirchspiel / Entfernung ca. 3 km), Klein Stanau bzw. Kuxen (Geburtsort Vater), Christburg, Heinrichsdorf (Geburtsort Großmutter), weiter südöstlich außerhalb des Ausschnitts liegt Bärting (Geburtsort Großvater).

Wenn man sich mit der Herkunft und Bedeutung des Namens „Kull" beschäftigt, gerät man ziemlich rasch in ein genealogisches Gestrüpp. Der Name wird im Jahr 2014 bei *geneanet.com* mit 1871 Personen in Nordamerika und 1671 Personen in Europa angegeben. Da nicht anzunehmen ist, dass Indianer zu unseren Vorfahren zählen, konzentrieren wir uns auf Europa. Es ist eine klare geografische Schwerpunktbildung zu sehen, und zwar in Skandinavien und dem Baltikum sowie im Dreieck Deutschland, Frankreich (Elsass-Lothringen) und der deutschsprachigen Schweiz. Da sich in Deutschland die große Zahl auf Baden-Württemberg konzentriert, könnte der Name vielleicht alemannischen Ursprungs sein. Das hieße aber auch, dass es einen Vorfahren aus einem dieser geografischen Räume nach Ostpreußen gebracht haben müsste. Obwohl die Armee Napoleons ja 1812 durch diesen Teil der Welt gezogen war, und auch das Baltikum bzw. Skandinavien nicht so weit entfernt liegt, ist für mich eine andere Herkunft genauso möglich. Es war nämlich in Ostpreußen nicht unüblich, den Namen irgendwann einmal einzudeutschen oder zu simplifizieren,

woraus dann ein verkürztes „Kull“ geworden sein könnte. Sollte der Name dagegen litauischen Ursprungs sein, so würde er „Sack oder Beutel an einem Fischernetz“ bedeuten.
Da es sich nun wirklich nicht lohnt, lange über die Bedeutung des Namens zu spekulieren, möchte ich nur etwas relativieren: Anlässlich eines meiner vielen Besuche bei einem niederländischen Kunden, stellten die zusammengekommenen Personen bei der Begrüßung fest, dass bei drei Nachnamen, die übertragen „Hundehütte“, „Käsebrot“ und „Hintern auf Französisch“ bedeuten, das Gespräch nur in positiver Atmosphäre ablaufen kann; und so war es dann auch.

Zurück zur Familie nach Ostpreußen auf einen kleinen aber selbstständigen Bauernhof in Skollwitten, und wie kamen diese „Kulls“ später nach Lunestedt?

Dafür müssen wir uns doch etwas ausführlicher mit der Zeit 1939-1947 beschäftigen.
Die Familie hatte einen unabhängigen Bauernhof, also nicht einem Gut zugehörig, welcher erst in den 20er/30er Jahren mit Hilfe der ostpreußischen Landgesellschaft (oder einer anderen entsprechenden Institution) erworben worden war. Bernhard Kull, der aus einer „Köllmer“ Familie (ältere Bezeichnung für Freibauern nach Kulmer Recht) stammte, hatte wohl zunächst auf einem der für West- und Ostpreußen so typischen großen Güter gearbeitet (sehr wahrscheinlich Gut Kuxen, denn der Geburtsort der Kinder war Klein-Stanau) und im Winter neben anderen Arbeiten Ziegel gebrannt (allerdings keine feuerfesten). Der Sohn, also unser Vater, hatte als künftiger Hoferbe demzufolge auch nichts anderes als Bauer gelernt und wollte auch nichts anderes sein. Die Zeit des Nationalsozialismus sollte alles ändern. Einmal führte es die Kinder, wie überall in Deutschland (sogar ein späterer Papst war darunter) in die HJ bzw. den BDM, was für einen Bauernsohn aber zunächst eher von Vorteil war, da zumindest an einem Tag der Woche etwas anderes als Feld- und Hofarbeit oder Schule anstand, und man überdies uniformmäßig und

dazu kostenlos eingekleidet wurde, wie vorstehendes Bild der Familie verdeutlichen möge.

Ob aber gerade dieses Foto auch als Beleg für die damals herausgestellte Überlegenheit der arischen Rasse gegenüber anderen Menschen im Osten gelten kann, möchte ich doch stark bezweifeln.

Jedenfalls fühlte sich, obwohl einziger verbliebener Sohn (der Zwillingsbruder Gotthard war mit 12 Jahren verstorben), Gerhard gerufen, das Vaterland zu verteidigen *(ja, das haben sehr, sehr viele damals wirklich geglaubt; wir hingegen sind für unsere Einschätzung, dass Deutschland am Hindukusch verteidigt werden muss glücklicherweise nicht mehr auf einen Glauben angewiesen, wir folgen einfach den mit unserer GEZ-Abgabe bezahlten Medienvertretern ins Krisengebiet)* und meldete

sich, noch keine 17 Jahre alt, freiwillig zu den Fallschirmjägern. Seine Gründe hierfür sind uns nie so recht gesagt worden. Vielleicht lag es daran, dass Max Schmeling dabei war, diese Truppe nach den Einsätzen in Norwegen, Holland und in Belgien (Eben-Emael) zu den Eliteeinheiten zählte oder, wie der Vater einmal bemerkte, weil die Kompanie- und sonstigen Führer mit abspringen mussten und nicht im Unterstand bleiben konnten, jedenfalls wurde er gut 2 Wochen nach seinem 17. Geburtstag am 1.Januar 1941 Soldat, überlebte Kreta, Russland (Bild links) und Nordafrika (Bild rechts), kam wohl noch wenige Male nach Hause nach Skollwitten und im Mai 1943 in Tunesien in Kriegsgefangenschaft, aus der er zunächst fliehen konnte, einige Zeit später aber doch wieder gefangen genommen wurde, nicht zuletzt weil die einheimische Bevölkerung von den siegreichen Allllerten durch ausgesetzte Kopfgelder unterstützend motiviert worden war, geflüchtete deutsche Soldaten zu melden. Danach ging es ab in die USA und über einige Zwischenstationen nach Camp Cooke in Kalifornien, von wo er am 12.August 1946 entlassen wurde.

Eine kurze Übersicht „seiner Karriere" als 17- bzw. 18-jähriger Soldat ist angefügt; warum er allerdings Hauptmann (Postkarte oben) gerufen wurde, darüber kann allenfalls spekuliert werden.

Datum	Ereignis	Ort	Einheit / Hinweis
13.12.1923	Geburt	Klein-Stanau	Ostpreußen
Apr 29-Mrz 37	Schulzeit	Skollwitten (Christburg)	
Apr 37-Dez 40	elterlicher Hof	Skollwitten	Landwirtschaftsschule (?)
13.12.40	17. Geburtstag		Kriegsfreiwilliger
Jan 41	Ausbildung	Stendal/Braunschweig	Kriegsdienst (Fallschirmjäger 63125/11118) Eintritt nicht verzeichnet (lt. WASt)
20.05.41-Jun (Aug) 41	Kampfeinsatz	Kreta (GR) Operation „Merkur"	4./SturmRgt I.Btl (Koch)
Aug 41	Neuaufstellung/Ausb.	Döberitz (?)	9./II.ErgBtl
24.11.41	Ausbildung	Hildesheim (?)	4./SturmRgt (lt. WASt)
Dez 41-Feb 42	Kampfeinsatz	Juchnow/Kunowka (SU)	4./SturmRgt (Koch)
24.04.42	Neuaufstellung	Grossborn (Pommern)	Rgt 5 (Koch)
Mai 42	Sicherungseinsatz	Normandie/Bretagne (F)	12./Rgt 5
30.06.42	Kampfeinsatz	Nordafrika/Libyen	12./Rgt 5 (lt. WASt)
09.11.42	Kampfeinsatz	Nordafrika/Tunesien	12./Rgt 5
30.03.43	Umgliederung/Kampfeinsatz	Nordafrika	12./Rgt „Hermann Göring"
13.05.43	Kriegsgefangenschaft	Cap Bone (Nordafrika)	verlegt in die USA
12.08.46	Entlassung	Camp Cooke (Kalifornien)	als Gefreiter

Friedrichshafen > Belgrad > Athen > Kreta

Tripolis > Tunis > Oran > Baltimore > Chicago > St. Louis > Camp Cooke (CA)

Für das Einritzen der Karte in den Kofferdeckel wird es sicherlich eine „genehmigte" Vorlage gegeben haben, was wohl dazu führte, dass nur einige wenige Hauptorte an den Transportwegen, jedoch keinerlei Details der Kriegsschauplätze zu finden sind (und ganz nebenbei konnten die Soldaten sehen, wie klein ihr „Großdeutschland" in Wirklichkeit war).

Die Jugendzeit war jedenfalls vorbei. Aus dieser Zeit sind lediglich einige wenige Briefe, die ihn als POW (Prisoner Of War) in der Gefangenschaft in den USA aus Ostpreußen erreichten, sowie der selbstgefertigte Holzkoffer mit den außen auf dem Deckel eingeritzten Transportwegen als Soldat, in der sie verwahrt worden waren, erhalten geblieben.

Da die Briefe von der Mutter in deutscher Schreibschrift (Sütterlin) abgefasst und alle, auch von der Schwester, kaum mehr zu lesen sind, folgen auf die Abbildung des Koffers die fast (automatische Rechtschreibkorrektur nicht durchgehend ausgeschaltet) wortgetreuen Übertragungen:

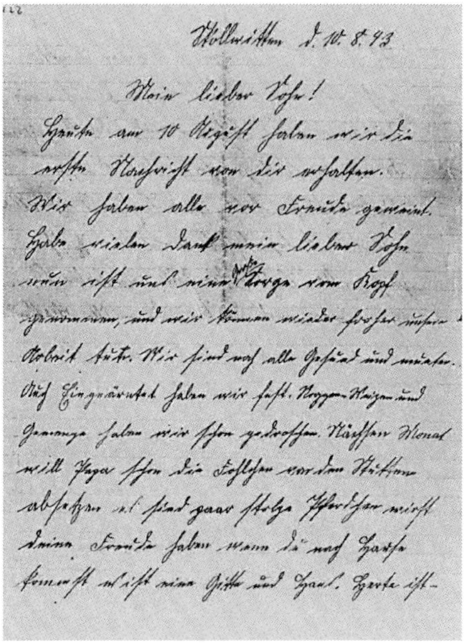

„Skollwitten, d. 10.8.43

Mein lieber Sohn!

Heute am 10.August haben wir die erste Nachricht von Dir erhalten. Wir haben alle vor Freude geweint. Habe vielen Dank mein lieber Sohn nun ist uns eine große Sorge vom Kopf genommen, und wir können wieder froher unsere Arbeit tun. Wir sind noch alle gesund und munter. Auch eingeerntet haben wir fast. Roggen, Weizen und Gemenge haben wir schon gedroschen. Nächsten Monat will Papa schon die Fohlchen von den Stuten absetzen und sind ein paar stolze Pferdchen, wirst Deine Freude haben wenn Du nach Hause kommst und ist eine Gitta und Hans.

Herta ist auf paar Tage nach Hause gekommen. Sonst geht alles seinen alten Gang. Ich werde Deinen Wunsch erfüllen und überall grüßen. Denn wir sind ja so froh, dass unser lieber Junge lebt. Herr Loch aus Christburg war uns Sonntag besuchen, er lässt Dich schön grüßen. Nun behüte Dich Gott mein lieber Junge und verzage nicht, denk an Deine alte Mutter die für Dich betet.

Deine Dich liebenden Eltern

(auf demselben Briefbogen, direkt folgend)

Mein lieber Bruder!

Habe die Ehre die freudige Nachricht zu Hause von Dir zu erhalten. Möchte Dir gleich hiermit meine Glückwünsche für die Zukunft senden. Es verbleibt mit vielen herzlichen Grüßen verbunden bis auf ein baldiges Wiedersehen. Brief folgt nachher.

Deine Schw. Hertel.
Gute Nacht träume süß weiterhin alles Gute Hals- und Beinbruch"

Damit man sich etwas besser in die Kriegszeit 1943 einfühlen kann, willkürlich von mir eingestreut, Ausschnitte aus Berichten des Oberlandesgerichtspräsidenten sowie der Generalstaatsanwaltschaft in Königsberg, nachzulesen bei *„Christian Tilitzki im Verlag Rautenberg: Alltag in Ostpreußen 1940-45. Die geheimen Lageberichte der Königsberger Justiz“:*

„Mai/Juni 1943 ...in Ostpreußen, das als Soldatenland im Reich bekannt ist, macht sich die Umschichtung der Bevölkerung im Laufe des Krieges immer mehr bemerkbar. Männer im wehrfähigen Alter sind selten in der Heimat geworden. Sie werden, falls noch ihr weiterverbleiben in den Heimatdienststellen unentbehrlich ist, von Personen, denen die dienstlichen Verhältnisse unbekannt sind, mit einiger Skepsis betrachtet. Nur zu verständlich ist daher der Wunsch aller dieser Männer, ebenfalls zur Wehrmacht eingezogen zu werden. Andererseits wirkt sich das Fehlen der zur Wehrmacht eingezogenen Männer mehr und mehr in der Grundhaltung der Bevölkerung aus. Durch die Maßnahmen des totalen Krieges sind Frauen in die Betriebe eingerückt. Die innere Bereitschaft dieser Frauen zur Erfüllung ihrer Aufgaben im Rahmen der Kriegswirtschaft ist durch die Führeraufrufe nach dem Fall Stalingrads gestärkt worden. Es wird andererseits vielfach beobachtet, dass Kriegerfrauen, die unter Friedensverhältnissen wegen des geringen Einkommens ihrer Ehemänner selbstverständlich gearbeitet hätten, nunmehr die Ansicht vertreten, sie hätten ja bereits ihren Mann zur Wehrmacht hingegeben und wären daher ihrerseits nicht mehr verpflichtet, ebenfalls noch einen Beruf auszuüben. Begünstigt wird diese Haltung durch die verhältnismäßig hohen Unterstützungen, die ihnen gewährt werden. Die lange Dauer des Krieges hat ferner zur Folge, dass mehr und mehr das moralische Niveau vieler Frauen sinkt. Vergnügungssucht, reichliche Geldmittel, die ihnen zur Verfügung stehen, zum Teil auch eine gewisse Geschlechtsnot führen haltlose Frauen dazu, sich auszuleben und Liebesverhältnisse unter Nichtachtung ihrer Frauen- und Mutterehre einzugehen. Da deutsche Männer nur noch wenig vorhanden sind und insbesondere die berufstätigen Frauen mehr und mehr mit ausländischen Zivilarbeitern und Kriegsgefangenen zusammenarbeiten, ist es unvermeidlich, dass immer mehr nicht gefestigte Frauen und Mädchen trotz der harten Strafen Beziehungen mit Ausländern anknüpfen. Obwohl in der Öffentlichkeit dies Verhalten der Frauen und Mädchen scharfe Ablehnung erfährt, mehren sich dennoch derartige Beziehungen. Daher wird das freie und unbeaufsichtigte Herumtreiben von Kriegsgefangenen und ausländischen Zivilarbeitern, durch das derartige Beziehungen noch in erheblichem Umfange gefördert werden, immer mehr von der verantwortungsvollen Bevölkerung mit Unwillen aufgenommen. Gerade an Sonn- und Feiertagen sind die Straßen in Königsberg angefüllt mit Ausländern, die sich keineswegs zurückhaltend, sondern oft sogar anmaßend benehmen. Das Zusammenhalten französischer Kriegsgefangener mit polnischen und ukrainischen Mädchen wird immer wieder beobachtet. Unzufriedenheit erregt auch die Tatsache, dass französische Kriegsgefangene im großen Umfange Genussmittel zugesandt erhalten, die sie wiederum dazu benutzen, deutschen Frauen und Mädchen durch das Anbieten z.B. von Schokolade anzureizen, mit ihnen in nähere Beziehungen zu treten. Falls sich das Gerücht bewahrheiten sollte, dass die französischen Kriegsgefangenen in absehbarer Zeit völlige Freiheit erlangen und als Zivilarbeiter beschäftigt werden sollen, wird es unver-

meidlich sein, dass sich die Beziehungen zwischen deutschen Frauen und Mädchen und diesen Gefangenen weiterhin vermehren..."

(...Dezember 2015/Januar 2016: ...die Generalstaatsanwaltschaft Köln trifft sich mit ihren Amtskollegen aus Damaskus, Algier, Rabat und Tunis...letztere beklagen das Fehlen von Männern im wehr- und arbeitsfähigen Alter, erste sieht sich außer Stande, immer und überall genügend Trostfrauen zur Verfügung stellen zu können...da hilft es nicht wirklich, fast zeitgleich lesen zu dürfen, dass ein japanischer Minister in Korea in ähnlicher Angelegenheit eine (späte) Entschuldigung ausspricht... im Ernst, reine Fiktion).

„September 1943...sehr wesentlich benachteiligt wird die Stimmung der hiesigen Bevölkerung, insbesondere auch gerade der Landbevölkerung, durch die in letzter Zeit nach Ostpreußen evakuierten Berliner, die es verstanden haben, sich in kürzester Zeit so unbeliebt wie möglich zu machen. Sie gehen von der irrigen Auffassung aus, dass der Bauer auf dem Lande in Hülle und Fülle lebt, verlangen von ihm Lebensmittel, die er ihnen nicht geben kann, und treten überall arrogant und anmaßend auf. Sie schimpfen auf die Berliner Gauleitung, dass man es gewagt habe, sie in diese Einöde zu schicken. Sie könnten ohne Kino, Theater und Konzerte nicht leben, prahlen, dass sie in Berlin mit Obst, Schokolade und Kaffee reichlich versorgt worden wären, und erwecken damit in der hiesigen Bevölkerung die Auffassung, dass Ostpreußen in der Versorgung gegenüber anderen Teilen des Reiches benachteiligt würde. Kurzum, der größte Teil der von Berlin hierher Evakuierten benimmt sich der bekannten Berliner Mentalität entsprechend. Eine Berlinerin soll dem Vernehmen nach kürzlich sogar geäußert haben, Ostpreußen allein wäre am Kriege schuld. Man hätte 1939 dem Wunsche der Polen entsprechend Ostpreußen an Polen abtreten sollen, dann wäre es gar nicht zum Kriege gekommen. Bedenklich ist, dass die ostpreußische Bevölkerung bei ihrer etwas schwerfälligen Art meistenteils nicht in der Lage ist, diesen Unverschämtheiten sofort mit der nötigen Entschiedenheit entgegenzutreten, sondern meistenteils sich nachteilig beeindrucken lässt. Die Auffassung eines Oberzahlmeisters, eines gebürtigen Oberbayern, erscheint zutreffend, der das Auftreten der Berliner in Ostpreußen mehrfach beobachtet hatte und erklärte, die Berliner habe man nur zu den ruhigen und etwas schwerfälligen Ostpreußen schicken können, hätte man versucht, sie nach Bayern zu evakuieren, hätte es dort schon längst Mord und Totschlag gegeben...."

Die Bauernfamilie Kull in Skollwitten war insofern betroffen, als auch sie zunächst einen französischen Kriegsgefangenen und später einen polnischen Zwangsarbeiter als Ersatz für den Kriegsdienst leistenden Sohn zugewiesen bekamen. Die ältere der beiden Schwestern, Frieda, war verheiratet, der Mann als Soldat in Finnland, die jüngere, Herta, als „Blitzmädel" in Königsberg und anderswo im Einsatz.

Die Großmutter äußerte später einmal, dass der 1. Weltkrieg in erster Linie als Hungerkrieg empfunden worden war, während im 2. Krieg die Versorgung bis zuletzt deutlich besser blieb. Ansonsten redete sie von sich aus nicht viel über die Zeit vor, im und kurz nach dem Krieg.

Wenn man diese individuelle Sicht in die Zeit des Nationalsozialismus einordnen möchte, empfiehlt es *sich „Götz Aly: Hitlers Volksstaat, S. Fischer Verlag“* zu lesen. Für mich jedenfalls spricht vieles dafür, dass Hitler bzw. die Nazis, einmal an die Macht gekommen, sich die Unterstützung gerade der einfacheren Bevölkerung in erster Linie mit immer neuen Sozialleistungen „erkauften“. Und sie hatten in den ersten Kriegsjahren zwar militärisch Erfolg (anders als es viele „Experten“ vorher gesagt hatten) aber kein Konzept, die besetzten Gebiete zu befrieden und die zwangsläufig immer weiter steigende Verschuldung abzubauen, außer durch immer mehr Krieg und Vernichtung von Menschen, insbesondere der Juden, und Übernahme deren Besitztümer.

Die folgenden 3 Briefe an den POW sind von der Schwester Friedel.

Beim Lesen der Zeilen muss man aber beachten, dass es für Briefe an deutsche Kriegsgefangene entsprechende Ausführungsbestimmungen *(Nr. 24 für Kriegsgefangene in den USA*) gab. Und natürlich wusste man um die Zensur auf deutscher und amerikanischer Seite.

„Skollwitten, d. 16.Mai 44

Lieber Gerhard!

Da heute solch Regenwetter ist will ich dir mal ein längeres Brieflein schreiben. Gestern ist eine Karte abgegangen. Und an das Rote Kreuz nach Berlin haben wir auch geschrieben und noch 50,00 M. geschickt. Das sie dir endlich Rasierzeug schicken. Sonst dürfen wir solche Sachen doch nicht schicken. Lieber Gerhard, ich mach dir in den nächsten Tagen wieder ein Paket fertig, worin du die gewünschten Strümpfe bekommest. Nun was neues aus der Heimat. Zuerst viele Grüße von Heinzchen aus Miswalde, er ist in Panzeruniform in Urlaub gerade. Dann vom Poppkes Bruno, der kam sonnabends den 13ten in Urlaub. Bruno kommt sofort immer gleich guten Tag sagen. Nur die Zeit wird ihm langweilig, er möchte sich so gerne austoben und was Richtiges ist nicht mehr hier in der Gegend. Ja, da hat es mein Mannchen doch schöner, er hat mich und ein gemütliches Heim, nicht weit ins Kino, oder wir können schön wo spazieren gehen. Ach, der letzte Urlaub war zum ersten mal schön gewesen. Wie paar Täubchen haben wir beide in unserem frischen Heimchen gelebt. Und dieser Urlaub wird auch wieder sehr herzlich sein, nun habe ich noch einen Rundfunk geborgt bekommen.Na, lieber Bruder, nach all diesem Leid was du nun in den Jahren aushalten musst wirst später auch mal sehr glücklich werden. Ich auch mein Mannchen wünschen dir das von ganzem Herzen. Wir haben dich doch alle so lieb. Deshalb bin ich auch immer noch zu Hause, so lange ich es kann. Natürlich wenn ich mal Mutti werde dann wird es wohl schlecht gehen. Aber das liegt noch weit, vielleicht werde ich`s auch nie, das wäre aber sehr trostlos. Na, ja bis solange helfe ich Muttchen unterdessen wird die Zeit auch mal ein anderes Bild bekommen. Wo ihr alle heimkehrt dann sollst auch alles schön und in Ordnung finden. Dann werden die jungen Pferdchen dich schon abholen und die Lotte und Lora sind die Alten schon. Die Obstbäume werden dann auch tragen und du wirst staunen wie vieles sich in den Jahren geändert und verschönert hat. Auch du selbst u. wir alle werden *wohl anders geworden sein. Ja, diese schönsten jungen Jahre können uns alle nie ersetzt werden. Denk mal Edwin ist nun schon 31 Jahre, Herta 27 und ich 25, du 20, wo ist die Zeit geblieben. Aber liebes Herz verzage nicht, wir Menschen werden eben dazu geboren, damit sie in eine große Geschichte eingehen. Bleibe nur gesund, es grüßt und küsst dich auf herzlichste Muttchen, Papa, Herta, mein Mannchen und deine Schwester Friedel"*

Um den Inhalt der Briefe von Friedel an ihren Bruder etwas besser einordnen zu können, nachfolgend ein Auszug aus dem einzigen erhaltenen Brief von Edwin, also Friedels Mann, aus Finnland:

„Im Felde, den 12.5.44

Liebes gutes Frauchen!

...soeben ist wieder ein Urlauber angekommen, der mit Günter gefahren ist. „Herzchen" Du hast mir gar nicht geschrieben, dass der Tomi (Anm.: damit sind wohl die Engländer gemeint) *Marienberg und Allenstein heimgesucht hat. Es ist schon gut, dass er langsam auch kämpft. Um die alte Bude* (Anm.: wohl die Marienburg) *wäre es nicht schade, aber unter wenig* (Anm.: Bett-*) Zeug, da wäre nicht zu überwintern, und dass Elbing auch an die Reihe kommt ist ja klar schon wegen Sch.* (Anm.: damit ist sehr wahrscheinlich die damals bedeutende Schichau-Werft gemeint, die übrigens nach dem Krieg in Bremerhaven neu aufgebaut wurde) *Hoffen wir, dass das Morden bald aufhört, denn so kann es unmöglich weitergehen. Die ganze Welt ist ja bloß noch Trümmerhaufen. Wer weiß, wie es dann kommen wird. Die Hauptsache Du bleibst gesund"*

Nun wieder Friedel an Gerhard.

„Skollwitten, d.27.Juni 44

Unser lieber, guter Bruder!

Will dir nach langer Zeit wieder paar Zeilen schreiben. Wir haben immer auf Nachricht von dir gewartet aber leider. Wirst wohl auch kein Schreibpapier haben und ehe von uns das bei dir anlangt vergeht gutes ½ Jahr. Ach wenn man nur am Leben bleibt, dann ist schon gut. Einmal wird der Krieg auch ein Ende haben. Mein Mannchen hoffte im Juli in Urlaub zu kommen, aber nun ist es leider vorbei - es folgen zwei geschwärzte Zeilen *– Vielleicht ist`s dann auch bald zu Ende und ihr könnt alle nach Hause kommen. Wollen wir mit gutem Glauben auf das Beste hoffen. Zuhause ist sonst alles gesund und munter und noch alles beim alten Gang. Dieses Jahr haben wir keine Fohlchen bekommen, hoffentlich wird es im nächsten Jahr was. Aber alle Jahre kann auch nicht sein, es sind ja junge Stuten und haben`s auch nicht besonders leicht.Der Hans und die Gitta sind schon stramme Pferdchen, die Gitta ist ein ganzes Stück höher und stärker noch als der Hans. Wenn sie man weiter* *nur so gesund bleiben und auch so artig. Dann werden sie ganz das Gegenteil von den Alten. Mit dem Rüben verziehen sind wir fertig, nur nochmals durchzuhacken. Nun sind wir augenblicklich im Klee, aber sowas von Futter haben wir hier noch nicht gehabt. Der Schuppen reicht lange nicht zu, da wird noch ein ½ Fach voll werden wenn noch der zweite Schnitt zukommt. Diesen Winter war auch nicht viel, dafür haben sie`s dann besser im kommenden. Herta ist noch immer in Alberts Heimat und tut tapfer Tag und Nacht ihren Dienst. Papa hat nebenbei noch mit dem Zaun fertigmachen zu tun um den Obstgarten. Poppkes Trautchen ist schon wieder schwer herzkrank. Nun lieber Gerhard bleib uns gesund, viele herzliche Grüße und Küsse aus der Heimat von Muttchen, Papa und besonders von deiner Schwester Friedel. Schöne Grüße auch von meinem Mannchen und Herta. Auf baldiges Wiedersehen"*

„Oktober 1944…die militärische Lage Ostpreußens ist dadurch gekennzeichnet, dass der Feind von allen Seiten gegen die Provinz unter stets wechselnder Schwerpunktbildung anrennt…auf Grund des Befehls des Führers hatte der Gauleiter den Volkssturm vor einigen Tagen aufgerufen und hierzu die männlichen Jahrgänge vom 16. – 60. Lebensjahr befohlen."

„Skollwitten, d.3.11.44

Lieber Bruder!

Ich will dir heute wieder mal einen Heimatgruß senden, ob ihn erhälst ist ne Frage, wo im Westen die große Invasion ist. Wollen wir das Beste hoffen. Sonst ist zu Hause noch alles beim Alten, jeden Tag von morgens bis abends die richtige Arbeit, dazu kommt das Essen und Schlafen. Gesundheitlich ist auch noch alles, es fehlt mir am Frieden und dass du gesund heimkehren könntest. Mit Edwin steht es augenblicklich sehr schlecht. 4 Wochen habe ich schon keine Post mehr, am 6.10. war er noch in Finnland auf dem Rückzug, ob er jetzt schon raus ist, wer weiß. Trotzdem wollen wir das beste hoffen. Mein Mannchen hat an dich in jedem Brief schöne Grüße bei bestellt und meint, dass es dir wohl doch noch besser geht als ihm. Na, wenn ihr alle nochmals euch wiedersehen könnt, dann wirst du von deinen Erlebnissen erzählen und wir von den unseren. Herta ist jetzt in Königsberg, ich war sie vor 8 Tagen besuchen, auch gleichzeitig Lottchen. Lottchen wollte auch an dich sofort wieder mal schreiben. Sie ist noch immer die alte Lottchen, mit ihrem Humor. Lenks Willi ist in Wien zu einem Lehrgang, er hat bis jetzt (unverrufen) auch noch Glück gehabt. Nur Onkel Wilhelm hat Pech in der Wirtschaft, im vergangenen Herbst ging ihm ein junges Pferd kaputt von fast 2 Jahren und jetzt vor 14 Tagen das andere. Seit Juli dieses Jahr hat er das letztere schon etwas angespannt gehabt. Nun steht er wieder mit den 2 Alten genausoweit wie vor 3 Jahren. Unsere beiden Pferdchen sollen zum Frühjahr auch geleint werden, hoffentlich bleiben sie weiter so schön gesund. Die kleine alte Liese soll abgedankt werden, mit ihr ist auch nichts mehr los. So mein lieber guter Bruder nun habe ich wieder mal etwas mit dir geplaudert, nun bleib nur recht schön gesund, dass wir uns alle nochmal wiedersehen. Herzliche Grüße + Küsse von Muttchen, Papa, Edwin, Herta und von allen die du kennst, Friedel"

Dies war das letzte Lebenszeichen, das er von seiner Familie in Ostpreußen erhalten hat.

„Januar 1945...berichtet, die allgemeine militärische Lage sei nicht günstig. Elbing sei von Süden her angeblich bedroht. Osterode und Dt. Eylau seien in russischer Hand. Nach einer noch nicht bestätigten Meldung aus Braunsberg soll auch Allenstein von den Russen bereits genommen sein...Die Strecke Königsberg-Marienberg sei zur Zeit noch frei."

Über das Ende der Provinz Ostpreußen existiert eine Vielzahl an Berichten; es möge sich jeder selbst ein Bild verschaffen. Im Buch *„Ostpreußen - Geschichte und Mythos (Andreas Kossert)"* liest man:

„ am 13.Januar 1945 schlug die Rote Armee los, zunächst die 3. Weißrussische Front im Norden..., dann die 2. Weißrussische Front von Süden her...bis zur Kapitulation von Königsberg am 9. April 1945...Einige Orte Ostpreußens wurden noch gehalten, als Berlin bereits gefallen war... Im letzten Wehrmachtsbericht vom 9. Mai 1945 heißt es: Seit Mitternacht schweigen nun an allen Fronten die Waffen."

Von den Familienmitgliedern in Skollwitten wurde der Vater Bernhard Kull im Spätherbst zum Schanzen gezogen, später verschleppt und am 4. Februar 1945 in die Sowjetunion transportiert. Friedel wurde ebenfalls nach Russland verschleppt. Beide sind dort umgekommen und später für tot erklärt worden. Herta gelangte mit zurückweichenden Einheiten in den Westen. Friedels Mann Edwin kam heil aus Finnland zurück und lebte später in Bremerhaven, wo er wieder heiratete. Gerhard wurde am 12.August 1946 aus der Kriegsgefangenschaft entlassen und kehrte nach Deutschland zurück. Die Mutter Auguste Kull blieb zunächst auf dem Hof in **Ostpreußen** und wartete auf die Rückkehr von Mann, Sohn, Töchtern und Schwiegersohn. Nach Übernahme der Verwaltung dieses Teils von Ostpreußen durch Polen wurde der Hof einer aus dem an die Sowjetunion abgetretenen östlichen Teil Polens umgesiedelten Familie übertragen. Auguste Kull nahm das Angebot dieser Familie, auf dem Hof als Arbeitskraft zu bleiben, nicht an: „Ich bleib doch nicht auf meinem eigenen Hof als Magd" und verließ ihre Heimat am 8. Juli 1947 mit anderen Deutschen in Richtung Westen; zunächst, wie im Flüchtlingspass (Bild unten) vermerkt, nach Annaberg bzw. Falkenberg, Kreis Torgau in der sowjetischen Besatzungszone. Das Wort „Flüchtling" im Pass wurde handschriftlich gemäß Vorgaben in der SBZ in „Umsiedler" geändert. Aber egal, ob Flüchtling, Vertriebene, Um-, Über- oder Aussiedlerin, eine Asyl suchende Migrantin war sie nie gewesen; sie würde auch gar nicht gewusst haben, wer oder was damit hätte gemeint sein können.

F.P.

Kennummer: 8427

UMSIEDLER

~~Flüchtlings~~-Paß

A[illegible] der Ausweis für alle Deutschen über 14 Jahre, die aus ihrem Wohnort ausgewiesen oder dorthin infolge Übernahme ihres Gebietes durch einen anderen Staat nicht zurückkehren können. Dieser Ausweis berechtigt zur Inanspruchnahme der öffentlichen Flüchtlingsbetreuung, zur vorläufigen und endgültigen Unterbringung.

Ausgestellt am: 16.7.1947 in: [illegible] (Kr. Torgau)
Ort Kreis

Herrn / für Frau / Fräulein: [illegible]
Name Geburtsname
alle Vornamen, Rufname unterstreichen

geboren am: 27.11.1894 in: [illegible]
Ort Kreis
Ostpreussen
Land

Wohnort und Straße v[illegible] 39: [illegible] Nr.

Letzte Wohnung: [illegible]
Land Kreis
Ort Straße

verlassen am: 8.2.1947

Damit ist der ostpreußische Teil eigentlich fast vorbei. Und da so viel geschichtlicher Ernst und individuelles Schicksal sich nicht mit leerem Magen verträgt, empfiehlt es sich, etwas Gehaltvolles zu kochen. Da bieten sich **Königsberger Klopse** oder (im Winter) ein **Steckrüben- (Wruken) Eintopf** geradezu an.

Dabei lässt sich auch gut darüber nachdenken, wie und vor allem auch wie lange es dem Naziregime gelungen war, die einfache Bevölkerung, und zwar nicht nur in Ostpreußen, ruhig zu stellen. Sicherlich spielte die angedrohte oder erlebte Gewalt, wenn auch meistens nicht an der eigenen Person oder Familie, eine große Rolle. Warum aber die sogenannten Eliten und besser informierten Intellektuellen bis auf wenige Ausnahmen so lange als Mitläufer (wie sich erst in den letzten Jahren herausgestellt hat, sehr viele wohl doch das Tempo mitbestimmend) dabeigeblieben sind, hat mir noch niemand nachvollziehbar erklären können. Bis dahin nehme ich mal den Satz von Bertolt Brecht: „Erst kommt das Fressen, dann die Moral", verbinde ihn mit der studentischen Erkenntnis: „Dummheit frisst, Intelligenz säuft" und komme zu einem vorläufigen: „Erst kommt für alle das Runterschlucken (und nach dem Krieg auch die Moral)".

Ich werde noch einmal darüber nachdenken. Ich schaffe das.

(Impression statt leerer Seite: Feuerfest mit Durchblick)

Die frühen Jahre

Mit der Entlassung aus der Kriegsgefangenschaft im August 1946 kehrte unser Vater aus den USA nach Hause zurück. Allerdings blieb die Frage, wo und was war das denn jetzt? Sicherlich in Deutschland, aber nach Ostpreußen konnte man (noch) nicht (wieder) zurück, und wo waren Eltern und Geschwister? Lebten alle noch? Und wie konnte man sie wiederfinden? Zunächst ging es daher zu einem POW-Kameraden, Robert Schmitt, nach Randersacker an den Main. Obwohl es sicher eine der schönsten Gegenden Deutschlands ist, noch dazu die Familie des Kriegskameraden Robert einen Winzerhof besaß, zog es unseren Vater nach einiger Zeit weiter in die norddeutsche Tiefebene (zu der auch der größte Teil Ostpreußens zählt) zu einem anderen Kameraden, und zwar Hermann (Doppen) Kück. So kam er nach Westerbeverstedt in das Weser-Elbe-Dreieck.
Ich bin sicher, dass die Winzerfamilie Schmitt die Rückkehr ihres Sohnes Robert gebührend mit gutem Essen und Trinken gefeiert haben wird. Und es gibt auch heute noch ganz bestimmt nichts gegen fränkische Spezialitäten und Wein einzuwenden. Einmal dort am Main unterwegs, sollte man sich für einen kleinen Imbiss, unser Freund Friedhelm K. spricht gern von einer Stützmahlzeit unbedingt die nötige Zeit nehmen. Ich würde mich für **Saure Zipfel** und einen Silvaner aus Randersacker entscheiden.
Es scheint, dass es im Herbst 1946 den Schwager Edwin bereits nach Bremerhaven verschlagen hatte. Von seinen Eltern und Schwestern, Friedel und Herta, hatte er jedenfalls noch keine Nachricht. Diese Zeit findet sich in einem Brief von Leni, der Schwester Roberts, indirekt beschrieben wieder. Ganz offensichtlich gingen die Menschen, jedenfalls die jüngeren, mit „Schicksal“ anders um, als es viele der eher theoretisch argumentierenden und gut meinenden Mitbürger heutzutage gesellschaftspolitisch wahrhaben wollen. Lag das vielleicht daran, dass die kulturellen Unterschiede trotz allem nicht zu groß waren, oder war die Tatsache, dass der Krieg einfach mehr junge Frauen als junge Männer hinterlassen hatte, entscheidender? Und könnte man daraus womöglich etwas bezüglich der Vorstellungen, Wünsche, Erwartungen an ihr neues Umfeld der heutigen (überwiegend jung und männlich) Flüchtlinge und Migranten herleiten? Und ihren Umgang mit zwischenmenschlichen und sonstigen persönlichen Enttäuschungen? Wir werden es ja sehen.

„Randersacker, den 16.12.46

Lieber Gerd!

Für Deinen Brief herzl. Dank. Heute will ich Dir nun Deinen Wunsch erfüllen und Dir das fehlende Bild, das gestern erst fertig wurde, schicken. Auch ein Bild von mir lege ich Dir bei, das Du denke ich doch heilig aufhebst!
Heute am Vorabend unseres gemeinsamen Geburtstages möchte

ich nicht versäumen, Dir zu diesem Ehrentage herzlichst zu gratulieren und Dir für die Zukunft alles Gute zu wünschen und vor allem habe ich den Wunsch, dass Du bald von Deinen Eltern Nachricht bekommst und auch wieder zurück kannst. Dann wünsche ich Dir eine recht liebe und nette Lebensgefährtin, die Du Dir schon immer erträumt hast. Wirst Du mir auch mal eines Tages wenn das der Fall ist, schreiben und berichten? – Bei mir ist alles noch beim alten, entschlossen habe ich mich noch nicht und das wird auch noch sehr lange dauern. Man muss sehr vorsichtig sein, das habe ich schon genug erfahren.
Dass Du Dich recht vergnügt machst, freut mich und auch dass es an Dorfschönheiten nicht fehlt. Hast Du nun schon eine Bestimmte? Ich möchte Dich ja manchmal sehen in Deinem Temperament. Und ich freue mich auch, dass Du gerne an uns zurückdenkst und ich kann Dir ehrlich gestehen, dass ich Dich etwas in mein Herz eingeschlossen hatte. Und dann siegt doch immer die Vernunft, und es ist ganz schön, wenn man ab und zu verliebt ist. Stimmt's?

Ja lb. Gerd, lasse Dich nun herzlich grüßen, halte Dich munter und gesund

In aller Frische *Leni*

Herzliche Grüße auch vom ganzen Haus, besonders von Vater, Mutter u. Robert"

Offensichtlich hatte sich der junge Mann aus Ostpreußen schon ein wenig in dem niedersächsischen Dorf eingelebt, jedenfalls was das weibliche Geschlecht anging. Aus dieser Zeit wurden später viele Geschichten vor allem von den jüngeren Brüdern unserer Mutter auf den diversen Familienfesten weitererzählt. Nun ja, besser mit dem Schwamm drüber.

Obwohl die Zeiten durchaus noch turbulent zu nennen waren, Verwaltungen, Medien, Kommunikationswege, etc. noch nicht wieder reibungslos funktionierten, entstand doch so etwas wie eine neue Ordnung. Vor allem funktionierten die Registrierung und der Suchdienst, entstanden aus einer Dienststelle, die noch in den letzten Kriegstagen von zwei Wehrmachtsangehörigen spontan in Flensburg gegründet worden war. Es war so etwas wie eine doppelte Suchkartei: Jede(r) Suchende ist immer auch Gesuchte(r). Und so ergab sich wieder ein Kontakt zwischen Mutter und Sohn:

„Falkenberg, d.24.8.1947

Mein lieber, lieber Junge, mein heißgeliebter Gerhard!

Endlich, endlich nach langen, furchtbaren Jahren soll ich mein Kind, meinen einzigen Sohn wiedersehen? Ach wenn sie mir doch Papa und Frieda nicht verschleppt hätten, wenn wir dann auch alles verloren hätten, aber wir wären dann doch zusammen gewesen. Friedel soll noch leben, vielleicht lebt Papa auch noch, so dass wir doch noch mal zusammenkommen. Nun mein geliebter Sohn, Du schreibst Du bekommst für mich nicht die Zuzugsgenehmigung? Würdest Du es nicht noch einmal versuchen, wenn Du der Behörde würdest sagen, dass deine Mutter ganz allein steht und Du nur in Frage kommst für sie zu sorgen, weil Du doch bloß der eine Sohn bist! Wenn Du ihnen sagen würdest, dass Du schon eine Wohnung für die Mutter hast und sie sonst keinem zur Last fällt, vielleicht versuchst es noch einmal. Ein gutes Wort findet manchmal auch einen guten Ort. Oder liegen Gründe vor, die ich nicht kenne? Wenn ich nur schwarz rüber komm, bekomme ich doch keine Lebensmittelkarten drüben, und Dir wo Du arbeitest noch dein Stückchen Brot aufesse, das kann ich nicht. Denn mein lieber Sohn, ich habe doch nicht nur die Handtasche in der Hand, ich habe doch noch ein paar Sachen, für Dich ein Bett, für Herta ein Bett und auch für mich ein Bett, und das möchte ich doch auch noch retten. Nun überlege dir Du lieber Sohn, nichts übereilt zu tun damit Du dir vielleicht noch schaden kannst. Es sollen wohl verschiedene zu Besuch rüber kommen und wieder zurückfahren. Wenn Du vielleicht Dir auch einen Urlaubsschein besorgen könntest und rüber kämest vielleicht könnte ich dann mitkommen. Bis Leipzig käme ich immer mit meinen Sachen, da fährt hier ein Auto und es ist auch besser verbunden als von Dommitzsch, das Auto fährt hier Dienstag und Freitag von Falkenberg nach Leipzig. Falkenberg ist nur ein Dorf. Und wer hier fährt mit der Bahn muss eine Reisegenehmigung haben, das ist bei uns doch wohl nicht der Fall. Ich bin hier so weit von der Grenze. Aber wenn Du im Falle doch kommen solltest dann musst doch immer nach der Bahnstation Dommitzsch kommen, von da sind 9 Kilometer bis Falkenberg währenddessen von Leipzig bis Falkenberg über 50 Kilometer ist. Ich bin hier in einer Stellmacherei untergebracht. Die Leute sind gut zu mir, sie geben mir so manche Mahlzeit und freuen sich mit wenn ich von meinen Kindern Post erhalte. Ach mein lieber Sohn was freue ich mich, dass Du so einen guten Friedenskameraden und eine so liebe alte Frau die Mutterstelle an dir tut gefunden hast. Gott segne diese lieben Menschen die meinem Kinde gutes tun. Grüße sie recht herzlich von mir, wenn ich da bin werde ich mich natürlich herzlich bei ihnen bedanken, und werde sie recht lieb haben und gutes tun. So mein heißgeliebter Sohn versuche es noch einmal bei deiner Eisenbahndirektion oder Behörde wo dich angestellt haben, wegen dem Zuzugsschein, und wenn du nicht kommen solltest dann weiß ich nicht, ich bin da zu alt um dir da zu raten. Der Herr Stellmacher meinte es kommen doch von drüben so viele rüber und fahren wieder zurück. Ja wenn Du nicht Ärger oder Unannehmlichkeiten haben wirst. Wenn Du rüberkommst dann teile mir recht deutlich die Grenzbahnstation mit, vielleicht kann ich dir dann bis an die Grenze schon entgegenkommen. Wenn Du den Schein oder sonst was schickst als Einschreibbrief schicken, das ist sicherer. Günter den ich solange bei mir hatte bekam die Zuzugsgenehmigung auch durch Einschreibbrief. Ach ja mein lieber Sohn vielleicht kannst Hertchen auch noch helfen dass sie in deine Nähe kommen kann. Dann habe ich doch 2 meiner lieben Kinder um mich. Es kommen jetzt so viele Transporte zurück aus Russland vielleicht ist Papa und Friedel auch bald dabei.

Deine Dich liebende Mutter.

Einen herzlichen Gruß an Deinen lieben Kameraden nebst Pflegemutter. Einen herzlichen Gruß von Herrn Simon, er ist die ganzen Jahre mein Beschützer und Lebensretter gewesen. Auch einen schönen Gruß von Günter (Edwins Neffe), er fährt diese Woche schon nach Hause (zu seiner Familie, aber nicht nach Ostpreußen). Grüße auch Edwin herzlich von mir"

Danach fanden Mutter und Sohn wieder zusammen und ein neues Leben im Weser-Elbe-Dreieck begann.

Nachdem das Unterwesergebiet am 27.4.1945 von britischen Truppen besetzt worden war, gehörte dieser Teil Westdeutschlands zur britischen Besatzungszone. Der Hafen der Stadt Wesermünde, wie Bremerhaven damals hieß, sowie die Häfen in Bremen, Elsfleth, Brake und Nordenham hingegen wurden von der amerikanischen Armee als Versorgungsbasis genutzt. Bremen, bestehend aus den Städten Bremen und Bremerhaven, entstand neu oder besser wieder als kleinstes der deutschen Länder und wurde amerikanischer Verwaltung unterstellt. Der die Stadt Bremerhaven umgebende Kreis Wesermünde gehörte zum neu gebildeten Land Niedersachsen und unterstand damit englischer Militärverwaltung in Hannover.
Dies wäre auch nicht besonders erwähnenswert, hätte es später nicht einige praktische Auswirkungen auf das Leben der umliegenden Bewohner gehabt, lagen doch Kreisstadt und verkehrstechnisch gut zu erreichende Schulen in einem anderen Bundesland.

Über die Bahnstrecke Bremerhaven-Bremen und weiter Richtung Süden verlief die Hauptversorgungsader der amerikanischen Besatzer, Waggons gefüllt mit jeder Art Nachschub, ein unwiderstehliches Ziel für unterversorgte Anrainer, wozu auch Einwohner der Dörfer Freschluneberg und Westerbeverstedt gehörten. Natürlich waren die Züge gut bewacht, aber wozu waren Ausbildung und Erfahrung der zurückgekehrten Soldaten und der älteren, nicht mehr zur Wehrmacht eingezogenen ehemaligen HJ-ler denn noch gut, wenn nicht zur Anwendung in schwierigen Zeiten. Nein, keine Einzelheiten, dieses Kamel bleibt in der Oase, sollen andere das Gras fressen, was längst darüber gewachsen ist.

Rheinländer, denen an dieser Stelle der Ausdruck „fringsen" in den Sinn kommen mag, bitte ich doch zu beachten, dass Kardinal Frings in seiner Rede zu Silvester 1946 gesagt hatte*:*

„Wir leben in Zeiten, da in der Not auch der Einzelne das wird nehmen dürfen, was er zur Erhaltung seines Lebens und seiner Gesundheit notwendig hat... Aber ich glaube, dass in vielen Fällen weit darüber hinausgegangen worden ist."

Wie auch immer, jedenfalls wurde in unserer Familie **Labskaus** später praktischerweise mit Corned Beef zubereitet.

Verloren gegangene Jahre können sicher nicht nachgeholt werden, die Zukunft konnte man aber wieder selbst gestalten, und so wurde keine Zeit verloren, die übrig gebliebene Familie wieder zusammengeführt und eine neue begründet.

Gleichzeitig musste eine Arbeit her, ein Haus gebaut und die Versorgung mit landwirtschaftlichen Produkten für das tägliche Essen sichergestellt werden. Irgendwie hing dabei alles mit allem zusammen. Arbeit gab es bei der Bahn, ein Stück trockenes und in normalen Zeiten ökonomisch nicht sinnvoll zu nutzendes Land gab es zur Bewirtschaftung von der Gemeinde.

Eingebettet war das alles in eine langsam neu entstehende Normalität mit gesetzlichen Rahmenbedingungen wie:

- 1947 – Bewirtschaftungsnotgesetze in den Westzonen
- 1948 – Gründung der Bundesrepublik Deutschland am 23.Mai (die DDR folgte im Oktober)
- 1949 – Soforthilfegesetz
- 1952 – abgelöst vom Lastenausgleichsgesetz
- 1952 – Errichtung der EGKS (Europäische Gemeinschaft für Kohle und Stahl)
- 1957 – EWG (Europäische Wirtschaftsgemeinschaft)

Zur Normalität gehörte aber auch die Tatsache, dass sich die Bevölkerung in Niedersachsen bis 1947 um 50 % erhöht hatte und nicht alle, vorsichtig formuliert, damit einverstanden waren und insbesondere Angst hatten, dass ihre Lebensweise sich komplett ändern würde.
Dies ist ganz gut nachzulesen in: *„Kalte Heimat - Andreas Kossert im Siedler-Verlag"*.

Und wie viele andere war auch unsere Familie betroffen. Auch wir waren nicht nur dabei, sondern mittendrin in den Kompromissen, beim Austausch von Erfahrungen, im (Er)Leben von Integration.

Im neu gebauten Haus (Bild: schon mit Anbau) wurde nur hochdeutsch gesprochen. Geheizt wurde mit Torf (Bild unten: Torfstecher-Besteck), gekocht wurde ostpreußisch oder norddeutsch und gemischt. Es wurden im Wald, auf Wiesen, an Feldwegen Beeren, Pilze,

Bucheckern, Blätter, Kräuter, etc. gesammelt. Das Feld brachte zwar nur wenig Getreide, eigentlich nur Roggen, die Kartoffelmenge war auch eher gering, dafür von ausgezeichneter Qualität (genauso wie der **Butterkuchen** für die fleißigen Sammler), und damit eine gute Basis für die vielen nahrhaften und wohlschmeckenden Gerichte auf Basis dieser Knolle (von Bratkartoffeln, Stampfkartoffeln, **Kartoffelsalat, -suppe, -klöße und -puffer** damals bis **Kartoffeln (Savoyer Art), Gratin und Döppekooche** heute).

Auch die Schweine, die damit großgezogen wurden, entwickelten sich prächtig; die Fleischqualität wurde vor dem Schlachten noch gesteigert, indem die Oma mit ihrem Enkel zusätzlich Eicheln, Bucheckern und Kastanien sammelte und hinzu fütterte. Selbstverständlich hielt man weiteres Nutzvieh wie Hühner, Kaninchen, Enten, Gänse und Schafe. Der Garten hinter dem Haus war zu der Zeit ein reiner Nutzgarten mit allem, was man so in der Küche brauchte. Bei der Hausschlachtung durften wir Kinder nicht direkt daneben stehen, und wollten das auch gar nicht. Aber man konnte vom Bodenfenster aus unbemerkt zusehen. Am Abend des Schlachttages gab es die Fleischbeschau, danach gab es kleine Fleischstückchen, mit viel Pfeffer scharf im frischen Fett gebraten, und zwar für den Vater, den Fleischbeschauer und den ältesten Sohn. Das war glücklicherweise ich. Nur vom Schnaps bekam der Sohn nichts ab. Überhaupt sollte sich die ganze Konstellation als ein einziger Glücksfall für mich herausstellen: Hoferbe ohne Hof, der bäuerlich zupackende Hintergrund von Eltern und Großmutter und die daraus entstehende tägliche Versorgungssicherheit, die Erfahrung der Eltern, dass das einzige, was einem nicht genommen werden kann, sich im Kopf befindet und das unbedingte Wollen, dass es den Kindern einmal besser gehen soll.

So gesehen waren diese frühen Jahre, trotz diverser Einschränkungen durch fremd vermietete Zimmer (Wohnraumbewirtschaftung!), sich häufig einquartierender näherer oder entfernterer Verwandte oder auch Einblicken in das Leben einiger langansässiger Dorfbewohner und dergleichen mehr, für mich eine erinnerungsvolle Zeit. Heute kann ich sagen: sie ist positiv besetzt. Obwohl es andererseits schon ungewohnt war, zu Besuch auf einem alteingesessenen Bauernhof, als Abendessen Milchsuppe und Bratkartoffeln im Kreise der Bauernfamilie, Mägde und Knechte mit dem Löffel direkt aus

Kumme (eine große Schüssel) und Pfanne zu essen. Dann doch lieber Hoferbe ohne Hof. Gerne bezeichne ich jüngeren gegenüber diese Art Essen als „Ostfriesen-Fondue“, ganz sicher nicht korrekt, da es sich weder um Ostfriesen, die sitzen zwischen Ems und Weser, noch um ein Fondue handelte. Auch an die zarten gebratenen jungen Wildkaninchen, die es eines Abends bei uns gab, habe ich eine deutlich positivere Erinnerung als meine jüngeren Geschwister. Wir hatten unseren Vater zum Feld begleitet, spielten herum, als er uns fragte, ob wir mit ihm Häschen gucken wollten. Natürlich, aber dazu mussten sie erst aus dem Bau kommen. Wir wurden also jedes auf eine Ausgangsröhre gesetzt, dann wurde heftig getrommelt, die Kaninchen nahmen den Fluchtausgang und schwupp, wurden sie vom Vater geschnappt und per Handkantenschlag zur Grundlage des Abendessens gemacht. Das Geschrei der Geschwister war groß, das Essen dafür ein Genuss. Und die kleine Geschichte fällt mir immer sofort ein, wenn ich über ein einfaches Rezept, also beispielsweise **Kaninchen im Ofen gegart**, stolpere. Wenn ich mich richtig erinnere, gab es für die jüngeren Geschwister **Blaubeer-Pfannkuchen** als Trostpflaster. Das war ganz bestimmt keine schlechte Alternative.

Und nein, ich werde keinesfalls anfangen, darüber nachzudenken, ob nicht die deutsche Sprache mit ihren Möglichkeiten, völlig unterschiedliche Begriffe kombinieren zu können, geradezu ideal ist, Handlungen oder Aussagen in ihrem Inhalt zu verwischen und vom eigenen Unvermögen oder eigener Unfähigkeit abzulenken:

- planlos vorgehen - keine Vorstellungskraft entwickeln
- keinen Mut haben sich als machtlos darstellen
- etwas gedankenlos tun sich keine Zeit zum Nachdenken nehmen
- alternativlos entscheiden (ängstlich) einen Aus(Flucht)weg nehmen (wie die Kaninchen)
- Beute (Kaninchen) los zurückkommen hungrig ins Bett müssen (nicht für uns Kinder)

Auch kann ich mich undeutlich erinnern, dass ich in diesen Vorschuljahren von der Großmutter zu einem Ostpreußentag irgendwo Richtung Zonengrenze mitgenommen worden war. Es war heiß, im Bus war mir schlecht, die Redner und Reden waren langweilig (abgesehen davon, dass ich den Inhalt sowieso noch nicht verstehen konnte). Allein das Eis vor der Rückfahrt ist mir sehr positiv in Erinnerung geblieben. Vielleicht lag es an dieser misslungenen Tour, dass ich später mit Vertriebenenverbänden nicht wirklich etwas anfangen konnte.

(Impression statt leerer Seite: Kein Grund zur Aufregung, ist noch lange nicht Schluss)

Schule. Teens, nicht Twens

Und dann kam endlich die Schule.

Selbstverständlich war man darauf vorbereitet worden, zu der Zeit und auf dem Dorf natürlich ohne Kindergarten. Und von einer Kinderkrippe oder Kita hatten auch die Erwachsenen und selbst die Leute aus der Stadt noch nichts gehört. Die Aussicht, bald richtig lesen, schreiben und rechnen zu können (ein wenig ging es ja schon) war großartig, und insbesondere die Aussicht auf eine gut gefüllte Schultüte.

Apropos die Leute aus der Stadt. Eine ganz andere Spezies Mensch. Mit einer ganz anderen Lebensweise, anderen Essgewohnheiten, ungeahnten Spielmöglichkeiten und Festen, überlegenem Wissen, eingebettet und warmgehalten in einer großen Menge anderer Menschen, diese noch dazu nicht weit weg wohnend und nicht miteinander bekannt. Auch wir hatten einige wenige Verwandte, die in der Stadt wohnten. Nun ja, manche unserer Spiele kannten sie nicht, auch verwechselte ein Cousin schon mal Schweine und Kühe, aber alles in allem waren sie immer gut als Begründung, warum man etwas so oder doch anders machen sollte.

Die Volksschule war eine typische Dorfschule mit drei (3) Klassenräumen, einen für die erste und zweite Klasse, den zweiten für die dritte und vierte und einen weiteren Raum für die „großen Schüler" der fünften bis achten Klasse. Es gab zwar auch größere Kinder in der unteren Klasse, zum Teil dem unterschiedlich schnellen Wachstum geschuldet, andererseits der Inklusion. Man hätte zwar nicht gewusst, was Inklusion eigentlich bedeutet, aber die lernschwächeren oder auch leicht behinderten Kinder gingen selbstverständlich in die gleiche Schule und Klasse und wurden halt etwas später aus Altersgründen versetzt. Es war zwar irgendwie blöd, dass sie in der ersten Reihe saßen und man um sie herum schauen musste, andererseits hatte es den Vorteil, dass der Lehrer nicht immer alles sehen konnte, was hinter ihnen so passierte; das Leben in der Schule ist eben auch nur ein Kompromiss.

Der Klassenlehrer legte sehr viel Wert auf das möglichst rasche Erlernen der „basics", also Lesen, Schreiben und Rechnen. Vor den Sommerferien im zweiten Schuljahr, am 12. Juli 1956, gelang es mir, den „Einmaleins-Führerschein" abzulegen. Dabei musste man im Kopf und möglichst schnell, vom Lehrer gestellte Additions-, Subtraktions-, Multiplikations- und Divisions-Aufgaben bis hundert (100) lösen.

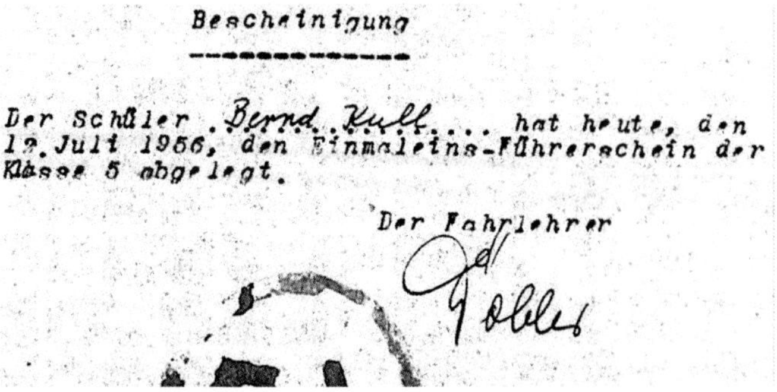
Bescheinigung

Der Schüler Bernd Kull ... hat heute, den 1[illegible].Juli 1956, den Einmaleins-Führerschein der Klasse 5 abgelegt.

Der Fahrlehrer

Im Jahr darauf war ich im Bertelsmann-Volkslexikon bis zum Buchstaben „U" vorgedrungen und konnte in der Schule auf die Frage nach Wörtern mit der Silbe „uni" zu der bereits genannten Uniform bzw. Universität noch Universum und United States beisteuern. Bei letzterem handelte es sich um das damals modernste Passagierschiff der Amerikaner im Liniendienst zwischen Bremerhaven und New York und wurde von mir, so wie man schreibt, auch ausgesprochen (heute sollte es wohl genau anders herum sein). Immerhin, wenigstens der Lehrer wusste (oder tat jedenfalls so), was ich damit gemeint haben könnte.

Das Essen war richtigerweise den Erfordernissen eines Schulkindes angepasst worden. Also gab es etwa zu Mittag ...viel Gemüse, Fleisch und Kartoffeln, Kompott oder Obst... und zu Abend ...Wurst, Schwarzbrot, Butter oder Käse, besonders zu empfehlen Quarkkäse, und Milch... *(schon in „Ich kann kochen" Berlin und Wien 1909, Ullstein-Verlag empfohlen).*
Ein Sonntagsessen bestand fast immer aus Vor-, Haupt- und Nachspeise. Typisch waren als Vorspeise **Leber mit Äpfeln und Zwiebeln,** als Hauptgang **Ente(n) gebraten (mit Rotkohl und Salzkartoffeln)** und zum Nachtisch **Vanillepudding mit Erdbeeren** oder auch **Grießpudding mit Fliederbeeren** oder **Rote Grütze**. Die Anzahl der Enten richtete sich nach dem Bedarf der Kinder, heranwachsende Jungen benötigen mehr Eiweiß als kleinere Kinder oder Mädchen, und der Anzahl der Esser. Es waren doch häufiger Verwandte im Haus. Mit zunehmendem Bedarf an Menge, und auch der Abwechslung wegen, gab es später Gänse und noch viel später auch Pute (also einen **Truthahn**). Aber eindeutiger Sieger, geschmacklich gesehen, waren die Enten, schön braun gebraten, gefüllt mit einer Masse aus Äpfeln, eingeweichten Brötchen, abgeschmeckt mit Majoran und Beifuß, dazu Salzkartoffeln oder Klöße (nur löffelgroß, schmeckten aufgebraten sogar noch besser) und Rotkohl. Eltern und Großmutter begnügten sich eigentlich immer mit dem Entenklein, d.h. Hals, Kopf, Füße, Magen, Herz sowie der kross gebratenen Haut. Manchmal diente das Entenklein auch einem eigenständigen, von den Erwachsenen heißgeliebten Gericht, dem **Schwarzsauer**. Von Schwarzsauer-Rezepten, egal ob mit Enten-, Gänse- oder Hühnerklein und dem Blut der frisch geschlachteten Tiere, gibt es viele Varianten; aber ganz egal welches und in welchem Teil der Welt, ich habe dieses Essen nie gemocht (aber ich trinke ja auch den Kaffee der Farbe wegen nie schwarz). Einmal sollten meine Schwester Gitti und ich, unser Vater bestand darauf, in jedem Fall die Teller leer essen und nicht nur die

Beilage, wie wohl vorher immer. Im Gegensatz zu den kleineren Geschwistern wären wir alt genug, um zu lernen, dass man sich beim Essen nicht nur die „Rosinen" herauspicken kann. Daher durften wir nicht aufstehen bevor der eigene Teller leer war. Wir blieben also sitzen und verweigerten die restliche Nahrungsaufnahme. Immer wenn der Vater aus dem Zimmer ging, probierte die Mutter, ob die Speise noch warm war. Es blieb aber doch noch etwas auf den Tellern zurück. Schließlich musste der Vater zur Arbeit, ließ sich aber von seiner Frau versprechen, die Kinder erst aufstehen zu lassen, wenn die Teller leer sind. Wir blieben sitzen, die Mutter auch. Eine wirklich verfahrene und kaum zu lösende Situation. Schließlich musste die Mutter, ich glaube wegen eins der kleineren Geschwister, einige Minuten aus dem Zimmer, nicht ohne uns zu ermahnen, dass sie erwarte, bei ihrer Rückkehr geleerte Teller vorzufinden. Eine klassische Konfliktlösungsstrategie geradezu (Über) Merkel'scher Dimension, noch dazu ohne Coach und externe Beratung. Wir schnell die Teller gegriffen, raus in den Garten und das Zeug verbuddelt. Als sie zurück ins Zimmer kam, ich bin sicher, dass sie die Zeit gut abgemessen hatte, ein Blick zu den Tellern: „Oh, ich sehe sie sind leer, jetzt könnt ihr aufstehen". Schon war die Situation gerettet und selbstverständlich das Versprechen, uns nicht vom Tisch aufstehen zu lassen bevor die Teller leer sind, gehalten.

Unsere jüngste Schwester kam im Oktober 1958 zur Welt. Natürlich zu Hause; ins Krankenhaus ging man damals nur, wenn es wirklich notwendig war, also z.B. bei Operationen, d.h. praktisch nie. Um die Mutter und Großmutter etwas zu entlasten und die Kinder abzulenken, wurden wir schon mal zu Verwandten geschickt. So war ich in dem Zeitraum dann auch ein paar Tage bei Tante D. und Onkel F. in der Stadt. Sie wohnten in der Nähe des Zollinlandplatzes, der Spielstätte des Oberligavereins Bremerhaven 93, einem unangenehmen Gegner für den HSV, Werder Bremen, St.Pauli, Hannover 96 und den anderen Vereinen der Oberliga Nord. Ungeliebt vom Gegner wegen der Kampfstärke und des unangenehmen Windes, besonders bei Regen, auf dem offenen Platz. Der Name Zollinland impliziert schon, dass es auch ein Zollausland gegeben haben muss, und das war das Gebiet des Überseehafens. Teil des Hafenareals war die Columbuskaje, ein Ort großer und sehnsüchtiger Gefühle, denn hier legten die großen Passagierschiffe an und ab, zur damaligen Zeit natürlich auch die großen amerikanischen Truppentransporter. Und so habe ich wohl die Abfahrt von P 115 „USS General G. M. Randall" miterlebt, jenes Schiffes, das am 01. Oktober 1958 um 08:56 in Bremerhaven festmachte und Elvis Presley an Bord hatte. Der war für mich aber damals absolut noch kein Thema. Wesentlich interessanter und irgendwie ergiebiger war das Ablegen des Schiffes. Die Besucherplattform war voller Menschen, eine Kapelle spielte Musik und beim Leinen los „Muß i denn zum Städele hinaus", junge Frauen, vielleicht Freundinnen, Bräute oder auch nur Abendbekanntschaften (Bremerhavens Nachtleben stand dem in St. Pauli nicht nur in Nichts nach, nein die Servicekräfte waren auch geschickter, wenn die Aussage eines Onkels denn stimmte, dass eine der meist blonden Bedienungen zwei Gläser Weinbrand zusätzlich auf ihrem Oberbau den Gästen servieren konnte), weinten und winkten, und die GI`s warfen Kaugummis und Bonbons. Ganz so wie im Karneval, wie man später im Fernsehen feststellen konnte. Weiter ging es in die Tiergrotten, dem „Zoo am Meer" der Stadt und danach in die Fischbratküche, also zu „Fish-and-Chips" aber besser, da der Kabeljau ganz frisch war, nicht so fettig und pampig frittiert wurde wie heutzutage auf der Kirmes, es statt Pommes und Essigwasser **norddeutschen Kartoffelsalat** dazu gab und als Getränk Ananassaft „Anjala". Immerhin besaß Bremerhaven zu der Zeit den größten Fischereihafen Europas.

Überhaupt ein sehr bemerkenswerter Fisch dieser Kabeljau, Gadus Morhua, nicht nur ein exzellenter Speisefisch, sondern der Fisch von dem gesagt wird, dass er die Welt verändert hat *(„Cod – A Biography of the Fish that Changed the World – by Mark Kurlansky 1997")*.

Die wichtigsten Kabeljaubestände lagen im Nord-Atlantik, und zwar vor Neu-England (Cape Cod) und Neu-Fundland in Nordamerika und vor Norwegen und Island.
Baskische Fischer hatten lange vor Columbus (und wohl auch vor Recep Erdoğans muslimischen Seefahrern) Amerika, d.h. die reichen Fischgründe im Norden entdeckt, diese Tatsache aber für sich behalten, um keine Konkurrenten um den in Südeuropa beliebten Stockfisch (Bacalão) heranzuziehen. Der Fisch in seiner getrockneten Form versorgte später auch die karibischen und amerikanischen Plantagenbesitzer mit kostengünstigem und hochwertigem Protein und ermöglichte so, wenn auch nur indirekt, die auf Sklavenhaltung basierende extensive Plantagen-Wirtschaft. Zwischen den europäischen Mächten gab es im Laufe der Jahrhunderte eine Vielzahl an Auseinandersetzungen um die Fanggebiete vor Island. Während es der Hanse noch gelungen war, britische Fischer von Island fernzuhalten, es gab noch näherliegende alternative Fangplätze, die Technik war nicht weit genug fortgeschritten und, vor allem, die englischen Konsumenten verlangten frischen Fisch, keinen Stockfisch, führten die Ausweitung der Schutzzonen von ursprünglich 3 sm auf 12, 50 und schließlich 200 Seemeilen zu mehreren Kabeljaukriegen zwischen Großbritannien und Island, auch (West-) Deutschland war beteiligt. In diesen Auseinandersetzungen wurde nicht wirklich scharf geschossen, stattdessen abgedrängt, gerammt und das Fanggeschirr den Trawlern abgeschnitten, bis sich im Jahr 1976 die 200-Meilen-Zone schließlich endgültig durchgesetzt hatte. Der Niedergang von großen Fischereihäfen an der Nordsee, wie z.B. Grimsby, Hull, Ijmuiden und Bremerhaven, war nicht mehr aufzuhalten. Für mich jedenfalls ist frischer Kabeljau (bzw. Dorsch, Skrei, Cod) der Fisch schlechthin. Ein dickes Stück (und die Betonung liegt auf „dick") **Kabeljau-Filet auf der Haut gebraten** ist kaum zu toppen.

Übrigens, ein guter Platz, dieses simple Gericht in einem passenden Ambiente zu probieren, ist das teurere der Restaurants an Bord der Color-Line Fähre von Kiel nach Oslo, und zwar bei ruhigem Wetter vor dem Panorama-Heckfenster sitzend und möglichst auf der Rückfahrt bei Sonnenuntergang; Tischreservierung dann allerdings empfohlen.

Aber natürlich passt der Fisch auch in eine richtig kräftige Suppe, norddeutsch, britisch oder als **New England Chowder**.

Die Versorgung zu Hause verbesserte sich weiter. Das Dorf hatte ein Kalthaus gebaut und die Einwohner konnten Gefrierfächer mieten. Damit waren das ganze Jahr hindurch jederzeit tiefgekühlte Enten, Erdbeeren und Gemüse, um nur ein paar Beispiele zu nennen, für das Sonntagsessen greifbar. Es musste nur eins der Kinder mit dem Rad zum Kühlhaus fahren und die entsprechenden Sachen holen. Allerdings hatte das Kalthaus in Westerbeverstedt einen entscheidenden Nachteil, und zwar mussten die einzulagernden Lebensmittel, bevor sie in das eigene abschließbare Fach kamen, im für alle zugänglichen sog. Vorfrostraum tiefgefroren werden. Technisch gesehen eigentlich ganz ok, leider verloren aber speziell unsere bestens genährten Enten (zu) häufig sehr viel an Gewicht und Qualität. Daher wurde das Fach im Kalthaus bei Aufkommen von Kühltruhen sofort durch eine solche (später zwei) ersetzt. Das Wissen, genügend Vorräte im Haus zu haben, stellte für die Generation unserer Eltern einen wichtigen Teil ihrer Lebensqualität dar. Unsere Mutter hatte noch mit 85 Jahren, allein lebend in ihrer Wohnung in Bad Breisig, eine Kühltruhe in Betrieb; wir konnten sie beim Umzug überzeugen, die zweite an eine Familie mit kleinen Kindern abzugeben. Aber dank Eismann und Co. waren auch mit nur einer Kühltruhe für hereinschauende oder zu Besuch weilende Enkel und Kinder jederzeit genügend Eis und andere Vorräte greifbar.

Ein weiteres einschneidendes Ereignis Ende der 50er Jahre war die Begradigung des Beeks (Dohrener Bach). Dieser kleine, stark mäandernde Wiesenbach, geprägt durch flache, schmale, schneller fließende Bereiche und dazwischen liegende tiefe Kuhlen, verursachte jedes Jahr wiederkehrende Überschwemmungen und sorgte für einen hohen Grundwasserspiegel, war aber vor allem im Sommer ein familiengeeignetes Spiel- und Angelgewässer. Man konnte Schwimmen lernen, die Kinder wurden samstags dort gebadet, überzählige Katzenjunge im Sack ertränkt, Schiffchen zu Wasser gelassen, und es wurde geangelt, mit allem was selbst herstellbar war. Angefangen von Stichlingen, über Barsche, Weißfische, Aale konnte man sogar Hechte fangen. Letztere gingen zwar nicht häufig an die Angel, waren auch nicht besonders groß, dafür aber sehr begehrt. Ich habe damals nur einmal einen Hecht gefangen und auch nur aus Versehen. Einer dieser Abende ohne jeden Biss, langweilig bis zum zappelig werden. „Geh doch den Bach ein Stück weiter rauf oder schon nach Hause", schlug der Vater genervt vor. Also ging ich ein Stück weiter weg, warf die Angel mehr aus Trotz an einer schmalen, flachen Stelle aus und widmete mich den Frühlingsblumen auf der Wiese. Auf einmal ein Ruf: „Was ist mit deiner Angel!" Die hatte sich von selbst in Bewegung gesetzt. Beim Rausholen dann die Belohnung für den geduldigen Angler: ein kleiner, etwa 50 cm langer, feiner Hecht. Mit dieser Beute ging es sofort nach Hause, wurde Großmutter, Mutter und jüngeren Geschwistern gezeigt und auf die Frage: „Wo ist Vater?" leichthin geantwortet: „Der muss noch bleiben, der hat noch nichts gefangen", um sich dann der Frage nach der Zubereitung des Fisches zuzuwenden. Ich glaube, der Hecht wurde am nächsten Tag gebraten, heute würde ich für ein größeres Exemplar das Rezept **Hecht aus dem Ofen** empfehlen. Die Begradigung des Beeks zog sich über mehrere Monate hin. Dabei wurden immer Bereiche abgetrennt, in denen sich die Fische sammelten und dann einfach mit dem Kescher herausgeholt werden konnten. Es gab also für einige Zeit Barsche und Weißfische im Überfluss, der Bach dagegen war nach der Begradigung ökologisch tot. Bei der Verarbeitung dieser großen Mengen an eher kleinen und grätenreichen Fischen liefen Mutter und ostpreußische Großmutter zur Höchstform auf. Sie wurden roh oder gebraten süß-sauer oder in Gelee eingelegt; die kleineren wurden als Basis für Fischsuppen genommen und die Filets darin verarbeitet. Nur große Aale gab es keine, die waren zu erfahren, um sich so einfach einschließen zu lassen.

So gingen die Tage dahin und auch die ersten vier Grundschuljahre. Die Zeugnisnoten waren ganz ok, überwiegend 2er und 3er. Es gab eine 1 für einen Tag entschuldigt gefehlt sowie eine 5 in Musik. Mit Ausnahme des 2. Halbjahres in der 3. Klasse hatte ich in der Volksschule stets eine 5 in Musik; die 4 gab es auch nur, weil in dem Halbjahr ausnahmsweise immer zwei Schüler zusammen vorsingen mussten und der Lehrer dem armen Mitsänger keine 5 verpassen wollte. Ja, ja, so spielt das Leben, mitgefangen, mitgehangen oder hier mitgesungen, mitbenotet. Gleichwohl gab es eine Empfehlung für das Gymnasium. Da dieses aber in Bremerhaven lag, also einem anderen Bundesland als Niedersachsen, war eine mehrtägige Aufnahmeprüfung unumgänglich. Geprüft wurde dabei in erster Linie wohl nicht das Potential, sondern der aktuelle Wissensstand der Kandidaten vom Land. Im Rechnen, die prüfenden Lehrer sprachen von Mathematik, musste ich zur Tafel, um zu zeigen, wie eine 4-stellige Zahl schriftlich durch 12 geteilt wird. Jetzt waren wir in der Dorfschule noch nicht bis zum schriftlichen Teilen vorgedrungen. Ob dies am Lehrplan, an der Zusammensetzung der Schüler, der gelebten Inklusion oder am Lehrer gelegen haben mag, wollen wir mal dahingestellt sein lassen. Jedenfalls teilte ich die gestellte Aufgabe im Kopf, schrieb das Ergebnis an die Tafel und wollte mich setzen. Das ging aber nicht, da der Lehrer den Ablauf des schriftlichen Teilens mit mir vor allen Schülern durchnehmen wollte; ich glaube, in dem Moment begann ich zu stottern, eine Angewohnheit, die ich bis einschließlich der 10. Klasse durchhalten sollte und erst beim Wechsel von der 10. in die 11. Klasse einer anderen Schule ablegte. Ich hatte mir überlegt, dass die neuen Lehrer und

Mitschüler ja nichts von der Stotterei wissen konnten, warum also damit weitermachen. Die Prüfung ging, glücklicherweise wie mir später klar wurde, daneben. Das allgemeine Wissen aus dem Volkslexikon und den vielen Abenteuerbüchern (Bertelsmann sei Dank) reichte nicht aus; ich ging daher nicht auf ein Gymnasium. Allerdings kam ich trotzdem auf eine Schule in der Stadt, denn im Land Bremen war Englisch bereits ab der 5. Klasse Pflicht, in Niedersachsen gar nicht, und um doch noch nach der 6. Klasse eine weiterführende Schule besuchen zu können, war es einfach notwendig, auf eine Grundschule nach Bremerhaven (Bild links: Hermann-Löns-Schüler beim Ausflug) zu wechseln. Dies war für die Eltern mit Mehrausgaben verbunden, Bremen hatte bereits Schulgeldfreiheit, Niedersachsen nicht, also mussten Schüler aus Niedersachsen Schulgeld zahlen (ein Hoch dem Kultur-Föderalismus).
Nach der 6. Klasse stand ein weiterer Schulwechsel an, diesmal hatte ich eine Empfehlung für das Gymnasium im Land Bremen, hätte also ohne Prüfung wechseln können, aber jetzt wollte ich nicht mehr und ging daher auf eine Mittel- (Real) Schule. Es war eine gute Entscheidung. Die Schule war konservativ und irgendwie fortschrittlich zugleich. Die Zahl der Schüler in der Klasse lag bei ungefähr 30-35, die Mädchen waren leicht in der Überzahl. Während die Mädchen in Handarbeit unterrichtet wurden, hatten wir Jungen Werken. In der letzten Mittelschulklasse wurden Jungen und Mädchen aufgeteilt, die Mädchen mussten ebenfalls werken, die Jungen tatsächlich kochen. Das war nun eine wirkliche Herausforderung, durfte ich zu Hause nur zum Probieren in die Küche. Wenn ich mich richtig erinnere, war die Lehrbeauftragte vorher Hauswirtschaftsmeisterin an einer deutschen Botschaft in Asien gewesen. Frau v. S. hatte nicht die Absicht, mit guten Noten um sich zu werfen, sondern wollte uns Schülern den nachhaltigen Umgang mit frischen Lebensmitteln und deren Zubereitung beibringen. Es gelang mir, trotz fehlender Begabung ein „befriedend" zu ergattern; immerhin war ich derjenige, der vor jeder Doppelstunde die 50 Pfennige Kostenbeitrag von allen Schülern einzusammeln hatte. Dann wurde auf dem Markt eingekauft, Gemüse, Fleisch, Fisch, anschließend gekocht und das Ergebnis bewertet. Die Gruppe, heute würde man wohl von Team sprechen, zu der ich gehörte, dümpelte eigentlich immer so im Mittelfeld herum. Ausnahme war das Backen von **Windbeuteln**, Nomen est Omen. Unsere waren einfach hervorragend gelungen, schön aufgegangen, dabei leicht und geschmacklich fast perfekt. Damit war die Note 3 und langfristig der Bezug zum Kochen gesichert, ein für mich wichtiger Baustein im Rahmen der gesamten Schulbildung.

Mit Abschluss der 10. Klasse (Bild rechts) war die Schule für die meisten Mitschüler vorbei, Aufnahme einer Arbeit oder Lehre standen an. Aber was sollte man bloß werden.

Ich entschied, mich nicht zu entscheiden und doch noch auf ein Gymnasium zu wechseln. Von der Mittelschule konnte man, bei entsprechenden Noten, ohne weitere Prüfung in die 10. Klasse eines Gymnasiums oder einer Wirtschaftsoberschule wechseln, direkt in die 11. Klasse nur mit einer zusätzlichen Prüfung. Dieses Mal bestand ich. Hilfreich dabei war, dass man sich vorher entscheiden musste, ob man ein humanistisches, Wirtschafts- oder mathematisch-naturwissenschaftliches Gymnasium anstrebte. Letzteres erschien sinnvoller und der Erfolg gab mir dann auch Recht.

Zufälliger- und glücklicherweise wurde der Schuljahresanfang in (West-) Deutschland in dieser Zeit von Ostern, also März/April, auf den Sommer, Juli, August (bzw. September in Bayern und Baden-Württemberg) im Jahr verlegt. So brauchte ich praktischerweise nur zwei (2) volle Kalenderjahre für die 11. – 13. Klasse. Und weil meine neuen Klassenkameraden Französisch als 2. Fremdsprache abgewählt und dafür Latein genommen hatten, ist im Abiturzeugnis sogar das „kleine Latinum" aufgeführt. Da die Lateinlehrerin, sie war die einzige, die dieses Fach an der Schule unterrichtete, in der Zeit auch noch Nachwuchs bekam, reichen meine Kenntnisse dieser Weltsprache seitdem immerhin aus, in den später nicht nur bei Studenten populären Asterix-Heften die „lateinischen" Sprechblasen verstehen zu können, ein weiterer wichtiger Bildungsbaustein. Leider konnte ich, trotz dieser motivierenden Note, weder Arzt noch Apotheker werden. Ein Arzt muss nach meiner festen Überzeugung Blut sehen und schon im Gesicht des Patienten mögliche Krankheiten erkennen, ein akademisch ausgebildeter Apotheker einen drogerieähnlichen Laden wettbewerbsfähig führen können; beides lag nicht im Bereich meiner Möglichkeiten. Gärtner, Land- oder Forstwirt hatte ich schon in sehr jungen Jahren wegen im praktischen Einsatz erwiesener Nichteignung als mögliches Berufsziel fallen lassen müssen. Es half alles nichts, ich musste mir, da die Schulzeit sich nicht mehr verlängern ließ, doch etwas anderes suchen. Aber bevor ich dazu komme, ein Blick zurück auf die Schulzeit in Bremerhaven.

Was für ein Unterschied zum Leben auf dem Land. Sobald der Zug morgens den Dorfbahnhof verlassen hatte, war man praktisch bis zum Nachmittag, später bis in den Abend hinein, nicht mehr erreichbar. Telefon gab es bis Mitte der 60er Jahre zu Hause noch nicht. Die Schule inklusive Zusatzstunden am Nachmittag hatte absoluten Vorrang, der Zug konnte verpasst werden, dem Schulerfolg wurde familiär alles untergeordnet, d.h. Aufgaben im Haus oder Garten entfielen praktisch komplett. Kurzum, so etwas wie Freiheit und Unabhängigkeit stellte sich ein. Allerdings konnte dieser Status nicht völlig „ohne Gegenleistung" erreicht und beibehalten werden. Man fühlte sich gefordert, ausgesprochene oder auch nicht ausgesprochene Erwartungen, z.B. seitens der Eltern, jüngerer Geschwister, auch von Verwandten erfüllen zu müssen. Dies waren oder sind nicht unbedingt gute Noten oder ähnliches, sondern man war eher, bildlich gesprochen, so etwas wie ein Maßstab, an dem andere gemessen werden konnten. Über die Frage nach Glück oder Unglück, Vor- oder Nachteilen in Bezug auf die Position in der Familie, gibt es reichlich Literatur. Vieles was dort, vor allem angeblich statistisch untermauert, ausgeführt wird, ist so unzureichend abgegrenzt, dass es mehr über die Erwartungshaltung des/der Verfasser/s aussagt, als dass es hilfreich wäre, jede individuelle Situation nachvollziehen zu können. Fakt bleibt, dass ich ungefragt und ungewollt Mitglied der Peer Group „Erstgeborener" geworden und geblieben war.

Aber zurück zur Schulzeit, und damit ist nicht die Zeit in der Schule gemeint, in der Stadt. Ende der 50er, Anfang der 60er Jahre war der Wiederaufbau nach dem Krieg natürlich noch nicht komplett abgeschlossen. An Plätzen, Gebäuden, Straßen und Verkehrsmitteln war dies leicht zu erkennen. Die Anwesenheit der Siegermächte, aus großdeutscher Sicht Besatzer, war noch überall sichtbar. Neben dem Bremerhavener Hauptbahnhof gab es ein kleineres Gebäude als Wartesaal für amerikanische Militärangehörige und deren Familien. Eine andere Welt mit verlockenden Dingen wie Automaten für Eiskrem, Kaugummis, Bonbons und Cola, leider nur mit Dollar zu bekommen. Außerdem war der Zutritt für Deutsche (eigentlich) nicht erlaubt. Aber zu dieser Zeit war der Umgang miteinander bereits relativ entspannt. Und da Amerikaner im Allgemeinen eher freundliche Menschen sind, konnten wir doch häufiger 50 Pfennig (die kniende Frau) gegen eine 20 Cent Münze (Dime) für die Automaten eintauschen. Dieser Tauschkurs war eh weit entfernt von offiziell 4:1, und oft bekam man den Dime sogar geschenkt; in meiner Erinnerung ungleich häufiger von niedrigeren Dienstgraden und schwarzen Amis, und man konnte sein erstes Englisch nutzbringend anwenden.

In Erinnerung bleiben wird natürlich die Sturmflut vom 16./17. Februar 1962. Im Radio war, nach den Nachrichten und vor der Nennung der im Hafen zum Löschen und Stauen eingeteilten Vorarbeiter und Schichten („Gangs" genannt) bekannt gegeben worden, dass die Schule ausfällt. Am Montag darauf sollte es weiter gehen. Schon auf der Fahrt mit dem Zug in die Stadt konnte man viele abgedeckte Dächer und alle möglichen Sturmschäden sehen. In der Stadt selbst waren aber (fast) alle Schulen und viele öffentliche Einrichtungen noch immer geschlossen. Aber da wir nun schon mal da waren, es keinen Unterricht gab, konnten wir uns die Folgen der Sturmflut direkt am Deich und im Hafenbereich ansehen. Die Deiche hatten glücklicherweise unter Einsatz vieler Helfer, und insbesondere auch der US-Armee, gehalten. Dank des im Vorjahr fertiggestellten Sturmflut-Sperrwerks an der Geeste war dem Stadtgebiet Bremerhavens Schlimmeres erspart geblieben. Doch es war schon beeindruckend, Schiffe, auch größere, weit auf Land liegen zu sehen. So gesehen wurden wir Fahrschüler, wenn auch unbeabsichtigt, zu den ersten „Katastrophentouristen". Wir sollten noch viele Nachfolger haben, und zwar noch neugierigere mit Smartphone und Rückmeldung „Like it".

Ich glaube, in diese Zeit fiel für mich auch das erstmalige Verspeisen eines **Burgers**, zunächst keine besondere Offenbarung. Großmutters Klopse, frisch vom Warmhalteblech genommen und aus der Hand gegessen, waren eindeutig besser. Den späteren Siegeszug des Burgers gegenüber einem Bratklops (oder Frikadelle, Bulette, Fleischpflanzerl) als „Speise" führe ich zurück auf: nur reines Rinderhack, keine übertriebene Menge altbackener Brötchen in der Masse, stattdessen ein frisches weiches Drumherum und aus der Hand zu essen, nicht mit Messer und Gabel. Aber dafür gab es noch keine entsprechenden Restaurants. Eigentlich hätte eine Fischbratküche auf der Suche nach einem zweiten Standbein und einer klar formulierten Wachstumsstrategie der geeignete Ausgangspunkt gewesen sein können, aber wo sollte dort die Menge an Fleisch herkommen. Die Rinderherden im amerikanischen Westen waren trotz Überseehafen einfach zu weit weg. So eroberten halt McDonalds und Co. später diesen Markt.

In denselben Zeitraum fiel auch ein Wiederaufleben der Beziehungen zu einem Zweig der Familie aus Ostpreußen, den es in der Nachkriegszeit von Danzig an den Bodensee verschlagen hatte. Mit dem Begriff „verschlagen" ist gemeint, dass durch äußere Umstände, Zufall, Glück, was auch immer, man als Flüchtling an einen Ort oder in eine Region gekommen war, um sich dann bewusst zu entscheiden, dort zu bleiben. So waren R`s nach Überlingen gekommen und bauten, beginnend mit einem Bootsverleih, eine später sehr bekannte Segel- und Yachtschule auf. Die Frau bzw. Mutter der Familie war übrigens Lottchen, erwähnt im Brief vom 03.11.44 von Friedel an ihren Bruder Gerhard.

Das zukünftige Flaggschiff der Segelschule, eine schwere, nordmeererprobte Stahlyacht, gekauft 1962 und umbenannt in „Wappen von Danzig" (Bild rechts), lag im Fischereihafen in Bremerhaven.
In den Tagen vor der Überführung über Ems und Rhein an den Bodensee, glücklicherweise waren Herbstferien, konnte ich als Schiffsjunge Hans-Jörg, einem Mitglied der Segelschule, zur Hand gehen. Ich war definitiv mehr Last denn Hilfe, also eher Begleitung; arbeitstechnisch gesehen hätte es ein Bordhund auch getan. Jedenfalls wurde die Verbindung enger, man konnte in den Sommerferien (Bild rechts, mit Thomas R.) an den Bodensee fahren, und es wurde einige Jahre lang in Lunestedt ein Schwein mehr für R`s schlachtreif gezogen. Die Verbindung ostpreußischer Ostseeküsten-Küche mit der des schwäbischen Meeres ergab ganz neue Eindrücke, die im Laufe der Zeit immer mehr wurden: **süddeutscher Kartoffelsalat** (ohne Mayonnaise), Nudelgerichte wie **Maultaschen** oder **Spätzle** statt **Makkaroni-Auflauf** oder Spaghetti; Salate, die

nicht süß-sauer abgeschmeckt waren, Felchen statt Hering, **Gaisburger Marsch** und dergleichen mehr.

Auch der Weg zur Schule und zurück veränderte sich spürbar. Der Hauptbahnhof in Bremerhaven schaffte den Wartesaal 1. Klasse ab, erhielt ein Kino, das durchlaufend Filme zeigte, und am Schulweg gab es erste Tchibo- und Eduscho- Filialen. Mit anderen Worten, es wurde einfacher, ausfallende (oder geschwänzte) Stunden bis zur Rückfahrt zu verbringen. Die Zeit zwischen Eintreffen am Bahnhof, etwa 07:30, bis Beginn Filmvorführung um 09:00, konnte im Bahnhofsrestaurant verbracht werden. Häufig waren schon frühe, eigentlich eher späte Gäste da, Fischdampfermatrosen mit ihren Mädchen aus den Bars im Petroleumviertel, in bester Stimmung und meistens spendabel. Schließlich musste der Anteil am Fang nach den wirklich schweren Wochen auf See sinnvoll in die Wirtschaft reinvestiert werden. So früh am Morgen gab es natürlich noch keine große Speisekarte außer Frühstück, außerdem konnten wir Fahrschüler uns ja nichts leisten. Aber in Vorbereitung der Tageskarte waren **Hühner** für **Frikassee** schon gekocht und eine Tasse wirklich gute **Hühnerbrühe** für kleines Geld zu erhalten. Die mitfühlenden Matrosen akzeptierten auch fast alle, dass Jungs in unserem Alter mit einem Bier und Korn so früh am Tag nicht wirklich geholfen war.

So ging die Zeit dahin und wurde immer besser. Nicht nur, weil wir älter wurden; nein, es kamen Ben Hur, West Side-Story, James Bond Filme und, viel entscheidender, die Beatles, Rolling Stones und Kinks. Gut, es gab neben den Parka- noch die Dufflecoat- Träger mit ihrer Vorliebe für französische Chansons und Gauloises statt Chesterfield Zigaretten. Aber der Ausgang des Kulturkampfes stand eigentlich von vornherein fest. Mein Parka, und zwar ein original,nicht gefüttertes US-Army Teil M 1951, wurde an der Kapuze mit dem schön gemusterten Fell eines Kaninchens, das es mit einem Stallkollegen zum Sonntagsbraten geschafft hatte, von der Großmutter,ohne nach dem Warum zu fragen, veredelt; immerhin wurde das Karnickelfell damit seiner normalen Bestimmung als Rheumadeckchen entzogen.

Aber so ist das Leben, der „Spiegel" veredelte in Heft 4/1964 die Gauloises zur Zigarette der Intellektuellen, meine Großmutter nur einen Parka, aber damals stand mir der Parka näher. Das Jahr 1964 war schon besonders. Willy Brandt wurde zum Vorsitzenden der SPD gewählt, mich verließ erstmals eine Freundin, weil ich es wichtiger fand, das Debut der Beatles im deutschen Fernsehen live mit zu erleben, also praktisch gezwungen worden war, zum angesagten Date in der Eisdiele in der Stadt nicht zu erscheinen.
Das allsonntägliche, im Saal des Gasthauses aufgebaute Dorf-Kino hatte, trotz guter Erinnerungen an Filme mit Fuzzy, Freddy Quinn, Mau-Mau und niedrigerer Preise, anfänglich 50 Pfennig plus 5 Pfennig Heizkostenzuschlag im Winter, gegen die neuen Lichtspieltheater keine Chance mehr. Einmal noch wurde ein Film im Dorf-Kino erlebt: 1965 Ingmar Bergmanns „das Schweigen", aber auch nur deshalb, weil der Kinobetreiber nach Filmbeginn wegen des völlig überfüllten Saals einigen „älter" angezogenen, zahlungswilligen jungen Männern, die alle ihren Personalausweis vergessen hatten, erlaubte, diesen im Neben-

raum durch die für die Vorführmaschine ganz aufgeklappte Öffnung mitzugucken.
Im Übrigen hatte keiner der mir bekannten Erwachsenen des Dorfes nach eigenen Aussagen den Film gesehen. Es müssen wohl alles Leute aus der Stadt gewesen sein, die den Saal bis zum letzten Platz gefüllt hatten. Sei`s drum.

Die Wochenenden waren kurz, eigentlich zu kurz, denn es musste ja noch Samstags zur Schule gegangen werden, auch gab es wegen der Kurzschuljahre an diesem Tag eine nullte (0.) Stunde mit Beginn 07:15, so dass wir Schüler schon mit dem ersten Arbeiterzug fahren mussten, und das hieß Aufstehen 04:45. Nach dem Beat-Club (leider nur alle 4 Wochen) ging es dann in die Stadt in die Clubs bzw. Diskos. Viele lagen weit entfernt vom Bahnhof Richtung Überseehäfen. Dies hatte sicherlich damit zu tun, dass dort auch in der Woche die Nachfrage hoch war. Zu den einheimischen jungen Leuten kamen amerikanische und deutsche (Marine-) Soldaten und natürlich Matrosen von den Schiffen. Es hatte etwas von St.Pauli, man musste nur nicht so weit fahren. Musikclubs, Bars, Diskos, alle möglichen Etablissements (mit Namen wie Gorch Fock, Seebeck am Markt, Bootshaus an der Geeste, Christopher of Bremen, Sanssouci, Chico`s Place, Jever Fass, etc.) boten Abwechslung genug. Da der letzte Zug zurück schon um ca. 23:00 fuhr, hieß es, bis zum ersten am Sonntagmorgen um 06:00 auszuhalten. Einwände der Mutter hierzu wurden durch ein Machtwort des Vaters beendet: „Wir mussten in dem Alter in den Krieg, da wird der Junge ja wohl über Nacht wegbleiben können“.

Diese klare Ansage, die ja so ähnlich auch für andere Jungen (jedoch nicht für die Mädchen) galt, hatte allerdings Auswirkungen auf die Performance der örtlichen AB-Jugend-Fußballmannschaft (Bild rechts/Bild unten: Putzservice). Spielbeginn war sonntags um 10:00 und die 1. Halbzeit zum Vergessen, besser gesagt zum Regenerieren. Aber die zweite Hälfte gehörte uns, da gab es kein Vertun, und die Verlängerung in der Kneipe erst recht. Das Sonntagessen musste helfen, die leeren Speicher wieder aufzufüllen und hatte demzufolge reichlich und nahrhaft, wohlschmeckend sowieso, auszufallen. Jetzt kamen mindestens 3 Enten auf den Tisch (bzw. 3 Koteletts für den ausgepowerten Ältesten alleine), dann ein Mittagsschlaf und der Sonntag konnte beginnen (zum Nachempfinden einfach eine **Bauern-Ente** bzw. **-Gans geschmort** oder **aus dem Ofen** oder ein **doppelt dickes Kotelett mit einem Blumenkohl** sich gönnen).

Irgendwann geht jede Zeit einmal zu Ende, so auch diese. Trotz der Kurzschuljahre schafften wir es, Klassen- also Bildungsreisen nach Helgoland (Bild rechts) und Franken (Main-Barock, Balthasar Neumann, Tilman Riemenschneider) durchzuführen. Gut, Helgoland war wichtig, da im dortigen Meerwasserschwimmbad auch die verbliebenen Nichtschwimmer das für eine Sportnote notwendige Freischwimmerabzeichen dank des zusätzlichen Auftriebes schafften; wir anderen den bewussten, dabei uns finanziell nicht überfordernden Umgang mit allgegenwärtigen Rauschmitteln wie Alkohol und Tabak eine Woche lang üben durften. Eigentlich eine wichtige Vorbereitung auf das Leben der späten 60er mit Timothy Leary, Pink Floyd und Woodstock. Merkwürdigerweise stellte sich heraus, dass es mir nicht gegeben war, Tabak auf Lunge zu rauchen. Infolgedessen war es für mich später unmöglich, geschätzter Kunde von holländischen Hasch-Cafés zu werden.

Die Fahrt an den Main hingegen war ein voller Erfolg. Neben den Kirchen, Schlössern, Residenzstädten, den Altären, Sammlungen und Museen konnten wir uns mit einer Universität bzw. einer Vorlesung und dem Frankenwein in Würzburg vertraut machen; in meinem Fall alles Wissenswerte zum „Franck-Starling- Mechanismus" und Weinen vom Julius- und/oder Bürgerspital; ich weiß es einfach nicht mehr. Dabei boten diese Weine, selbst für mich erkennbar, einen deutlichen Unterschied zu den in der Familie damals vorherrschenden (weil im Direktvertrieb angelieferten) Gewächsen der Jakob-Gerhardt-Kellerei aus Nierstadt am Rhein. Womöglich wären auch die uns begleitenden Lehrer ganz zufrieden mit dem Entwicklungsstand ihrer Schüler so kurz vor dem Abitur gewesen, hätte es nicht den Vorfall in der Kirche „Vierzehnheiligen" gegeben, mussten sie doch daselbst auf Geheiß des Küsters (oder dessen katholischen Pendant) einigen evangelischen Schülern unmissverständlich erklären, dass man seine Wasserpistolen auf gar keinen Fall im Weihwasserbecken nachfüllen darf.

Das Abitur war ein erfolgreiches und feiermäßig sogar volles Erlebnis. Dank ausreichender Vornoten in den schriftlichen Arbeiten, reichte für die obligatorische mündliche Prüfung das Fach Geschichte aus, genau jenes Fach, welches mir das einzige wirklich wichtige Lob eines Lehrers je eingebracht hatte: „Du merkst dir zwar häufig nicht die exakten geschichtlichen Zahlen, kannst aber immerhin Zusammenhänge erkennen". In der definitiv letzten Schulstunde resümierte der Klassenlehrer die Oberschuljahre mit: „Ihr ward eine ganz normale Klasse, es ist kein Überflieger darunter gewesen, wobei ich die Schüler Jürgen R. und Bernd K. allerdings nicht beurteilen möchte, die waren einfach zu selten da".

Rückblickend muss man sich in Erinnerung rufen, dass damals Noten einen völlig anderen Stellenwert hatten als heute. Bis auf wenige Ausnahmen machte niemand Jagd auf Einser (1), womöglich gar mit Auszeichnung (+), ein „Bestanden“ war völlig in Ordnung. Der Numerus Clausus war noch unbekannt. Wer sich in Mathematik oder Naturwissenschaften nicht wohl fühlte, aus keiner Familie von Medizinern kam, studierte halt Lehramt, Jura, Volks- und Betriebswirtschaft, Soziologie oder Politologie. Deutsch musste man allerdings noch können, ansonsten aber geradezu paradiesische Zeiten verglichen mit dem föderalen, ideologisch aufgeladenen schulpolitischen Dschungel heutzutage.

Wie man da zukünftig viele tausende Kinder mit ganz unterschiedlichem Kultur- und Bildungshintergrund aus Migranten-Familien integrieren, gleichzeitig Inklusion leben und höhere Bildungsabschlüsse (womöglich mit dem Anspruch gleich hoher Wissensstände, von der Höhe der Ausgaben für diese Art Bildungspolitik gar nicht zu reden) auf breiter Front für alle Wirklichkeit werden lassen will, werden wohl nur Politiker in abendlichen Talkshow-Runden beantworten können. Ausbaden müssen es dann alle anderen.

Bloß gut, dass nicht zu viele unserer Nichten und Neffen sich für den Beruf des Lehrers entschieden haben.

Ich glaube mich erinnern zu können, dass die Eltern verzichteten, bei der offiziellen Abiturfeier im Hotel Naber dabei sein zu müssen; und seit der Nachfeier (nach Aussage meiner Schwester Gitti ohne Aufpasser, da sie ja den Spätzug um 23:00 nehmen musste) im Partykeller der Eltern der Mitschülerin Uschi Pf. habe ich mich nie wieder getraut, „Blended Scotch Whisky“ zu mir zu nehmen, eine Erfahrung, die wohl eine viel später auftretende zeitweilige Hinwendung zu „Single Malt“ erklären könnte.

Zwischen Weser und Elbe

Dank der Kurzschuljahre, des relativ frühen Einschulungstermins und des nicht erklärbaren Umstandes, kein Schuljahr wiederholt haben zu müssen, war ich noch nicht erfasst, geschweige denn zur Musterung eingeladen gewesen. Dies alles - in Verbindung mit diversen und nur mir bekannten gesundheitlichen Einschränkungen - hatte in mir die Überzeugung wachsen lassen, mich zunächst nicht um die Bundeswehr kümmern zu müssen. Obwohl meine Mutter es gerne gesehen hätte, wenn ich direkt zu einer Bank gegangen wäre; ihr schwebte wohl so etwas wie „Rendant" also höherer Bankbeamter vor (die Bezeichnung „Banker" war noch nicht in die deutsche Sprache übernommen worden), denn immerhin hatte es ihr jüngster Bruder mit Volksschulabschluss zum Vorstand einer bedeutenden Bremerhavener Regionalbank gebracht, beschloss ich, ein Studium aufzunehmen, nur welches? Der Vater meinte: „Junge, das musst du ganz alleine wissen", während die Berufsberaterin sich für Meteorologie entschied. Immerhin käme ich doch von einem mathematisch-naturwissenschaftlichen Gymnasium und könne sehr gut alleine sein, eine wesentliche Voraussetzung für die Arbeit auf einer Wetterstation im Nordatlantik.

Also schrieb ich mich an der Uni in Hamburg ein, suchte eine bezahlbare Studentenbude bei einer älteren Dame mit dem (wohl eher für sie) kleinen Nachteil, die günstige Miete durch Mithilfe im Garten abarbeiten zu dürfen. Die Zeit zwischen Juni und Oktober sollte mit Herausnahme der Mandeln, Erwerb des PKW-Führerscheins, Abschiedsspiel in der AB-Jugend und Aufenthalt am Bodensee überbrückt werden. Genau so traf es auch ein, zusätzlich ein Brief der Kreiswehrersatzstelle, irgendwer im Gemeindebüro wird wohl gepetzt haben.

Zwischen Mitte August bis Mitte September wurde ich erfasst, gemustert und, trotz Vorlage einer Bescheinigung des Vertreters unseres Hausarztes (eines Absolventen desselben Gymnasiums und Kriegsdienstverweigerers) an Bluthochdruck und Herzrhythmus-Störungen zu leiden, zum 1. Oktober 1967 eingezogen. „Unglücklicherweise" war ich auf einen weltkriegsgestählten Musterungsarzt gestoßen, der die Bescheinigung, ohne sie zu lesen, zur Seite legte, mich in einer entfernten Ecke des Raumes zwanzig (20) Kniebeugen machen ließ, flüsterte, dass ich wieder näher zu ihm kommen sollte, um mich daraufhin für alles, außer Gebirgsjäger und Kampfschwimmer, tauglich zu schreiben. Ich war so überrascht, dass ich im auszufüllenden Formular Luftwaffe und Z 2 (2 Jahre Zeitsoldat; wenn schon, dann sollten sie auch zahlen) ankreuzte. Daraufhin schafften die in Bonn Z 2 ab (es ging nur mehr Z 3, was mir aber zu lang war) und zogen mich für 18 Monate zu den Panzergrenadieren nach Altenwalde bei Cuxhaven ein. Dies gab meinem Leben, wie sich noch herausstellen sollte, eine entscheidende Wendung.

Es wurde nichts mit Studium der Meteorologie und Gartenarbeit in Hamburg, dafür schloss ich oben, wo Weser- und Elbmündung zusammen kommen, mit dem wirklichen Leben Bekanntschaft. Dies galt natürlich nicht für die Wochenenden. Eine kurze Zugfahrt und schon war ich zu Hause und Zivilist. Irgendwer in der Familie beklagte zwar, dass er/sie mich nie in Uniform sehen würde, aber wie auch, diese wurde sofort im Flur ausgezogen und zusammen mit der sonstigen Wäsche dem schon wartenden Wasch-, Bügel- und Nähfachpersonal überlassen. Danach gab es eine aufbauende Mahlzeit, die schlechte Versorgung der deutschen Soldaten im Einsatz war den Küchenkräften noch bestens bekannt, und die Wochenendaktivitäten konnten beginnen. Also an dieser Stelle alles wie gehabt. Umso krasser fielen dagegen die Anforderungen an den/die Bürger in Uniform unter der Woche aus. Ich meine damit nicht die militärische Grundausbildung; jedes größere Unternehmen braucht schlussendlich für die jeweilige Aufgabe geeignetes und eingearbeitetes Personal. Aber die Art und Weise, wie man an diese Managementaufgabe heranging, war selbst für einen militärischen Laien wie mich nur schwer nachvollziehbar.

Doch vorher ein (noch jugendlicher) individueller Blick auf die Zeit bis Anfang 1969:

- 01. Juni 65 – Einführung der Anti-Baby-Pille als Verhütungsmittel in der BRD
- 03. September 67 – Schweden stellt von Links- auf Rechtsverkehr um
- 09. Oktober 67 – Che Guevara wird in Bolivien erschossen
- 01. Dezember 67 – Irmtraut Rosette B. wird Angestellte der Technischen Universität Clausthal
- 03. Dezember 67 – Junghans erfindet die Funkuhr, Christian Barnard führt in Südafrika die erste Herztransplantation durch
- 01. Januar 68 – K.G. Kiesinger noch Bundeskanzler, H. Lübke Bundespräsident, BR Deutschland führt die Mehrwertsteuer ein (10% / 5%)
- Januar 68 – Beginn der TET-Offensive in Südvietnam
- Januar 68 – in Cuxhavener Disko tritt erstmals ein (dänisches) Oben-ohne Go Go-Girl in Deutschland auf
- 31. Januar 68 – Nauru wird von Australien in die Unabhängigkeit entlassen
- 16. März 68 – US-Army Massaker in My Lai, Süd-Vietnam
- 03. April 68 – Brandanschlag in Frankfurt durch A. Baader und G. Ensslin
- 04. April 68 – Martin Luther King in Memphis ermordet
- 11. April 68 – Attentat auf Rudi Dutschke in Berlin
- 03. Mai 68 – Paris, Besetzung der Sorbonne
- 05. Juni 68 – Robert Kennedy wird ermordet
- 20./21. August 68 – Truppen des Warschauer Paktes marschieren in die CSSR ein und beenden den Prager Frühling

- 20. Januar 69 – um 02:50 wird ein Munitionsdepot der Bundeswehr in Lebach, Saarland überfallen, 3 von 5 Soldaten im Schlaf erschossen, 2 schwer verwundet von denen einer nicht überlebt

Das bisher von mir gelesene Magazin „Deutsches Panorama" , Chefredakteur Gert von Paczensky, erscheint nicht mehr, eigentlich kein wirklicher Verlust mit Ausnahme der Artikel von Sebastian Haffner, und wird durch die Zeitschriften "Spiegel" sowie „Konkret" substituiert. „Konkret": sehr links, sehr wichtig für die Entwicklung eines intellektuell fundierten Sexuallebens, anti-kapitalistisch, anti-zionistisch, anti-amerikanisch, dafür aber immer nackte Brüste auf der Titelseite, mit Sympathien für die Frauenbewegung (ganz offensichtlich nur, solange sie rhythmisch bleiben), Chefredakteurin Ulrike Meinhof, Herausgeber Klaus-Rainer Röhl; dagegen der „Spiegel": das deutscheste aller Magazine, politisch leicht überheblich, etwas links, mehr liberal, etwas anti-kapitalistisch (aber bitte mit Hummersauce), einem Schuss Anti- Amerikanismus (geschüttelt-nicht gerührt), immer besserwisserisch. Eigentlich wie für mich gemacht, aber leider fehlte mir der (pseudo-) intellektuelle Bildungshintergrund und die Überzeugung, Menschen mit weniger Wissen oder weniger fortschrittlichen politischen Einstellungen herab(schreiben)lesen zu dürfen. Da blieb nur, ähnlich wie in der Ernährung, eine ausgewogene Mischkost.

In Altenwalde versuchten „sie" jedenfalls, auch aus den zwangsverpflichteten Staatsbürgern in Uniform mit einer Mischung aus „Drill" (allerdings hatte der Vater einen Lachanfall, als ich versuchte, ihm diesen Vorgang in allen Einzelheiten zu erklären) und „Innerer Führung" brauchbare Soldaten zu machen, die dazu beitragen sollten, den Kalten Krieg, vielleicht durch ihre inhärent vorhandene, potentielle Gegner abschreckende Kampfkraft, nicht zu einem „Heißen" werden zu lassen.
Eine wirklich schwere Aufgabe, insbesondere wenn man sich vor Augen führt, dass ein Großteil der Offiziere und Unteroffiziere ihre (jugendliche) Prägung noch in der Wehrmacht oder HJ erhalten hatte und zunehmend auf Rekruten traf, die ganz offensichtlich schon in einer anderen Welt lebten (oder jedenfalls zu leben glaubten); eine Diskrepanz, die dann auch vom „Spiegel" in einem Artikel über die Bundeswehr Anfang der 70er Jahre mit der Antwort eines Rekruten, der, gefragt, warum er da wäre und wozu, gesagt hatte: „1. aus Zwang und 2. Fabriken verteidigen, die mir nicht gehören", festgehalten worden war.
Mit den am 01. Oktober 1967 ins PzGrenBtl 71 nach Altenwalde eingerückten Soldaten (also auch mit mir) hatte man „Wichtiges" vor, sollten sie doch, da mehrheitlich Abiturienten (Theoretiker mit der Chance zu mehr - also High Potentials), das Problem fehlender und/oder ungeeigneter Vorgesetzter für die einrückenden langhaarigen, der angloamerikanischen Beat-Musik anheimgefallenem Wehrpflichtigen lösen helfen. Im Kern eigentlich eine richtige Idee, war doch der Hauptfeldwebel bei der ordentlichen Ein- und Zuordnung der aufgereiht vor ihm stehenden Rekruten mit dem vor mir anstehenden Kameraden aus Hamburg bereits hoffnungslos überfordert, aber wie sollte er dessen Antwort auf die Frage nach dem Beruf:" Bin DJ. Wie, was das heißt? Disk Jockey natürlich" auch in sein Formular übertragen. Ich bin nicht ganz sicher, aber ich meine, dass sie sich nach

einigem Hin und Her auf „Musik-Verkäufer bzw. –Veranstalter“ verständigen konnten. Nach Grund-, Voll- und erweiterter Infanterie-Ausbildung waren UA- und Uffz./Fj- Lehrgänge vorgesehen, die verbleibenden 3 Monate sowie die dann obligatorischen Reserveübungen zum Anwenden der vermittelten Führungsinhalte. Soweit die Zielsetzung. Heraus kamen reichlich Anträge auf Anerkennung als Kriegsdienstverweigerer, die Ablehnung, auf Lehrgänge zu gehen und, sofern dorthin befohlen worden zu sein, durch wenig konstruktives Verhalten des Lehrgangs verwiesen zu werden. Letzteres galt auch für mich. Bevor es aber zwangsweise auf den Lehrgang nach Hamburg-Fischbek ging, stand der Sommerurlaub 1968 an.

Zusammen mit zwei Freunden ging es nach Schweden, dem Land von Freiheit, Abenteuer, schönen und emanzipierten Mädchen und, leider, hohen Preisen, insbesondere für alkoholische Getränke. Unter Inkaufnahme eines gewissen Restrisikos beim Zoll sollte der zu erwartende höhere Geldbedarf für Dinge des täglichen Lebens, beispielsweise Bier, durch Weiterverkauf von in Deutschland deutlich billigerem Schnaps begegnet werden. Außerdem war jeder verpflichtet worden, reichlich Konserven als Basis für ein tägliches warmes Mittagessen mitzunehmen. Alles lief wie geplant. Die Fähre von Hirtshals nach Göteborg wurde gerade noch so erreicht, die Weiterfahrt nach Karlstad auf einen Campingplatz am Vänern-See verlief problemlos, allerdings war außerhalb der größeren Ortschaften die Umstellung auf den Rechtsverkehr von der Landbevölkerung trotz vieler Schilder noch nicht komplett verinnerlicht worden, was aber durch die deutlich geringere Verkehrsdichte ohne größere Komplikationen blieb. Nach Ankunft am See und Aufbau des Zeltes stand das erste Abendessen (Bild links) an, außerdem sollte Kontakt mit den einheimischen Campern zwecks Verkauf und ggfls. Tausch von Alkoholika aufgenommen werden.

Alles ließ sich sehr gut an. Die Dose Ravioli war schnell gemacht, die erste Flasche Korn gegen eine ganze Palette Bier eingetauscht und wir kurz darauf um die Erfahrung reicher, dass es in Schweden ein „Dünnbier“ gibt, „Lättöl“ genannt. Außerdem waren meine Begleiter nach näherem Augenschein nicht wirklich mit meinen Vorräten glücklich. Ich hatte die Beschaffung an Onkel Willi, der damals eine Nordsee-Filiale in Bremen leitete, outgesourct sprich fremdvergeben. Schnapstechnisch hatte ich Spezialitäten wie Cointreau, Millefiori Cucchi (mit Zweig in der Flasche) und Grand Marnier zu bieten, als Konserven ausgesuchte Schildkrötensuppe, und zwar die echte und nicht etwa eine **Mockturtle-Suppe**, sowie Hamburger Aalsuppe und eine Wildschwein-Essenz. Es stellte sich aber heraus, dass wir diese Dinge nicht selber konsumieren mussten, da sie gerne von etwas gesetzteren und offensichtlich finanziell gut gestellten Frauen als Geburtstagsgeschenk (komisch, alle im Sommer!) für ihre Männer zu für uns guten Konditionen erworben wurden. Ganz offensichtlich eine Win-Win-Situation für beide Seiten. Damit konnten wir uns ausreichend „Fätöl“ (das richtige Bier) besorgen und, nach Verbrauch der restlichen Ravioli-Dosen, der schwedischen Küche zuwenden: Fische aus dem See, Rentierfleisch, Pilze, Beeren, etc. be-

reicherten die Speisekarte.
Die Kontaktaufnahme zu den schwedischen Mädchen gestaltete sich ebenfalls viel einfacher als erwartet. Es gab zu dieser Sommerzeit mehrmals in der Woche Livemusik, an Orten mit einer aus Holz errichteten, überdachten Tanzfläche im Freien, wo man nach Erwerb von Tickets, ähnlich wie bei den Fahrgeschäften auf unseren Jahrmärkten, tanzen konnte. Anders als wir erwartet hatten, kauften überwiegend die Mädchen die Tickets und versuchten Jungs zum Tanzen zu finden. Da dies häufig nicht gelang, tanzten auch nur Mädchen miteinander, aber das waren wir ja auch schon von den Frauen, dort allerdings den älteren, auf unseren Dorffesten gewohnt. Außerdem erkannten die Schwedinnen mit sicherem Blick, dass wir keine alkoholischen Getränke im Kofferraum unseres Wagens dabei hatten, demzufolge eine leichter zu fangende Beute als die einheimische Spezies darstellen würden, und womit sie völlig richtig lagen. Alles in allem ein sehr schöner Urlaub, aber nun zurück in die Kaserne.

Mit den Lehrgangsabbrechern konnte man im Bataillon nicht mehr viel anfangen. Die versorgungstechnisch wichtigen Plätze waren besetzt, mit den jüngeren Rekruten wollte man sie aus nachvollziehbaren Gründen nicht mehr zusammenstecken, blieb nur Resteverwertung, in meinem Fall „... vom Dienst".

Kein schlechter Deal. Nach einem Tag Wachdienst (GvD, UvD, Mun-, Tor-, Gefangenen-Wache) gab es einen freien Tag, danach wieder Wachdienst (Bild links), und bitte beachten, dass als UvD (Unteroffizier vom Dienst) im Normalfall auch ein Mannschaftsdienstgrad ausreichte, vorausgesetzt die Person konnte lesen und schreiben.

Die Mehrzahl der normalen Soldaten in diesem Bataillon kam aus dem Ruhrgebiet. Städte wie Oberhausen, Duisburg, Bochum und Firmen wie Krupp, Thyssen, Mannesmann und Hoesch fingen an, mir etwas zu sagen. Eine interessante Mischung Mensch, aber nicht immer ganz einfach zu handhaben wie ein Auszug aus einem Brief des Kameraden Manfred zeigt:

„Lieber Bernd! ...aus der Kompanie gibt es nicht viel zu berichten. Der neue Chef ist harmlos, die Strafen, die er gibt, sind nichts im Vergleich zu den Diszis (Disziplinarstrafen)*, die Hauptmann H. gegeben hat. Trotzdem hat die Anzahl zugenommen... es geschehen die merkwürdigsten Dinge. W., der inzwischen schon Pz.Gren. Kimble* (aus amerik. Fernsehserie) *genannt wird, ist immer noch auf der Flucht. Nachdem man ihn zusammen mit seiner Freundin in Österreich aufgegriffen, und ihn für 4 Wochen im UG Cuxhaven behalten hatte, ist er gleich am Tag seiner Entlassung wieder verschwunden. So ziemlich jeder Unteroffizier der Kp. hat ihn seitdem einmal aus Bremen abgeholt, es hielt ihn jedoch hier nie länger als 1 Tag! Im Protokoll einer der Vernehmungen steht wörtlich der Satz: „W. äußerte die Absicht, bei einer erneuten Festnahme sein bisheriges Verhalten fortzusetzen." – Eins, zwei, drei im Sauseschritt geht die Zeit, W. geht mit. – H. hat am Sonntag die Toilette im Block 4 kurz und klein geschlagen, S. wurde zwischendurch mal vorläufig festgenommen, K. sitzt wegen Autodiebstahls im Gefängnis, usw. Die Zustände sind also, wie Du siehst, normal".*

Und diese „Normalität“ hatte auch ich erleben dürfen: W. beispielsweise an einem Wochenende in der Gefangenenwache. Sein Ruf ging ihm unbedingt voraus. Wie also mit ihm umgehen und trotzdem ein ruhiges Wochenende verbringen? Ich entschloss mich, ein diesbezügliches „Mitarbeiter“-Gespräch zu führen. Und noch ohne jede Kenntnis bzw. Teilnahme an einem Workshop „Situational Leadership“ begann das Gespräch auf Stufe 3, Reifegrad des Mitarbeiters „fähig/nicht willig“, angesagtes Führungsverhalten „Partizipieren“. Also erläuterte ich W., dass es an uns, speziell an seinem Beitrag liegen würde, ein gutes oder weniger gutes Wochenende miteinander verbringen zu können. Seine konstruktive Mitarbeit vorausgesetzt, müsste er zwar in der Zelle bleiben, die Tür wäre aber nicht abgeschlossen und er könnte sich jederzeit beim Kaffee selbst bedienen. Zur morgendlichen körperlichen Reinigung im Hauptblock würde ich ihn (bewaffnet, wie ebenfalls vorgeschrieben) begleiten, während der Zeit des Duschens aber selber in der Kantine frühstücken, ihn dann wieder abholen und ihm gerne belegte Brötchen oder Teilchen mitbringen, natürlich müsste er mir das Geld dafür geben. Was er auch tat und das Wochenende, zwar mit sehr viel Kaffee, aber ausgesprochen ruhig verlief. Der für mich letzte Einsatz als Wachhabender eines Munitionsdepots endete abrupt gegen Mitternacht des 20. Januar 1969. In einem aufgeregten Anruf wurde ohne Erklärung mitgeteilt, dass wir von einem Leutnant samt MTW (Mannschaftstransportwagen)-Besatzung abgelöst würden. Immerhin, die Reaktion der Bundeswehr auf den Überfall in Lebach hatte schon nach ca. 20 Stunden zu einer praktischen Maßnahme in der Kaserne in Altenwalde geführt.

Damit war aber die Zeit als Staatsbürger in Uniform auch schon fast vorbei. Einen einzigen Einsatz, bei dem Blut floss, hatte es für mich gegeben, und das war im „Top Ten“ in Cuxhaven. Die Kameraden hatten mich am Geburtstag in diese Disco und zum Auftritt einer dänischen Oben-ohne Go-Go-Tänzerin verbracht. Aus Dank für die spendierten Geburtstagsbiere überredeten sie die junge Frau, sich auf den Schoß des Geburtstagskindes zu setzen, was ganz nett, aber mit einem Fausthieb einer ihrer lokalen Verehrer gegen den Kopf des neuen Konkurrenten rasch beendet war. Dank des selbstlosen Eingreifens der Kameraden blieb es bei der kleinen Platzwunde; allerdings, die Aufnahme einer Beziehung zu der hübschen jungen Dame war mir danach nicht mehr möglich, einfach viel zu gefährlich.

Das Studium der Meteorologie hatte ich in der Zwischenzeit aus vielerlei Gründen verworfen: öffentlicher Dienst, eher schlechte Bezahlung, wenig Aufstiegschancen, schlechtes Wetter kann jeder, aber wie sorgt man für gutes?
Der Kamerad und angehende Student des Ingenieurwesens, Fachrichtung Maschinenbau, Eckhard W., kam mir unbeabsichtigt zu Hilfe. Er hatte einen Studienführer der TU Clausthal dabei. Beim Durchblättern präsentierte sich eine überschaubare, landschaftlich schön gelegene vormalige Bergakademie mit Aula, eigenem Schwimmbad und reichlich Sportanlagen. Den Harz kannte ich schon von einer Winterkampfübung und das Wetter im Sommer war, aus gutem Grund, wie mir später klar wurde, nicht eigens erwähnt worden. Eigentlich wie geschaffen zum entspannten Studieren, nur was? Auch da gab das Heft Anregungen,

und zwar vom Bergbau bis zu Naturwissenschaften, allesamt MINT-Fächer (wie sie neuerdings genannt werden).

Das Studium des Hüttenwesens, Fachrichtung Steine und Erden, Glas und Keramik schien das sinnvollste zu sein: Von allem etwas, aber nichts richtig, und am Ende Diplom-Ingenieur. So entschied ich mich für dieses Fach.

Ob allerdings der Kamerad Eckhard W. das Ausleihen des Studienführers Jahre später jemals bereut haben mag, ist mir nicht bekannt, aber ich kann den Schwager bei Gelegenheit ja mal fragen.

(Impression statt leerer Seite: Feuerfest und Genauigkeit)

Erst mal weg

Schon als Kind hatte ich beim Anblick eines vorüberfahrenden Schnellzuges ein kribbelndes Gefühl in der Magengegend. Wie gerne wäre ich mitgefahren. Nicht dass ich wirklich unzufrieden gewesen wäre, da wo ich war, aber irgendwo weiter draußen wartete sicher interessantes Neues. Und jetzt, mit dem Ende des Wehrdienstes, war die Zeit zwischen Weser und Elbe definitiv für mich zu Ende. Das war auch gut so. Es hatte sich doch viel verändert zu Hause, im Dorf, überhaupt im Umgang miteinander.
Fernsehen und Telefon hatten seit einigen Jahren in der Familie Einzug gehalten, der Selbstversorgungsgrad war deutlich zurückgegangen, und es kamen beispielsweise Gerichte wie **Toast Hawaii** auf den Tisch. Dieser angebrannte „Essensersatz" aus pappigem Weißbrot, Kochschinken, Dosen-Ananas und einzeln verpackter Schmelzkäsescheibe war eigentlich schon seit einigen Jahren bekannt, aber in unserer Familie erst in der 2. Hälfte der 60er Jahre eingeführt worden. Warum wurde dies möglich? Nun, ich denke, dass dafür gleich mehrere Umstände zusammenkommen mussten:

- die zunehmende Amerikanisierung der Lebensumstände, komischerweise bei gleichzeitigem Rückgang des Ansehens der amerikanischen Freunde
- dem Autoritätsverlust des Vaters, dessen pauschale Ablehnung von Ananas- und Pfirsichen aus Dosen als Folge der Zwangsarbeit als POW auf diesbezüglichen Plantagen in Kalifornien nicht mehr hinreichte; er selber brauche den Toast ja nicht zu essen, hieß es nun
- den schlechter werdenden Zähnen der Großmutter vielleicht
- der Tatsache geschuldet, dass zunehmend eins der Kinder zum Einkaufen geschickt wurde und damit dieser Teil der Familie mehr Einfluss auf die Auswahl der Vorprodukte erhielt

vor allem aber

- dem westdeutschen Fernsehkoch Clemens Wilmenrod. Bei ihm passte vom küchentechnischen und schauspielerischen Talent bzw. Kreativität bis zur Herkunft aus der großartigen deutschen Regionalküche des Westerwaldes wirklich alles zusammen (lediglich der Titel „Starkoch" war ihm von den damaligen Medienvertretern noch nicht zuerkannt worden; womöglich kein wirklicher Verlust, wird doch heutzutage jede größere Ansammlung von windschiefen Gebäuden im trockenen Afrika mit dem Prädikat „Metropole" von den Auslandsreportern geadelt)

Nur schade, dass zu dem Zeitpunkt, da die Familien endlich zu Hause beim Fernsehen die hohe Schule der internationalen Kochkunst hätten erlernen können, die interne Nachfrage wegbrach. Aber alles kein Beinbruch. So wie Konrad Adenauer völlig richtig lag mit seiner Aussage: „Kinder haben die Leute immer“, stellte sich heraus: „Gegessen wird auch weiterhin“. Für das Kinderkriegen wurden Asiaten, Afrikaner und Amerikaner zuständig, gegessen wurde zunehmend aushäusig, sei es kantinisch, italienisch, jugoslawisch, griechisch, chinesisch, wienerwäldisch oder fastfoodisch. Einzig der Stamm der Würstchen-Bräter, zunehmend unterstützt vom einwandernden Stamm der Döner-Macher leistete und leistet erbitterten Widerstand. Also noch eine letzte **Currywurst** bei „Stehr“ vor dem Hauptbahnhof in Bremerhaven und dann endlich weg zum Studium in den Harz. Antrag auf Immatrikulation, Ankreuzen des Wunsches nach einem Zimmer, hilfsweise auch Doppelzimmer im Studentenwohnheim, und Ausfüllen der Unterlagen für die Förderung nach dem Honnefer Modell war an einem Tag im März in Clausthal erledigt worden. Der relativ kurze Zeitraum bis zum Eintreffen der positiven Nachricht inklusive Platz im Doppelzimmer im ersten Semester hätte mich stutzig werden lassen müssen; ich war der einzige Neuanfänger in der Fachrichtung „Steine und Erden“. Pünktlich um 10:00 Uhr an einem Montagmorgen im April stand ich im Sekretariat des Institutes in der Zehntnerstrasse und meldete mich zum Dienst, sehr zur Überraschung der netten Damen dort. Aber nachdem ich schon mal da war, wurde ich, angefangen bei den Professoren und Assistenten bis zu den Mitarbeitern im Labor, überall vorgestellt und mir dann der grundlegende Ablauf des Steine und Erden-Studiums dargelegt. Bis auf ein zweistündiges kleines Kolloquium im zweiten und dritten oder vierten Semester hätte ich im Institut vor dem Vorexamen nichts zu suchen. Eine wichtige Information. Bevor ich mich aber auf den Weg zu den Vorlesungen der Mathematik, Physik, etc. machen konnte, gab es die ersten Einladungen diverser studentischer Verbindungen. Das Netzwerk hatte reagiert. Eine Verbindung, deren Namen ich mal weglasse, war besonders schnell, holte mich im Institut ab, half bei der Stundenplanung: „Mach das anorganisch-chemische Praktikum, auch wenn die Vorlesung erst im Wintersemester beginnt, schon jetzt, da fällt man eh ein paarmal durch“ und ab ging es aufs Verbindungshaus zu Doppelkopf und begleitenden, für mich kostenlosen (!) Getränken. Es kamen weitere Verbindungen mit ähnlichem Ablauf, die Biersorte wechselte, statt Doppelkopf wurde Skat gespielt, die ich mir schon der Fairness halber auch alle ansah. Dann versagte die Kondition und ich musste in der Unterkunft bleiben. Die Lottofee des Lebens hatte es wieder einmal besonders gut mit mir gemeint und einen Zimmergenossen mit der Note AAA zugelost. Gerd-Peter B., überaus sympathisch, studierte Chemie, war bereits verheiratet mit Kind, ebenfalls beim Bund gewesen und hatte durch das Studienfach und die Familie einen deutlich geregelteren Tages- und Wochenablauf als ich. Ein volles naturwissenschaftliches Studium wie Chemie ist doch etwas anderes als Hüttenwesen, noch dazu Fachrichtung Steine und Erden. Unter der Woche musste Gerd-Peter immer vor 8:00 raus, Freitags ging es zurück nach Bochum, Frau Margret und Tochter Raffaela warteten, am Sonntagabend war er wieder zurück und, da Margret aus einer Bäckersfamilie stammte, versorgt mit Brot, Brötchen, etc. für die Woche. Ich lebte praktisch in so einer Art Frühstückspension. Da ich bis auf Mittwochs keine Vorlesungen vor 10:00 hatte, war beim Aufstehen der Kaffee gekocht und der Tisch gedeckt. Ohne mich groß zu beschweren, übernahm ich das Abräumen.

Ja, ja der Mittwoch, der „Kochtag“, wie das Praktikum der anorganischen Chemie genannt wurde, ein Horrortag für mich. Bereits in der dritten Woche wurden wir, man „kochte“ zu zweit, nach dem Quiz, ein Abfragen der Theorie zu den jeweiligen durchzuführenden chemischen Analysen, mit der Bemerkung: „Ab ins CV“ weggeschickt. Ein verständnisloser Blick Richtung Kollege und dieser, sehr erfahren in diesen Abläufen, erklärte: „Durchgefallen, wir können ins Café Fischer, beim nächsten „mangelhaft“ Ausschluss aus dem Praktikum, neuer Versuch dann wieder im übernächsten Semester“. Kein Wunder, dass bei manch einem da schnell mal 20 Semester zusammenkamen.
Das Café Kronenplatz, so inzwischen der Name, war ganz ok, insbesondere der Blick auf die tatsächlich manchmal belebte Haupt- (Adolph-Roemer) Straße. Den besseren Kuchen gab es hingegen bei Heribert Meier und nichts Gemütlicheres als im schneereichen Winter, bei Stromausfall in der Stadt, den Nachmittag im dunklen Café bei Kerzenschein, frischen **Viktoria** oder **Harzer Schmandkuchen** zu verbringen. Sobald der Mittwochnachmittag im Labor vorbei war ging es in die Schwimmhalle, den Chemiegeruch weg duschen, und frisch geföhnt zurück zum entspannten Studentenleben. Es waren immerhin noch einige Semester zu bewältigen, da hieß es, die Kräfte gleichmäßig einzuteilen.

Ich will es vorwegnehmen: die Sache ging gut aus. Zwar nicht ganz so, wie ursprünglich geplant; so musste beispielsweise die Diplom-Arbeit sehr in die Länge gezogen werden, um die Fußball-WM 1974 noch in Clausthal vor dem Bildschirm erleben zu können. Außerdem stellte sich heraus, dass ein Diplom-Titel noch keinen Ingenieur aus dem erfolgreichen Absolventen machte. Glücklicherweise, zumindest für mich, hatte es in der Zwischenzeit einen Politikwechsel gegeben mit Auswirkungen auf die Finanzierung der Hochschulen und der Studierenden. Überhaupt waren die Jahre von 1969 bis 1977 recht abwechslungsreich, vieles davon sollte sich allerdings erst einige Zeit später als wirklich prägendes und bleibendes Ereignis herausstellen. Nur mal als Erinnerung:

- 01.Mai 1969 – Einführung EC System
- 20./21. Juli 1969 – erste bemannte Mondlandung durch US Amerikaner
- 21. Oktober 1969 – mit Willy Brandt wird erstmalig ein SPD Politiker zum Bundeskanzler gewählt (nicht mit meiner Stimme, aber es galt letztmalig aktives Wahlrecht ab 21, passives ab 25 Jahren)
- 29. März 1970 – Nachrichten bei ARD/ZDF in Farbe
- 08. Mai 1970 – letztes Album der Beatles „Let it be“ erscheint
- 14. Mai 1970 – Gründung der RAF (A. Baader, U. Meinhof)
- Juli 1970 –Gründung der Firma „Nauruische Phosphatgesellschaft“ im Pazifik
- 14.-22. Dezember 1970 – Arbeiteraufstand in Polen
- 04. Dezember 1971 – McDonalds eröffnet erste deutsche Filiale in München (rechtzeitig vor den olympischen Spielen)
- Februar 1972 – Hewlett-Packard bringt HP 35, den ersten wissenschaftlichen Taschenrechner heraus

- Der „Club-of-Rome“ veröffentlicht „Grenzen des Wachstums“
- Ehemalige Mitarbeiter von IBM Deutschland gründen die Software-Firma „SAP“
- 04. April 1973 – das World Trade Center in New York wird eröffnet
- 25. November 1973 – erstes Sonntagsfahrverbot in BR Deutschland wegen der Ölkrise

- Deutschland (BRD) schlittert in eine Wirtschaftskrise, hohe Inflation, erstmalig eine sinkende Einwohnerzahl von ca.110000 bei ca.62 Mio. Einwohnern
- 14.Oktober – IKEA eröffnet erstes Kaufhaus in Deutschland (München)
- Mai 1975 – Gründung der Firma „Microsoft“
- April 1976 – Gründung der Firma „Apple“
- 21. Dezember 1976–eine reichlich unbekannte Person, Bernd K., unterschreibt erstmalig einen unbefristeten Arbeitsvertrag
- 26. Oktober 1977 – die DB mustert ihre letzte Dampflokomotive aus
- 1977 – „der deutsche Herbst“ – die RAF Mordserie erreicht ihren Höhepunkt

Das Studentenleben in einer so kleinen und irgendwie speziellen ehemaligen Bergbaustadt wie Clausthal war gleichzeitig einfacher und fordernder als es beispielsweise in Göttingen, Hamburg, Aachen, Berlin, usw. gewesen wäre. Und sogar Leoben in der Steiermark mit der Montan-Universität hatte mehr urbanes Flair als das Doppelstädtchen Clausthal-Zellerfeld.
Gerade als ich mich entschlossen hatte, in keine Verbindung einzutreten, klopfte es an der Tür im Wohnheim und zwei etwas höhere Semester erzählten mir, nachdem ich sie hereingelassen hatte, Gerd-Peter war noch in der anorganischen Chemie, dass sie vom „Akademischen Club Colloquium“ wären und mich zum nächsten Clubabend einladen würden. Gratisgetränke oder ähnliches gäbe es zwar bei ihnen nicht, es wären aber sicher einige nette Kommilitonen dabei. Dieses herausragende Angebot der beiden (Manfred B. und

Paul K.) konnte ich unmöglich ablehnen und sagte zu. Das Clubhaus des ACC (Bild links, mein Studentenzimmer unterm Dach) befand sich zu der Zeit noch in einem Hinterhaus in der Burgstätterstraße, die Zufahrt direkt neben einer Diskothek. Jetzt gab es in der Stadt doch tatsächlich zwei (2) Diskotheken, diese und das „Tupi“ in Zellerfeld. Dort versammelten sich überwiegend Studenten. Gender konform sollte man heutzutage besser von „Studierenden“ sprechen, an der TU Clausthal allerdings waren zu jener Zeit von ca. 2500 Studierenden lediglich ca. 50 weiblichen Geschlechts. Ein solches eher unausgewogenes Verhältnis, noch negativ verstärkt durch einige Hundert Soldaten der örtlichen Kaserne sowie angehende Techniker der Bergschule, blieb nicht ohne Auswirkungen auf das soziale

Umfeld an der Uni und in der Stadt. Jeder, egal ob politisch mehr links oder, wie für Berg- und Hüttenleute vorgesehen, konservativ bis stramm rechts eingestellt, Verbindungsstudent oder nicht, musste lernen, damit zu Recht zu kommen. Ein gewisser Pragmatismus war ohne Zweifel von Vorteil. Aktivitäten wie Sport, Bier-Abende im „Obersteiger" und Filme im „Central" (Bild rechts), nicht ganz ungefährlich, da bei energischem Zurücklehnen die Stuhlreihen nach hinten wegklappten, oder die Jagd nach den neuesten Asterix-Heften ließen sich auch ohne weibliche Unterstützung gut meistern und sonstige kulturelle Angebote waren in Clausthal nicht ausdrücklich vorgesehen. Für vernünftige Konzerte von Pink Floyd, Alexis Korner, Passport Convention und dergleichen musste man aber schon nach Göttingen, Hannover, Braunschweig oder noch weiter fahren. Glücklicherweise hatte die individuelle Motorisierung auch im Harz (Bild weiter hinten) bereits eingesetzt. Die Schmutzwäsche wurde per Post nach Hause geschickt; okay, einmal nahm sie einen Umweg über die DDR, was dort wohl zu erstaunten Gesichtern bei den prüfenden Mitarbeitern der Sicherheitsbehörden geführt haben wird, blieb aber vollzählig, wenn auch mit einigen Stockflecken, und kam dann sauber mit lebensnotwendigen Vorräten wie 3 Kilo Rinderfilet aus Lunestedt zurück nach Clausthal. Aus dem Fleisch wurden 3 anständige Steaks geschnitten, die andere Hälfte wurde mit drei Freunden in einem **scharfen Gulasch** (hat nur wenig mit einem **richtigen Gulasch** zu tun) verarbeitet. Obwohl ich nur eine feine Schärfe vorgesehen, die Chilis penibel von den Kernen befreit hatte, gelang es Eckhard, diese fast alle unbemerkt zurück in den Topf zu bekommen. Männer weinen nicht, zumindest damals noch nicht, ein Gulasch hat nun einmal scharf zu sein, es gab tatsächlich keinen Grund, es nicht zu essen. Die bereitgestellten Getränke wie Bier und Wein wurden zügig in Angriff genommen. Der unmittelbar folgende Verlust an Flüssigkeit durch Schweiß im Kopfbereich, ach was, eigentlich am ganzen Körper, wurde durch Zufuhr immer neuer Getränke ausgeglichen und mit dem, für die Jahreszeit, zu warmen Wetters im Harz begründet. Erst sehr viel später kam die Erkenntnis, dass für den Umgang mit scharfem Essen in anderen Teilen der Welt längst der Joghurt erfunden worden war. Im Normalfall wurde in der Mensa gegessen, und zwar im großen Saal, nicht im „gehobenen Bereich" eine Treppe höher und Zuzahlung erforderlich. Die angebotenen Speisen waren eher bodenständig, dafür die Namen, ganz im Sinne Wilmenrod`scher Kochkunst, phantasievoller, wie die **Schottische Bauernsuppe** oder der **Königin-Eintopf** für die Resteverwertung zu Beginn einer neuen Vorlesungswoche belegen. Die Bestandteile der jeweiligen Gerichte wurden von erfahrenen und für die Aufgabe bestens qualifizierten Mitarbeiterinnen in die dafür vorgesehenen Vertiefungen des Tabletts gefüllt. Die Menge richtete sich nach den Erfordernissen des anstehenden Studenten, beurteilt von der sachkundigen Person auf der gegenüberliegenden Seite des Ausgabetresens. Kräftigere Studenten benötigen mehr Kalorien zur Aufrechterhaltung der studiernotwendigen Vitalfunktionen, demzufolge fiel der

Schlag „Sättigungsbeilage", ein toller Begriff aus der später dem Bundesgebiet beitretenden DDR und für mich auf einer Stufe mit dem Ampelmännchen (Einzelperson und ohne Rock) und dem Stoßstürmer, größer aus, verzichtete jemand auf einen Teil der Beilagen, erhielt der nächstfolgende die doppelte Portion, Vorgabe war Vorgabe und im Durchschnitt stimmt es wieder. Die Erkenntnis daraus war simpel: eine volle Flasche und eine leere Flasche ergeben je eine halbe Flasche für zwei Personen und daraus folgt unmittelbar, dass man im Besitz der vollen Flasche mindestens aber, die subtilere Variante, mit jemandem zusammen sein sollte, der gelernt hatte, zu teilen oder das Getränk nicht mochte. Vielleicht ein Beispiel? Nun, Eckhard, obwohl praktisch gleich groß, war deutlich schlanker als ich, dabei aber nicht dünn oder gar verhungert aussehend, und er mochte einige Dinge nicht. Wenn also im Wochenplan ein ordentliches Gericht mit einer Tomate enthaltenden Beilage vorgesehen war, galt es, mit ihm zusammen mittags in die Mensa zu gehen und sich direkt dahinter anzustellen. Automatisch erhielt man eine deutlich größere Portion und die doppelte Menge Beilage, da er diese der Tomaten wegen ausließ. Jetzt konnte man ja nicht immer in die Mensa gehen; selbst zu kochen war für einen viel beschäftigten Studenten auch keine Lösung für jeden Tag, von daher blieb nur, auf die Angebote der Oberharzer Gastronomie zurückzugreifen.
Mittelgebirgslandschaften wie der Harz (oder auch die Eifel) waren in früheren Zeiten leider nicht geeignet, eine Fülle an landwirtschaftlichen Produkten hervor zu bringen, so dass eine darauf angewiesene bemerkenswerte regionale Küche einfach nicht hatte entstehen können; mit anderen Worten, das Angebot im Oberharz hielt sich in Grenzen.
Immerhin, man musste nicht verhungern dank finanziell verkraftbarer Speisen wie:

- **Forelle, gebraten** im „Polsterberger Hubhaus" oder „Untermühle"
- **Käse-Platte** vom „Milchstübchen Mügge
- **Schnitzel** aller Art (inklusive **Wiener**) im „Wurstezipfel"
- **Currywurst** in der „Börse"
- **Ungarisches Schaschlik** bei „Onkel Felix"
- **Bratwurst** von „Leinemann"
- **Frikadelle** im „Obersteiger"
- **Stifado** beim „Griechen neben dem Hauptgebäude"
- **Wild-/Wildschweingulasch** im „Kronprinz"
- **Grillteller, türkisch** im „Topkapi"
- **Ragout Fin** und **Mohrenkopf** in der „Krone"
- **Windbeutel** im „Tanneck" in Schulenberg

Die Aufzählung ist selbstverständlich nicht vollzählig, beispielsweise fehlt die Blockhütte in Buntenbock (Bild rechts, mit Rainer Sch., Ulli und Peter R.), die gerne vom ACC aufgesucht wurde. Wichtiger, vor allem im Sommer, waren die Grillabende an einem der vielen Oberharzer Teiche mit Lagerfeuer, Musik und ausreichend Getränken. Während die Beschaffung von hochwertiger Holzkohle (Bild links) im Harz und qualitativ geeigneten Grillgutes dank Metzgern wie „Eine" oder „Aschoff" kein Problem darstellte, blieb die Zusammensetzung der feiernden

Gruppe, also praktisch die Gästeliste, eine Herausforderung. Wollte man einen halbwegs zivilisierten Abend erleben, musste außer den feierwilligen Studenten unbedingt eine hinreichende Anzahl an jungen Frauen dabei sein. Das bedeutete natürlich nicht eine gleiche Anzahl; vielmehr muss man sich das Problem ähnlich dem Ablauf in einem Kernreaktor vorstellen, wo durch das Hineinfahren von (wenigen) Grafitstäben eine Kettenreaktion im spaltbaren Material verhindert wird. Jetzt hatten ja nur einige wenige Kommilitonen eine Freundin in Clausthal, viele zwar eine zu Hause, einige noch oder mal wieder keine, so dass man nicht einfach anordnen konnte: bringt eure Mädchen mit; es waren offensichtlich keine da. Gleichzeitig war die Tatsache von zu wenigen Mädchen für Sommer- oder Teichabende, Stiftungsfeste, Nikolaus- oder Barbarafeiern, etc. nicht komplett zu trennen von der ganz allgemeinen Frage: wo finde ich überhaupt eine passende Freundin? In Clausthal? Sonst wo? Während man als Teil der veranstaltenden Studentengruppe der Herausforderung durch Rückgriff auf rein weiblich zusammengesetzte Ausbildungseinrichtungen in nicht zu großer Entfernung wie:

- Loges- (Muskelmäuschen-) Schule, Bad Harzburg (Ausbildung von Gymnastiklehrerinnen)
- Schule für Kosmetik, Goslar
- Landfrauen-Schule, Hildesheim

begegnen konnte, jedenfalls für Veranstaltungen, die dem Tanzen eine gewisse Bedeutung beimaßen, war das individuelle Suchen und Finden einer Freundin auf Zeit oder auch länger in bzw. aus Clausthal schwierig, glücklich bzw. praktisch unmöglich. Der Slogan „nichts ist unmöglich" war zwar noch nicht erfunden, rein von den Zahlen passte die Anzahl der Studenten nicht zu der Zahl etwa gleichaltriger junger Frauen aus bzw. in Clausthal. Aufgeben kam nicht in Frage. Durch Einbeziehen der Mädchen von der örtlichen Oberschule, d.h. 11. – 13. Klasse vergrößerte sich zum einen das Angebot und zum anderen bevorzugen Mädchen in diesem Alter vernünftigerweise etwas ältere, aber doch noch jung aussehende Männer mit Potential. Zu dieser Zeit gehörten tatsächlich auch Studenten dazu. Jedenfalls gelang es mir, dem Schulfreund Kurt Z. aus Lunestedt, der in Göttingen Lehramt studierte und mich, aus seiner Sicht, frauenmäßig benachteiligtem Clausthaler großzügiger Weise zu einer Semesterparty eingeladen hatte, durch Erscheinen mit gleich drei (3) Schülerinnen zu beweisen, dass die Situation in Clausthal zwar nicht gut, aber eben auch nicht hoffnungslos war. Außerdem war man ja nicht die ganze Zeit im Harz, in den Semesterferien beispielsweise zu Praktika (weit) außerhalb. Überhaupt diese Praktika, ganz wichtig, um den Unterschied zwischen Theorie und Praxis zu erleben, sehr wichtig, um den regionalen Bezug zur Arbeitswelt kennen zu lernen, noch wichtiger, um die finanzielle Balance im nächsten Se-

mester aufrecht erhalten zu können. In dieser Zeit waren Studenten noch nicht als „Generation Praktikum" bekannt, vielmehr wurde routinemäßig gefragt, ob man im Praktikum auch Geld verdienen wollte. Selbstverständlich wollte man das, bedeutete zwar, dass man den Praktikumsbericht eher theoretisch „hätte sein sollen" abfassen musste, aber was macht man nicht alles für den schnöden Mammon.
Vom ersten Praktikum in einem Zementwerk ist nicht viel zu berichten; es begann am Tag der ersten bemannten Mondlandung, bewies durch Einsinken eines mobilen Bohrfahrzeugs in der selbst erzeugten Kaverne, dass einfaches ungeführtes Nassbohren einen deutlichen Nachteil gegenüber neueren Verfahren wie Kernbohrungen darstellen und weiter, dass auch im staatlich akkreditierten Beton-Prüflabor kreativ gearbeitet werden konnte. Zement im Beton muss zweifellos sein, „zu viel" davon wirkt sich aber eher negativ auf die Kalkulation des Bauprojektes aus. Also durften wir Studenten am Freitagvormittag ab ca. 11:00 die Prüfapparatur nicht mehr bedienen, dies blieb allein dem Meister des Labors vorbehalten, erhielten stattdessen vom Vertreter der Baufirma, der die Prüfwürfel angeliefert hatte, ein kleines Trinkgeld und die Ermunterung, doch frühstücken zu gehen. Die Arbeitswelt war (noch) nicht überreguliert; der Getränke-Automat stand direkt unter einem heißen Drehrohrofen und enthielt neben Wasser, Limo selbstverständlich auch Bier. Mit anderen Worten, das Wochenende konnte beginnen.

Ein weiteres Praktikum spielte in der Schweiz. „Spielte", weil in diesem wirklich schönen Land die Uhren damals (?) etwas anders gingen, jedenfalls aus meiner Sicht, als in Deutschland. Nach einigen Tagen Aufenthalt bei den Verwandten mit der Segel- und Yachtschule am Bodensee, traf ich an einem Sonntagnachmittag, rechtzeitig zum Kaffee, bei der Gastfamilie ein. Der Kuchen, eine **Kirsch (Chriesi)-Wähe** war schon im Ofen; die Familie, Vater, Mutter und die jüngere von zwei Schwestern, aß die übriggebliebenen Kirschen, und selbstverständlich bekam ich welche angeboten. Wirklich lecker, nach kurzer Zeit hatte ich reichlich Kerne im Mund und guckte einmal in die Runde, um zu sehen, wohin mit diesen. Es war nicht zu erkennen und auch nicht mehr zu erfragen, da sich schon zu viele Kerne im Mund angesammelt hatten. Also kurz nach draußen und ausgespuckt, wieder rein zu der etwas verdutzt schauenden Gastfamilie mit der, wie ich fand, berechtigten Frage: „Was macht ihr eigentlich mit den Kernen?" „Die essen wir mit, ihr etwa nicht?" war die Antwort. Sehr pragmatische Einstellung und gut zu wissen, um beim Kuchen zahnmäßig keine Überraschung erleben zu müssen. Die normale Wochenarbeitszeit in der Fabrik waren 44 Stunden, Arbeitsbeginn im Sommer war 04:00, die Vergütung ordentlich, der Franken stand bei 0,80 DM, ein Tellergericht **Zürcher Geschnetzeltes** kostete ca. 6,00 Fr in den miteinander im beinharten Wettbewerb stehenden Restaurants (ich erinnere die Namen Ochsen, Hirschen, Central, Stübli) und wurde meistens von einer Haustochter serviert. Eine Haustochter war so etwas wie ein Au-Pair Mädchen, auch dieses eigentlich eine Schweizer Erfindung wie RICOLA (Richterich und Companie Laufen), dem zweiten großen Arbeitgeber am Ort.
Von der Vergütung wurde lediglich ein eigener, kleiner %-Satz (2,6 von 5,2) AHV (Alters- und Hinterlassenenversicherung) direkt abgezogen; um Steuern, Krankenversicherung, etc.

musste man sich selber kümmern, was mich 14 Tage vor dem Praktikums- bzw. Arbeitsende ins Rathaus führte. Der sehr freundliche und, wie sich herausstellte, überaus kompetente Mitarbeiter hörte sich meine Ausführungen gewissenhaft an, entschied, dass ich keine Gemeindesteuern zahlen dürfte, weil ich nicht im Besitz einer rechtmäßigen Arbeitserlaubnis sei, dafür müsste ich offiziell in die Schweiz zur Aufnahme einer Arbeit einreisen, was ich mit seiner Unterstützung beim Ausfüllen verschiedener Dokumente eine Woche später zusammen mit vielen Migranten überwiegend aus diversen Ländern des sog. Ostblocks über das Aufnahmelager Schaffhausen auch tat, selbstverständlich wichtige gesundheitliche Checks (vorhandene Impfungen, Läuse, andere Symptome, die eine Ansteckungsgefahr darstellen konnten) eingeschlossen. Eine nicht zu unterschätzende Nebenwirkung war, dass der Mitarbeiter darauf beharrte, dass ich nur für 9 Tage Steuern zahlen dürfe, da die Zeit vor der offiziellen Einreise keinesfalls Bemessungsgrundlage sein könne. Ich bin nicht sicher, ob die Begriffe ganz richtig wiedergegeben sind, immerhin gehörte Laufen, ganz mehrheitlich deutschsprachig und katholisch, nicht reformiert,damals noch zum Kanton Bern, wurde, nachdem sich 1979 der Kanton Jura abgespalten hatte, zunächst territorial von Bern getrennt, bevor es sich 1994 Basel-Landschaft anschloss. Eigentlich ist es sehr schade, dass europäische Politiker die Schweiz immer nur als Zufluchtsort für eigenes oder fremdes Geld wahrgenommen haben. Viel interessanter wäre dagegen ein Blick auf den politischen Umgang im Zusammenleben von Menschen mit unterschiedlichen Sprachen, Religionen, Ständen, städtischer oder ländlicher Lebensweise gewesen. Vielleicht würde es einige Probleme, z. B. bei der Neustrukturierung des früheren Jugoslawiens oder der Sowjetunion, heute weniger geben. Jedenfalls ist mir die Schweiz, auch dank einiger Rundfahrten, u.a. mit Geschwistern und Freundin im 3-Gang R4, landschaftlich, menschlich und, nicht zuletzt, kulinarisch immer noch in sehr guter Erinnerung.

Wieder in Clausthal stand erstmal die Teilnahme an einer Exkursion der TU nach Nancy in Frankreich zur Ecole-des-Mines an, gegenseitiges Kennenlernen, Vorträge, Besichtigungen der Stadt, eines Stahlwerkes der SOLLAC, einer Obstbrennerei, allgemeiner Gedankenaustausch inklusive lothringischer Speisen und Getränke sowie sportliche Wettkämpfe mit anderen europäischen Berg- und Hütten-Studenten eingeschlossen. Wenn ich mich richtig erinnere, waren uns die Kommilitonen aus Frankreich, Großbritannien, Österreich und der CSSR sportlich häufig überlegen, was aber auch an der Größe der Unis gelegen haben mag. Vorbildlich dagegen war unser Einsatz beim Testen der lokalen Versorgungssituation. Die lothringische Küche ist wirklich nicht zu verachten. Als Einstieg in einen Tag „à la Lorraine" morgens ein **Croissant mit Johannisbeeren-Konfitüre aus Bar-le-Duc**, nachmittags eine **Quiche Lorraine** oder eine **Lothringer Pastete**, danach noch eine **Tarte Tatin**, und man hat den Abend frei, bemerkenswerte Destillate zu verkosten. Sollte ein Teilnehmer sich nichts aus Mirabellenbrand und dergleichen machen, empfiehlt es sich, ihn z.B. über die „66. Sitzung des Reichstags vom 20.05.1912" u.a. zum Branntweinsteuergesetz *„Begünstigung der landwirtschaftlichen Schnapsbrenner durch die niedrigere Versteuerung eines festen Kontingents, die sog. Liebesgabe"* referieren zu lassen. Immerhin fielen damals die Obstbrenner aus Lothringen auch unter dieses Gesetz.

Zurück im Harz erwartete mich eine Überraschung, eigentlich eher ein Ereignis, auf das ich in keiner Weise vorbereitet (worden) war. In Clausthal wurde im Winter, schon der Witterung wegen und weil die Sporthalle der TU nicht wirklich geeignet war, studentischer Fußball in der Schulsporthalle gespielt. Nach uns waren die Badmintonspieler des örtlichen Sportvereins in der Halle. Badminton ist Federball mit Regeln, und es geht auch nicht darum, den Ball möglichst lange in der Luft zu halten, sondern ihn so übers Netz zu schlagen, dass er unerreichbar für den Gegner zu Boden fällt. Eine Badmintonmannschaft besteht aus Jungen und Mädchen, letztere tragen überwiegend kurze Röcke und sind, es handelt sich um eine sehr schnelle Sportart, figürlich entsprechend proportioniert. Im vorhergehenden Wintersemester hatte mich die reine Neugier dazu gebracht, nach dem Fußball zu bleiben und mich dem Federballspiel zu nähern. Die Sache ließ sich gut an. Der Übungsleiter half mit einem Schläger aus, meinte, dass ich bei den Mädchen als Anfänger gut aufgehoben wäre, und schon hatte ich alle Mühe, den Federball nicht auf meiner Seite des Feldes den Boden berühren zu lassen und war damit so eine Art konstruktiver Rückschläger, ein eigenes Angriffsspiel war noch nicht vorgesehen. Immerhin, hinterher ging es mit allen auf ein Bier in die Krone und glücklicherweise war „SIE" mit den blitzenden Augen (Bild links) meistens auch dabei. Ich fand sofort Gefallen am Badminton-Sport und blieb dabei, auch als Fußball wieder draußen gespielt werden konnte. Nach der für mich ersten Trainingseinheit im Wintersemester 70/71 ging es hinterher wieder in die Krone, das erste (1.) Getränk übernahm „SIE" mit dem liebenswerten Wesen mit der Bemerkung: „auf meine Verlobung". Obwohl ich saß, und das Weizenbier ganz normal schäumte, hatte ich irgendwie das Gefühl, mir wäre gerade der Boden unter den Füßen weggezogen worden. Was also tun? Eigentlich war so etwas wie „verloben" beziehungsmäßig gar nicht mehr vorgesehen. Man hatte eine Freundin, schlief auch miteinander, aber sich deshalb zu verloben, war irgendwie aus der Zeit gefallen. Jedenfalls musste etwas geschehen. Weiterhin zusammen Federball spielen, hinterher mit allen ein Bier zu trinken, hätte nur die Akzeptanz des Status Quo bedeutet, besser es einmal mit „reden" versuchen. Um es kurz zu machen, dieser Ansatz war eigentlich unerwartet schnell erfolgreich, wenn auch von „beiden" so nicht vorhergesehen. Als Ergebnis gab es jedenfalls ein neues Paar, leider auch mit deren bisherigen Partnern zwei unschuldige und enttäuschte Betroffene, aber wie hätte diesem Blitzschlag begegnet werden sollen? Keine vier Wochen später wohnten wir, Irmtraut Rosette Bohne und Bernd Gerd Kull, bei „Baggerführer Willibald" in Buntenbock zur Untermiete (Bild rechts) und nur wenig später in der ersten gemeinsamen Wohnung „Am Ehrenhain" (Bild weiter unten) mit Blick auf das Uni-Hauptgebäude und die große hölzerne Marktkirche. Das Leben hatte von nun an einfach wieder mehr Struktur. Der in der Verwaltung der TU abhängig beschäftigte Teil der neuen Partnerschaft stand früh auf, verließ

pünktlich die Wohnung und kehrte auch zuverlässig wieder zurück; der studentische Teil bemühte sich, eine, den veränderten Umständen entsprechende, neue Routine zu

entwickeln. Aus 2 Autos wurde ein neuer R 4, die bisher gelesene FR (Frankfurter Rundschau) wurde der zu erwartenden wirtschaftlichen Verantwortung wegen vorsichthalber durch die FAZ (Frankfurter Allgemeine) ersetzt. Ernährungstechnisch wurden gleich mehrere Stufen übersprungen, in der Küche werkelte ab sofort eine, wenn auch noch nicht ganz ausgereifte, kochtechnische Begabung. Dies wurde beim ersten gemeinsamen Besuch in Lunestedt jedenfalls sofort erkannt und bei der lebensmittelmäßigen Ausstattung vor der Rückfahrt berücksichtigt. Neben den bisher üblichen Vorräten wie kurz zu bratendes Fleisch, etc. kam ein ausgewachsenes Suppenhuhn mit auf den Weg zurück nach Clausthal. Da das Huhn nicht sofort verarbeitet werden konnte, wurde es auf dem Balkon zwischengelagert, eigentlich kein Problem bei den im März üblichen Temperaturen im Harz. Obwohl von „Climate Change“ oder „Global Warming“ zu dieser Zeit noch keine Rede war, vom „Waldsterben“ ebenfalls noch nicht, man sich medial intensiv an der Endlichkeit der Ressourcen und, beginnend, mit der Gefährlichkeit der Kernenergie abarbeitete, gab es einen Wärmeeinbruch, der dem nach Kälte verlangenden Suppenhuhn nicht gut tat. Während der eine Teil der neuen WG, und zwar der mit dem XY-Chromosom, noch darüber nachdachte, was mit dem Huhn zu machen wäre, hatte der andere Teil es gepackt und mit Schwung in den noch nicht angelegten Hang vor dem Wohnblock geschleudert. Damit war das Huhn entsorgt, und zum Abendessen wurde **Falscher Hase** zubereitet. Auch hatte sich erwiesen, dass die neue Beziehung aus einer Frau der Tat und einem Mann, der, wie drückten es Mutter und Großmutter aus, in guten Händen war, bestand. Dem leckeren Abendessen sollte eigentlich eine ruhige und erholsame Nacht folgen; leider war dem nicht so. Ein für den Menschen ungenießbares Suppenhuhn steht, so mussten wir erfahren, bei Katzen hoch im Kurs. Man glaubt gar nicht, wie viele dieser nützlichen Mäusejäger sich an einem Ort zusammenfinden und lautstark um ein Suppenhuhn balgen können; und selbstverständlich blieb es nicht beim großen Fressen, und kaum etwas ist lauter als das Liebesleben gut genährter Katzen. Wie dem auch sei, der studentische Teil des Paares verzichtete am nächsten Morgen auf den Besuch einer recht frühen Vorlesung und schlief erst mal aus. An dieser Stelle darf ein Hinweis auf den Unterschied zwischen „gut gemeint“ und „gut gemacht“ nicht fehlen; statt vom „Studentenwerk“ wird heute genderneutral vom „Studierendenwerk“ gesprochen, mit dem Ergebnis, dass jetzt die nicht studierenden Studenten diskriminiert werden (und damit womöglich die Mehrheit).

Fast zwangsläufig verschoben sich die sonstigen Aktivitäten in Richtung solcher, die gemeinsam mit anderen Paaren in ähnlichen Beziehungen stattfinden konnten (Bild rechts). Mal eben alleine beim Bier versacken, wäre sicher nicht besonders gut angekommen. Und so ging die Zeit ins Land, gelegentliche Besuche bei den jeweiligen Eltern eingeschlossen. Vernünftige Ernährung blieb selbstverständlich wichtig, war aber durch die damals noch durchaus übliche Aufgabenverteilung praktischerweise immer gesichert und auf gutem Niveau, wie vielleicht bei einem Sonntagsessen bestehend aus **Schinkenröllchen, Rouladen** (nach Art der Familie Bohne aus der Altenauer Straße) **und Orangenfilets** nachvollzogen werde kann. Aber natürlich gab es gelegentlich auch Rückschläge hinzunehmen, beispielsweise bei einem **Schweizer Käsefondue**, welches sich nur unter zu Hilfenahme einer Schere essen ließ, aber vielleicht deshalb, und mit Unterstützung der nicht für das Fondue benötigten restlichen Menge Kirschwasser, Ausgangspunkt für eine, gemeinsam mit unseren Gästen Margret und Gerd-Peter B., spontane Exkursion nach Seesen in den Club „Le Chat" bildete, einer Einrichtung, die das Mitbringen von weiblichen Wesen nun wirklich nicht ausdrücklich vorsah.

Die neue Zweierbeziehung verlangte natürlich auch nach einer abgestimmten Planung der im Sommer anstehenden freien Zeit. Arbeitnehmer haben Anspruch auf Urlaub; dieser dient der Erholung und damit der Wiederherstellung bzw. Aufrechterhaltung der Schaffenskraft, sollte von daher möglichst auch in einem Stück und mit dem Arbeitgeber abgestimmt genommen werden. Studenten hingegen sprechen von Semesterferien und meinen damit die in Summe 5-6 vorlesungsfreien Monate im Sommer und Winter. Studenten bekommen keinen Urlaub, sie arbeiten nicht, sie sind im engeren Sinne Unternehmer, also eine Art „Ich-AG", und damit die Herrscher über ihre Zeit, oder anders ausgedrückt: sie leben in den Tag hinein. Soweit die Theorie.

In der Praxis fuhren wir in diesem, unserem ersten gemeinsamen Sommer mit geliehenem Zelt nach Frankreich ans Mittelmeer und an die Biskaya, im nächsten mit Ingrid und Rainer Sch. die gesamte jugoslawische Küste zwischen Italien und Albanien ab (Bild links) und im Jahr darauf mit einem von Peter R. geliehenen Wohnmobil wieder nach Frankreich ans Meer. Dieser englische Bedford, ein Linkslenker mit britischem Zollkennzeichen, der bereits die Welt umrundet hatte, entpuppte sich als rollende, jedenfalls meistens, Basis für einen so nicht geplanten Abenteuerurlaub. Der normalen Bockigkeit durch Zündaussetzer bei heißer werdendem Motor konnte relativ leicht mit spontanen Kaffeepausen begegnet werden; die durch ein

von einem Jugendlichen auf ein englisches Auto geworfenes Steinchen geborstene Frontscheibe brachte einen Tag Sightseeing in Marseille ein; die in einer Werkstatt stattfindende Überprüfung des Vergasers einen sehr schönen Blick von Villeneuve über die Rhone auf Avignon; ein weiterer Werkstattbesuch in einem Städtchen am Fuße der Pyrenäen die Erkenntnis, dass französische Automechaniker auch beim Ansaugen von Sprit (Bild oben) die brennende Gauloises im, sicherheitshalber dem Schlauch abgewandten, Mundwinkel hängen lassen dürfen, ein in einer Werkstatt in Tarbes eingebauter zweiter Vergaser, der die Aussetzer des ersten überbrücken sollte, mit einem angeschnitten Benzinschlauch versehen war, was dazu führte, dass der Motor mitten in der Altstadt Feuer fing, und wir Gelegenheit fanden, uns einige Tage weit weg vom Meer erholen zu können. In aller Fairness, die Hilfe der Franzosen war bemerkenswert. Der hinzugeeilte Gendarm, immerhin blockierte das mit Kaffeewasser gelöschte aber aus dem Motorraum noch qualmende Fahrzeug eines der engen Altstadttore, sah, dass ein junger Mann uns bereits zu Hilfe geeilt war; dieser war es auch, der den angeschnittenen Schlauch entdeckte und als Beweis sicherstellte; murmelte „Merde" und ging, wohl um an anderer Stelle den Verkehr zu regeln. Die dann bald eintreffenden Mechaniker transportierten den Wagen samt Urlauber zurück in die Werkstatt. Der sehr professionell auftretende Direktor des Autohauses fasste den Sachstand für uns auf Englisch zusammen: Ursache ist ein in seinem Haus eingebauter, leider angeschnittener Schlauch, daher übernimmt ihre Versicherung die Reparaturkosten. Allerdings müssten einige Teile ersetzt werden, die nicht vorrätig sind, was einen Aufenthalt von mehreren Tagen für uns bedeuten wird und, leider, könnten wir nicht im Wohnmobil schlafen, da aus Sicherheitsgründen sich niemand auf dem Firmengelände über Nacht aufhalten darf. Er würde uns ein kleines Hotel in der Altstadt empfehlen, die Kosten ohne Verpflegung würden sicher in einigen Monaten nach Einreichung der Quittung von ihrer Versicherung erstattet, und wir würden in der Wartezeit für Ausflüge in die Umgebung, z.B. nach Lourdes, die Gavernie oder den Col-de-Tourmalet, einen ihrer Gebrauchtwagen zur Verfügung gestellt bekommen. Dies war ein ca. 20 Jahre alter Simca, der uns auch gut nach Lourdes brachte, allerdings wegen eines Kupplungsschadens gelegentlich

liegen blieb und nur mit Hilfe von zunächst wild hupenden, hinter uns stehenden Fahrzeuglenkern bei zwangsweise eingelegtem Gang wieder in Bewegung gesetzt werden konnte. Auf unsere vorsichtig angedeutete Reklamation im Autohaus erfolgte sofort ein Wechsel des Fahrzeugs, und zwar auf einen noch älteren Opel Rekord mit Lenkradschaltung (Bild links).

Am Verhalten des damaligen Weltmarktführers „General Motors", zu dem neben Bedford eben auch Opel gehörte, gab es nichts auszusetzen. Betrüblicherweise verzögerte sich die Reparatur des Wohnmobils doch noch etwas, daher beschlossen wir, im Vertrauen auf Rüsselsheimer Wertarbeit, übers Wochenende mit dem Opel Richtung Biarritz an die Atlantikküste zu fahren. Eine Pension in Capbreton war schnell gefunden und auf die Frage der Dame des Hause: „Wann und wo möchtet ihr frühstücken?" mit: „Um 9:00 und bitte im Aufenthaltsraum am Fenster" geantwortet.

Leider war dort kein Platz mehr frei, so dass wir im Bett frühstücken durften. An sich keine schlechte Idee für ein junges Paar, sollte man meinen, Baguette, Croissants und Café-au-Lait waren lecker und frisch, Kuscheln nach dem Frühstück hingegen musste, der vielen Krümel wegen, auf den Abend verschoben werden.

Von den geplanten vier (4) Reisewochen waren drei (3) bei Übernahme des endlich reparierten Wohnmobils vorüber, weshalb, eines gewissen Vorbehaltes in die Zuverlässigkeit des Fahrzeuges und der verbleibenden Urlaubszeit wegen, auf die ursprünglich vorgesehene Weiterfahrt bis San Sebastian verzichtet und unverzüglich die Rückfahrt angetreten wurde. Keine 10 km von Tarbes entfernt, gleich gegenüber einer Tankstelle, zeigte das Wohnmobil die gut bekannten bockigen Eigenschaften, zusätzlich stieg Rauch, schwarzer-kein weißer, unter dem Sitz des Beifahrers, gleichzeitig Sitz der Batterie, auf. Nachdem alle Kabel einmal geschüttelt worden waren, der Tankwart mit Benzin und der Info: „Da ist sicher irgendwo ein Wackelkontakt, hoffentlich springt er wieder an" geholfen hatte, verkündete der urlaubende und die Arbeitskraft regenerierende Teil der Reisegruppe, dass auf dem kürzesten Wege, ohne Pausen und ohne den Motor bei einem allfälligen weiteren Tankstopp auszumachen, nach Hause gefahren wird. So geschah es. Und während „Sie" noch versuchte, sich in den restlichen Urlaubstagen zu erholen, kümmerte der Student (die Bezeichnung „Studierender" wäre hier völlig fehl am Platze) sich um die Vorbereitungen zu einer anstehenden weiteren Reise, und zwar einer Exkursion des ACC, die in diesem Jahr nach Schweden führen würde; aber das ist eine andere Geschichte.

Rein kulinarisch gesehen, war der (Zwangs-) Aufenthalt in jenem Teil Frankreichs zur damaligen Zeit äußerst positiv zu werten. Baguette, Pasteten, Käse, Forellen und Fleisch aus den Pyrenäen, Weine aus dem Languedoc-Roussillon und dem Südwesten waren damals nicht nur von hervorragender Qualität, sondern auch, wichtig für Selbstversorger mit limitierten finanziellen Mitteln, bezahlbar.
Wenn wieder einmal ein warmer Sommerabend bevorsteht, niemand große Lust aufs Kochen oder Grillen hat, dann probiert ruhig einmal eine kleine Auswahl an Käse aus den Pyrenäen mit etwas Baguette und einer Flasche Jurancon, die EU hat auch ihre guten Seiten.

Der Umzug nach Braunschweig, Rosi war an das PIZ (Planungs- und Informationszentrum der TU) gewechselt, ich traute mir zu, das entbehrungsreiche Studentendasein mit einem wirtschaftswissenschaftlichen Aufbaustudium noch etwas länger zu ertragen, hieß, eine neue Wohnung zu finden. Unsere Ansprüche hatten sich inzwischen deutlich erhöht; immerhin, eine annoncierte frei werdende Mansardenwohnung „Am Bülten" (Bild rechts) passte glücklicherweise in Lage, Größe, Zuschnitt und Preis exakt zu unseren Vorstellungen; jetzt mussten wir sie nur noch ergattern können. Die Vermieter, ein älteres (beide sicher über siebzig) Geschwisterpaar, wohnten in Königslutter und bestanden da-

rauf, die vom Makler in die engere Wahl genommenen potentiellen Mieter persönlich in Augenschein zu nehmen und dann zu entscheiden. Wir waren an einem Samstagnachmittag eingeladen. In angenehm ruhiger Atmosphäre, bei einem Glas „Herva-mit-Mosel" wurden wir einer intensiven Befragung unterzogen. Die Ausgangsbasis war eigentlich sehr klar, das Geschwisterpaar, insbesondere die ältere Schwester, wollten seriöse und solvente Mieter für ihr Drei-Parteien-Haus in bester Hochschul-Lage, wir unbedingt diese wie für uns gemachten „2 ½-Zimmer, Küche Bad" direkt neben dem Sportgelände der Uni. Gute Vorbereitung ist alles; eine etwas konservativere Kleidung sollte helfen, den Altersunterschied optisch zu überbrücken; um als unverheiratetes Paar ernsthafter zu wirken, hatten wir neue Ringe (ihren einstigen Verlobungsring hatte die junge Frau Weihnachten 1971 in Basel in den Rhein dem bereits dort lagernden Gold nachgeworfen) aufgesteckt. Es ging auch alles sehr gut, die Anstellung der jungen Frau im öffentlichen Dienst signalisierte ein sicheres Einkommen und damit verbunden einen regelmäßigen Eingang der Miete, blieb zum Schluss nur die Beantwortung der Frage: „Warum sind sie eigentlich nicht verheiratet?" Ein kurzer Blick in Richtung des Geschwisterpaares, speziell in die Augen der Schwester, sagte mir: mit der Antwort fällt die Entscheidung. Und entgegen des dafür vorgesehenen Hinweises auf ein „baldiges" Aufgebot, war meine Antwort sehr bestimmt und dazu noch absolut korrekt: „Ich bekomme eine Graduiertenförderung für das Studium, wobei aber im Falle einer bestehenden Ehe das Einkommen des Partners angerechnet werden würde, weshalb eine Hochzeit in dieser Zeit aus rein ökonomischen Gründen für uns nicht in Frage kommt". Das darauf folgende höfliche: „Darf ich ihnen noch ein wenig Wein nachschenken?" signalisierten Erfolg auf ganzer Linie, verbunden mit wirklich nettem Smalltalk und dem Leeren der Flasche „Herva-mit-Mosel". Ach ja, für alle, denen dieses Getränk nichts (mehr) sagt, es handelt sich um ein Mischgetränk mit ausgewählten Kräuteressenzen und Moselwein und einem Alkohol-Gehalt von ca. 2%, also so etwas wie Prosecco light der 60er und 70er Jahre des letzten Jahrhunderts.

Und auf dem Bild rechts sind sie zu sehen, die Frisuren und Schlaghosen dieser Jahre.

Es war auch höchste Zeit geworden, Clausthal zu verlassen, denn immerhin waren zwei meiner Geschwister in der Zwischenzeit ebenfalls im Harz gelandet, Gitti als Leiterin eines Kindergartens, Herby als Student der Geologie, und welcher große Bruder hat es schon gern, permanent von jüngeren Geschwistern überwacht zu werden. Nun also Braunschweig, die Stadt Heinrichs des Löwen (Bild links), in der 1874 das Fußballspiel in Deutschland eingeführt worden war und die, ungefragt, den staatenlosen, ehemaligen Österreicher, Adolf Hitler, am 25.Februar 1932 als Sachbearbeiter im Landeskultur- und Vermessungsamt mit Dienstsitz Berlin, einstellen musste, damit dieser die für höhere Staatsämter notwendige, deutsche Staatsbürgerschaft erhielt, Heimat des deutschen

Fußballmeisters (Eintracht) von 1967, Austragungsort der nationalen deutschen Tennis-Meisterschaften seit (mit Unterbrechungen) 1925, Ausgangspunkt des deutschen Zeitsignals, Großstadt ohne groß zu wirken. Wer außerhalb der Stadt könnte mit Begriffen wie „Ewiger Pfennig" (eine Münze, die nicht nach einem Jahr ihren Wert verlor oder ersetzt wurde) oder „Mumme" (ein Bier ähnliches Getränk, das, soweit mir bekannt, noch nie einen Durst hat löschen können) etwas anfangen, am ehesten noch mit „Braunschweiger", allerdings nur an der Fleischtheke und als Freund der gleichnamigen Schmierwurst. Und damit hätten wir den Beitrag der Stadt in kulinarischer Hinsicht auch schon abgearbeitet, es sei denn, man zählte „Käse-Klemmer" oder „frittierte Hähnchen beim Conny", der inoffiziellen Vereinskneipe der Eintracht, noch hinzu.

Jedenfalls eröffnete Braunschweig deutlich mehr Möglichkeiten als Clausthal, und das war auch bitter notwendig, denn das wirtschaftswissenschaftliche Aufbaustudium war nicht wirklich tagesfüllend. Zwar waren die Abende mit jeder Menge Sport wie Badminton (Bild

links), Volleyball und Tennis mit sowie Fußball ohne Partnerin, mit Kino, Konzerten, Theater, usw. gut abgedeckt, die Tage enthielten aber noch viele freie Stunden.

Und ohne große Überwindung entschloss ich mich, diese Zeit mit Zeitungslesen in einem Café am Hagenmarkt zu überbrücken. Der Kaffee war ordentlich, von den Kuchen und Teilchen erinnere ich nichts mehr, es war die große Zahl an Zeitungen und Zeitschriften, die mich dort hinführte. Ein Highlight alle vierzehn Tage war der Waschabend. Ach ja, vielleicht sollte ich erwähnen, obwohl ihr euch das natürlich sowieso schon gedacht haben werdet, dass seit Beginn der festen Beziehung meine Wäsche nicht mehr in Lunestedt landete, außer es fand ein gemeinsamer Besuch übers Wochenende dorthin statt, sondern von Rosi gemanagt wurde. Also los am Freitagabend zur Münzwäscherei, das Zeugs in die Trommeln, richtig sortiert natürlich, und ab ins benachbarte Lokal zu mediterran geprägter Küche, nur unterbrochen von kurzen Checks der für uns laufenden Maschinen im Salon nebenan.

Einmal geht jede Zeit, mag sie auch noch so gut sein, vorbei. So auch diese. Die notwendige Diplom-Arbeit war zwar extra ins 5. Semester gelegt worden und passte zeitlich damit zufälligerweise mit der Höchstförderdauer des Stipendiums überein, aber zum 31. März 1977 würde dann endgültig Schluss mit lustig sein.

In dem Titel der Arbeit *„Infrastruktureller Maßnahmenkatalog für Elektro-Fahrzeuge"* hätte man einen eindeutigen Fingerzeig in Richtung Interesse an neuen Technologien beim Auswählenden sehen können; er wies zwar in die Zukunft, wichtiger für die Entscheidung, gerade dieses Thema zu wählen, war aber die Tatsache gewesen, dass sie bezahlt wurde und einen Aufenthalt in Düsseldorf beinhaltete, wohl nicht allzu viel Aufwand erfordern sollte, da die Note egal, und, soviel wurde gleich beim Lesen der vorliegenden Literatur klar, eine Umsetzung der Erkenntnisse in nächster Zukunft nicht zu erwarten war, ist doch

die Herausforderung, die bei einem mobilen Gerät unabdingbare Speicherung der mitzuführenden Energie mit vertretbarem Aufwand innerhalb der bestehenden Verkehrs-Infrastruktur umzusetzen, damals wie heute (2015) der gewollte politische Ansatz und damit „ausschließlich“ eine Frage der kommerziell vorhandenen Speicher.
Ich versuchte dann auch gar nicht erst, davon abweichende andere Lösungswege, die damals bereits vorhanden waren und heute noch sind, anzudenken und vorzulegen.

Es blieb mithin parallel dazu Zeit, zwei wirklich wichtige Dinge, die indirekt zusammen hängen, endlich anzugehen: nämlich Job zu suchen und Status der Beziehung weiter zu entwickeln. Ein Arbeitseinkommen bringt in den meisten Fällen immer auch Steuern und Abgaben mit sich; bei einem Paar mit zwei Gehältern bietet das Steuerrecht durch Eintritt in den Stand der (zivilen) Ehe diesbezüglich klare Vorteile. Und so beschlossen wir, nach ausgiebiger interner Diskussion und Beratung, diesen Schritt zu wagen, allerdings ohne das sonst übliche Drumherum. Alles ließ sich nicht vermeiden; der Termin der Eheschließung wurde immer noch ausgehängt, „sie“ oder „er“ hätten ja schon anderweitig verheiratet sein können, außerdem waren Trauzeugen vorgeschrieben. Letzteres Problem löste sich praktischerweise ganz von selbst, weil Gitti und Eckhard beabsichtigten, ebenfalls zu heiraten, und da war es nur logisch, sich gegenseitig zu helfen, denn weitere Teilnehmer an dieser zivilrechtlichen Veranstaltung waren unsererseits nicht vorgesehen. Da das Ganze aus melderechtlichen Gründen im Clausthaler Rathaus stattzufinden hatte, verabredeten wir uns am 16.September 1976 um 9:00 bei Gitti und Eckhard zum Kaffee, was noch 2 Stunden Galgenfrist (Frage: für wen?) bedeutete. Den Abend vorher, damals noch „Polterabend“ genannt, verbrachten wir Braunschweiger vorsichtshalber bei der Eintracht im Stadion, und zwar beim 7:0 Sieg gegen Holbaek BK aus Dänemark in der ersten Runde des UEFA-Pokals. Am nächsten Morgen waren wir pünktlich, wenn auch etwas aufgebrezelt, in Clausthal. Hochzeitstage soll man(n) in Erinnerung behalten, die Männer vielleicht auch das Datum. Unsereiner ist da keine Ausnahme. Beim Öffnen einer neuen Dose Tchibo-Kaffee (oder war es Eduscho?) implodierte diese, und das Kaffeemehl verteilte sich über die gesamte Küche und eine der beiden Bräute. Das kleine Malheur ließ sich relativ rasch mit dem Staubsauger bereinigen, wurde nicht als böses Omen angesehen, und es war glücklicherweise auch noch genug Pulver für einen starken Kaffee übrig.

Nicht nur wir, auch der Standesbeamte hatte sich auf den Verwaltungsakt gewissenhaft vorbereitet und, wegen der seltenen Konstellation „Hochzeiter gleichzeitig auch Trauzeugen“, einen inkludierenden Text vorbereitet, dabei allerdings übersehen, dass mindestens eine der Beteiligten, Männer nahmen damals mit Ausnahme des Möchtegern-Adels noch nicht den Familiennamen ihrer Auserwählten an, während der Zeremonie neben dem Status auch ihren Nachnamen ändern würde. Da wir die Reihenfolge der Trauungen streng nach dem Alter aller Beteiligten angegeben hatten; glücklicherweise ist Eckhard etwas älter als ich und damit musste ich nicht als erster von den Geschwistern heiraten; war es Gitti, die als „Margrit Kull" Trauzeugin hätte sein sollen, bei der Trauung des zweiten Paares aber schon „Wiesner" heißen würde, was dem Standesbeamten während seiner durchaus freundlichen und angemessenen Ansprache klar wurde, wohl verbunden mit der Erkenntnis, dass die zur Unterschrift vorbereiteten Papiere in einem Fall „falsch" sein würden. Dies brachte ihn merklich aus dem Konzept und uns um den restlichen Teil seiner Rede. Nach Korrektur der Dokumente, Leistung der Unterschriften, Austausch der Ringe, Küsschen und Händeschütteln, konnten wir uns dem inzwischen ziemlich angestiegenen Lärm, Flaschen- und Gläserklirren auf dem Flur des Rathauses (Bild oben) zuwenden. Die Geheimhaltung hatte nicht ganz funktioniert. Die Eltern Kull und Bohne

waren da, keine Geschwister, dafür Kommilitonen aus dem Club, nur bis nach Remscheid zu Eckhards Eltern war die Information nicht gedrungen. Immerhin waren wir in Clausthal, und das Zeitalter des Internets noch nicht angebrochen. Mit dem Vernichten aller Getränke war der (mein) Wille, ein Hochzeitsbild (siehe rechts) auf keinen Fall zuzulassen, gebrochen; also alles auf zum Fotografen und dann in die Blockhütte nach Buntenbock zum Mittagessen.

Der spätere Nachmittag sah die Neu-Ehemänner ruhend auf dem Sofa, der Abend die beiden frisch vermählten Paare in einem Restaurant in Hahnenklee, der nächste Morgen vier junge Menschen, davon zwei weinende Frauen, eine sehr heftig, die andere mitfühlend, und einen Mann mit einem geschwollenen, blau verfärbten Finger, beim Juwelier, damit dieser einen Ring, dieses Symbol ewiger Liebe, durchtrennen konnte, um das Leben, mindestens aber den Finger des Betroffenen doch noch zu retten, nur um danach den Ring wieder zusammenzufügen, welcher von Stund an von der Inhaberin des zweiten Ringes in sichere Verwahrung genommen wurde.

Übergehen wir die diversen kleineren und größeren Nachfeiern, die im Nachgang eines solchen Ereignisses, das noch dazu in einem Stammbuch dokumentiert worden war, praktisch unvermeidlich waren. Außerdem hatte der Jungvermählte ja noch Abschied zu nehmen von seinem entbehrungsreichen Leben als ordentlicher Student, also mindestens zwei (2) gute Gründe für lockere Treffen.

Im Lebenslauf des sich irgendwo vorstellenden Bewerbers würde jetzt „verheiratet" stehen, was zu der damaligen Zeit nicht von Nachteil war. Die für Hochschul-Absolventen zuständige freundliche Mitarbeiterin des Arbeitsamtes schlug vor, sich doch bei Firmen wie VW, Bosch-Blaupunkt, Siemens, Unilever oder Shell, die alle vielversprechende Trainee-Stellen ausgeschrieben hatten, zu bewerben. Ein kurzer Check der Unterlagen zu den Bewerbungsverfahren von Unilever (oder Shell, ich weiß es nicht mehr), beide in Hamburg, einer interessanten Stadt, die seinerzeit auf einen Studenten der Meteorologie ja hatte verzichten müssen, zeigte, dass mit ca. tausend (1000) Bewerbern zu rechnen war, von denen ca. einhundert (100) für eine Traineeausbildung ausgewählt und zehn (10) ein Jahr später fest eingestellt werden sollten.

Spontan entschloss ich mich, es besser in der Steine- und Erden, Glas- und Keramik-Industrie zu versuchen. Bewerbungen, zehn (10) Stück an der Zahl, waren schnell verschickt, drei (3) Einladungen, eine (1) davon mit beiliegendem Flugticket, kamen zurück, und im Dezember war der Anstellungsvertrag unterschrieben.

Es ging in die Nähe von Koblenz an den Rhein (damals aber noch ohne Seilbahn zur Festung Ehrenbreitstein und den Reiter am Deutschen Eck, Bilder unten), und zwar auf dessen „richtige Seite" in ein Unternehmen der Feuerfestbranche und damit in eines der ältesten (für Männer) Gewerbe der Welt.

Und noch weiter weg

Noch ganz mitgenommen vom Trennungsschmerz, der sich unvermittelt am Vortag des Berufsbeginns bei der zurückbleibenden Ehefrau eingestellt hatte, war ich pünktlich am ersten Arbeitstag um 8:00 im Sekretariat der Vertriebsleitung; und zwar am 1. April des Jahres 1977, einem Freitag. Man hatte nicht mit meinem Kommen gerechnet: „Wie? Heute am Freitag? Wir hatten an Montag gedacht. Setzen Sie sich mal auf den Stuhl dort in der Ecke, ich bring gleich einen Kaffee", so die freundliche und doch resolute Vorzimmerdame. Um 11:30, nach einer Vorstellungsrunde beim Vorstand und den neuen Kolleg(Inn)en sowie dem Leeren mindestens einer Kanne Kaffee, war ein Büro samt Schreibtisch und Stuhl gefunden, und der Start ins Berufsleben als Aprilscherz konnte beginnen.

Nein, nein, keine Angst, ich werde euch nicht mit dem „beinharten" Alltag eines Neu-Berufstätigen kommen. Meine Beschäftigung mit „Feuerfest" (gemeint sind feuerfeste keramische Werkstoffe gemäß DIN 51 060 für Anwendungen bei Temperaturen > 1500 °C) sollte sehr viel mit Außendienst zu tun haben, und dies nicht ganz zufälligerweise auch noch überregional. Daher hieß es, sich auf die zu erwartenden fremdländischen, womöglich gar exotischen Speisen und Getränke, überhaupt unbekannte Lebensverhältnisse gut vorzubereiten, am besten durch intensives Studium einschlägiger Fachliteratur wie Kochbücher, Beschreibungen von Land und Leuten, Ratgeber über Politik für Nachkriegskinder und dergleichen mehr.

Österreich, **Luxemburg**, Niederlande und Finnland bildeten den nicht übermäßig fordernden Einstieg, mit Spanien, Portugal, Frankreich, **Großbritannien** stellte sich schon so etwas wie Routine ein, und nach Griechenland (besser gesagt nach einem **gegrillten Tintenfisch** am Strand nahe Patras), Zypern und Israel war eine belastbare Grundlage für Länder wie Ghana und Nigeria gegeben, zwischendurch eingestreut, kleinere erholsame Ausflüge nach Belgien, Italien und in die Schweiz.

Die Reise nach Westafrika stand unter keinem guten Stern. Irgendetwas stimmte nicht mit dem Visum für Nigeria; das Reisebüro hatte es zwar geschafft, in der relativ kurzen Vorlaufzeit ein Visum für Ghana zu besorgen, das wichtigere für Nigeria kam nicht. Also versuchte ich es direkt bei der Botschaft in Bonn. Der Andrang war riesig, und es ging nur schleppend voran. Pünktlich um 12:00 verkündete die ausnehmend fröhliche und gutaussehende junge Dame: „Schluss für heute, Morgen ist auch noch ein Tag". „Morgen" war aber schon Freitag, der Abflug am Sonntag, und nach Braunschweig wollte ich auch noch. Ich blieb sitzen bis alle anderen Wartenden weg waren, mal sehen was kommen würde. Und was sollte schon groß passieren, außer, kein Visum und damit keine Reise. Beim Rausgehen bemerkte sie mich. Ihrem fragenden Gesicht zugewandt, entschuldigte ich mich und bat um ihre persönliche Hilfe. Ich hätte doch glatt unserem Reisebüro nicht rechtzeitig mitgeteilt, dass die technischen Gespräche in Nigeria die wirklich wichtigen wären und nicht die Termine in Ghana und der Elfenbeinküste. Und jetzt kein Visum gerade für dieses schöne Land und überhaupt das quirlige Lagos und der Abflug schon am Sonntag und der Inlandsflug schon gebucht und...und und. Sie war einfach großartig, nahm meine Papiere, füllte was aus, ging zum Bungalow im Garten und klopfte vorsichtig an ein Fenster. Nach kurzer Zeit, die mir allerdings unendlich lang vor kam, tauchte ein leicht verschlafener Mann an der Tür auf, fragte wohl etwas und unterschrieb die hingehaltenen Papiere. Wir waren beide glücklich, sie hatte diesem unsortierten weißen Mann gezeigt, wie richtig gearbeitet wird, ich hatte das Visum. Der Hinflug sollte von Frankfurt über Zürich, Genf nach Lagos gehen. Zusammengetroffen mit dem Kollegen aus Paris hörten wir eine wenig erfreuliche Nachricht am Swissair-Schalter: Lagos sei wegen einer Crash-Landung gesperrt, es geht direkt nach Accra in Ghana, möchten sie trotzdem fliegen? Wir wollten. Das hieß zwar, die Reihenfolge der Besuche alle umzustellen, aber Afrika wäre sowieso der Kontinent für Improvisationen, so die Meinung des Kollegen, der ich mich mangels eigener Erfahrungen nur alternativlos anschließen konnte. Reisen in diese Länder wurden gerne über die Schweiz geführt; dies hatte nichts mit besonders preiswerten Flugtarifen, ganz im Gegenteil, oder dem besonderen Service bei der Swissair, obwohl der sehr gut war, zu tun, sondern mit der Tatsache, dass die lokalen Währungen vieler Länder hier zu Schwarzmarktpreisen zu bekommen waren und nicht nur zu den offiziellen Kursen.

Für Ghana hieß das beispielsweise: offizieller Kurs der Landeswährung Cedi für den Voucher (Mindestumtausch) bei der Visumsbeschaffung (Bild links) war 150,00 CD = 298,50 DM, in Zürich dagegen 1000 CD = 250 DM.

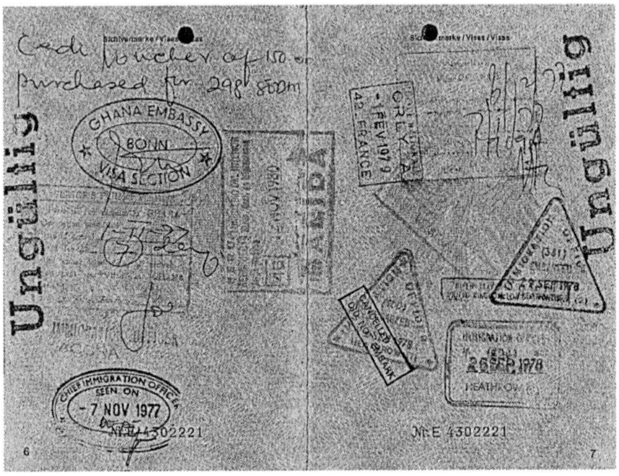

In die DC 10 mit dem alleinigen Ziel Accra hatten sich ganze 12 Leute verirrt. Bei der Zwischenlandung in Genf kauften wir 1 Flasche Champagner im Duty-Free, damals mussten in der Economy-Class die alkoholischen Getränke noch bezahlt werden, und los ging es Richtung Afrika. Die Betreuung während des Fluges war großartig; die Stewardess hatte den Champagner vor dem Abflug netterweise noch auf Eis gelegt, Flugkapitän H. bat nach dem Abendessen die wenigen Gäste nacheinander ins Cockpit, wobei der Blick über die ockerfarbene Sahara in das grüne westliche Afrika bei wolkenlosem Himmel und untergehender

Sonne einfach nur gigantisch zu nennen war. Und dann kam Afrika, ein Erlebnis in vielerlei Hinsicht. Die Kundenbesuche in Ghana, und zwar mehr als ursprünglich geplant waren, hatten wir schneller erledigt als die Landebahn in Lagos geräumt werden konnte. Damit blieb reichlich Zeit, den bei Accra gelegenen und von den Flugbesatzungen vieler westlicher Linien gerne genutzten Thirteen-Miles-Beach zu besuchen. In Accra wurden zu dieser Zeit von den meisten Fluggesellschaften die Besatzungen gewechselt. Lagos war zwar das Ziel fast aller Passagiere, Nigeria war im Öl Rausch und kaufte, was das Land (oder waren es eher die Politiker?) so benötigte, und das war damals praktisch alles, aber in Lagos war die Situation einfach zu chaotisch. Etwa zehn Tage später, wir waren inzwischen bis nach Calabar im früheren Biafra gelangt, standen Gespräche nebst einem ausgiebigen Abendessen mit den Vertretern eines Zementwerkes auf dem Programm. Als Lieferant hatten wir zwar eingeladen, sie als Abnehmer mit lokalem Know-how ausgestattet, dafür das Lokal sowie Speisen und Getränke bestimmt. „Wir", das waren unser Vertreter und ich, „sie", das waren der Werksleiter mit Freund, der Produktionsleiter mit Frau, der Leiter der Instandhaltung ebenfalls mit Frau, dazu zwei Assistant Manager ohne Begleitung. Vielleicht um irritierenden Fragen meinerseits nach der Funktion des bisher mir nicht bekannten Mannes vorzubeugen, bekam ich vorher erklärt, dass es nicht unüblich wäre, bei Vorhandensein von mehreren Ehefrauen, einen Freund mitzubringen. Durchaus nachvollziehbar, wer hat schon gerne Beziehungsstress, bloß weil man mit irgendwelchen Europäern Geschäftsessen wahrnehmen muss. Die Wahl der Getränke passte ausgezeichnet, das Beck`s war gut gekühlt, der Rotwein aus dem renommierten Weinland Frankreich hatte die international empfohlene Zimmertemperatur und war nach einem Aufenthalt im Eiskühler kurz nach 23:00 Uhr sehr gut trinkbar. Es kamen zwei große Schüsseln, ähnlich den norddeutschen Kummen, auf den Tisch, eine bis zum Rand gefüllt mit einheimischen **Langusten und Hummer**, die andere voll mit **Schwarzsauer** vom Huhn. Nur schade, dass der Kollege mit von der Partie war, ich musste die Schalentiere mit ihm teilen. Wären Eltern oder ostpreußische Großmutter dabei gewesen, hätte ich sicher deutlich mehr speziell von den sehr schmackhaften Langusten nehmen können, ob allerdings die Menge an Hühnerfüßen und –kämmen für alle anderen dann ausgereicht hätte, möchte ich an dieser Stelle doch bezweifeln. Wenn nicht im Flugzeug, dann waren wir zwischen den Städten bzw. Werken der Kunden im Taxi unterwegs, häufig ein eigener kleiner Abenteuerurlaub. Eines der Vehikel hatte statt einer Bodenplatte vor der hinteren Sitzbank für die Füße eine Stange eingeschweißt, aber für die zwanzig Kilometer lohnte die Suche nach einer Alternative nicht wirklich. Sobald wir unterwegs eine Pause einlegten, die Fahrten dauerten ewig lange, und in einem Lokal etwas tranken, manchmal auch aßen, verschwand der jeweilige Fahrer in einer der nächsten Hütten und tauchte (meistens) pünktlich zur vereinbarten Abfahrtszeit wieder auf. Auf meine Frage an unseren Vertreter, was der Mann dort machen würde, kam die Antwort: „Probably he`s having some rough food", also etwas zu essen.

An einem der nächsten Tage waren wir schon am Nachmittag zurück, der Abend mal ohne gemeinsames Essen geplant und damit genügend Zeit für einen kleinen Spaziergang (Bild unten) in die Umgebung.

Nicht weit vom Hotel gab es ein einfach aussehendes, offenes (d.h. mit Dach aber ohne Wände) Restaurant. Nichts wie hin und mutig **Rough Food** bestellt. Sie guckte mich lange, eigentlich sehr, sehr lange an und brachte dann ein Tellergericht, ähnlich aussehend wie Labskaus ohne Spiegelei und Gurke, und, bitte, verwechselt „rough food" nicht mit „raw food". Falls ihr es nachkochen möchtet, hier ein paar Hinweise:
Nehmt euch das Labskaus Rezept und zwei, drei Tage frei, ersetzt die Kartoffeln durch Yamswurzeln, Süßkartoffeln oder grobes Mehl unbestimmter Herkunft, das Corned Beef durch abgeschnittene Fettränder, egal von welchem Fleisch, nur schön alt sollte es sein, lasst euch am letzten Abend der örtlichen Kirmes von dem Pommes Buden Betreiber eine Tasse zur Entsorgung vorgesehenes Frittier Fett geben, würzt nicht zu knapp mit allem was ihr habt, mixt gut durch und, sehr wichtig, verzichtet schweren Herzens auf alles Grünzeug, auch als Dekoration, setzt das Ganze für eine ausreichende Zeit- geht zwischendurch ruhig einkaufen- auf den Herd und lasst es auf nicht zu großer Flamme schön köcheln, verabreicht nach Rückkehr jedem gesunden Anwesenden einen guten Schlag, esst alles auf und legt euch sofort in Rückenlage ins Bett. Je nach individuell vorhandener Menge an Verdauungssäften und wirkmächtiger Darmflora wird sich die noch im Magen befindliche Breikugel in einigen Tagen abgebaut haben, vorausgesetzt ihr stört die Verdauung nicht zu sehr durch unnützes Herumlaufen oder gar körperliche Arbeit. Stellt euch einfach vor, ihr wäret eine Schlange, die ein Gnu verschlungen hat.

Ein besonders schönes Stück Afrika gab es auf der Fahrt von Calabar nach Enugu zu erleben, und zwar gleich alles vom Verkehr auf den Straßen, Flussüberquerungen bis zur Unterbringung in einem Camp (Bilder rechts).

Am Morgen des Rückflugtages um 22:00 mit Swissair von Lagos nach Genf, und von dort weiter nach Frankfurt, waren wir frühzeitig am Airport in Enugu, nur um zu erfahren, dass es überhaupt keinen Flug an diesem Tage nach Lagos mehr geben würde. Allerdings besaßen wir Tickets für einen solchen Flug, und ohne ihn, keine Chance die Maschine nach Europa zu erreichen.Fast alle der anstehenden eventuellen Mitflieger verließen das Gebäude, einige diskutierten ratlos wie wir, was zu tun wäre. Hilfe, die wir aber noch nicht als solche erkennen konnten, erreichte uns in Gestalt eines emsig fegenden Mitarbeiters der Flugplatzverwaltung, der beim Vorbeikommen uns zuflüsterte: „There is a flight in the late afternoon".Sollten und konnten wir ihm trauen? Aber was für eine Alternative hatten wir? Also erst einmal ein Taxi und ins Stadtbüro der Airline und, nach der offiziellen Aus-

kunft, dass es an diesem Tag keinen Flug mehr geben würde, zurück zum Flughafen und Ausschau nach der putzenden Fachkraft gehalten. Der Flughafen, der Schalter, alles war leer, aber in einer Ecke wartete er, bereit, uns gegen eine kleine Gebühr, die wir ihm praktisch aufdrängen mussten, zu helfen: Es stimme, dass es keinen fahrplanmäßigen Flug nach Lagos geben würde, allerdings hätte die Frau des Piloten der nachmittags eintreffenden Maschine Geburtstag und dieser würde zur Geburtstagsfeier gleich nach Ankunft wieder zurückfliegen und ausnahmsweise Gäste mitnehmen".

Die Wartezeit überbrückten wir mit einem Besuch in einem nahe am Flugplatz gelegenen und uns bis dato unbekanntem kleinen Elektro-Stahlwerk, und selbstverständlich führten wir technische Gespräche, u.a. mit einem Techniker eines deutschen Anlagenbauers, welcher im Vorgriff auf anstehende Auftragsvergaben von seinem Arbeitgeber zur Begutachtung von, jetzt kommt es, Feuerfestmaterial dorthin geschickt worden war. Wir konnten ihm helfen: alles Magnesit Material wäre hydratisiert und taugte nur noch als Schlackenbildner, einige nichtbasische Mörtel könnten durch Zugabe von Wasserglas wieder verarbeitbar gemacht werden, die nichtbasischen Steine waren weg, vermutlich zum Häuserbau zweckentfremdet und vernünftigerweise sollte er seine Ansprechpartner im Stahlwerk überzeugen, frisches Material bei einer ausgewiesenen Fachfirma, nämlich der unsrigen, zu ordern (und was später auch geschah).

Am Nachmittag kam tatsächlich ein Flugzeug, die Leute stiegen aus, holten ihr Gepäck und nach einer knappen Stunde war es am Flughafen wieder still und leer bis auf eine Handvoll, ich will sie mal „die von einem Feger Erleuchteten" nennen. Ein Pilot erschien, fragte wer mit nach Lagos fliegen wollte, sammelte von jedem 20 USD ein, ließ die ca. 25 Leute

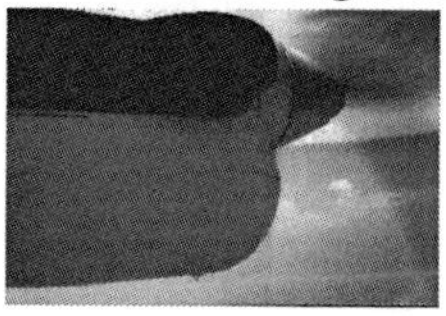

mit Hand- und sonstigem Gepäck einsteigen, rollte mit dem Flieger zur Tankanlage, fasste, wie man sehen konnte, Kerosin gegen eine Handvoll der eingesammelten Scheine aber ohne Quittung, und los ging`s nach Lagos. Ungewaschen, aber gerade noch rechtzeitig zum Einchecken war ich am Swissair-Schalter, am nächsten Morgen gegen 6:00 in Genf und um 7:00 in einer B 737 der Lufthansa auf dem Weg nach Frankfurt. Wohl weil ich auf das Frühstück verzichtete, ich hatte ja schon eins über dem Mittelmeer gehabt, stattdessen den Waschraum aufsuchte, um den restlichen roten nigerianischen Staub loszuwerden, wurde ich beim Verlassen von einem eher unauffällig wirkenden, aber doch kräftigen Mann gepackt und, assistiert durch ein Mitglied der Crew, gründlich durchsucht. Nichts außer durchschwitzter Wäsche war am Körper zu finden und als entschuldigende Erklärung folgte: „Heute ist der erste Flug der wieder hergerichteten „Landshut", sie wissen doch: Mogadishu". Klar wusste ich von der entführten Maschine, deren Irrflug, dem getöteten Piloten und der späteren glücklichen Beendigung des Dramas durch die GSG 9. Eine der vielen Aktionen der PFLP, dieses Mal in Zusammenarbeit mit den fortschrittlichen Kräften der heilsversprechenden deutschen extremen Linken in der RAF und Teil der Schleyer-Entführung. Ich passte ja vom Alter, Aussehen (Bart), Reisezielen (es sollte später noch schlimmer werden) exakt ins Suchprofil der Behörden. Aber es ist schon ein komisches Gefühl, wenn auf der Rückfahrt vom Frankfurter Flughafen nach dem Verlassen der

Autobahn bei Koblenz, sich Wagen mit dunklen Scheiben vor und hinter das eigene Auto setzen, man zum Anhalten und Aussteigen gezwungen wird, die Hände auf das Dach legen muss und dann bei gespreizten Beinen durchsucht wird.

Jedenfalls war ich wieder zurück und das erste Jahr auch schon fast vorüber. Allerdings nicht, ohne vorher eine grundsätzliche, auch kontroverse Debatte mit der in Braunschweig zurückgebliebenen Ehefrau über die Zukunftsfähigkeit der Beziehung bei weiterhin getrennter Haushaltsführung gehabt haben zu müssen. Es hatte sich heraus gestellt, dass der Ehemann den allfälligen (auch weiblichen) Versuchungen, die in der Welt nun einmal latent vorhanden sind, ohne nähere Hilfestellung, nicht gewachsen war (habt ihr bemerkt: „war" nicht „sein würde"). Mit anderen Worten, er taugte nicht für eine Wochenendehe; wir mussten uns entscheiden, zusammen zu bleiben und zusammen zu ziehen oder uns zu trennen. So kam es, dass Rosi sich entschied, bis Mitte 1978 an den Rhein und in Folge zur Deutschen Forschungsgemeinschaft nach Bonn zu wechseln.

Das Jahr hatte noch einige Besuchsreisen in automobiler Entfernung zu bieten, brachte es insgesamt auf 150 geschäftlich veranlasste Besuche verbunden mit 80 Berichten und dem Wiedersehen von einem Dutzend ehemaliger Clausthaler Kommilitonen.

Ihr seht, das Feuerfestgeschäft ist ein sehr direktes B2B-Verhältnis; man hat sich in die produzierenden Werke der Abnehmer zu begeben, um sicher zu stellen, dass ausreichend genug und in entsprechender Qualität des Materials vorhanden ist, und es „richtig" verwendet wird, denn, obwohl feuerfest, hat es nun mal die Eigenschaft, schneller kaputt zu gehen als geplant. Von daher merken wir uns: ohne dieses Material keine Herstellung von Werkstoffen wie Stahl, Zement, Kalk, Aluminium, Glas, etc. möglich, und verinnerlichen weiter: ohne die„Feuerfesten" keine uns bekannte moderne Welt.

Diese sehr reale, bodenständige, dem Hier und Jetzt zugewandte Orientierung aller Beteiligten, aber besonders der Gesprächspartner in den Werken, schlägt sich nicht nur in Afrika in gemeinsamem Essen und Trinken nieder. Auch andere Kontinente wie Europa, Asien und Amerika sind davon betroffen. Zu Australien und Ozeanien kann ich leider nichts sagen; ich war dort nie geschäftlich essen.

Bis zum geplanten Einzug in eine gemeinsame Wohnung in Bad Breisig, gelegen auf der linken, der richtigen Rheinseite genau zwischen Koblenz und Bonn, lebte ich, wenn mal nicht unterwegs, in einem Apartment in Koblenz-Horchheim, also auf der „schäl siik", d.h. falschen, rechten Seite des Flusses. Die Wohnung hatte zwei weitere kleine Nachteile; sie lag im Haus einer Bäckerei, was zwar immer frische Backwaren, die als unausgesprochener Teil der Mietvereinbarung jeden Morgen vor der Tür lagen, bedeutete aber bei dem Geruch nach frischem Brot auch ständigen Appetit, und sie hatte, wie ich nach Erwerb einer Auflaufform und in Vorfreude auf ein leckeres Abendessen, statt **Nudeln mit Lachs** war diesmal **Fischfilet überbacken** oder einfach **aus dem Ofen** geplant, feststellen durfte, gar keinen Backofen. Das war`s mit selber kochen. Besser weiterhin jede Gelegenheit nutzen, die das Reisen so mit sich bringt.

Inzwischen hatte ich mich an das Außerhaussein ganz gut gewöhnt. Neben zwei Pässen, einer war immer unterwegs, ein Visum eingestempelt zu bekommen, der zweite war für arabische Länder (damals immer mit MEA über Beirut in klapprigen alten B 707, dafür mit hervorragendem Service) vorgesehen, da es unmöglich war, mit demselben Pass Israel zu besuchen, besaß ich sieben (7) Portemonnaies für die häufiger anfallenden Währungen (ATS, DM, BEF/LUF, FRF, ITL, NLG, SFR) und nur wenig später mehrere Kreditkarten.

Großbritannien und Irland waren am 01.01.1978 zwar Mitglied der EU geworden, die Lebenswirklichkeit aber doch eine andere wie ein Eintrag zu Bericht Nr. 21/1978 vom 04.04.1978 anlässlich eines Besuches in einem Zementwerk nahe London zeigt: „...No pubs open in the afternoon, had to go to Marks & Spencer for tea...". Trotz allem eine klare Verbesserung gegenüber der Libyen-Reise (29.01.-10.02.) vorher im Jahr: kaltes, nasses Wetter; Hotel ohne Heizung; (fast) keinAlkohol; wenig bemerkenswertes Essen; dazu keine Chance, per TV Deutschland Handballweltmeister werden zu sehen; Geburtstagskaffee allein und mit viel zu süßem Gebäck, aber immerhin in der Sonne auf einer Art Marktplatz in Tripolis. Das Thema Alkohol und muslimisch geprägte Länder, eine ständige Herausforderung für alle, Einheimische und Besucher gleichermaßen. Man traf auf alle möglichen länderspezifischen und, zwangsläufig, je nach Religionszugehörigkeit (und wohl auch Mut wegen drohender drakonischer Strafen) individuelle Lösungen. Sehr beliebt war das Mitbringen(lassen) von nicht pasteurisiertem Traubensaft, der in Heimarbeit mit entsprechender Hefe zu einem durchaus trinkbaren Wein vergoren werden konnte, wie sich bei einer Einladung feststellen ließ. Dieses eine Beispiel möge zu Zeiten von IS und Scharia-Polizei ausreichen. Damals war es angebracht, direkt nach dem Start der Maschine aus einem streng muslimischen Land, wegen der von den Flugbegleitern einiger Gesellschaften noch in der Startphase ausgeteilten Bierdosen an „ungeübte" Durstige, unauffällig eine Serviette als Spritzschutz in Richtung des Sitznachbarn zu halten; nicht jedes Getränk der Ungläubigen muss vor dem Genuss geschüttelt werden.

Vor der Zusammenführung der Kleinfamilie am Rhein gab es schlechte Nachrichten aus Lunestedt; unsere Mutter rief alle zusammen, der Vater starb an Krebs. Seine letzten Worte an mich waren: "Schön, dass du gekommen bist, es ist gar nicht so schwer, hinüber zu wechseln". In derselben Nacht starb er, keine 55 Jahre alt, aber glücklicherweise hatte er das erste Enkelkind, Wiesners Heiner, noch im Arm halten können.

Eine Woche später am 10. Juni verlor Deutschland bei der Fußball-WM in Argentinien mit 2:3 gegen Österreich in der Finalrunde und schied zu recht aus diesem traurigen Turnier aus. Und einen Monat später beschließt der Europäische Rat die Schaffung eines gemeinsamen Währungssystems (EWS) und eine europäische Währungseinheit (EWE), die am 01.01.1979 mit dem Kernelement ECU in Kraft treten sollte. Es dauerte allerdings dann noch bis zum 01.01.2002, ehe ich viele der mit Restgeld gefüllten Geldbörsen beiseitelegen konnte.

Hatte ich eigentlich schon berichtet, dass die Firma, für die ich arbeitete, zu einem größeren internationalem US-Konzern gehörte, dessen europäische Division stark österreichisch geprägt war und die, einige Jahre später, durch ein Management-Buy-Out ein ganz und gar österreichisches Unternehmen wurde? Nun, nicht die schlechteste aller Konstellationen. So lange Deutschland nicht gerade im Fußball gegen diese „Heimat großer Töchter und Söhne, Volk, begnadet für das Schöne" verlor, überwogen die Vorteile ganz eindeutig einige wenige Nachteile. Beim Essen und Trinken in Österreich und mit Österreichern stehen Freude und Genuss im Vordergrund; es gibt nicht so viel, nennen wir es mal „Schickimicki", und es braucht nicht immer Französisch klingende Bezeichnungen für die Speisen. Die kulinarische Vielfalt des Habsburger Reiches, der bevorzugte Rückgriff auf lokale Produkte und eine gewisse Lockerheit in den einschlägigen Lokalitäten vom Heurigen oder Beisl bis zur Hauben-Wirtschaft sind wohl neben der individuellen Prägung der Grund dafür. Wo sonst, außer in Wien, würde man in der Mittagspause mit Kollegen samt Vorstand ins Wirtshaus um die Ecke zu **Gebackenen Blunznradln** oder **Geschmorten Kalbsvögerln** und **Hollerkoch mit Pofesen** oder **Powidltascherln mit Zwetschkenröster** als Nachspeise gehen. Hütet euch allerdings als Deutsche, also Piefkes, in Streitgespräche der Einheimischen über den jeweiligen kulinarischen Beitrag von Wienern, Steirern, Tirolern oder Kärntnern, etc. eigene Erlebnisse einbringen zu wollen. Dann ginge es „alle gegen einen", angeratener wäre, ganz beiläufig nach einer die regionale Besonderheit repräsentierenden Probiereinheit zu fragen, es muss ja nicht immer etwas zu essen sein, ein Viertel Gemischter Satz oder ein Vogelbeerschnapserl tut es häufig auch.

Allen, die sich näher mit der Firma beschäftigen möchten, empfehle ich, sich das Buch: „Die Geschichte der österreichischen Magnesit Industrie und der RHI AG" irgendwo oder irgendwie zu besorgen. Da steht alles Wesentliche drin.

Mit dem Umzug nach Bad Breisig, dem Einzug von Rosi in die erste gemeinsame nachstudentische und damit auf Dauer angelegte Wohnung, gab es wieder eine nachhaltig alltagstaugliche Routine in meinem Leben. Die Situation entspannte sich weiter als wir beschlossen, uns nicht mehr innerhalb des Rahmens des neu angeschafften Bettes auf die am Boden liegende Matratze schlafen zu legen, sondern, trotz bereits überzogenen Budgets, ein höherwertiges, passendes Lattenrost anzuschaffen. Wenn ihr euch fragt, wie so ein Lapsus passieren konnte, nun, wir mussten uns komplett neu einrichten, die gesamte Wohnung. Das einzige Möbelstück mit Umzugswert wäre das Bett, ein großer Kasten mit nutzbarem Unterbau, gewesen, den wir aber aus Gründen der Komplexität dem Nachmieter zurücklassen mussten. Schon beim Einzug in die Braunschweiger Wohnung war das Ungetüm nur durch die praktische und meine theoretisch begründeten Zweifel einfach beiseite schiebende Unterstützung unseres Vaters in die Wohnung gelangt. Er baute die Holzstufen der in den zweiten Stock führenden gewandelten Treppe vor dem Bett ab und nach Passage des Kastens wieder an; aber er stand jetzt ja nicht mehr zur Verfügung. Ich hatte mich damals übrigens lange gefragt, warum er diese, auch körperlich anstrengende Mühe eigentlich auf sich genommen haben mag und war schlussendlich zur Antwort gelangt: nicht meinetwegen, sondern um zu verhindern, dass ihm diese liebenswerte Schwiegertochter in spe wegen eines „Treppenwitzes“ wieder hätte abhandenkommen können.

Jetzt wohnten wir also in Breisig, genauer gesagt im neuen Kurgebiet der Stadt, zwar völlig ohne Kureinrichtungen dort, aber mit sehr schönem Blick auf Niederbreisig, den Rhein und die gegenüberliegende Seite mit Bad Hönningen und Schloss Arenfels. Wunderbarerweise trafen Veränderungen im Job und die wieder vorhandene fachliche Kompetenz in der Küche zusammen. Ich musste nicht, der Versorgung wegen, praktisch ununterbrochen reisen; ich konnte ab sofort nachhaltig planen.

Obwohl der geänderte Aufgaben- und Verantwortungsbereich tatsächlich nicht mehr vor sah, alle Zement- und Kalkwerke dieser Welt zu besuchen und die jeweiligen kulinarischen Besonderheiten persönlich vor Ort in Augenschein zu nehmen, blieben benachbarte westeuropäische Länder wie Niederlande, Schweiz, Spanien, Italien, Großbritannien, Schweden, Finnland, Luxemburg, Belgien, Frankreich,Portugal, Dänemark, Norwegen, Österreich, Irland, etc. permanent auf der Liste, gecancelt (schweren Herzens) wurden Australien und die USA, ebenso ein Besuch der einzigen Koralleninsel, die es geben sollte, mit einem eigenen Kalk- oder Zementwerk. Zwar hatte ich noch keine detaillierteren Planungen aufgenommen, aber es erschien mir nicht ausgeschlossen, dass es so ein Werk mit Bedarf an Feuerfest-Material geben könnte; immerhin wird Kalk für die Herstellung von auf Betelnuss basierender Kaumasse, beliebt z.B. auf Fidji, und (Ferro-) Zement für den Bau von Fischerbooten benötigt. Auch wenn es nicht mehr dazu kam, mit Jugoslawien, Bulgarien, Rumänien, Ungarn, Polen, CSSR, Peru, Bolivien, Venezuela, Algerien, Tunesien, Marokko, Jordanien, Syrien, Libanon, Vereinigte Emirate, Saudi-Arabien, Qatar, Bahrein, Kuweit, Irak, Iran, Pakistan, Sri Lanka stand adäquater Ersatz zur Verfügung, im Laufe der Zeit ergänzt durch Indien, Thailand, Hongkong, Singapur, Indonesien, Süd-Korea, China (Taiwan), Japan, Kanada und Südafrika und viele davon zwangsläufig mehrfach.

Anders gesagt, das berufliche Leben entwickelte sich weiterhin spannend und ermöglichte, die Küchen dieser Welt vor Ort und zu günstigen (Teil-) Kosten in Augenschein und in kleineren oder größeren Häppchen und Schlückchen zu sich zu nehmen. Zwar hatte ich mir schweren Herzens bereits abgewöhnt, überall in den vorgenannten Ländern einfach am Abend über den Markt oder durch die belebten Straßen zu gehen und vorurteilsfrei, nur am Geruch orientiert, auch gleich die Qualität der einheimischen Garküchen zu testen. Aber ein kurzer Aufenthalt in **Singapur**, der sich wegen der Routenführung um den Luftraum der Sowjet-Union bzw. Chinas herum praktisch nie vermeiden ließ, hatte schon was Entspannendes: Besuch des einzigen Stahlwerks der Stadt tagsüber, am frühen Abend dann zu Fuß vom Hotel Mandarin zum Raffles auf einen **Sling** in die Long-Bar dort, um

danach auf einem der Straßenmärkte in der Nähe des Singapore River abwechselnd kleine Köstlichkeiten der chinesischen, indischen, malaysischen und fusionierten Küche dieses wirklichen Schmelztiegels (Multi Kulti mit knallharten Regeln) zu probieren.

Der Spagat zwischen Berufs- und Privat-(sprich Familien) Leben blieb spannend. Wir, d.h. Rosi und ich, wollten wieder zusammen Sport treiben, aber Versuche beim Badminton in Remagen -Rosi sollte leistungsgerecht gleich in der 1.Mannschaft, ich in der 3. spielen- und Squash in Andernach –zu Yuppie-mäßig und zu verletzungsanfällig- wurden von uns abgebrochen, also hin zur Gymnastik für die Frau, Fuß- und Volleyball für den Mann, Tennis für beide und alles in Breisig. Fitness-Studios waren damals keine Option. Sportlich war damit die Woche, sofern meinerseits keine Reise anstand, halbwegs wieder in Ordnung, wie folgender Vergleich mit „vorher" und „nachher" zeigt:

	Mo	Di	Mi	Do	Fr	Sa	So
1975	Beide Tennis	Beide Badminton	Rosi Volleyball Bernd Fußball	Beide Badminton	Beide Volleyball	Beide Badminton Mannschaft USC	Beide Badminton Mannschaft USC
1980	Beide frei	Rosi Tennis Bernd Volleyball	Rosi Gymnastik	Beide frei	Beide Tennis	Bernd Fußball	Beide Tennis
2005	Rosi Gymnastik	Bernd Volleyball	Rosi Gymnastik	Beide frei	Bernd Tennis	Beide frei	Rosi Tennis
2015	Rosi Gymnastik	Rosi Tennis Bernd Jogging	Rosi Gymnastik	Rosi Gymnastik	Beide frei	Beide frei	Beide Fahrrad oder Wandern

Leider reichte Sport (Bild: Alte Herren Niederbreisig) alleine nicht mehr aus, den ständig steigenden Anforderungen an eine nachhaltig gesunde Lebensführung nachzukommen. Man wurde emotional praktisch in Beugehaft genommen, den Lebensstil an Hand medial verbreiteter neuester Erkenntnisse, wie z.B. zum Gewicht, Bauchumfang, Kaffee- und Alkoholkonsum, Zufuhr mehrfach ungesättigter Fettsäuren, Ausschüttung körpereigener Endorphine,

etc. auszurichten, wobei es wenig hilfreich war, dass sich diese nicht nur im Laufe der Zeit änderten, sondern einem gezielten Ansteuern womöglich widersetzten, wie nachstehende Abweichungsanalyse (in % zu „normal") zeigen möge.

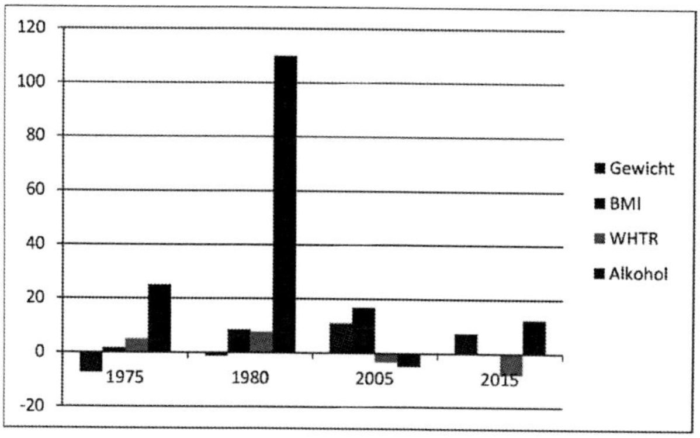

Selbstverständlich gelten die gezeigten Werte nur für mich, nicht etwa für Rosi, und sind auch leicht nachvollziehbar. Wenn man beispielsweise von klein auf gelernt hatte, angebotene Speisen und Getränke höflicherweise auch zu konsumieren, dann ist es wenig überraschend etwa in den 80er Jahren doppelt so viel Alkohol gegenüber der Norm weggeschafft zu haben, führte der unerbittliche Konkurrenzkampf zwischen British Airways und Lufthansa auf der Strecke Frankfurt-London doch dazu, dass schon zum Frühstück ein Fläschchen Champagner gereicht wurde, während auf dem Flug mit Balkan Air nach Sofia die halbe, ungeschälte grüne Gurke geschmacklich unbedingt durch die mitservierten 100 g Wodka an Akzeptanz gewann. Die Balken scheinen auch zu zeigen, dass es keinen direkten Zusammenhang zwischen (Über) Gewicht und Alkoholkonsum zu geben scheint, hingegen der WHtR (weight-to-height-ratio) ganz klar von der Entscheidung „weniger Bier, mehr Wein" profitieren konnte. Damit aber genug der Zahlen, schließlich sind nicht alle eventuellen Leser im Controlling tätig.

In diesem Alter und (noch) ohne Kinder, für einen Freund aus Cardiff waren wir „dinki`s – double income, no kids"-, geht man am Wochenende aus oder hat ein Abendessen mit oder bei Freunden. Rosi hatte bei der DFG eine Kollegin, Inge B., kennengelernt, die gerne anspruchsvoll (be-) kochte, wer macht schon freiwillig **Hechtklößchen (Badisch)** als Vorspeise, während ihr Lebenspartner, Martin V., einen Blick für guten Wein hatte, was Verabredungen nur noch interessanter machte.

Beim deutschen Wein waren wir zu dieser Zeit praktisch auf studentischem Niveau stehen geblieben; und das waren Franken (Heinz Braun/Franz Kirch II, beide Volkach-Fahr), Rheingau (Krams-Semmler, Kiedrich) und Rheinhessen (Wilfried Weitzel, Ingelheim). Die jetzt näher vor der Tür liegenden Gebiete schieden (noch) aus: Mosel war (damals) entweder nicht wirklich trocken oder (für mich)zu säurelastig, was natürlich am vorherrschenden knackigem Ausbau des Rieslings lag; an der Ahr stellten sie den Rotwein auf Weinfesten in ein wärmendes Fußbad, wohl um die in großer Zahl anreisenden Gäste aus dem Ruhrgebiet und Holland gar nicht erst vom Bier ab zu bringen. Das Gebiet war ja auch eher klein und ebenso Menge und Preis/Leistungsverhältnis, wie wir bei einem Besuch einer Kirmes in Bachem selbst erfahren konnten. Aber wir standen ja auch erst am Anfang der 80er Jahre.

Die geschäftlich veranlassten Reisen blieben kulturell und überhaupt sehr interessant und abwechslungsreich. Der noch amerikanisch bestimmte Konzern hatte ein Werk in Spanien in Asturien erworben, um einige zu teuer gewordene Produkte aus deutscher und österreichischer Herstellung zu ersetzen. Allerdings mussten sich die Entscheider aus Philadelphia bei der Rentabilitätsberechnung wohl vertan haben; sie waren mit den vielen Währungen des alten Europa einfach durcheinander geraten, wie unser damaliger Chef, Uwe Sch., glaubhaft versicherte. Spaniens Wende zur Demokratie hatte zwar Freiheit, aber in den Folgejahren auch höhere Löhne und Gehälter und Preise gebracht, was nicht ohne Auswirkungen auf das Werk nahe Gijon geblieben war. Es sollte daher mehr Material in Spanien selbst verkauft werden, um die Produktion auszulasten. Also wurden mit dem dortigen Verkaufschef, Pedro G., einem Mitglied der vormaligen Besitzerfamilie, alle potentiellen Kunden besucht. Der Kollege lebte auf den Reisen noch ganz in der alten Franco-Zeit. Man schlief lange, verließ das Hotel gegen 9:00, um in einer kleinen Bar **Café con Leche y Churros** zu frühstücken, traf sich um 11:00 auf einen Café Solo, gern auch einen Brandy- er bevorzugte „Carlos I", mir reichte des niedrigen Tagessatzes wegen „Veterano", also der mit dem Stier- hatte gegen 12:30 einen Termin beim Kunden, ging mit diesem ab 13:30 zum Essen, nach 16:30 begann die Siesta, gefolgt von dem nächsten Gespräch um ca. 18:00 / 18:30. Damit war der Tag aber natürlich noch lange nicht vorbei. Nach einer kurzen Erholung im Hotel traf man sich so etwa 21:00 in der Lobby, nahm in einer kleinen Bar einen Sherry und ein paar Tapas, um dann entspannt und nicht allzu hungrig zu einem ausgiebigen und hervorragendem Abendessen sich nieder zu lassen; ganz klar, der Mann verstand zu leben, und er kannte die richtigen Adressen. Eigentlich schade, dass einige Jahre später das Werk trotz aller Bemühungen geschlossen werden musste.

Ich hatte schon darauf hingewiesen, dass den jeweiligen Reisen eine ernsthafte Beschäftigung mit der zu erwartenden Küche des Landes voran ging. Um nicht nur auf die typisierenden Hinweise der neueren touristischen Literatur angewiesen zu sein, erfolgte stets ein Blick in das von Rosis Tante erhaltene Buch *„Ich kann kochen" aus dem Ullstein-Verlag (Ausgabe 1909)*, welches außer Rezepten ganz allgemeine nützliche Hinweise zu Kochkunst und Tafelwesen in den Ländern dieser Welt bereithielt. Neben der französischen und russischen kommt die spanische (und portugiesische) ganz gut weg, im Gegensatz etwa zur englischen, italienischen, skandinavischen, holländischen und aller anderen Küchen, natürlich mit Ausnahme der deutschen und österreichischen. So vorbereitet konnte man nur positiv überrascht werden, beispielsweise in Italien: *„zweifellos hat das italienische Volk, dessen Mäßigkeit im Essen und Trinken bekannt ist, niemals viel Gewicht auf Herstellung exquisiter Gerichte gelegt. Die im Norden übliche Polenta und im Süden die Makkaroni Gerichte, wie die aus einem Wust von Gemüsen bestehende, viel gepriesene Gemüsesuppe mögen ja recht nahrhaft sein, aber von einem besonders feinen Geschmack des Volkes legen sie kein Zeugnis ab"* erinnerte ich, schwarz auf weiß gelesen zu haben, während wir mit einem Kunden nahe Alba ein frisch zubereitetes **Risotto** ai tartufi bianchi (**mit weißen Trüffeln**) in der lokalen Trattoria zu Mittag aßen, oder bei anderer Gelegenheit nahe Martina

Franca, wo uns, offensichtlich in einer Privatwohnung, ein 4 gängiges Menü mit frischesten Zutaten aus Garten und Meer mit **Antipasti di terra pugliesi, Orecchiette mit Brokkoli, Sardellen und Kirschtomaten,** Coda di Rospo in Umido (**Seeteufel in Weißwein**) und Macedonia di frutta (**Obstsalat**) von „La Mama“ in der großen, offenen Küche gekocht wurde. Nun gut, jede(r) kann mal irren. Ein anderes Mal erfolgte die „Belohnung“ für einen überaus kritischen und vorsichtigen deutschen Begleiter von einer Partnerfirma unmittelbar und sehr anschaulich am Tisch. In dem für seine exzellenten Meeresfrüchte (Bild: Nachschub unterwegs) bekannten und immer gut besuchten Restaurant „Rosso Blue“ nahe Tarent lehnte dieser Kollege jegliches Seegetier ab und bestellte ein Rumpsteak, aber gut durch, und dazu einen Salat mit einer leichten Joghurtsoße. Während wir noch mit den Antipasti beschäftigt waren, kam der Padrone persönlich mit dem Fleisch, fixierte den Germanen und klatschte das schuhsohlenähnlich aussehende Stück Fleisch kopfnickend, ohne ein Wort zusagen, mit Schwung auf dessen Teller. Vielleicht um zu zeigen, dass keine sonstigen Vorbehalte, gegen welche Barbaren auch immer,seinerseits

bestanden, wurde nach dem Austeilen der Portionen der Primo Piatto dem anderen Nordlicht, also mir, die große Kumme mit der restlichen, mindestens doppelten Menge **Spaghetti alle vongole** zuerkannt. Mit solchen Kollegen lässt sich wirklich reisen, und man sollte ihn in Schutz nehmen, hatte er wahrscheinlich nur vergessen, den „American Way of Life“ zu verlassen und auf die „Italianita“, die neue globale Leitkultur, abzubiegen. Heutzutage völlig undenkbar, gibt es doch kein (zivilisiertes) Leben ohne dessen italienische Attribute wenn schon die Werbung sagt: „Welche Sprache Sie auch sprechen-leben Sie italienisch“.
Allerdings erinnere ich mich nicht, in beiden Fällen nach dem Zahlen eine Quittung gesehen zu haben.

Beruflich hatte sich für uns beide in Breisig eine gewisse Routine eingestellt. Zwar hatte ich ursprünglich vorgehabt, einem Ratgeber für Nachwuchsmanager zu folgen und nach 2-3 Jahren eine neue Herausforderung zu suchen, sprich zu einer anderen Firma und einem höheren Gehalt zu wechseln, aber es stellte sich heraus, dass dies nicht notwendig wurde, war der Konzern doch in einen Prozess institutionalisierter Veränderungen und steigender Herausforderungen übergegangen, was, verbunden mit mehr Verantwortung und höheren Bezügen, es mir erleichterte,an Bord zu bleiben.

Eigentlich hatte Rosi geplant, noch vor ihrem 30. Geburtstag Mutter zu werden, damals durchaus ein anzustrebendes und allgemein akzeptiertes Ziel vieler Frauen. Die häufigen geschäftlich bedingten Reisen ihres Mannes, der als Erzeuger und Vater trotz einiger Vorbehalte vorgesehen war, verhinderten eine punktgenaue Landung im Dezember 1980; es verzögerte sich auf den 10.Februar 1981, Dienstagsabend, und damit gerade noch rechtzeitig vor dem bereits nach hinten verschobenen Beginn einer weiteren Italienreise des werdenden Vaters am Mittwoch. Es gab meinerseits die klare Zusage, jedwede Unterstützung bis zur Tür zum Kreißsaal zu leisten. Der Tag fing früh an, um kurz nach 7:00 waren wir im Krankenhaus in Bonn, das Kind sollte in der Hauptstadt zur Welt kommen (und nicht in einem Ort „Freschluneberg, wo liegt das denn?" wie ich), um 20:00 saß ich immer noch, an der Hand festgehalten und ohne den ganzen Tag etwas getrunken zu haben, neben meiner Frau und wartete mit gemischten Gefühlen auf das, was da kommen würde. Und dann, ganz plötzlich um 23:09, war der Gerd-Kristian mit 3370 g Gewicht und 51 cm Länge da und mit ihm das Ende einer Risikoschwangerschaft wegen rechnerischer Terminüberschreitung und ziemlich gesund, wenn man von der am 12.03.81 (U 3) bemerkten „4-Fingerfurche, links" absah, die, umgangssprachlich auch „Affenfurche" genannt, in dem Moment ihren

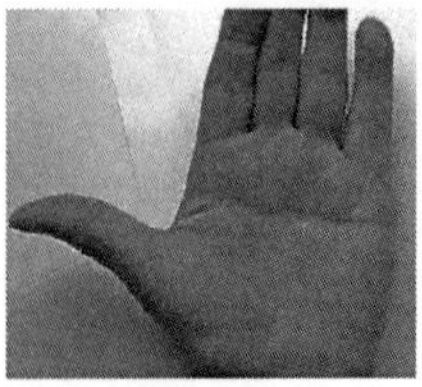

Schrecken verlor, als der Kinderarzt selbige beim einbestellten Vater des Kindes ebenfalls vorfand und wohl innerlich befunden haben wird: „Aha, ein Affe mit Abitur, es besteht Hoffnung für den Kleinen" und das Feld bei den folgenden Untersuchungen leer blieb. (Und welche Hand gehört denn nun zu wem?)

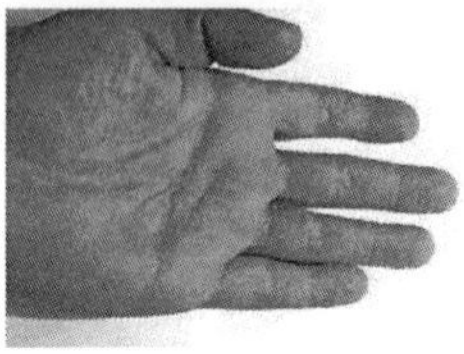

Ich weiß nicht, wie Rosi es gemacht hat, aber zufälligerweise passten Länge der Geschäftsreise und Aufenthalt im Krankenhaus zeitlich überein, so dass es dem frischgebackenen Vater möglich war, beide, Frau und Sohn, nach Hause zu holen und die Prioritätenverschiebung in der Familie von Beginn an selbst mitzuerleben. Schon in der 2. oder 3. Woche wurde ich damit betraut, die wichtige Nahrungszufuhr in der Nacht ganz ohne Aufsicht für den Säugling zu übernehmen. Der kleine Kerl war eher pflegeleicht, wollte immer zur selben Uhrzeit sein Fläschchen, welches per Zeitschaltuhr pünktlich mit der richtigen Temperatur bereit stand. Genauestens den erhaltenen Instruktionen folgend, wurde nach der Mahlzeit gewogen, wozu er auf eine Küchenwaage mit Babyaufsatz, die bei Wiesners schon zuverlässig im Einsatz gewesen war, von mir gelegt wurde und, während ich gewissenhaft das Gewicht notierte, von dort wegen meinerseits nicht voraussehbarem Bewegungsdrang auf den Boden fiel und von dort zwar ruhig aber etwas ungläubig diesen Mann, seinen Vater, ansah. Ich beschloss, nach detaillierter Inspektion aller Körperteile, es ihm gleich zu tun und auch nichts zu sagen. Ich bin nicht ganz sicher, aber ich meine, dass er von da an nachts durchschlief. Vielleicht war es mein daraus resultierendes schlechtes Gewissen, jedenfalls machte ich den Vorschlag, an einem der nächsten Samstage das Kochen zu übernehmen, was zwar angenommen, aber als es hieß **Ente-à-l `Orange** doch bei Rosi und ihrer Schwiegermutter „Oma Dora", die gekommen war, ihr jüngstes Enkelkind in Augenschein zu nehmen, einige Skepsis hervorrief. Sicher hättet ihr es erraten, aber die Ente war einfach ausgezeichnet, Rosi sei Dank, und meine Mutter konnte die nächsten Jahre bei allen halbwegs passenden Gelegenheiten verkünden: Bernd macht immer eine französische Ente.

Die vorherige längere Reise, noch als werdender Vater, war über die USA nach Südamerika gegangen. Schon das Teilstück New York-Lima auf der Hinreise war folkloristisch interessant, setzte doch die „We Better be Better...We`re Braniff" Airline Showgirls anstelle herkömmlicher Stewardessen im Service ein, was dessen Qualität in Summe zwar nicht verbesserte, aber immerhin so viel Mitgefühl bei den meist männlichen Fluggästen auslöste, dass diese sich praktisch ununterbrochen Getränke bringen ließen, damit es den eher leichter bekleideten, gestiefelten und witzig behüteten Flugbegleiterinnen beim Herumstehen nicht zu kalt werden möge. Ich gestehe, meinen Teil dazu bei getragen zu haben; Bewegung hält warm und gendermäßig lag man(n)damals noch nicht völlig außerhalb der Norm.

Peru ist ein ausgesprochen schönes und interessantes Land, auch kulinarisch gesehen. Bekanntlich ohne Studium der Meteorologie, allein gestützt auf das in der Schule erworbene geographische Wissen, war bei mir die Vorfreude auf das Land während des Fluges, vielleicht noch etwas unterstützt durch die konsumierten „Getränke des Mitleids", immer größer geworden.Sobald man im Hotel eingecheckt war,ein begrüßendes ganz leichtes Erdbeben und den ersten Eindruck der offensichtlich bestehenden gesellschaftlichen Probleme in der Stadt hinter sich hatte, hieß es, ab ans Meer, um in der Dämmerung in einem Strandlokal in Miraflores zu Abend zu essen. Dem Humboldt-Strom sei Dank, gab es Fisch und Meeresfrüchte in allen Variationen: als Vorspeise Muscheln und **Ceviche**, danach eine Bouillabaisse ähnliche Suppe, gefolgt von frittiertem pazifischen Seeteufel, dazu ein gar nicht mal schlechter peruanischer Wein, Typ Sauvignon Blanc, und vor dem Essen natürlich **Pisco Sour**. So verging die erste Reisewoche rasend schnell, waren doch tagsüber eine mehrtägige Fachkonferenz und Besuche in Stahl- und Zementwerken zu bewältigen. Und dann landete der Flieger auch schon in Bolivien. Ich wusste zwar, dass der Flughafen von La Paz ziemlich hoch liegt, aber 4061 m sind wirklich hoch, und nur eine (1) Nacht Akklimatisationszeit reichlich kurz. Aufgepäppelt durch den obligatorischen Mate-Tee und völlig unausgeschlafen, ging es früh am nächsten Morgen in Begleitung des deutschstämmigen Vertreters per Bus, umringt von einheimischen Fahrgästen, die weiblichen höchst dekorativ mit Melone und mehreren farbigen Röcken, sowie diversen Haustieren auf der Hochebene in das 225 km entfernte Oruro. So zurückblickend, kommt mir der heutige Hype um wiederentdeckte alte Schweinerassen wie das Schwäbisch-Hällische oder das ungarische Wollschwein doch stark übertrieben vor, reisten doch deren kleinere behaarte Verwandte damals dort ganz selbstverständlich mit im Bus. Vielleicht war ich deshalb, und weil dieser Teil der Welt ja auch Ursprung der Kartoffel ist, nicht in Sorge bezüglich der Qualität des Mittagessens, welches nach dem Besuch der Zinnhütte vorgesehen war, sondern konzentrierte mich voll auf das anstehende Reklamationsgespräch, dem eigentlichen Grund dieses Ausfluges. Ich kann mich wirklich nicht mehr erinnern, wie dieses am Ende ausging, jedenfalls waren wir mit unseren Gesprächspartnern pünktlich im Restaurant zum Essen, wobei es wider Erwarten kein Lechon al Horno (**Spanferkel**), sondern Lomo Montado (**Rinderfilet**) gab, allerdings hätte ich es der Tischdecke ersparen sollen, das Messer darin abzuwischen, beide behielten ihren dunklen Farbauftrag, nur hatte das Tuch danach ein irgendwie störendes Muster.

Die nächste Station war Venezuela und dort das damals größte Elektro-Stahlwerk der Welt am Orinoco resp. Caroni. Wieder stand ein Reklamationsgespräch an, die gelieferten Steine lagen hinsichtlich der Festigkeitswerte außerhalb der Toleranz, was zu deutlich geringeren Haltbarkeiten, d.h. Mehrverbrauch geführt hatte, und finanziell auszugleichen gewesen wäre. Meine Aufgabe war simpel, nämlich die unmissverständliche Ablehnung dieser Forderung und auf die Art des Übermittelns ich eigens vom Vorstand mit dem Hinweis: „hart in der Sache, aber konziliant im Ton“ umfassend instruiert worden war. Jetzt, also im ersten Halbjahr 2015, hat sich diese Art der Verhandlungsführung bis nach Athen und Brüssel allgemein durchgesetzt. Und noch etwas ist ähnlich: Die Steine waren tatsächlich zu niedrig gebrannt als sog. „Hühnerfutter“ aus dem Tunnelofen gekommen, dabei war die Fahrweise des Elektro-Ofens im Stahlwerk so schlecht, dass auch spezifikationsgerecht gelieferte Steine, dort eingebaut, nicht hätten halten können. Und so verhält es sich wohl auch mit den Hilfen der sog. „Troika“ (oder Institutionen, falls euch das lieber ist) an und Verwendung in Griechenland. Wenn nicht auf beiden Seiten die jeweiligen Parameter dahin gebracht werden, wo sie hingehören, dann wird das alles nichts, sprich der Feuerfestverbraucher hat weiterhin niedrigere Haltbarkeiten, der Feuerfesthersteller bekommt keine Aufträge mehr, und das wollen wir ja nicht hoffen. Glücklicherweise gehörte der verantwortliche Einkäufer zu den optimistischen Mitmenschen: „Wenn ich morgens wach werde, mir nichts fehlt und die Sonne scheint, dann kann der Tag nur gut werden“, eine konstruktive und sehr zu begrüßende Einstellung, wie ich fand, schon deshalb, weil in Venezuela meistens die Sonne scheint und ich mich nach der Durchsprache der Reklamation und den folgenden technischen Diskussionen wirklich wichtigen Dingen wie allfälligen lokalen Spezialitäten zuwenden konnte.

Venezuelas Küche ist typisch südamerikanisch, d.h. hat viele verschiedene Wurzeln, ist abhängig von Klimazonen und Landschaft, aber insbesondere mit frischen Früchten ist man immer auf der sicheren Seite. Unser Sonntagsausflug führte vom Hotel in eine Dschungel-Lodge an einem kleinen Nebenfluss des Caroni zu einem dort sesshaft gewordenen, deutschsprachigen Kooperationspartner kroatischer Herkunft. Man saß unter einem dichten Blätterdach, mixte (gerührt, nicht geschüttelt) sich hin und wieder einen Drink aus weißem Rum, Limo und Eiswürfeln aus einem riesigen amerikanischen, im Freien stehenden Kühlschrank und dem Saft einer Limette, die, nur eine Armlänge entfernt, vom Baum gepflückt wurde und tat, außer den vielen Geräuschen des Urwaldes zu lauschen, nichts, und das war schon schweißtreibend genug. Selbst ein tropischer Regenschauer brachte

keine Abkühlung, dafür noch mehr Schwüle, und wir durften, nachdem wir in das saubere, teefarbene, hüfttiefe Wasser des Flusses (Bild links) gestiegen waren, die Erfahrung machen, dass bei Regen im Urwald zwischen Po und Kopf feuchtemäßig kein Unterschied besteht, ganz egal wo sich das Körperteil gerade befindet. Auf der Rückfahrt gingen wir in einen Grill- und Coffee-Shop zum Abendessen (Bild rechts), was, sieht man einmal von den staatlich verordneten absoluten Niedrigpreisen für einen Becher Kaffee ab, nur deshalb erwähnenswert ist, weil die Entsorgung von Resten dort offensichtlich an umher hüpfende Nackthalsgeier von beträchtlicher Größe fremdvergeben worden war, also Knochen abgenagt und den Spezialkräften zugeworfen, ein Verfahren, dass im Ergebnis auch deutschen grünen Nachhaltigkeitsbefürwortern zusagen müsste.

Obwohl die Reise nach Südamerika und speziell der Aufenthalt in Venezuela im Großen und Ganzen mit voll befriedigend gewertet werden konnte, gab es mit dem Verlust von drei (3) Flaschen Wein im März noch ein Nachspiel, hatte ich mich doch dort unten hinreißen lassen mit unserem Vertreter zu wetten, und zwar wessen für Anfang Februar erwarteter Nachwuchs früher, größer und schwerer das Licht der Welt erblicken würde; nun, er gewann in allen drei ausgetragenen Disziplinen.

Die intensive Beschäftigung mit derart vielen Themen birgt immer die Gefahr, wichtige sonstige Ereignisse zu verpassen und potentielle Auswirkungen auf die eigene Person bzw. Umfeld zu übersehen:

- 01.01.1978 – der NABU kürt den Kranich zum Vogel des Jahres; unbestätigten Berichten zufolge lehnt es der Vorstand der Lufthansa nur mit knapper Mehrheit ab, daraufhin den Vogel auf dem Höhenleitwerk durch einen Storch zu ersetzen und die Airline in „Lusthansa" umzubenennen.

- 02.04.1978 – in den USA strahlt CBS die erste Folge von „Dallas" aus
- 26.07.1978 – das LG Hamburg weist die Sexismus Klage von Alice Schwarzer ab
- 16.10.1978 – Wahl des (Polen Karol Wojtyla) Papstes Johannes Paul II, nachdem der Vorgänger nur 33 Tage im Amt war
- 05.11.1978 – die Österreicher stimmen mehrheitlich (50,47%) gegen die Inbetriebnahme des AKW Zwentendorf, das AKW Mülheim-Kärlich in Deutschland wird weitergebaut
- 12.12.1978 – nahe den Azoren sinkt der LASH-Frachter „München"; dieses Mal ist kein Leichter mit Feuerfestmaterial aus Urmitz an Bord
- 12.-13.02.1979 – die 1. Weltklimakonferenz tagt in Genf
- 13.03.1979 – das Europäische Währungssystem (EWS) tritt in Kraft

- 04.05.1979 – Margret Thatcher wird Premierministerin in Großbritannien
- 16.07.1979 – Saddam Hussein wird irakischer Präsident
- 07.09.1979 – ein gewisser Herbert Kull heiratet Karin, geb. Bauer; noch so einer, der eine Eselsbrücke braucht, um sich den Termin merken zu können; ich muss ihn unbedingt mal fragen, ob er auch Schlösser mit „7979" an die Brücken dieser Welt hängt

- 19.11.1979 – erstmalig erhält ein Lokal in Deutschland (Aubergine, E.Witzigmann) 3 Michelin-Sterne
- 27.12.1979 – Beginn der sowjetischen Invasion in Afghanistan
- 13.01.1980 – die Bundespartei „Die Grünen“ wird in Karlsruhe gegründet
- 06.02.1980 – das BVG weist eine Verfassungsbeschwerde gegen das AKW Mülheim-Kärlich zurück
- 15.07.1980 – in Bremerhaven wird das Alfred-Wegener-Institut gegründet
- 22.09.1980 – Beginn des 1. Golfkrieges zwischen Irak / Iran
- 08.12.1980 – John Lennon wird in New York von einem geistig verwirrten Mann erschossen
- 01.01.1981 – der ECU (European Currency Unit) wird als einzige Verrechnungseinheit in der EG eingeführt
- 02.05.1981 – in Bonn wird das erste Frauenmuseum der Welt eingeweiht

- Dezember 1981 –die US Seuchenschutzbehörde berichtet erstmals über AIDS
- 01.10.1982 – Helmut Kohl wird nach einem konstruktiven Misstrauensvotum neuer Bundeskanzler
- 21.09.1983 – in den USA wird das erste Mobiltelefon (Motorola) zugelassen
- 23.09.1983 – das Gesundheitsamt Andernach teilt einem gewissen Bernd Kull mit, dass er Hepatitis A und B durchgemacht hat und eine Beriglobin-Spritze vor Fernreisen nicht mehr sinnvoll sei (Fr.Dr.W. fügt erklärenderweise hinzu, dass die Gefahr, sich durch die Flüssigkeit mit AIDS zu infizieren größer sei als der immunologische Nutzen)
- 03.08.1984 – die erste E-Mail erreicht Deutschland
- 15.06.1985 – F, D und die Benelux-Staaten unterzeichnen ein Abkommen über den schrittweisen Abbau der Grenzkontrollen (Schengen I)
- 09.07.1985 – der österreichische Glykol-Wein Skandal nimmt seinen Lauf
- 25.02.1986 – M. Gorbatschow fordert auf dem 27. Parteitag der KPdSU „Glasnost“ (Offenheit) und „Perestroika“ (Umstrukturierung)
- 26.04.1986 – Beginn der Katastrophe im AKW Tschernobyl
- 28.07.1987 – ein Bericht der ARD über Würmer in Fischdosen stürzt die deutsche Fischwirtschaft in eine Krise
- 01.01.1988 – der Wendehals wird Vogel des Jahres in der BRD; viele SED-Mitglieder brauchen über ein Jahr, um die tiefere Bedeutung dieser Wahl nachvollziehen zu können
- 15.05.1988 – die UdSSR beginnt mit dem Rückzug aus Afghanistan
- 04.09.1989 – erste Montagsdemo in Leipzig
- 09.11.1989 – erfolgt (eher ungeplant) die Öffnung der innerdeutschen Grenze
- 11.02.1990 – Freilassung Nelson Mandelas in Südafrika
- 18.03.1990 – erste freie Wahl zur Volkskammer der DDR

- 19.06.1990 – das „Schengener Abkommen“ (Schengen II) wird von F, D und den Benelux - Staaten unterzeichnet
- 01.01.1995 – Österreich, Schweden und Finnland treten der EU bei
- 1998 – die Phosphatvorkommen auf NAURU sind nahezu erschöpft, als neues Geschäftsmodell wird die Steueroase entdeckt
- 01.01.1999 – der EURO wird die gemeinsame Währung in 11 Ländern () der EU
- 01.01.2002 – Einführung des EURO als Bargeld; gemeinsam mit Heide und Friedhelm K. holen wir erstmals EURO-Scheine in Bremen aus dem Automaten, nachdem wir Silvester bei **Heringssalat** und **Steinbutt** in Lunestedt verbracht hatten

Soweit sind wir aber noch lange nicht.

Zunächst geht es erst einmal wieder nach Schweden und Finnland. In Lulea mache ich mich bei unserem dortigen Kollegen kurzzeitig unbeliebt, gehört es sich doch nun mal nicht, bei einem ziemlich offiziellen Abendessen als Vor-, Haupt- und Nachspeise jeweils Fisch zu bestellen, aber mein (geflunkerter) Hinweis, dass Fleisch nicht so meins wäre, ergänzt mit dem Hinweis auf eines meiner Lieblingsgerichte **Kartoffel-Anchovis-Auflauf** (Janssons Frestelse) in Verbindung mit einem weiteren „Absolut“, beruhigt die Lage wieder, wie überhaupt der Einfluss der Getränkefamilie der Korn-Brände, zu der auch dieser schwedische Wodka gehört, ganz und gar nicht unterschätzt werden darf. Nehmen wir z.B. die Konfirmation (Bild unten) eines Jungen in Norddeutschland, die schon deshalb nicht mit einer Kommunion am Rhein verglichen werden darf, weil der Kandidat normalerweise älter ist, d.h. 14- oder 15jährig, und nicht nur in eine evangelische Gemeinde, sondern praktischerweise auch (zumeist durch einen Onkel, der aber nicht unbedingt der Patenonkel sein sollte) in die Nachwuchsmannschaft der Vernichter von alkoholischen Getränken aufgenommen wird. Dazu wurde einfacher Korn benutzt, nicht etwa Doppelkorn, der von seinen Anhängern mit „doppelt gesund und doppelt klar“(und daher für die Leber unsichtbar) beschrieben wird, und zwar aus rein ökonomischen Überlegungen heraus: die Flasche

kostet weniger, ohne Doppelkorn kein lautstarkes dabei weitgehend friedlich ablaufendes Skatspiel der erwachsenen Männer (die untalentierten hatten sich sowieso bei den Frauen in der guten Stube aufzuhalten, durften in keinem Fall „kiebitzen“) und: für die kleine Einführungszeremonie reichen die 32 % allemal. Die allermeisten der so behandelten Fast Erwachsenen ließen vernünftigerweise die folgenden 2 Jahre freiwillig die Finger vom Alkohol.

Das finnische Gegenstück zum Absolut nennt sich „Koskenkorva“ und erfreut sich dort einer mindestens gleich großen Beliebtheit. Helsinki hat eine der schönsten Markthallen, die ich so erleben konnte, mit einer wirklich tollen Auswahl an allem, was dieser Teil Skandinaviens zu bieten hat. Ich entschied mich, neben Brennesselbrot, eingemachten Beeren, einigen Dosen Kaviar (nicht vom Stör), eine ganze Lachsforelle im Aufgabe- sowie eine Flasche Wodka im Handgepäck mitzunehmen. Rosi holte mich am Abend in Hamburg ab und am nächsten Tag, wir blieben das Wochenende mit dem Nachwuchs in Lunestedt, gab es alles frisch gekocht zu Mittag: **Pellkartoffeln mit dreierlei Kaviar und Schmand, ganze Lachsforelle in Pergament aus dem Ofen, Pfannkuchen mit Beeren** und dazwischen immer einen Schnaps, der Fisch will noch mal schwimmen. Ein wirklich großer Erfolg, vor allem bei Mutter und Großmutter, es musste mehrmals gebräunte Butter nachgemacht werden, jedes Mal begleitet von einem Gläschen bis zu dem Punkt, an dem die Küche in Flammen stand und ein Komplettverlust nur durch das beherzte Eingreifen von Rosi abgewendet werden konnte. Ganz klar mein Fehler, hatte ich doch der Etikettierung der Flasche eindeutig zu wenig Aufmerksamkeit geschenkt: blaue Schrift weist auf 40%igen, rote auf 60%igen Koskenkorva hin (oder war es doch umgekehrt?).

Der Kleine gedieh prächtig, wir konnten ihn guten Gewissens im Sommer bei Großmutter und Urgroßmutter abgeben, am Abend die damals noch regelmäßig verkehrende Autofähre von Cuxhaven nach Harwich nehmen, um, neben einigen Kunden (ihr habt bestimmt schon gemerkt: Feuerfest-Ingenieure sind permanent im Einsatz), die Schönheiten des Vereinigten Königreiches zu besuchen. Obwohl der Start etwas holprig war, wir wollten, um das Familienbudget zu schonen und die Zeit bis zum Abendessen zu überbrücken, den Aperitif in der Kabine trinken, aber es stellte sich heraus, dass ein gut gekühltes champagnerartiges Getränk ukrainischer oder russischer Herkunft (damals völlig egal, da nur die Sowjetunion zählte) bei nicht sachgemäßer Handhabung seine Flasche explosionsartig verlassen kann, nicht schön, besonders wenn es sich um die rote Variante handelt, wurde der Aufenthalt ein voller Erfolg. Die britische Küche ist viel, viel besser als ihr nachgesagt wird, man sollte sich allerdings auskennen oder kompetent beraten lassen. Ein entspanntes schottisches Abendessen **Cullen Skink,Rack of Lamb with Roasted Carrots and Fried Potatos** (Lammrücken)**, Cranachan** in einem Country House nahe Loch Ness ist selbstverständlich nicht zu verachten, und auch ein englischer **Sunday Roast**, etwa in einem Herrenhaus oder Castle, oder ein Essen in Wales mit **Fried Scallops** (Jakobsmuscheln)**, Salmon Pie** (Lachsauflauf) und **Lemon Curd** kann sehr positiv überraschen, aber wie schon gesagt, sollte man wissen „wo und bei wem“.

Obwohl Mrs. Thatcher schon fast 2 Jahre regierte, hatte sich an den für Kontinentalbewohner gewöhnungsbedürftigen Öffnungs- bzw. Bestell- (last order please) Zeiten der Pubs noch nichts geändert. Wir besuchten mit unseren Freunden, Maria und Terry D., die Kneipe seines Bruders direkt neben dem Cardiff Arms Park, Hauptspielstätte der walisischen Rugby-Nationalmannschaft. Obwohl Anpfiff um 4:00 pm war, öffnete der Pub erst um 3:00 mit der Folge, dass dieser von Tausenden Fans belagert wurde, die ja vor Spielbeginn irgendwie an die nötige Anzahl „Pints" kommen mussten, aber wie sich bis in unsere heutige Zeit herumgesprochen hat: „Wo ein Wille, da ein Weg", entwickelte sich über unseren Köpfen ein ununterbrochener Strom voller bzw. leerer Gläsern aus bzw. in Richtung Theke; keine Ahnung wie eine saubere Abrechnung ohne Deckel funktionieren konnte, eine kölsche Ich-AG namens „Köbes" hätte jedenfalls dort nie entstehen können. Abends war es dann einfacher, Terry und Maria hatten uns in ihren Social-Club mitgenommen, „Last Order" war um 11:00 pm, um 01:00 am musste man den Club spätestens verlassen, also brauchte man nur die gegebenen Parameter zu nehmen und hatte mittels der Formel

$$x = (rot * pph) + 1$$

sofort die Bestellmenge (x), in meinem Fall (x = (2 * 2) +1)

„five (5) please"

und für jeden leicht nachvollziehbar, wenn man weiß, dass ROT (remaining opening time), PPH (pints per hour) und +1 (one for the road) bedeutet.

Meine Frau äußerte damals noch keine Vorbehalte gegenüber solchen britischen Eigenheiten, erst ungefähr 5 oder 6 Jahre später, anlässlich eines Dinner Dance in Sheffield, versuchte sie, die Bedienung, so von Frau zu Frau, zu überzeugen, die für den Zwölfertisch georderten „6 pitcher draft, 6 bottles white and 6 bottles red" besser nicht auf einmal zu bringen, sondern, der Frische und Temperatur wegen, vielleicht nach und nach. Der verständnislose Blick der Frau sprach Bände, wusste sie doch, dass der Inhalt der noch vor dem Platznehmen gebrachten Karaffen mit Bier sowie Weinflaschen in kurzer Zeit auf bzw. nahe Null sein und jeder zivilisierte Mensch für einen ganz frischen Drink sowieso an die Bar gehen würde. Und so kam es dann auch.

Jetzt rückte aber erst einmal der fernere Osten in den Vordergrund. Eine interessante Aufgabe, sehr viele Länder mit sehr unterschiedlichen Kulturen und sicher auch abwechslungsreicher Küche, eine gewissenhafte Vorbereitung musste unbedingt sein. Also wieder mal einen Blick geworfen in das bereits erwähnte Buch über das Kochen und die Küchen dieser Welt. Im Kapitel 13 „Asien" war auf drei (3) Seiten nachzulesen, dass „ *wir uns auf das Wesentliche beschränken müssen: ... die Engländer den Indern das Curry-Gewürz, Chutney und Bombay Duck (ein getrockneter Fisch) verdanken, der Holländer in seinen Kolonien die Reistafel genießen kann, von der Krausheit der chinesischen Küche schon ein jeder gehört haben wird, weil, in der Tat, der Chinese ein jedes Gewürm verspeist, was da kreucht und fleucht, der Kuli zwar mit ein wenig Reis und halb faulem Fisch zufrieden sein muss, der Kaufherr aber endlose Gänge von kleinen Köstlichkeiten mit zwei (2) Stäbchen zu speisen gewohnt ist, während die japanische Küche total degeneriert und Spott schlecht ist, wovon charakteristisch die halb roh gegessenen Fische zeugen"...*

Glücklicherweise hatte ich auf einer der ersten Reisen im Flugzeug einen Sitznachbarn gehabt, der seit vielen Jahren in alle Teile der Welt geschickt wurde, irgendwelche Maschinen einzurichten und anzufahren, und dessen Erfahrung im Umgang mit dem Unerwarteten oder Unvollkommenen zusammengefasst lautete: Lasse deine deutsche Einstellung am Abflughafen, bereite dich mental auf nicht der DIN-Norm entsprechende Abläufe und Menschen ohne Ausbildungsnachweis und Uhr am Zielort vor. Solchermaßen gebrieft, das Tablett vom Abendessen abgeräumt, wurden bei der Stewardess, zusammen mit einem Gin-and-Tonic, Erdnüsse geordert, die mit den nicht benutzten, zurückbehaltenen Essstäbchen einzeln aufgenommen und gegessen wurden.

Nach einem weiteren Drink und noch mehr Nüssen fühlte ich mich ausreichend vorbereitet, asiatischen Gerichten ohne Zuhilfenahme von Gabel und Löffel begegnen zu können. Dies war im Großen und Ganzen auch eine durchaus richtige Annahme, sieht man von wenigen kleineren Misserfolgen ab. In Kaohsiung (Bild links) auf Taiwan hatte ich mir an einem freien Abend von der Telefonistin im Hotel die Adresse für ein einheimisches Restaurant möglichst ohne Langnasen unter den Gästen aufschreiben lassen (damals wurden Telefongespräche mit Frau oder Firma noch handvermittelt), da sich diese als deutschsprechend, weil als Krankenschwester in Stuttgart gewesen, geoutet hatte.

Das Taxi steuerte einen etwas außerhalb des Zentrums gelegenen Stadtteil, ähnlich einer deutschen Kleingartenkolonie aussehend, an und ließ mich direkt vor dem Eingang einer Art Gartenlokal aussteigen. Die laue Nacht, fröhliches Stimmengewirr, Gelächter und appetitliche Gerüche bedeuteten: nichts wie rein und die lokale Küche ausprobiert. Der Patron war auch sofort zur Stelle, verbeugte sich, ich selbstverständlich ebenfalls, und führte mich zu einem sehr schönen Tisch ziemlich in die Mitte des Restaurants. Die überreichte Speisekarte zeigte viele handgemalte Zeichen, hatte dafür keine Bilder oder gar englische Untertitel, mit anderen Worten, die Langnase war aufgeschmissen, nicht so der Chef, hatte er doch eine hübsche, des Englischen mächtige Tochter, die sich sofort um den hungrigen Fremdling kümmerte. Obwohl sich umgehend herausstellte, dass ihr Vokabular über Begrüßungsformeln und Wörtern wie „Please, Thank You, Yes, No, This, That" nicht hinausging, meine Sprachkenntnisse sich zwischenzeitlich auch nicht signifikant verbessert hatten, gelang eine Bestellung. Sie deutete auf verschiedene Speisen auf den Nachbartischen, fragte „This One", ich antwortete „Yes, No oder That One" und nach kurzer Zeit war die Bestellung durch. Vernünftigerweise wird der Wunsch nach einem „Bier" in praktisch allen

Teilen der Welt ohne weitere Diskussion verstanden und üblicherweise auch erfüllt. Ich war kaum bei der zweiten Flasche angelangt, als das Essen aufgetragen wurde: **Garnelen in Schwarzbohnen-Sauce, scharf-knuspriges Schweinefleisch, gebratene Jakobsmuscheln mit grünem Spargel** und ein **im Ganzen gegarter Fisch (Wolfsbarsch).**

So weit so gut. Die Garnelen hatte ich zwar nicht gewollt, der Zeigefinger mehr auf ein ähnlich aussehendes Gericht mit Hühnerfüßchen zeigen sollen und der grüne Spargel steht hier für Gemüse-Stängel, vielleicht vom Choi Sam, was ich leider nicht mehr verifizieren kann, aber der Fisch, vergleichbar einem Wolfsbarsch, kam so wie beschrieben. Kaum waren die Teller gebracht, stand das junge Mädchen neben mir, um – ganz klar – mein Geschick im Umgang mit den Chop Sticks persönlich zu überprüfen. Die ersten drei Bissen gelangen recht gut, aber habt ihr mal versucht, einen großen, unzerteilten Fisch nur mit runden, elfenbeinfarbenen Stäbchen zu essen? Nun, meine Hilflosigkeit gefiel ihr offensichtlich, konnte sie doch,unaufgefordert und leicht lächelnd, ihre feinmotorische Begabung, verbunden mit jahrelanger Übung, durch ein äußerst rasches Zerpflücken des Barsches in mundgerechte, grätenfreie Stückchen demonstrieren. Danach ging alles wie von selbst, die kleinen „Kostbarkeiten" aufgegessen, begleitet von ein paar Bieren mehr, gezahlt (nicht mal teuer), den Zettel mit den Zeichen für Taxi und Hotel gezeigt, noch einige Verbeugungen zwischen Patron und Gast, natürlich die Anerkennung (auf Deutsch), was für eine aufmerksame Tochter er doch hätte, und zurück ging es in die gewohnte Umgebung eines großen Hotels.

Kundenbesuche in Pakistan (Bild: nahe Islamabad) waren da schon von ganz anderem Kaliber. Auf den Straßen (Bild unten: nahe Lahore) wurde „Chicken Game", anderenorts als Angsthasenspiel bekannt und nicht zu verwechseln mit Mutters Lieblingsrat an ihre Kinder: „der Klügere gibt nach", gespielt, bekanntlich im ersten Halbjahr 2015 in der Besetzung Varoufakis / Schäuble / Tsipras / Dijsselblom als europolitisches Remake inszeniert; unser Fahrer verlor nur ein

einziges Duell, allerdings an einer für seine Fahrgäste ungünstigen Stelle, schlug doch das

Hinterrad beim abrupten Ausweichen derart heftig in ein Schlagloch im Randstreifen, dass wir anhalten lassen mussten, um nachzusehen, ob die Wirbelsäulen (und die Hinterachse) noch ganz waren. Unser Vorschlag, vielleicht vorausschauend besser geeignete Stellen für diesbezügliche Manöver in den Blick zu nehmen, wurde kategorisch, weil mit seinem Selbstverständnis als Mann und professioneller Fahrer nicht vereinbar, abgelehnt. Bevor wir unser Ziel, ein kleines Elektrostahlwerk, erreichen konnten, war es Zeit für eine kurze

Pause, um etwas zu essen und zu trinken. Vorausschauenderweise hatte unser lokaler Vertreter, der auch für die Golfstaaten zuständig war, schon vorher in Sharjah in den Emiraten eine essenstechnische Übungseinheit mit mir abgehalten. Eines Abends ging es nicht, wie sonst üblich, in das Restaurant eines internationalen Hotels, sondern ein sehr einfaches, auf Gastarbeiter vom indischen Subkontinent ausgerichtetes Lokal, um die dort vorherrschenden Speisen, genauer gesagt, wie diese abgeschmeckt werden, kennenzulernen. Eigentlich eine recht einfache Sache, muss man sich doch nur angewöhnen, beispielsweise zu **Chicken Tikka** oder **Lammfleischbällchen** mindestens die doppelte Menge Joghurt zu bestellen, keinesfalls hingegen die gewohnten Getränke, um gar nicht erst der Versuchung zu erliegen, die immer vorhandene feine Schärfe damit kontrollieren zu wollen, denn diese Schärfe ist als Indikator, bekömmliches Essen aus bei > 30 °C abgehangenem Fleisch und sonstigen Zutaten in nicht ganz klinisch reiner Umgebung mittels geeigneter Gewürze zubereitet bekommen zu haben, einfach (lebens-) wichtig.

So gestärkt machten wir uns auf ins Stahlwerk, den Grund für unzureichende Haltbarkeiten mit unseren Deckelsteinen zu erörtern. Ich weiß schon, ihr denkt: nicht schon wieder eine Reklamation, und das völlig zu Recht, aber so ist es nun mal, das Feuerfestgeschäft, wenn das Material länger hält als erwartet, ist es kein Thema, gibt es Ausfälle, müssen diese geklärt werden. Die Arbeitsweise in dem Stahlwerk war noch nicht ganz auf dem angestrebten internationalen Niveau. Die Steine wurden von den Arbeitern vom Lager, zwar noch barfüßig, der Kopf auch mit einem Turban ähnlichen Helm geschützt, aber schon durch Esel unterstützt in die Ofenhalle gebracht, um dort vermauert zu werden. Die Zustellung des Ofens und des Reservedeckels sah auf den ersten Blick ganz ordentlich aus, allerdings befand sich direkt über der Anlage ein ziemlich kreisrundes Loch in der Hallendecke, nicht gut für eine Gegend mit mehr oder minder regelmäßigem Starkregen, und offensichtlich neueren Datums. Ein Blick auf den zum Einschmelzen bestimmten Schrottvorrat führte mich über die Frage: bekommt ihr auch Schrott aus Afghanistan? gleich zu der Feststellung: es ist nicht gut für das Feuerfestmaterial, wenn etwas im Ofen explodiert.

Danach ein weiterer Kundenbesuch in einem Zementwerk, zurück ins Hotel, umgezogen und los, die Umgebung zu erkunden. Schließlich sollte die knapp bemessene Freizeit sinnvoll genutzt werden.

Ich weiß nicht, ob die Gegend um Lahore schon immer ein Zentrum der Keramikindustrie (Bild rechts bzw. unten) in Pakistan war, jedenfalls gab es ein größeres, offensichtlich bereits länger bestehendes Areal mit (Bau-) Ziegel produzierenden Einrichtungen, ein toller Anblick für einen Absolventen des Steine und Erden-Institutes der TU Clausthal: unzählige Arbeiter emsig wie Ameisen unterwegs, Kamine (auch nur Stahlrohre)

direkt auf die in die tonhaltige Erde gebauten Brennöfen, dazwischen Brech- und Mischeinrichtungen, handbetriebene Ziegelpressen, Holzkarren von Menschen und Mulis gezogen.

Ein Anblick malerisch wie ein Sonnenuntergang am Meer, nur dass ich am Rande eines Plateaus stand und nach einiger Zeit Besuch bekam vom, wie sich herausstellte (Mit-) Besitzer der Fabrik. Nachdem er heraushörte, dass ich ebenfalls in Sachen „Steine" tätig war, kam sein Angebot, Ziegelsteine zu liefern oder Produktionsfacharbeiter auf Verleihbasis zur Verfügung zu stellen, zwar gut gemeint aber zu diesem Zeitpunkt als (leider) noch nicht realisierbar herüber.

Für die Abflugzeit am nächsten Vormittag nach Karachi war der Durchzug eines Sturms mit Starkregen vorhergesagt. Die Boeing 747 SP, also ein Jumbo in der Kurzversion für Inlandsflüge, wartete brav am Boden bis das Auge des Orkans über dem Flughafen lag und ab ging es nach oben durch eine, wie hatte sich der Kapitän ausgedrückt, Zone unangenehmer Turbulenzen. Nun, über die Frage, was „unangenehme Turbulenzen" sind, lässt sich offensichtlich streiten; wenn ein Jumbo beim Durchfliegen einer solchen Zone aber um mehrere Meter nach unten und oben geschleudert wird, dabei wie wild nach links und rechts schaukelt, Gepäckfächer sich öffnen und alles, was herumliegt auch herumfliegt, beginnen die Passagiere zu weinen, zu schreien und zu beten, viele müssen sich übergeben, mit anderen Worten, es herrscht Chaos, es ist wirklich unangenehm und klar ist: der Absturz steht kurz bevor. Gut, dass dieses Flugzeug einen, seiner Aussprache nach, englischen Piloten hatte, der sich nach einigen Minuten für den unruhigen Flug entschuldigte und ankündigte, dass in Kürze Lunch serviert werden würde und schickte, um diese Absicht zu unterstreichen und für alle sichtbar, eine Stewardess in den Gang. Die junge Frau klammerte sich mit beiden Händen fest an den Griffen in der Galley, um nicht gegen die Decke geschleudert zu werden, und bemühte sich krampfhaft um ein Lächeln. Keine Ahnung, ob diese Maßnahme durch die diesbezüglichen Vorschriften in der internationalen Luftfahrt gedeckt war, jedenfalls war sie erfolgreich, die Leute beruhigten sich, denn, ganz logisch, welche Airline serviert noch Essen, wenn die Maschine sowieso abstürzt, wäre ja die reine Verschwendung.

Karachi ist nicht jedermanns Sache. Die schiere Größe, das schwülheiße Klima, die Massen an Menschen, die unmittelbare und unübersehbare Armut in vielen, der Reichtum in anderen Teilen der Stadt hinterließen, neben dem Anblick des Strandes mit den in Abwrackung befindlichen Schiffen, bleibenden Eindruck. Nach einer Fahrt im klimatisierten, abgedunkelten und verriegelten Auto durch eine Straße mit unzähligen bettelnden Menschen und dem Hinweis des Fahrers: „Don`t open the window", an deren Ende er ganz wenig sein Fenster öffnete und mit der Bemerkung: „We have to give alms to the poor" einige Münzen hinaus warf, entschied ich, die Überlegung, aus der Kirche auszutreten, Steuern zu sparen und stattdessen zu spenden, nicht weiter zu verfolgen. Besser auch zukünftig regelmäßig Kirchensteuer zahlen in der festen Hoffnung, dass diese Einrichtung damit vernünftig umgehen und gezielt helfen wird, als Münzen zur Beruhigung des eigenen Gewissens, und zwar egal ob religiös motiviert oder mitfühlend gemeint, in Richtung ausgesteckter Hände zu werfen.

Am Vorabend des Rückfluges hatte unser Vertreter zu einem typischen Essen zu sich nach Hause eingeladen, eine sehr nette Geste und ein sehr, sehr interessanter Abend. Das Dessert wurde als eine regionale Spezialität (ähnlich einem **Pista Kulfi**) beschrieben, schmeckte auch wirklich gut, hatte aber zur Folge, dass ich die restlichen Stunden im Hotel bis zum Auschecken im Badezimmer verbringen musste; die Idee, vorsichtshalber noch einen lokalen Arzt aufzusuchen, wurde verworfen, besser die Maschine erreichen, unter der großen Zahl an Passagieren würde für den Fall der Fälle sicherlich ein Arzt zu finden sein. Es ging dann ohne; wichtig war allein die Aufrechterhaltung einer ausreichenden Flüssigkeitszufuhr, was die Flugbegleiterin auch brav versprach, aber diesen Service umstandslos an die zwei kleinen Töchter einer deutschen Familie, die sich auf dem Rückflug von Australien befanden, abzugeben hatte. Man muss sich vorstellen, 12 Stunden Flugzeit lagen bereits hinter, weitere 10 Stunden noch vor den beiden Mädchen, ich konnte gar nicht so viel Wasser trinken, wie mir gebracht wurde, jedenfalls hatten wir drei bis Frankfurt reichlich zu tun.

Die Geburt des zweiten Kindes war für Mitte November berechnet worden; überspringen wir daher einige Reisen, z.B. nach Sri Lanka und Indonesien (Bild rechts), obwohl Gerichte wie eine **rote scharfe Linsensuppe** oder eine **Fischsuppe (Indian Ocean)** und, nicht zu vergessen, **Hühnchen aus dem Wok** durchaus eine eingehendere Betrachtung verdient gehabt hätten und kommen gleich zu diesem Tag im November 1982.

Die Verhandlungen am 15. November mit einem Vertreter eines im Bau befindlichen großen Stahlwerkes in Nigeria im East-India-Club in London über Materiallieferungen waren trotz einiger Besonderheiten in guter Atmosphäre aber erfolglos verlaufen. Unserem Vermittler, der als Mitglied eines korrespondieren Clubs in Skandinavien diesen diskreten Ort ausgesucht hatte, war offensichtlich nicht bewusst gewesen, dass (damals) Nichtweiße den für Frauen reservierten hinteren Eingang zu nehmen und, wie diese, auch keinen Zugang zu den eigentlichen Clubräumen hatten. Nachdem der geschäftliche Teil des Meetings in einem Hinterzimmer vorbei und unser afrikanische Freund gegangen war, stand einem Drink an der Bar nichts mehr im Weg. An diesem Abend ging es aber dort unten noch hoch her, so dass ich im ersten Moment dachte: die feiern immer noch den Sieg im Falkland-Krieg. Aber der Anlass war dann doch eine Flasche des ab 15.11.des Jahres lieferbaren Beaujolais Nouveau (oder Primeur), die im Rahmen des jährlichen Rennens „Who Comes First“ der britischen Teilstreitkräfte Army, Air Force und Navy in diesen Club gelangt und zu

Gunsten eines Hilfsfonds versteigert worden war, eine äußerst praxisnahe, dabei motivierende Übungseinheit einer neuerlichen Sieger- und gewesenen Kolonialmacht.

So ein junger Beaujolais reißt den Weintrinker normalerweise nicht vom Hocker, ist aber zusammen mit einem einfachen **Wild- oder Wildschwein-Gulasch** oder auch einer **Damwild-Keule** einem Federweißen mit **Zwiebelkuchen** mindestens ebenbürtig, wenn nicht überlegen.

Da ich ja schon am 16. 11. wieder zurück gekommen war, Karin sich um Gerd-Kristian kümmerte, setzten die in den frühen Morgenstunden des 17. November beginnenden Wehen den vom ersten Kind bekannten Ablauf in Gang: Fahrt zur Klinik nach Bonn, Begleitung der werdenden Mutter zur Gynäkologie, Ausfüllen von Unterlagen im Anmeldebüro, Aussicht auf eine lange Zeit mit aufmunterndem Händchenhalten und Verbergen der eigenen Angst durch gespielte Unbekümmertheit an der Seite der Wöchnerin. Um dieses Warten auf den Nachwuchs nicht wie beim ersten Mal wieder ohne Frühstück und Kaffee gehabt zu haben,verbringen zu müssen, erlaubte ich mir einen kleinen Umweg über das Café im Krankenhaus, um kurz danach feststellen zu können, dass Sohn Jan-Niklas, 4050 g, 54 cm, schon da war; das nenn ich mal eine zügige Bearbeitung, die mich leicht die 2 Flaschen Wein, die bei diesen Daten im Jahr vorher mir sicher gewesen wären, verschmerzen ließ. Von den folgenden Reisen in den Nahen Osten nach Qatar, Saudi-Arabien und die Emirate ist nicht viel zu berichten; es gab zwar viele gute Gespräche, leider konnte ich meinen Partnern nicht überzeugend erklären, weshalb in einem exportorientierten, wirtschaftlich starken Land wie der Bundesrepublik Deutschland ein Kanzler Kohl gewählt werden konnte (immerhin waren es ja noch 7 Jahre bis zum Fall der Mauer), und noch dazu gegen einen Helmut Schmidt, dem international hoher ökonomischer Sachverstand zugeschrieben wurde, wobei nicht ganz so bekannt war, dass dieser zeitweise die Meinung vertrat, das Land könne, statt Industrieausrüstungen oder fertige Schiffe zu liefern, mit dem Export von deren „Blaupausen" gleichermaßen erfolgreich bleiben. Aber davon abgesehen bleibt mir Helmut Schmidt, besser gesagt seine Frau Hannelore (Loki), in guter Erinnerung, hatte sie mit Begleiterin doch auf einem LH-Flug nach Sofia direkt neben mir in der Economy-Class gesessen, wo ihr von der Stewardess zum Essen ein Bocksbeutelchen Silvaner gebracht wurde. Ich entschloss mich, ihr ins gleiche Anbaugebiet zu folgen, erhöhte aber die Anzahl auf drei (3), was von der LH-Mitarbeiterin zwar mit Heben der Augenbrauen aber ohne weitere Diskussionen erledigt wurde. Als ich später bei ihr bezahlen wollte, damals waren bei der Lufthansa alkoholische Getränke in der Holzklasse nicht umsonst, schüttelte sie nur mit der Bemerkung: „Geht nicht, ist aus der 1. Klasse, habe keine Kasse" kurz den Kopf und gut war's. Vielen Dank nach Hamburg.

Aber das waren nicht die einzigen Ausrufezeichen in dem Jahr. Nicht nur die Firma in Urmitz steckte in der Krise, die Wirtschaft in Deutschland ebenfalls und die für September geplante Konferenz der blockfreien Staaten in der Hauptstadt des Irak hatte wegen des Irak/Irankrieges verschoben werden müssen, was sicherheitstechnisch dazu führte, praktisch nur über Amman aus Jordanien in einem abgedunkelten Flugzeug mit zeitweise ausgeschalteten Positionslichtern Bagdad anfliegen zu können, um dann dort auf einem nagelneuen, taghell erleuchteten Flughafen zu landen und einer ebenso neuen und beleuchteten Autobahn in die Innenstadt zu fahren.

Ich will euch nicht mit allzu vielen Details aus dem Land zwischen Euphrat und Tigris langweilen, jedenfalls hatten Besuche in Werken nahe Bagdad oder Kerbela, Mossul (Bild oben), Nadjaf, Samawa und Sulaymaniya oder Besichtigungen von Babylon und Ktesiphon (Bild links) einen hohen Erlebniswert und waren damals, einmal abgesehen von der Einfahrt ins Kurdengebiet (aber nicht wegen der Kurden, eher wegen der nervösen irakischen Soldaten), auch nicht wirklich gefährlich. Dies ist heute, 2015, nach den Golfkriegen, dem Sturz des Diktators Saddam Hussein, den Auseinandersetzungen zwischen Schiiten, Sunniten sowie Kurden und zu Zeiten von IS, komplett anders.

Dabei wäre eine Stippvisite zum **Panorama-Museum** mit der heroisch propagandistischen Darstellung der Schlacht von Al-Qadissiya in Verbindung mit einem traditionellen Essen, z.B. einem **Mansaf** (in Joghurt gekochtes Lammfleisch auf einer großen Platte mit Reis angerichtet),in einem Zelt (Bild rechts) durchaus ein schönes Erlebnis, vorausgesetzt, man wird als Gast nicht aufgefordert, doch eins der oben drauf liegenden Schafsaugen zu nehmen, dann bliebe nur der Verweis, zu viel von den **Vorspeisen** genommen zu haben.

Aber selbstverständlich könntet ihr stattdessen einmal in die Emirate fliegen, um dort (der FAZ vom 31.10.13 entnommen) einen **Kamel-Burger auf Blattgold-Brot, serviert mit Zwiebelmarmelade und geräuchertem Halloumi-Käse** zu probieren. Guten Appetit.

Der eigene Nachwuchs in Breisig gedieh weiterhin prächtig; kein Wunder, bekam er doch nur frisch zubereitete Speisen vorgesetzt. Also beste Voraussetzungen für weitere weite Reisen ohne ein zu schlechtes Gewissen haben zu müssen.

Asien ist groß; es lassen sich aber zur Abdeckung möglichst vieler Kunden, Besuche in Singapur, Hongkong (Bild rechts), Taiwan und Süd-Korea aneinander reihen und dafür erhielt man vor der Reise ein dickes Bündel mit Tickets für die jeweiligen Teilstrecken sowie Hotelreservierungen vom Reisebüro der Firma. Die Flugscheine mussten 24 Stunden vor dem Abflug „reconfirmed" werden. Für die Strecke von Hongkong nach Seoul gab es im Päckchen ein Ticket einer Air **Nauru**.

Erst bei der verspäteten Suche nach dem Office kam mir die Idee, dass es sich womöglich um die nationale Airline der ehemaligen kaiserlich deutschen Inselkolonie im Südpazifik handeln könnte. So war es dann auch und die junge Frau am Schalter ausgesprochen fröhlich und freundlich: „Gut, dass Sie noch gekommen sind, wir hätten sonst heute Abend ohne Sie fliegen müssen". So gerüffelt war ich überpünktlich abends am Flughafen und etwas später im Flieger, nur um festzustellen, dass in der B 727 außer mir noch ein (1) weiterer Passagier eingestiegen war. Dafür waren aber sechs (6) (vermutlich) Schwestern der jungen Frau vom Schalter als Flugbegleiterinnen an Bord, die sich aufmerksam um die ihnen anvertrauten Paxe kümmerten: eine in der Aufsicht, zwei um den Mitflieger im hinteren Teil der Maschine (aha, ein Billigticket), die anderen drei um mich. Sie ließen nichts aus, jede Sicherheitsinstruktion wurde vorgelesen und sich vergewissert, dass diese auch verstanden worden war, die Rettungsweste wurde mir angelegt, die Notausgänge gezeigt, d. h. sozusagen alles, was ihnen beigebracht worden war. Und dann das Abendessen, es fehlte nicht viel und sie hätten uns auch gefüttert. Aber irgendwann war dann gut, alles aufgegessen, alle angebotenen Getränke und einige mehr getrunken und Pause für die Mädchen (ich scheue mich „Frauen" zu sagen, so unbekümmert war ihr Verhalten), Zeit den Kollegen am Hinterausgang zu besuchen und sich vorzustellen. Es stellte sich heraus, dass er Amerikaner, im Auftrag der Regierung nach Nauru unterwegs war und praktisch alles über die Insel wusste; so viel, dass es einer gesonderten Zusammenfassung bedarf.

Über Süd-Korea, damals noch ein Schwellenland, war ich deutlich besser informiert. Wie Deutschland, ein ebenfalls geteiltes Land. Ein Ausflug zu einem Informationszentrum nicht weit von Seoul (Bild links) zeigte, dass diese Grenze noch martialischer war als die innerdeutsche im Harz (und überall Fotografier-Verbot herrschte).

Auf die Küche war ich gespannt, sie sollte ähnlich,

wenn auch doch etwas einfacher bzw. ursprünglicher, der japanischen sein; zwar stand kein „Fugu“ zu erwarten, dafür aber z.B. „Hund“.Ein bestimmtes Rezept hatte ich nicht vor Augen; im bereits erwähnten Kochbuch war Hund zusammen mit Ziege, Pferd und Kaninchen unter „Zahmes Fleisch I. Säugetiere“ohne Rezept aber mit dem Hinweis: im Jahr 1899 in Sachsen noch 750 Stück verzehrt, aufgeführt. Sollte es jemand heute noch nach Hund gelüsten, läge Sachsen zwar näher, die Chancen dagegen wären in Korea bei Bestellung einer Suppe „à la Bardot“ deutlich höher.

Das Land der Morgenstille war außerhalb der Hauptstadt in weiten Teilen morgens wirklich noch still, für Autos galten zeitliche Fahrverbote, auf den Autobahnen fuhren Busse zwischen den größeren Städten, bereits mit Fernseher und Service und freundlichen, neugierigen Menschen. Ich hatte noch nie was von Karaoke gehört, aber sobald sie mitbekamen, dass man aus Deutschland war, erwarteten sie den Vortrag heimatlichen Liedguts. Um den guten Ruf Deutschlands gesangstechnisch nicht zu ruinieren, deklamierte ich voller Inbrunst den Text der „Loreley“ und vom „Ännchen von Tharau“, worauf der halbe Bus, ok es war eine Schulklasse dabei, fehlerfrei mit dem Singen des Liedes von der blonden Verführerin und, nach kurzer Abstimmung, der Zugabe von „Am Brunnen vor dem Tore“ konterte. Auf dem nächsten Flug nach Korea frischte ich vorsichtshalber den „Erlkönig“, die „Glocke“ und den „Schimmelreiter“ prosamäßig auf (und dachte im Stillen, wie einfach es doch eigentlich musikalisch begabte Menschen im Leben haben).

Beim Essen und Trinken allerdings war das komplette Fehlen einer künstlerischen Ader eher von Vorteil. Fisch wird roh und wirklich frisch serviert und gegessen; wenn die mit einem scharfen Messer abgesäbelten Scheiben grätenfrei vor einem liegen, zappeln Kopf und Schwanz noch in der Hand des Kochs. Dünne Scheiben Rindfleischfilets werden nur ganz kurz angebraten und mit **Chimchi** und diversen Saucen serviert. Das Highlight aber brachte der Tag des Rückfluges. Nach einem abschließenden Gespräch beim Kunden in Pohang blieb reichlich Zeit bis zum Abflug am späten Nachmittag, und da ich die Frage unseres Vertreters nach einem Mittagessen unter Verweis auf den späteren Service an Bord eher ausweichend beantwortet hatte, war sein Wunsch, ein einfaches Lokal mit einer regionalen Spezialität zu besuchen, trotz seines verklausulierten Warnhinweises für mich ganz ok. Die Lokalität samt Einrichtung war ähnlich einfach gehalten wie eine Fischbratküche, serviert wurde nur ein Gericht, und zwar eine Art Kohlsuppe, und außer uns waren zwei Busladungen älterer Frauen eingetroffen, wahrscheinlich auf einer Art Kaffeefahrt (allerdings habe ich nirgendwo Heizdecken sehen können). Die Suppe schmeckte gar nicht schlecht, so zwischen Weiß- und Grünkohl, hatte aber nur sehr, sehr grob geschnittene Blätter, war völlig ohne Stand, mit einem Wort: „plörrig“, und kam in kleinen Schüsseln, die immer nachgefüllt wurden, sowie mit Stäbchen auf den Tisch. Die dann einsetzende Geräuschkulisse von ca. 120 Dezibel, hervorgerufen von ungefähr 60 gleichzeitig schlürfenden und Bäuerchen machenden, dabei zufrieden aussehenden Menschen war schlichtweg gigantisch, ich habe nie wieder so etwas, selbst beim beschnapstesten **Grünkohl**-Essen, mehr erleben können. Der Rückflug führte über Anchorage, wobei die Maschine vorsichtshalber einen etwas größeren Bogen um Sachalin machte als üblich, aber der Abschuss von KL 007 lag ja noch nicht allzu lange zurück. Einige Wochen später brachte ich dann ebenfalls etwas Lebendiges zur Welt, und zwar einen Rinderbandwurm. Diese Biester können bis zu 10 Meter lang werden, meiner hatte aber nur ca. drei (3) Meter. Woher ich das weiß? Zählt einfach, wenn mal wieder **Tagliatelle mit Zitronensauce** oder **mit Steinpilzen** serviert werden, die Anzahl der Nudeln nach, die sich auf eurem Teller ringeln (natürlich bevor ihr die Sauce darüber gegeben habt); mit 11 Stück seid ihr dabei.

Bulgarien und Rumänien standen relativ häufig auf dem Reiseprogramm; trotz sozialistischer Planwirtschaft musste beim Klassenfeind das fehlende Feuerfest-Material zugekauft werden. Die Schwerindustrie ist nun mal die Basis jeden Fortschritts und hat absoluten Vorrang. Das ging so weit, dass beim gemeinsamen Essengehen mit Vertretern der staatlichen Importfirma im vollbesetzten Restaurant „Krim" in Sofia freundlich aber bestimmt Platz geschaffen wurde: „Entschuldigung, aber der Tisch ist schon reserviert", und zwar auf Deutsch, denn es traf ihre sozialistischen Brüder und unsere Landsleute aus der DDR. Kulinarisch war der Balkan damals fest in den Händen einer sich ständig weiter entwickelnden Planwirtschaft, das hieß, es musste gegessen werden, was auf den Tisch kam, also **Schopska-Salat**, vielleicht etwas Gegrilltes oder **gefüllte Paprika** und zum Abschluss einen Pfannkuchen. Gurken gehören eigentlich nicht zu meinem Lieblingsgemüse, es sei denn im Herbst aus dem Garten, geschält, ausgehöhlt, mit Hack gefüllt und im Ofen überbacken. Die Gurkenschale ist (für sehr viele) Menschen nicht verzehr-, weil nicht verdaubar; deshalb sollten Gurken für den Rohverzehr auch geschält werden, es sei denn, man serviert vor dem Essen einen Aperitif, also etwa 100 g Wodka, dann funktioniert die Verdauung, und nicht nur der Schale, problemlos.

Das Material unserer Firma hatte eine so wichtige Bedeutung für die sozialistische Zementproduktion in Bulgarien, dass 1984 eine Rundreise zu allen Werken von der Zentrale in Sofia organisiert wurde. Also machten sich ein Fahrer, gleichzeitig Vertreter der Staatssicherheit, zwei Damen von der Import/Exportorganisation sowie ein österreichischer und ein deutscher Kollege mit mir auf zu einer Exkursion durch das Land. Eine wirkliche Erfahrung, am ehesten mit einer studentischen Exkursion an der TU Clausthal oder des ACC zu vergleichen. Ich lasse den fachlich-technischen Teil, auch Unterkunft und Verpflegung mal weg, aber die Landschaft und die freundlichen Menschen waren ein Erlebnis. Der staatliche Rigorismus zeigte sich nur an wenigen Stellen, einmal wurden wir aus einem Museum, und zwar dem Panorama-Museum in Pleven, geworfen, weil unser österreichischer Kollege auf die Mitwirkung von noch anderen landsmannschaftlichen Einheiten als den genannten in der russisch-türkischen Schlacht von 1877 hinwies, ein anderes Mal wurde die abhanden gekommene Geldbörse des deutschen Kollegen, die ca. 10000 DM enthielt, schließlich musste alles vor Ort bar bezahlt werden, wegen der Unmöglichkeit eines Diebstahls durch einen sozialistischen Menschen, von der Staatspolizei bei einem Angestellten des zuletzt von uns besuchten Restaurants abgeholt, nachdem dieser sie vorsichtshalber in Verwahrung genommen hatte. Der Kollege hätte auch besser aufpassen müssen.

Einen Tag später scheiterten wir zunächst bei unserem Vorhaben, per Bahn von Sofia in Bulgarien nach Bukarest in Rumänien zu gelangen, und zwar an einer resoluten, absolut logisch denkenden russischen Schaffnerin, zuständig für die Schlafwagen im hinteren Teil dieses nach Moskau fahrenden Zuges der sowjetischen Eisenbahn. Das Reisebüro in Köln hatte die Karten in harten Devisen, damals unserer guten, bewährten D-Mark, für die Teilstrecke Sofia-Bukarest und einen Schlafwagenzuschlag für die ganze Strecke bis Moskau besorgt. Vordergründig betrachtet eine gute Idee, jedoch völlig unvereinbar mit der Logik der diesbezüglichen Vorschriften in Zeiten des Kalten Krieges. Wir hatten keine gültigen Fahrkarten für diesen, ihren Zug, und sie war absolut unbestechlich. Weder der Hinweis, doch eigentlich mehr bezahlt zu haben als notwendig, noch der Vorschlag neue gültige Tickets nachzulösen, ebenso gute Worte oder Bitten und sogar ein Parfüm aus dem Duty-Free konnten sie überzeugen, Vorschrift ist Vorschrift, auch oder gerade in der UdSSR. Wir waren gestrandet, an einem Sonntagvormittag in Sofia auf dem Balkan, und am Montag um 11:00 wartete die nächste Besprechung im großen Stahlkombinat in Rumänien, und es ging um die Lieferungen im nächsten Jahr. Wir mussten dorthin, sofort und mit Gepäck. Jetzt kann man über den Balkan sagen, was man will, und es ist vielleicht nicht so ordentlich wie bei uns, aber die Taxifahrer dort sind kreativ und geschäftstüchtig. Sie einigten sich nach kurzer Abstimmung untereinander, dass für diese Fahrt ein Mercedes das passende Auto und ein Fahrer in Uniform die richtige Wahl wären, immerhin war eine innersozialistische Grenze mit unangemeldeten kapitalistischen Fahrgästen zu passieren, und dann das Gepäck, und die Rückfahrt, und die Grenzsoldaten auf beiden Seiten, und, und, und... Gut, dass der Kollege sein Geld wieder hatte, für den Preis hätten wir drei auch nach New York fliegen können, aber so ist es nun einmal, wenn man ein bestimmtes Ziel unbedingt erreichen will und dies nur mit einem spezialisierten Knowhow-Träger möglich ist. Der Begriff „Schlepper" wäre damals völlig fehl am Platze gewesen; jedenfalls gelang es, die ca. 300 km Luftlinie in 14 Stunden zu bewältigen und am Montag pünktlich zur Besprechung zu erscheinen. Und da oder obwohl das Ganze an einem Sonntag stattfand, schaffte es unser Fahrer, am frühen Abend in einem vom Sozialismus übersehenen kleinen Gasthof ein sehr ordentliches Essen, bestehend aus einer Art **Bohnen-Dip** mit Brot und einer **Polenta mit Schweinefleisch** zu organisieren.

Die Beschäftigung mit der weiten Welt ging Mitte der 80er Jahre langsam zu Ende.

Es gelang unserer Firma, d.h. deren Arbeitsebene, in einem Knowhow-Vertrag mit einem Lizenznehmer aus Japan einen abschließenden Paragraphen: „Der Vertrag setzt das Vorhandensein eines Faxgerätes bei den Vertragsparteien voraus." durchzusetzen. Ein wirklicher Erfolg, immerhin brauchte es zwei Abendessen (kein Sushi) im Landratsgarten in Neuwied und bei Jean-Marie Dumaine in Sinzig bis unsere japanischen Verhandlungspartner verstanden hatten, dass nicht sie gemeint waren (bei ihnen stand bereits in jedem Büro so ein Gerät), sondern unser Werks-Vorstand, der das Schreiben von Briefen und die Benutzung des Telex neben dem Telefon für absolut ausreichend für eine reibungslose Kommunikation im Geschäftsleben ansah.

Aber wir in West-Europa verwenden ja üblicherweise auch keine Schriftzeichen, sondern das lateinische Alphabet (voraussichtlich noch solange, bis ein Integrationsbeauftragter darauf kommen wird, dass im Zeitalter von Windows und Smartphone es migrierender Genderperson freigestellt sein sollte, welches Alphabet oder Zeichen es in der schriftlichen Kommunikation verwenden möchte, der vibrierende Apparat kann es ja übersetzen. Menschen, die noch von Angesicht zu Angesicht miteinander reden und einander zuhören wollen, werden aber hoffentlich als Vertreter überholter analoger Techniken dann bereits den Status eines lokalen Weltkulturerbes, mindestens aber eines Oldtimers verliehen bekommen haben und steuerlich absetzbar sein).

(Impression statt leerer Seite: Feuerfest und eine interessante Konferenz in Südamerika)

Wieder zurück

Aus heutiger Sicht hatte das Verlassen der Reiseflughöhe wohl schon mit dem Eintreffen des Nachwuchses schön langsam begonnen. Der Wunsch nach einem eigenen Haus in kinderfreundlicher Umgebung musste mit den absehbaren Veränderungen in der Firma in Urmitz in Einklang gebracht werden, also wurde vernünftigerweise ein etwas kleineres und dafür gegebenenfalls leichter wieder zu verkaufendes Objekt gesucht und auch gefunden. Die Umstrukturierungen in der Firma sahen für mich keine Geschäftsreisen in alle Welt mehr vor, das westliche Europa und dort die Stahlindustrie als Hauptabnehmer von Feuerfest-Material wurde jetzt der Schwerpunkt, was, wie so vieles im Leben, mit einigen Vor- aber auch Nachteilen verbunden war. Nachteilig waren z.B. die vielen Autobahnkilometer, das Ruhrgebiet im nebeligen Winter, die kurzen Flüge nach Klagenfurt, Wien, Graz, London, Dublin, Manchester, Glasgow, Paris, Zürich, Mailand , immerhin gab es noch keine Navis und Mobiltelefone, dafür aber eine ständig steigende Zahl der Spezies „Business Traveller in der Business Class", nicht immer ganz leicht zu ertragene Fluggenossen. Daher möchte ich mich an dieser Stelle ausdrücklich bei jenem Lufthansa-Kapitän bedanken, der es wagte, den Inhaber einer Platin-Card in Birmingham aus dem Flugzeug zu werfen, nachdem dieser Mensch absolut nicht einsehen wollte, dass in einer fast völlig ausgebuchten, extra am Gate auf ihn und einige weitere Last-Minute Umbucher wartenden Maschine, er seinen bevorzugten Sitzplatz dieses Mal nicht mehr würde erhalten können. Von Vorteil war, dass nicht mehr so viele Wochenenden langen Reisen zum Opfer fallen mussten und der Zufall, die Veränderungen im Gastronomiegewerbe in den Ländern dieser Region hautnah miterleben zu dürfen. Während der Michelin-Führer in Deutschland im Jahr 1979 das erste Restaurant mit 3 Sternen ausgezeichnet hatte, sind es 2015 schon 11 und die Gesamtzahl besternter Küchen hat die 250 überschritten, aber keine Sorge, ich werde euch nicht mit den Einzelheiten aller durchlebter Restaurantbesuche bzw. Menüs langweilen, diese (über) lebenswichtigen Informationen solltet ihr, sofern wirklich daran interessiert, besser in den reichlich vorhandenen einschlägigen Magazinen nachlesen.

Kinder setzen ein korrektes und selbstbestimmtes Älterwerden von Erwachsenen außer Kraft, in jedem Falle das der eigenen Eltern. Um diesen Trend umzukehren, müssen Ausgeh-Abende her, d.h. die Kinder zurückgelassen werden. Dazu gibt man sie in die Obhut von Großeltern, Nachbarn, Freunden oder Babysittern. Pech ist, wenn die aufpassende Nachbarsfamilie, wie vereinbart, um 23:00 letztmalig nach dem Kleinen sieht und danach zu Bett geht, die Eltern aber zur selben Zeit auf der Rückfahrt von einem spontanen Abendessen mit einem italienischen Kollegen in Düsseldorf an der Autobahntankstelle Peppenhoven liegenbleiben, so ein Lancia ist eben kein Dauerläufer, gut ist, wenn es sich bei dem Kind um einen durchschlafenden Gerd-Kristian handelt, die

Kindesmutter nicht zögert, einen LKW-Fahrer zu überzeugen, sie unverzüglich mit nach Niederzissen zu nehmen, und nur gerecht ist, dass der Kindesvater eine schlaflose Nacht im Auto verbringen und sich am nächsten Morgen von seiner kleinen Schwester abschleppen lassen muss. Der eigentliche Beweis, nicht zu den Helikopter-Eltern zu gehören (obwohl damals eher die Glucken-Mutter bekannt war), ist gegeben, wenn der Babysitter vom Nachwuchs ultimativ angefordert wird: „Nun fahrt doch mal wieder weg, die Christiane (oder Martina...) soll kommen", man macht es einfach und denkt hinterher nicht lange darüber nach, warum beim Aufpassen auch noch ein junger Mann als Unterstützung gebraucht worden war, irgendwo und irgendwie muss Erziehung ja geübt werden, glücklicherweise hatten damals noch nicht alle jungen Frauen vor, kinderlos zu bleiben und als Quotenfrau im Aufsichtsrat zu landen. Obwohl oder vielleicht weil unsere Kinder meistens frisch bekocht wurden, entwickelten sie eigene Vorstellungen darüber, welche Speisen (und Getränke) für ihre Entwicklung gut waren. Manche davon, wie „Plattfisch mit Scampi" ertränkt in Zitronensaft für Jan-Niklas oder „Salat- und Gemüseplatte" nur aus grünen Kopfsalatblättern ohne Dressing bestehend für Gerd-Kristian, waren im Urlaub oder zu Hause auch leicht zu erfüllen, anderes dagegen eher nicht. Es half nichts, es musste geübt werden, am besten nach dem Besuch des Schwimmbades in Andernach am Sonntagmorgen. Die Eltern lernten, dass Restaurants im Einflussbereich von Menschen mit Migrationshintergrund sich deutlich leichter taten, von der Norm abweichende Wünsche zu erfüllen; offensichtlich reichte die Bestell- bzw. Entscheidungskette dort bis in die Küche. Einheimischen Lokalen hingegen war es unmöglich, den eigentlich einfachen Wunsch **Wiener Schnitzel** mit **Pommes** ohne alles zu erfüllen, bei ihnen fielen dekorative Elemente wie Petersilie oder Preiselbeeren auf Zitronenscheibe nicht unter „ohne alles"; und sie wollten oder konnten auch nicht einsehen, dass ihr Hinweis: „Nimm es doch einfach weg" bei einem Kind mit klaren Vorstellungen nicht zum Ziel führen würde, die Familie am nächsten Sonntag dafür zum Italiener. Das Menü sah zwei Kugeln Eis als Nachtisch vor, was von den Kindern auch als Vorschlag im Kern angenommen, aber leicht in: „Bitte am Stiel" abgeändert und vom Wirt, ohne den erzieherischen Eingriff der Eltern abzuwarten, durch Besorgung von zwei Magnums am gegenüberliegenden Kiosk, prompt erfüllt wurde. Den Eltern blieb nichts

anderes übrig als auf das: „Seht ihr, der versteht uns" der Kinder mit zwei weiteren Espressos (due Espressi per favore) sowie noch einem weiteren (außer den beiden „aufs Haus") Grappa für den Vater und einem erhöhten Trinkgeld zu antworten. Einen ähnlich kreativen Umgang mit Bestellungen konnte ich in Irland erleben.

Im „Lobster Pot" nahe Dublin (nur für Heide und Friedhelm: nicht zu verwechseln mit dem bei Wexford, siehe Bild) empfahl der Ober John C., immerhin „Chairman of the Irish Guild of Sommeliers", neben einem Sancerre zum Fisch, zu

den von seinem Chef Tommy C. mir besonders ans Herz gelegten Austern ein Guinness: „Irish oysters are simply the best and they do love Guinness", um dann ein frisch gezapftes Pint aus dem Pub von der anderen Straßenseite zu holen.
Auch die Problemlösungskompetenz seines Kollegen in einem Restaurant in Cork, der meine Bitte nach einem abschließenden **Irish Coffee** mit der Antwort: „If you don`t mind in two cups, Sir, we`re not fully licensed" und dem Servieren des Kaffees in der einen und des Whiskeys, verborgen unter einer Sahnehaube, in der zweiten Tasse, erfüllte, kann nicht hoch genug eingestuft werden.

Zu dieser Zeit fanden Besuche in Lunestedt bei Großmutter und Urgroßmutter, also Oma und Omi, relativ häufig statt. Es war zu verlockend, die Kleinen gut versorgt zu wissen, während man selber auf der Nordsee segelte (Bild rechts) und/oder Fortbildung in Sachen Fisch im Schaufenster Fischereihafen oder auch Restaurants in Bremerhaven (z.B. beim „Natusch") und Umgebung betreiben konnte.

Zu den Sielhäfen Wremen (Bild links) oder Dorum mussten die Jungs aber mitgenommen werden, Krabben waren zu einer ihrer Lieblingsspeisen geworden und

außerdem konnte man bei Ebbe so schön im Schlick spielen. Es geht nichts über das Auspulen - übrigens eine sehr kontemplative Beschäftigung für Männer (und Großmutter, Bild unten rechts) - frischer Nordseekrabben, als Salat angemacht zusammen mit einem Glas nicht zu trockenem Winzersekt ein idealer Einstieg in einen entspannten Grillabend im sommerlichen

Garten, auch Norddeutschland kann sehr schön sein. Einmal im Jahr muss seitdem „pulen" sein, auch hier am Rhein, allerdings empfiehlt es sich, die Krabben durch **Dicke Bohnen** zu ersetzen und die Kerne in einfachen Gerichten wie **Geschmortes Kaninchen** oder **Lammhaxen** zu verarbeiten; in Verbindung mit einem kräftigen Weißwein oder einem Rosé eine nicht zu schwere Kost an warmen Sommerabenden, denn ganz klar, auch das Rheinland hat seine schönen Seiten.

Die weltweite Rezession von 1981/82 war in der zweiten Hälfte der 80er Jahre überwunden. Zwar blieben die Wachstumsraten in der BRD hinter denen anderer Länder zurück, das Stimmungsbarometer stieg aber auf ein neues Hoch; es begann die so genannte „Champagner-Zeit", d.h. auf den Stadt- und Dorffesten gesellten sich zu den Würstchen- und Bierbuden nunmehr **Austern**- und Champagnerbars. Kaum einer mochte zwar das glibberige Zeugs und auch der Trinkgenuss des Champagners vom Großmarkt hielt sich in engen Grenzen, aber man hatte sich nun einmal an diesen Ständen zu treffen, anders gesagt: „out" war auf einmal der Fußball, „in" wurde der Tennis-Sport, Boris und Steffi sei Dank. Allerdings oder glücklicherweise verschwanden die Bars, vielleicht

abgesehen von späteren Gourmetveranstaltungen in einigen Regionen, noch schneller wieder als seinerzeit die aus umfunktionierten (Turn-) Geräteräumen entstandenen Sektbars neben den Bühnen im Festsaal der Gasthöfe vieler Dörfer. Aber diese Bars waren ja auch schön schummrig und dienten einem klaren Zweck, nämlich der Partnervermittlung ohne Bier, Korn und Internet, eingeleitet mit dem Vorschlag, doch ein Glas Sekt oder einen **Lufthansa-Cocktail** zu trinken und wurde von den Frauen auch sofort angenommen, musste der Tanzpartner doch endlich damit aufhören, ihnen auf die Füße zu treten. Will man diese frühere Variante des Speed-Dating wieder aufleben lassen, stellt man bei der Suche fest, dass nicht nur besagter Cocktail immer noch oder wieder zu kaufen ist, nein, man wird sogar darauf hingewiesen, dass Leute, die danach suchten, sich auch an „Pimms No. 1, Apfelkorn, Persico, Escorial grün und Stirb langsam – Ein guter Tag zum Sterben (mit Bruce Willis)“ interessiert zeigten; eine für mich unmögliche Kombination, wenn schon diese Getränke zu einem Film, dann lieber zum 10ten Mal „Spiel mir das Lied vom Tod (mit Clint Eastwood, Henry Fonda und Claudia Cardinale)“ angesehen, aber wer versteht schon den hinterlegten Algorithmus.
Nostalgie mag ja gut und schön sein, aber dann bitte als Gastgeber einer solchen Veranstaltung nicht unterlassen, die obligatorische Kopfschmerztablette dem Begrüßungsgetränk gleich beizumischen und nicht vergessen, die Utensilien für das damals beliebte Puste-Spiel bereit zu halten. Dies aber nur, wenn auch Frauen mit dabei sind; und spielt bitte nicht die Bodenversion, die Leute haben hinterher alle Rücken.

Wenn ich mich richtig erinnere, fiel der Name des Weingutes „Meyer-Näkel“ das erste Mal anlässlich eines Abendessens mit V`s. Martin hatte eine Flasche Spätburgunder von der Ahr dabei, einen Wein der völlig anders war, als die uns bisher abschreckenden Beispiele an winzerfesten Roten auf den Weinfesten der Region. Da traf es sich gut, dass die Frauen noch längere Zeit in der Küche mit dem Menü **Käsekuchen** (nach H. Levy), **kleiner Feldsalat, Fischpastete, gezopftes Kalbsfilet** sowie **gratinierte Orangenfilets** beschäftigt waren, hatten die Männer doch reichlich Zeit, das Anbaugebiet sowie die Weine zu diskutieren. Es wurde sehr schnell deutlich, dass man sich auf den Winzer zu konzentrieren hatte, weniger auf irgendwelche Prädikate. Natürlich war es interessant, über den Ahrbleichert, das Staatsweingut Marienthal oder den Bonner Professor Gottfried Kinkel zu sprechen, der 1843 die Landschaft studiert und seine Erkenntnisse inklusive des Hinweises „doch Weißen als Kur gegen zu viel Roten zu trinken“ 1846 im Buch „Die Ahr“ festgehalten hatte (und der später zu den Freiheitskämpfer von 1848 gehörte und in Berlin in Festungshaft einsaß). Und bei einer Anbaufläche von damals ca. 1000 Hektar, die von 2000 Familien bewirtschaftet wurden, war es wohl die schiere Not, die diese dazu brachte, in Mayschoß die älteste Winzergenossenschaft der Welt zu bilden. Aber die wichtigste Information war der Name des Winzers: „Werner Näkel“. Jetzt konnten wir gezielt und hoffnungsfroh Dernau anfahren, um einige Flaschen Wein aus

unserer neuen Heimat, dem Kreis Ahrweiler mit „AW für Armer Winzer", für den Keller zu besorgen. Selbstverständlich gäbe es viel über das Weingut und den Winzer bzw. die Winzerfamilie (Bild oben: Werner N. mit Claudia und Rosi in Stellenbosch) zu erzählen, aber glücklicherweise haben dies schon bestens ausgebildete Vertreter diverser Medien gemacht, seht oder lest selber nach bei ARD, ZDF, SWR, Vinum, Feinschmecker, Weinwelt und dergleichen.

Die Jahrgangspräsentationen entwickelten sich zu echten Herausforderungen; für mich, weil ich es einfach nicht fertig bringe, einen guten Tropfen wieder auszuspucken; für Rosi, weil mit jedem probierten Wein sie von ihrem Mann hören musste: „Dazu könnten WIR doch mal diese oder jene Speise kochen". Ein sehr nützliches Wort, dieses „WIR" oder „UNS", gleichermaßen beliebt bei Ehemännern, Chefärzten: „Wie geht es UNS denn heute" (obwohl nur einer krank ist, der andere ein Honorar erhält), Managern: „WIR müssen uns noch zielgerichteter um unsere Kunden kümmern" (ihr seid zwar ständig unterwegs, verursacht aber viel zu hohe Spesen bei zu wenigen Aufträgen) und Politikern: „WIR schaffen das", wobei vorsichtshalber offengelassen wird, um welchen „Schaffer" mit welcher Aufgabe es ihnen konkret geht. Dabei wäre nicht nur im Zuge der dramatisch gestiegenen Flüchtlingszahlen seit dem Spätsommer 2015 zielgerichtetes Schaffen ganz sicher von Vorteil, hatte doch unsere Mutter mir schon gesagt: „Bernd, du schaffst das (Wegräumen der herumliegenden Sachen bis zum Abendessen, wenn du sofort damit anfängst)", wenn sie genau mich zu diesem bestimmten Thema und Zeitpunkt meinte. Was macht aber unsere Politik, wenn sie von vielen der bereits hier lebenden oder den neu ankommenden Menschen nicht verstanden wird, wenn jemand kein Deutsch lernen, keine Ausbildung machen, keine Arbeit aufnehmen, keine Gleichberechtigung praktizieren oder sich überhaupt im westlichen Sinne integrieren will oder kann? Übernimmt das dann eine Frau für ihn? Vielleicht eine, die noch gar nicht da ist oder davon nichts weiß? So wie Rosi das Kochen bei meinem WIR? Aber womöglich liege ich ja völlig falsch mit diesem Verständnis von „Schaffen". In Bremen gibt es seit 1545 die jährliche „Schaffer-Mahlzeit", an der 2007 als eine der wenigen Frauen unsere derzeitige Bundeskanzlerin teilnehmen durfte und seither wissen wird, dass in der Seefahrt „Schaffen" auch so viel wie „Essen geben" bedeutet, und genau das werden WIR schon schaffen: „Schaffen, Schaffen unnen un boven, unnen un boven Schaffen".

Jedenfalls schaffte ich es, Rosi zu überzeugen, nach einer der Jahrgangspräsentationen in Dernau zusammen mit Freunden ein **Herbst-Menü zu Weinen von der Ahr** zu kochen, wobei Claudia und Werner N. mit dabei waren, nicht nur die Weinauswahl übernahmen, sondern mit uns gemeinsam das Essen auch bewerteten. Wenn ich mich richtig erinnere, schafften WIR ein „ausgesprochen harmonisch".

Politisch hatte sich in Europa inzwischen eine ganze Menge ereignet, die klaren Fronten des Kalten Krieges und der Eiserne Vorhang lösten sich an immer mehr Stellen nach und nach auf. Mit 40 Jahren war ich genauso alt wie die BR Deutschland, zwar in vielen sozialistischen Ländern gewesen, aber noch nie in der DDR oder auch nur in West-Berlin.

Es war daher nicht so leicht, am Rande einer Stahlkonferenz im Royal York Hotel in Toronto, Kanada (Bild rechts) im Oktober 1989, nordamerikanischen Kollegen zu erklären, was da in Ungarn, Leipzig oder in Prag vor sich geht bzw. wo es hinführen wird; man (ich) wusste es einfach nicht.

Kurze Zeit später dann schon, nicht mehr unsere Kollegen aus dem neutralen Österreich sollten sich um die Kunden des Konzerns in der DDR kümmern, sondern wir aus Urmitz. Also auf nach Eisenhüttenstadt, Unterwellenborn, Riesa, Freital, Hennigsdorf und Brandenburg, nicht zu vergessen Ost-Berlin, Leipzig und Dresden. Die Tasse Kaffee im Hauptbahnhof in Leipzig kostete genauso viel, besser genauso wenig, wie seinerzeit der Café in Venezuela, die Metzger hatten im Sozialismus nicht verlernt, wie man eine gute **Thüringer Rostbratwurst** macht, und die Politiker der DDR waren noch realitätsferner bzw. wirtschaftsfremder als unsere in Bonn. Da wies doch tatsächlich ein ranghoher Vertreter der Regierung der DDR anlässlich einer Tagung zur Förderung der wirtschaftlichen Zusammenarbeit in Berlin darauf hin, dass sein Land zu den zehn (10) größten Exportnationen der Welt gehören und beste Chancen im freien Wettbewerb haben würde, während ich tags zuvor in Saalfeld auf dem Weg an der sächsischen Kaffeestube (in Thüringen!) vorbei zum Marktplatz nur durch einen glücklichen Zufall nicht von herabfallendem Mauerwerk der zerbröselnden Innenstadt getroffen worden war.

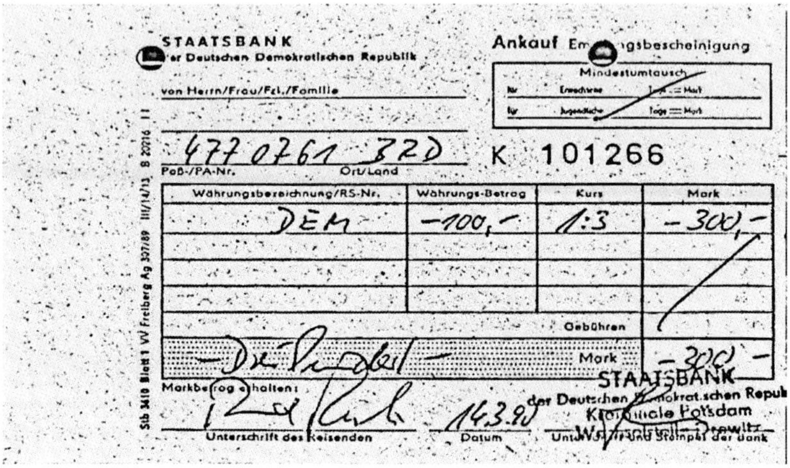
STAATSBANK der Deutschen Demokratischen Republik

Ankauf

Mindestumtausch

von Herrn/Frau/Frl./Familie

477 0761 32D K 101266

Paß-/PA-Nr. Ort/Land

Währungsbezeichnung/RS-Nr.	Währungs-Betrag	Kurs	Mark
DEM	-100,-	1:3	-300,-

Gebühren

Mark -300,-

Markbetrag erhalten:

Unterschrift des Reisenden — Datum 14.3.90 — Unterschrift und Stempel der Bank

STAATSBANK der Deutschen Demokratischen Repub… Potsdam

Dafür war es unmöglich, die restlichen der zwangsgetauschten Mark der DDR (Bild oben) mit einem **Menü im Haus der DSF** (Gesellschaft für Deutsch-Sowjetische Freundschaft) mit Speisen und Getränken durch zu bringen, devisenträchtiger Kaviar und höherwertiger

Krim-Sekt waren nicht (mehr?) vorhanden, und kein Vertreter des real existierenden Kapitalismus schafft das nur mit Speisen wie: **Russische Eier, Borschtsch, Bef Stroganoff** und **Eierschaum Gogol Mogol** sowie Bier und Wodka. Es blieb uns nichts anderes übrig als auf dem Rückweg zum Hotel noch eine real existierende Ostberliner Kneipe aufzusuchen, das Spielgeld dem Wirt zu geben und ihn zu bitten, so lange an alle auszuschenken, bis nichts mehr übrig ist. So geschah es, und die Stimmung war ausgesprochen gut. Und ich erinnerte mich, ungefähr 10 Jahre vorher, und zwar in Ghana, in einer ähnlichen Situation gewesen zu sein. Alle wirklich interessanten Dinge gab es nur gegen Hartgeld, also USD oder DM, die zwangs- bzw. schwarz eingetauschten CEDI blieben übrig und mussten, um unnötigen Auseinandersetzungen bei der Ausreise vorzubeugen, vorher entsorgt werden. Damals ging es in das Spielkasino eines internationalen Hotels in Accra, in dem eine Etage wohl genau zu diesem Zweck eingerichtet worden war, und wo die Landes-Währung nicht nur als Spieleinsatz akzeptiert, sondern auch regionale Speisen und Getränke (leider war **Accra Special** nicht darunter) dafür zu bekommen waren. Zufälligerweise bedachte uns das Schicksal genau zu diesem Zeitpunkt mit einer den Abend anhaltenden Glückssträhne, so dass schlussendlich am Abreisetag nur der Weg zur österreichischen Handelsvertretung blieb, das viele Scheingeld zu spenden, um in den Besitz einer allgemein gehaltenen Quittung und des Bildbandes „The Last Africans“ zu kommen. Und nein, ich habe mich damals, Anfang 1990, nicht auf die Suche nach einem Buch „The Last Socialists“ begeben, aber dafür 10 Jahre später (März 1999) in der „Zeit“ einen Artikel „Der Letzte Sozialist“ (allerdings nur über Oskar Lafontaine) lesen dürfen. Bevor ich jedoch anfangen werde, nachzudenken, ob es da einen Zusammenhang geben könnte, will ich der Frage nachgehen, welche (ökonomischen?) Parameter sich wie verändert haben mussten, dass ein vorgeblich wissenschaftliches Sachbuch mit dem vielversprechenden Titel: *„Eigentum“ (erschienen bei Hermann Böhlaus Nachfolger, Weimar 1987)* bereits 3 Jahre später für 0,50 M unter anderem an mich verramscht werden musste. Helfen werden mir dabei sicherlich die alten Hefte *„Aus erster Hand - des DDR Staatssekretariats für westdeutsche Fragen“*, die ich als junger Student am Hauptgebäude der Uni in Clausthal an einem Info-Stand einer der vielen linken Gruppierungen mitgenommen hatte, seinerzeit aber nach Lesen des Satzes: „...in Westdeutschland gibt es kein staatliches Förderungssystem, das allen jungen Menschen die Weiterbildung bis zum Hochschulabschluss ermöglicht...“ sofort beiseitegelegt hatte, da ich ja tatsächlich ein Stipendium erhielt, also gar nicht gemeint sein konnte. Da hat ein Student heute doch eine viel interessantere Auswahl, wie ich beim Clausthaler Stadtfest im Juli 2015 sehen konnte, haben sich doch die Salafisten mit ihrem unschlagbaren Angebot dazu gesellt.

Nur wenige Tage nach der Veranstaltung in Berlin fand am 14. März 1990 anlässlich der Frühjahrsmesse die jährliche Verhandlung über die Belieferung der DDR-Stahlkombinate mit Feuerfestmaterial in Leipzig statt. Natürlich war noch alles staatlich kontrolliert, es waren aber deutliche Veränderungen spürbar, nicht nur im Verhalten unserer Zwangsvertretung aus dem Bereich Schalck-Golodkowski, sondern auch hinsichtlich Offenheit und Atmosphäre, in der die Gespräche insgesamt abliefen. Zwar galt schon

immer, dass es für Ingenieure leichter ist, sich untereinander auszutauschen, aber es war schon interessant zu erleben, wie wenig Beachtung die Techniker in ihrem Teil der Verhandlung auf einmal den mit am Tisch sitzenden Vertretern der zentralen Außenhandelsstelle schenkten, und es bedeutete auch, ganz nebenbei zu erfahren, dass Feuerfestmaterial, welches z.B. einen Lieferpreis von 1000 DM / Tonne in die DDR hatte (inklusive der Provision an die KoKo-Firma in Ostberlin), dem Stahlwerk mit ca. 8000 Mark DDR intern verrechnet wurde; man hatte tatsächlich einen realistischen Wechselkurs zwischen DM und Mark der DDR.
Jedenfalls sollte zwischen Verhandlung auf dem Messegelände und Abendessen im Hotel Astoria Zeit genug sein, in die Stadt zu gehen und einen Blick auf die Nikolaikirche der Montagsdemonstrationen zu werfen, aber ich kam nicht weit, alle Straßen der Innenstadt waren abgesperrt oder vollgestopft mit Menschen, die offensichtlich nur ein Ziel hatten, nämlich Helmut Kohl live zu erleben, keine Chance auf ein Durchkommen, also kehrtgemacht und ein Radeberger Pils getrunken mit der Erkenntnis, dass sich die Mehrzahl der Wähler bei der vorgezogenen Volkskammerwahl am 18.März 1990 wohl für die Vertreter der DM-Mark entscheiden würden.
So war`s, und die Einführung der DM vier Monate später mit einem politischen Verrechnungskurs (einen Devisenmarkt gab es ja nicht) von 1:1 (für Privatkonten nach Alter und Betrag gestaffelt bis 2:1, Schulden halbiert, Löhne und Gehälter ebenfalls 1:1, Ausländer 3:1, usw.) war aus (bundes-) politischer Sicht durch Schaffung von privater Kaufkraft (endlich konnten die Werktätigen auch im (untergehenden) Sozialismus mal richtig shoppen gehen) in den Händen der Wähler die Garantie, dass es zu keinen größeren gesellschaftspolitischen Diskussionen kommen würde; für die allermeisten der weitgehend heruntergewirtschafteten Betriebe dagegen bedeutete der Kurs das rasche wirtschaftliche Ende. Aus volkswirtschaftlicher Sicht ist eine Bewertung deutlich schwieriger, immerhin war es das erste Mal, dass eine sozialistische, zentral gelenkte Planwirtschaft transformiert und in eine bestehende, erfolgreiche Marktwirtschaft und deren Rechts- und Sozialrahmen integriert werden musste. Die vorgefundene Situation mit unzureichenden Organisationsstrukturen, technologischem und produktivem Rückstand, unvollständigen und/oder unterbrochenen Lieferketten, fehlendem Kapital, unzureichendem Finanz- bzw. Bankensektor, falsch gewichteter bzw. unnötig erhaltener überholter Wirtschaftsbereiche (zu viel (Schwer-) Industrie, kaum Dienstleistungen), kein oder wenig privates Eigentum selbst im Handwerkssektor, falsch dimensionierter staatlicher Verwaltungs- und Vorsorgebereiche, usw. war, im negativen Sinne, derart vielschichtig und im Einzelnen unzureichend bewertbar, dass nur ganz grobe Richtungen eingeschlagen werden konnten. Das Ergebnis ist so wie es ist. Obwohl es einige vielleicht nicht gerne lesen wollen, aber der real existierende Sozialismus ist in erster Linie nicht an der politischen Teilhabe und Einflussnahme der in und mit ihm lebenden Menschen gescheitert, sondern an der Unfähigkeit seiner oberen Kader, wirtschaftliche Zusammenhänge losgelöst von Marx, Engels, Lenin und aus dem 19. Jahrhundert stammenden (angeblich unverrückbaren) gesellschafts- und wirtschaftspolitischen Erkenntnissen zu beurteilen und

weiterzuentwickeln. Und nein, dies heißt nicht, dass nur der Kapitalismus, in welcher Ausprägung auch immer, die Lösung für alles sein kann.

Aber zurück nach Hause an den Rhein nach Bad Breisig, einer Gemeinde, die erst am 02.Mai 1970, und zwar interessanterweise von Helmut Kohl, zur „Stadt" erklärt worden war. Der Tennisclub dieser Stadt veranstaltet seit 1988 ein internationales Seniorenturnier, dessen Starterfeld seit Öffnung der Grenzen sehr rasch einige Teilnehmer aus ehemaligen Sowjetrepubliken aufwies. Das Preisgeld war zwar nicht besonders hoch, aber mit etwas lokaler Unterstützung bei der Unterbringung und dem Verkauf überzähligen Reiseproviants in Dosen war der Aufenthalt einigermaßen zu finanzieren. An einem Endspieltag kam der Club-Wirt und holte Rosi ans Telefon, die Kinder hätten zu Hause ein Problem: der für die **Pizza** vorgesehene Thunfisch war schlecht, und zwar gleich in beiden Dosen. Eine Katastrophe, weniger für die Jungs, die konnten sich zwei andere Dosen aus dem Vorratsschrank im Keller holen, nein, für uns, hatten sie doch die beiden am Vortag erstandenen großen Dosen besten Kaviars erwischt, Fisch ist Fisch und kyrillisch kann nun mal nicht jedes Kind. Also ab nach Hause und als Rettungsessen ein schnelles **Kaviar satt in Champagnerbegleitung für zwei** improvisiert; bloß gut, dass Kartoffeln, Schalotten und Creme fraîche zur Grundausstattung eines guten Haushalts gehören. Nicht viel später, am 18.November 1992, hatten es Rosi und Dieter W. mit einigen Freunden (FreundInnen / Freund*innen / Freund_innen) geschafft, einen Kochkurs bei Hans-Stefan Steinheuer in Heppingen zu organisieren.

Nicht nur das Menü:

- **Räucherlachsmousse mit Feldsalat und geeistem Preiselbeerschaum**
- **Schwarzwurzelcreme**
- **gekräuterte Zanderschnitte mit Nudeln auf roter Paprikasauce**
- **knusprige Ente mit Rotkohl und Kartoffelklößen an Orangensauce**
- **Apfeltarte mit Zimt Parfait und Punschsabayon**

auch der sonstige Ablauf gefiel mir:

- maximal 15 Paare
- ein Partner ist am Nachmittag beim Kochen dabei
- der andere kommt zum gemeinsamen Essen am Abend dazu und
- Fragen an den Chef ausdrücklich erwünscht.

Selbstverständlich war ich pünktlich zum Essen aus Österreich zurück, und nur aus Anlass dieses gelungenen Abends habe ich im Satz vorher das Binnengedöns benutzt, ansonsten halte ich es für keine Aufwertung der deutschen Schriftsprache.

Der Fall des Eisernen Vorhangs hatte vieles verändert und einfacher oder erst möglich gemacht, so z.B. eine spontane Autofahrt in den polnischen Teil des früheren Ostpreußen.
Unsere von dort stammende Omi war 95jährig kurz vor der Wiedervereinigung verstorben, aber vier Jahre später war es für die Familie an der Zeit, einmal dorthin zu fahren und einen Blick auf Land und Hof des Ehemannes, Vaters, Schwiegervaters und Großvaters zu werfen. Die Kinder waren absolut nicht begeistert: „Was sollen wir dort, da ist nichts los, vollkommener Quatsch, eine typische Elternidee, warum fahren wir nicht ans Mittelmeer...", und auch der Hinweis, dass es ja nur 4-5 Tage sein würden, beruhigte sie nicht; erst das Zugeständnis, dass sie völlig freie Hand hätten beim Aussuchen von Speisen und Getränken, und dass es keine nervenden Besichtigungen von Museen und ähnlichen Einrichtungen für sie geben würde, führte zu einer gewissen De-Eskalation in der Wortwahl, ein komplettes Aufweichen der verhärteten Fronten konnte dagegen nicht erreicht werden. Quer durch Mecklenburg-Vorpommern, über Stettin (Szczecin / Bild) entlang der Ostseeküste durch Kolberg (Kolobrzeg) ging die Fahrt nach Danzig (Gdansk) und von dort am folgenden Tag zu dem Dorf Skollwitten (Skolwity), um Ausschau nach dem Hof zu halten.

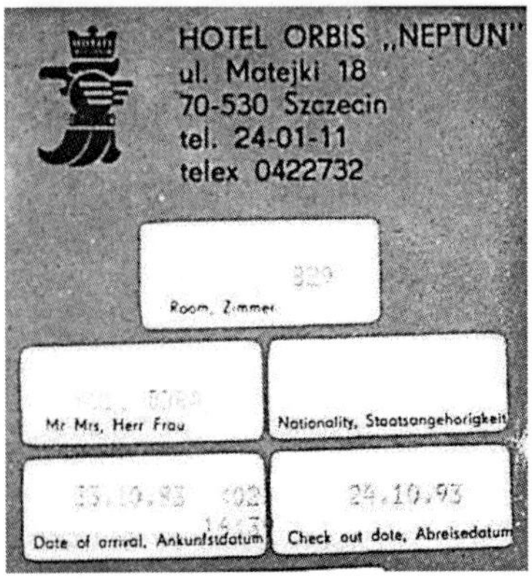

Die wenigen in Frage kommenden Gehöfte sahen praktisch noch genauso aus wie von der Großmutter beschrieben, d.h. so oder so ähnlich wie auf dem Bild unten wird der Hof in Ostpreußen ausgesehen haben.

Wir beschlossen spontan, keine der dort jetzt lebenden polnischen Familien zu stören, die Mutter füllte etwas Erde für das Grab ihres Mannes und ihrer Schwiegermutter in einen Beutel und zurück ging es über die Marienburg („die alte Bude" aus dem Brief von Edwin) nach Danzig.

Es war beeindruckend zu sehen, wie aufwändig diese Festungsanlage, immerhin das Symbol des Deutschen Ritter-Ordens, nach den Zerstörungen im Krieg von Polen renoviert worden war (und weiterhin wird). Selbst die Kinder hielten den Größenvergleich mit der Burganlage von Carcassonne am Fuße der Pyrenäen für angemessen. Wir hatten für die Besichtigung einen wirklich guten Guide, einen Geschichtslehrer alter Schule, den die neuen Verhältnisse zwangen, mit Führungen sein Einkommen etwas aufzubessern. Eigentlich wäre für uns Deutsche ein besonders geschulter Kollege zuständig gewesen, aber der sympathische ältere Herr überzeugte uns leise, nach einem englischsprachigen Führer zu fragen, worauf wir ihm zugeteilt wurden und, Kinder und Großmutter bei Kaffee und Eiskrem zurücklassend, an einem Rundgang in deutsch-polnischer Geschichte teilnehmen durften. Aber nicht nur die Marienburg (Bild) zeigte sich in einem guten

Zustand, auch die Danziger Altstadt konnte sich sehen lassen, ganz sicher nicht repräsentativ für alle polnischen Innenstädte, aber doch ein deutlicher Kontrast zum Zustand vieler Städte in der DDR.
Und vernünftigerweise blieben wir in Danzig zum Essen im Hotel; die polnische Küche ist, genauso wie die ostpreußische, sehr bodenständig und nicht immer kompatibel zu den Essensvorlieben junger Menschen. Für Steaks, Burger und gegrilltes Fischfilet gibt es nichts Zuverlässigeres als die Restaurants großer Hotels, dem bevorzugten Aufenthaltsort der Spezies „Business Person". Aber immerhin hatte unser Hotel für Heimat- oder Neugier-getriebene Touristen auch Klassiker der polnischen Küche wie **Bigos** (Sauerkrauttopf) oder **Gołąbki** (Kohlrouladen) auf der Karte.

Selbstverständlich musste immer mal wieder gearbeitet werden, und dazu gehörte klarerweise die Teilnahme an internationalen Konferenzen. Wichtigster Punkt des Programms war der Empfang und die Begrüßungsansprache durch den Bürgermeister (oder eine andere hochgestellte Persönlichkeit) mit anschließendem Dinner, vorzugsweise in angemessener Umgebung. In London war dies ein Saal in der Guildhall, beeindruckend und sehr britisch, desgleichen die Rede (leider noch ohne Boris Johnson). Das Essen war ein Buffet, die Halle der vielen Teilnehmer wegen völlig ohne Tisch und Stuhl, der Teller zum Einhängen des Glases mit einem Stück Plastik versehen, so dass man abwechselnd die Gabel benutzen oder trinken konnte, der Mensch hat nun mal nur zwei Arme. Soweit so gut. Wichtigster und optisch zentraler Bestandteil des Essens waren Grillwagen mit riesigen Stücken Fleisch, von denen große Scheiben abgesäbelt wurden, die dann auf den Tellern landeten. Es zeigte sich, dass der Mensch in der Lage ist, evolutionsbedingte Nachteile in seiner körperlichen Konstitution durch Einsatz seines Verstandes und interpersonelle Kooperation zu kompensieren und dies sogar nach kultureller Prägung in unterschiedlicher Art und Weise. Die mitteleuropäisch geprägten Gäste, in der Mehrzahl männlich, hatten sofort entdeckt, dass es im Bereich der Fenster niedrige wenn auch ziemlich schmale Simse gab, die umgehend besetzt und reihum zum Abstellen der Teller und Schneiden des Fleisches genutzt wurden; eine zweite Gruppe, wohl die mit guten Zähnen ausgestatteten Praktiker, verzehrte das an der Gabel hängende Stück Roastbeef mit zurückgelegtem Kopf wie der Holländer den **Nieuwe Haring** (Matjes), wieder andere, vielleicht Vegetarier, verzichteten völlig auf den Braten, und dann war da noch das (laut Teilnehmerliste) japanische Ehepaar, dessen kreative Lösung mir besonders gut gefiel: die Frau machte, einen Teller in der Hand haltend, eine Verbeugung, der Mann stellte den anderen Teller auf ihren Rücken, schnitt das Fleisch, der Teller wechselte, gleiche Prozedur und schon konnte gegessen werden. Blitzartig wurde mir klar, warum unsere asiatischen Mitmenschen bereits vor vielen, vielen Jahren Wok und Essstäbchen erfunden hatten: Fensterbänke sind dort in den traditionellen Holzhäusern unbekannt.

Obwohl im Unterschied zur Volksrepublik China die Zahl der Kinder pro Paar in der Bundesrepublik keine Obergrenze kannte, entschieden wir, nach Erreichen des Reproduktionsfaktors 1 bzw. der Geburtsrate 2: genug ist genug. Und da alles sonst bei den Kindern nach Plan lief: kontinuierliche Zunahme des Gewichts und der feinmotorischen Geschicklichkeit, das selbständige Laufen, die frühkindliche Erziehung in Kindergarten, Schule, Sportverein, etc., suchte und fand die Mutter der beiden neue Herausforderungen und große Anerkennung bei der (befristeten) Mitarbeit beim Aufbau des Alfred-Wegener-Institutes durch die DFG, als Klassen- und Schul-Elternsprecherin in Breisig und Sinzig, in der Kommunalpolitik der Verbandsgemeinde, als Sport- bzw. Oberturnwartin zweier Vereine und im eigenen Unternehmen als Dienstleisterin in der, grob gesagt, Gesundheitsvorsorge; mit anderen Worten, in Bereichen von denen ich so wenig verstehe, dass, sollte jemand Genaueres wissen wollen, ich bitte, sich direkt an Rosi zu wenden.

Unbeeinflusst davon blieb aber, im Sinne einer vernünftigen „Work-Life-Balance", die Aufgabe, Familienurlaube, und nur diese, so ausgewogen zu gestalten, dass alle damit leben konnten; und hier das Ergebnis:

Jahr	Sommer	Bemerkung	Winter
1982	Langeoog	FeHa mit Karin u. Herby	-
1983	Lunestedt	Fahrrad	-
1984	Lunestedt	Fahrrad	-
1985	Lunestedt	Segeln Nordsee	-
1986	F-Montalivet	FeHa mit Karin u. Herby	-
1987	Lunestedt/Mailand/Kärnten	Segeln Nordsee	Bayrischer Wald
1988	YU-Istrien	Segelyacht	I-Gsiesertal
1989	E-Salou	FeWo	I-Gsiesertal
1990	YU-Split	Segelyacht m. Kai u. U.	A-Kaunertal o. El.
1991	F-/E-Mittelmeer, Atlantik	Wohnmobil (K)	I-Stange o. Bernd
1992	A-Pichl (Enns)/Kärnten	Tennis-Camp o. El.	A-Montafon
1993	A-Tirol / Bodensee	Ostpreußen (Okt)	A-Pitztal o. Rosi
1994	A-Tirol (Defereggental)	-	I-Langtaufers
1995	GB-Marlborough/I-Gardasee	Summer School/Surfen	Schliersee
1996	F-Port Grimaud	FeHa/Motorboot	-
1997	A-Tirol (Hochfilzen)	GB-Gastfam. (Gerd)	A-Gasteinertal
1998	TR-Kemer	F-Gastfam. (Jan)	-
1999	USA-Kalifornien	F-Gastfam. (Jan)	-
2000	-	endlich erwachsen	-

So auf den ersten Blick wirkt die Urlaubsgestaltung ziemlich konzept- und orientierungslos, war sie aber nicht, sondern vielmehr Ergebnis langer Diskussionen und eingegangener Kompromisse, wobei sich die Dinge im Urlaub selbst durchaus positiver oder negativer entwickeln konnten als ursprünglich geplant.

Es fanden beispielsweise in der Summer School in Marlborough (Bild rechts) sowohl der gewünschte Fußballkurs mit einem Trainer des damaligen Premier League Clubs Swindon für Gerd-Kristian als auch der Kurs in Fly Fishing für Jan-Niklas aus organisatorischen Gründen kurzfristig nicht statt, wohl aber die Englischkurse, so dass der alternative Tenniskurs verständlicherweise wenig Begeisterung hervorrufen konnte. Da auch schon das Hinauflaufen auf Berge unter konsequenter Missachtung vorhandener Aufstiegshilfen im Jahr vorher für reichlich Frust gesorgt hatte, wurde die Planung für 1996 zu einer wahren Herausforderung und musste managementmäßig angegangen werden. Da ich zufälligerweise nicht nur gerade einen Excel-Kurs

absolviert, sondern auch das Buch *„Die Logik des Misslingens - von D. Dörner, Rowohlt-Verlag"* geschenkt bekommen hatte, war es möglich, unter Rückgriff auf die Technik der ABC-Analyse die Frage nach den drei (3) W`s: „Wohin fahren, Was tun, Wie hinkommen" ergebnisoffen und doch konstruktiv anzugehen: *„Hat man ein unklares Ziel* (Ferien) *in ein klares* (gemeinsame Sommerferien) *verwandelt, dann steht man oft vor einem Mehrfachproblem, also einer Managementaufgabe, welche aus einer ganzen Menge von Teilproblemen besteht , die man auflisten, auf Abhängig- und Wichtigkeiten* (Bewertung von 1...5) *untersuchen und schlussendlich delegieren kann"*: „Macht doch, was ihr wollt".

Zwar hatte auch Rosi ihre Wünsche: „Berge, Hotel mit Pool, Insel, nicht kochen müssen, Anreise egal“ noch hoffnungsfroh als 5er Bewertungen.xls-mäßig eintragen können, knallhart durchgesetzt wurden am Ende: „Süden, Haus, Meer, Boot mit Motor, Grillen/Lokal, Auto“, und so fiel die Wahl auf Port Grimaud (Bild rechts).

Nachdem es im Urlaub im Jahr darauf in der Türkei zwischen Eltern und Kindern eine nicht unerhebliche Zeitverschiebung - die einen gingen um 13:00 zum Mittagessen, die anderen kamen zum Frühstück - gegeben hatte, war der Beschluss: „Nächstes Jahr letztmalig Familienurlaub“ die logische Konsequenz.

Und bei dem Ziel „USA/Kalifornien“ in Form einer Rundreise im Geländewagen (Bild links), der sich auch noch als ein Dodge (Durango) herausstellte, also der Automarke, die im

wirklichen (Fernseh-) Leben von Al Bundy gefahren wurde, kam es nur am ersten Abend zu einer müden Konfrontation: „Wie, ihr wollt auf dem Weg nach San Franzisco entlang der Sierra Nevada alle Parks und Weingüter besuchen und dann an der Küste zurück nach Los Angeles? Aber euch ist schon klar, dass Las Vegas gar nicht so weit weg ist“.

Also gut, Hollywood (Bild rechts), Beverly Hills, Santa Monica Beach, Malibu angesehen, weiter nach Las Vegas, über den Grand Canyon (Bild unten) geflogen, durchs Death Valley über den Tioga Pass (ca. 3300 m) zum

Yosemite Park, nur in Murphys ein (1) Weingut besucht, nichts mit Napa oder Sonoma Valley, dafür aber bei Sonnenuntergang über die Golden Gate Bridge hinein nach San Franzisco, dann entlang der Küste auf dem Highway 1 über Monterrey, Seventeen-Miles-Drive, Carmel, Big Sur und weiter nach San Luis Obispo und Santa Barbara zurück nach Los Angeles.

Und weil im Disneyland gerade die Attraktionen für die großen Kinder und Erwachsenen erneuert wurden, verzichteten die Jungs auf einen Besuch und überzeugten ihre Eltern, stattdessen eine Schleife über Palm Springs (der Weg führte direkt an einem riesigen Outlet vorbei) und San Diego mit einem Abstecher ins mexikanische Tijuana dranzuhängen. Und da die Fahrerei bereits seit dem zweiten Tag, zwar mit einem gewissen versicherungstechnischen Restrisiko, dafür aber kompetenter und viel entspannter als es der im Mietvertrag aufgeführte Lenker zu Beginn je geschafft hatte, vom Nachwuchsfahrer Gerd-Kristian (Bild rechts) übernommen worden war, hatten die Entfernungen und Gesichtslosigkeiten kalifornischer Städte ganz praktisch ihren Schrecken verloren. So durch die kulinarische Brille gesehen, hatte die Reise neben vielen erwarteten: - Ja, man kann von Fastfood leben und die Auswahl an entsprechenden Varianten ist deutlich größer als bei uns -, doch einige neuere Erkenntnisse gebracht: - Preise in Restaurants sagen nicht immer etwas über die Qualität von Speisen, Getränken und Service aus, manchmal dienen sie schlicht einer Vorsortierung der Gäste, - das Mitführen von über 1,90 m großen 18 bzw. 17-jährigen Fast Erwachsenen berechtigt nicht, Cola und Chips an der Bar im Hard Rock Café zu konsumieren, man hat dazu in die Eltern und Kind-Ecke zu gehen, - Schusswaffen können offen im Auto mitgeführt werden, eine Flasche Wein dagegen nur verpackt im Kofferraum, - praktisch alle Restaurant-ähnliche Lokalitäten werden in Kalifornien von Menschen mit Migrationshintergrund betrieben, das Essen ist meistens gut, und in allen vier Ecken hängen Bildschirme, die typisch amerikanische Sportarten zeigen.

Mit anderen Worten, alle Menschen sind ausgesprochen freundlich: „You are welcome", „Have a nice day", wovon man aber keinerlei Rückschlüsse auf weitere Kompetenzen, als solche für die unmittelbar ausgeübten Tätigkeiten unabdingbaren, ziehen sollte. Bei vielen Besuchern setzt schleichend eine Veränderung in der Wahrnehmung bzw. Beurteilung selbst simpler Dinge ein. So auch bei den älteren Mitgliedern unserer kleinen Reisegruppe. In Beverly Hills, kein Stadtteil von LA, aber komplett von diesem umgeben und Wohnort der Reichen und Schönen, besuchten wir natürlich die angesagte Einkaufsstraße Rodeo Drive (Bild links) und hielten im Straßencafé bei Eiskrem und Cappuccino Ausschau nach Pretty Woman und sonstigen Größen des Filmgeschäfts. Auf die Feststellung der Eltern beim Gehen: „Ist doch ein tolles Café", kam sofort Widerspruch seitens Jan-Niklas: „Was ist denn daran toll, gibt es doch in Mailand an jeder Ecke", und er hatte Recht, nur unsere durch den Besuch zahlreicher Coffee-Shops stark abgesenkte Erwartungshaltung hatte aus einem völlig normalen ein tolles Café, allerdings eines mit sehr hohen Preisen, gemacht.

(Aber gemach, noch ist nicht aller Tage Abend, spätestens 2016 wird Starbucks ein erstes Geschäft in Italien, ausgerechnet in Mailand, eröffnen.)

Vor dem Rückflug wurden die verbliebenen Dollars gleichmäßig auf alle vier Mitglieder der Familie aufgeteilt und im Duty-Free ausgegeben. Die versiegelten Tüten wurden nach dem Boarding zusammen mit den Pässen den Passagieren ausgehändigt, in unserem Fall an Gerd-Kristian, der die Weiterleitung nach kurzem Blick in Pass und Tüte vornahm: „Wieso konnte sich der Papa eine ganze Schachtel Zigarren von den paar Dollars kaufen und wieso ist er jetzt eine Frau“? Gleich zwei berechtigte Fragen, die, nach längerer Diskussion, nur damit beantwortet werden konnten, dass wohl auf beiden Seiten des Atlantiks und sogar am Pazifik gilt: Wer arbeitet, kann auch Fehler machen. Allerdings wird die amerikanische Angestellte das Verwechseln von einer Zigarre, - es hätte wirklich nur eine (1) H. Upmann (Bild rechts) der auch von John F. Kennedy gerauchten Monarch in Alu-Hülse zu 20 USD sein sollen - mit einer ganzen Schachtel Zigarren wohl nach der Abrechnung der Kasse im eigenen Geldbeutel gespürt haben (Bares ist nicht immer Wahres, Kreditkarten können nachbelastet werden), während die Mitarbeiterin der Pass ausstellenden Behörde in Deutschland einfach ein neues Dokument, diesmal mit dem korrekten Buchstaben „M“ (statt „F“) im Feld „Geschlecht/Sex“ und (nach kurzer verbaler Intervention) ohne erneute Gebühr, ausstellen lassen konnte. Und es war uns auf einmal klar, warum die kalifornischen Grenzer bei der Rückkehr aus dem mexikanischen Tijuana meinen Pass (und mich) geschlagene zehn (10) Minuten, ohne etwas zu sagen, geprüft hatten; wahrscheinlich gendermäßig völlig korrekt und nur verwirrt durch das vor ihnen stehende (fast) perfekte Resultat eines aus einer Frau entstandenen Mannes (bloody fucking German Engineering, we better let her go – glücklicherweise waren es noch 15 Jahre bis zum VW Abgas-Skandal) ehe sie uns durchließen.

Und dann stand auch schon Silvester „Y2K“ vor der Tür. Dank des Fehlers im Tabak-Shop in LA war ich bestens vorbereitet, den unausweichlichen Blackout durch Absturz aller nicht umprogrammierter oder umprogrammierbarer Computersysteme bei einer (oder auch mehreren) guten Zigarre(n) und einem (oder auch mehreren) Glas Wein zu überstehen, aber es passierte NICHTS , einfach nichts. Stattdessen gab’s am Neujahrstag einen reichlich dicken Millenniums-Kopf, Strafe muss halt sein. Aber immerhin waren sie da, die ersten Jahre des neuen Jahrzehnts, Jahrhunderts und Jahrtausends, und die Kinder groß; es hätte eine wirklich entspannte Zeit werden können, stattdessen kamen die Dotcom-Blase, George W. Bush als 43. US Präsident, mit 09/11 2001 das Ende des WTC und des letzten Rests kultivierten Fliegens, der Handy-Boom, Mitte der 00er Jahre folgte Angela Merkel als Bundeskanzlerin, wir wurden Papst, globalisiert und mussten uns auf dem Weg in die Klimakatastrophe von Casting Shows, Reality TV und Kochsendungen unterhalten lassen. Gut möglich, dass wir mit dem Fußball-Sommermärchen 2006 (eher eine untaugliche Beschreibung durch fußballferne Medien; in der Realität lediglich das Zusammentreffen von schönem Wetter, friedlichen Fans aus Trinidad, Ghana, Portugal,

Schweden, der Schweiz und Public Viewing in Anwesenheit sommerlich gekleideter junger Frauen ohne jeden fußballerischen Sachverstand, während für uns, der 68er Generation von MINT-Fächer Absolventen, ein dritter nun mal der zweite Verliererplatz ist) und der 2007 einsetzenden Sub Prime-Krise wahrscheinlich nur an andere Themen wie der Banken- und Eurokrise sowie den Arabischen Frühling herangeführt werden sollten. Und die kamen dann auch, vor kurzem gefolgt vom Herbst der Flüchtlinge und womöglich bald vom EU-politischen Dauerfrost, einfach mal abwarten.

Am 15. Januar 2008 starb unsere Mutter, 86jährig, im Krankenhaus in Andernach (Sie war zehn Jahre vorher nach Breisig gezogen). Alle Kinder und Enkelkinder waren seit ihrer Einlieferung an ihrem Geburtstag am 27. Dezember dagewesen; an diesem Dienstag hatte ich Rosi auf der Rückfahrt vom Büro abgelöst, Mutter hatte noch etwas mit mir geredet, essen wollte sie nichts mehr, es war einfach so, dass sie gehen wollte; immer mal wieder fielen noch Sonnenstrahlen ins Zimmer, dann wurde es dunkler und als um 18:00 die Glocken in der Stadt zu läuten begannen, atmete sie noch ein paar Mal schwer, ein leichter Windhauch war zu spüren und dann war Stille.
Sie hatte zwar nie richtig geklagt, aber der EURO war ihr nicht geheuer, und auch der privatisierten Telekom, d.h. den monatlichen Abrechnungen, vertraute sie nicht, was dazu führte, dass neben dem Telefon ein Heft lag, in dem jedes Gespräch nach Zeit und Dauer penibel festgehalten und später mit der Rechnung verglichen wurde. Natürlich war sie auch Ziel von (Enkel-) Trickbetrügern, allerdings kein leichtes Opfer, rief sie doch hinterher ihre Schwiegertochter an, um dieser zu erklären, dass es sich bei der Anruferin nur um eine Nichte 3ten Grades gehandelt haben könne und schon deren Mutter bzw. Großmutter noch nie mit Geld hatten umgehen können, so dass es völlig sinnlos gewesen wäre, dieser Person Bargeld zu geben; aber sie habe ihr gesagt, dass sie gerne mal zum Kaffee kommen könne. Auch die Jungs gingen ganz gerne mal zum Essen zur Oma und da die Truhe dank Eismann immer gut gefüllt war, reichte es aus, zwei Stunden vorher anzurufen, um dann eine klassisch **gebratene Entenbrust mit Rosenkohl** vorgesetzt zu bekommen.

Neben den Geschäfts- und normalen Familienreisen gab es in all den Jahren auch noch kürzere und längere Alleinreisen und solche mit Freunden. Alle möglichen Ziele wurden angefahren bzw. angeflogen, von Südost-Asien, Alaska, **Südafrika** über Irland, Istanbul, London, Kanarische Inseln, Gardasee, Galizien, Sizilien, Litauen im **Baltikum** und Polen, der Halbinsel von Sorrent, Schleswig-Holstein und Oslo, Südtirol, Südfrankreich bis nach New York und New England, nur Sylt und Mallorca haben wir uns (bisher jedenfalls) noch nicht angetan. Einiges davon war spontan und eher zufällig, anderes dagegen war wohlüberlegt oder alternativlos entschieden worden.

So hatten wir uns beispielsweise vorgenommen, im Herbst 2005 New York und Umgebung zu besuchen und zwischendurch in Montauk an der Ostspitze von Long Island im dortigen Strandimbiss (No Credit Cards please, cash only) einen Hummer (oder auch zwei) zu essen. Aus Gründen, die ich nicht näher beschreiben möchte, musste kurzfristig um geplant werden; Reise ja, aber nicht so weit weg, und zwischendrin Früchte aus dem Meer, und das im November.

Also auf nach Galizien zu Austern und Albariño in der Rua da Pescaderia in Vigo (Bild rechts) und Langusten im Hafen von A Guarda am Rio Miño, dem Grenzfluss zu Portugal. Kulinarisch gesehen keine schlechte Alternative, die Schalentiere konnten mit ihren nordamerikanischen Vettern qualitativ locker mithalten, hatten in der Zubereitung sogar leicht die Nase vorn, wie wir nach dem Besuch von Duryea`s Lobster Deck (Bilder unten, immer noch „cash only“) im Oktober 2013 herausschmecken konnten.

Ok, vielleicht nicht ganz fair, einen amerikanischen Strand-Imbiss gegen ein spanisches Hafen-Restaurant (siehe Bild unten) antreten zu lassen, aber so ist das Leben nun mal: schön und ungerecht.
Verdrängen wir also die acht (8) dazwischen liegenden Jahre inklusive der Finanzkrise, gucken ins Portemonnaie und siehe da, die seinerzeit für 850 € gekauften 1150 USD standen wieder beim gleichen Kurs wie damals.

4

MARISCOS 04./08. 11 05

Mariscada "Bitadorna":
Buey hervido, percebes de nuestra costa,
vieiras al vino albariño,
almejas a la marinera, gambas a la plancha,
langostinos a la plancha y mejillones al vapor. (2 pers.) .... 53,00 €

Langosta .... 83,00 € kg

Bogavante .... 55,00€ Kg

Percebes (ración 18 €) .... 60,00 € kg

Camarón (ración 20,00 €) .... 79,00€ kg

Nécoras .... 31,00 € kg

Buey .... 22,00 € Kg

Centolla .... € Kg

Mejillones al vapor .... 6,50 €

4

DURYEA'S LOBSTER 24.10.13

MONTAUK, NEW YORK

APPETIZERS

Garden Salad $11.50
Romaine with mixed vegetables

New England Clam, Chowder
Cup $7.00 Bowl $8.

Crab Cocktail $17.50
Steamed Mussels $ 15.00

Steamed Little Necks $14.00

ENTREES

Steamed Two-Claw 11/4lb. Lobster with baked potato & Cole Slaw	$33.00 ←
Steamed Two-Claw 11/12 lb. Lobster with baked potato & Cole Slaw	$38.00 ←
Lobster Salad Roll with Cole Slaw & Potato Chips	$22.00
Lobster Salad Plate with Roll Lettuce, Tomato & Cole Slaw	$24.00
Fish Burger with Cole Slaw & Potato Chips	$17.00
Steamed Mussels with Bread & Lemon	$18.00
Broiled Flounder with Baked Potato & Cole Slaw	$20.00
Broiled Shell Steak with Baked Potato & Cole Slaw	$26.00
Hamburger with Cole Slaw & Potato Chips	$ 9.00
Cheeseburger with Cole Slaw & Potato Chips	$ 10.00
Hotdog with Cole Slaw & Potato Chips	$ 7.00

(Bild unten: weiter nördlich in Maine - Rosi vorne, das Haus der Bush` auf der Landzunge „Walker`s Point (Kennebunkport) dahinter)

Und für beide Destinationen, New England oder die galizische Küste, gilt, dass man im November die Früchte des Meeres nicht mit einer Vielzahl anderer Besucher teilen muss.

Jede Rückkehr nach Deutschland ist schön, in jedem Fall der Blick aus dem Fenster beim Landeanflug; alles wohl geordnet, die Felder akkurat voneinander abgegrenzt und bestellt, auf den Autobahnen rollt der Verkehr, die demografische Entwicklung mit ihm, und wir nach der Landung wieder mitten drin. Obwohl aus Norddeutschland stammend und eintrittsberechtigt für Ü 60-Parties (im Lokalteil der Zeitung unter „Ü 30-Oldies but Goldies“ zu finden), haben wir uns bisher nicht aufgerufen gefühlt, unseren Altersgenossen zu folgen, Golf zu spielen und Motorrad oder Cabrio zu fahren. Allerdings ließ es sich nicht verhindern, beim Auto auf SUV umzusteigen; es sprechen einfach viel zu viele gute Gründe für die Wahl eines solchen Fahrzeuges: -das häufige Kaminholz holen aus dem Wald, -die nachbar- oder freundschaftliche Hilfe beim Suchen von entlaufenen Hunden oder verirrten Joggern bzw. Nordic-Walkern auf unbefestigten Wegen, -der viele und hohe Schnee auf den winterlichen Straßen am Rhein, -eine Anhängerkupplung für den Fahrradträger sieht an einem Cabrio oder einem Auto mit Schriftzug „S“ einfach nur suboptimal aus, -der immer besser werdende Cw-Wert durch prestigeträchtige An- und Aufbauten, -die richtige Software und der damit verbundene niedrige Verbrauch speziell bei Fahrzeugen mit Dieselmotor, -gar nicht zu reden von serienmäßiger Sitzheizung, Kurvenscheinwerfern, einklappbaren Außenspiegeln, Navi und Einparkhilfe. Außerdem sitzt man höher, hofft so, Rosis Rückenschule entgehen zu können, und glaubt sich, dank der robusten Bauweise des eigenen Gefährts, ganz gut geschützt gegen andere, einem auf der Fahrbahnmitte entgegenkommende Alt- und Neurentner auf dem Weg zu Arzt, Apotheke und Discounter. Während man als selbsternanntes Familien-Oberhaupt mit heranwachsenden Söhnen früher samstags zum Metzger geschickt worden war, das bestellte Fleisch abzuholen und die fälligen 80 € zu bezahlen, fährt man heute zur Apotheke, um bestellte Medikamente (oder sind es Life Style-Produkte?) abzuholen und wieder 80 € hinzulegen.

Immerhin, fürs Cabrio fahren gibt es ja die Low-Cost-Carrier (inklusive Mietauto, Bild unten) in den Süden; beispielsweise nach Sizilien, wo die Parkplätze eng, ein Auto ohne Dach den Vorteil hat, einsteigen zu können, ohne die Türen öffnen zu müssen, und die Temperaturen so angenehm sind, dass man auf Lederjacke und –kappe in Vintage-Ausführung verzichten kann (und wodurch sich der Kurzurlaub bereits zur Hälfte praktisch selbst bezahlt hat). Also losgeflogen nach Palermo, Demeter und Persephone in Enna besucht, und weiter nach Taormina, wo wir ohne zurückklappbarem Dach den mitgebuchten Parkplatz in der Tiefgarage des Hotels gar nicht hätten nutzen können; und es hat

schon was, mit offenem Verdeck im späten Frühling über die noch blühende und wohl riechende Insel zu fahren. Es ist so angenehm, dass es einem fast schwer fällt, auszusteigen, um in einer einfachen Trattoria die sizilianische Variante der italienischen

Küche auszuprobieren, aber beim Essen gilt bekanntlich: Disziplin ist alles, und das nette Lokal bot so viele kleine und größere Pasta-Gerichte mit Seegetier aller Art, dass mehrere Besuche zum Probieren unumgänglich waren; wobei, am Vorabend des Abreisetages fasste ich mir ein Herz und fragte den Patron, er sprach dank seiner Zeit als Gastarbeiter etwas Deutsch, ob man auch ein Lammgericht und einen richtigen sizilianischen Rotwein abseits des üblichen Touristengeschmacks bekommen könnte. „Mann“ konnte, und seine Begeisterung war so groß, dass er sofort von den Tieren, dem Gemüse und vor allem dem Wein des großväterlichen Hofes im Innern der Insel zu erzählen begann und höchstpersönlich die Auswahl des Gerichtes **Lamm à la Messina** und des passenden Weines übernahm. Hatte ich schon erwähnt, dass Rosi keine schweren Rotweine verträgt? Nein? Eigentlich schade, aber sie hatte ja ihren Mann dabei, der völlig uneigennützig ihren Anteil an der Flasche mit übernahm.

An genau dieser Stelle ist es an der Zeit, innezuhalten und die Frage zu beantworten: „Was mache ich, was machen wir da eigentlich? Wo befinden wir uns hinsichtlich der Hierarchie unserer Bedürfnisse? Fehlt noch etwas oder sind wir womöglich schon oben angekommen?“

In jedem Fall stand der 35. Hochzeitstag an, nicht nur für Rosi und mich, selbstverständlich auch für unsere damaligen Trauzeugen, Gitti und Eckhard, und das Ganze auch andersherum. Also auf nach Südtirol zum Gruberhof oberhalb von Schenna mit Blick auf Meran und das Passeier-Tal; seit Jahren Wiesners Basis für (leichtere, seit dem ich dabei

bin) Bergtouren; und so schön, dass ich jedes Jahr wieder mit dorthin fahre, um brav dem Rucksack tragenden Teil der (ehemaligen) Hochzeitsgesellschaft (Bild links) hinterher zu laufen.

Nachdem wir uns doch recht ausführlich mit Essen und Trinken, dem Wohnen, Familie und Freunden beschäftigt haben, d. h. die physiologischen und ein Gutteil der sozialen Stufen schon erklommen wurden, fehlen nach *„A. H. Maslow - Motivation and Personality“* noch Ansehen und Selbstverwirklichung. Aber keine Angst, auch diese Herausforderungen lassen sich nach einigem Nachdenken geschickt und unauffällig in die Planung der jeweiligen Aktivitäten einbauen. Glücklicherweise und praktisch ohne eigenes Zutun sind wir im *„Lebenszyklus einer Familie - Bureau of Census, USA“* ja schon im Stadium 6: *„Das leere Nest“* angekommen (und bis zur Nr. 7: *„Die /Der alleinstehende Überlebende“* ist es hoffentlich noch einige Zeit hin), mithin ein perfekter Zeitpunkt, Restaurantbesuche oder Reisen mit Kultur zu verbinden. Nichts mehr mit Radfahren (und einem Besuch beim Jamek oder Bründlmayer) in der Wachau oder im Kamptal, stattdessen nach Wien in die Oper oder den Musikverein zu den Philharmonikern mit Riccardo Muti (und erst hinterher zum Heurigen W. Welser oder Wieninger); keinen Segeltörn mehr auf dem Bodensee (und abends nach Lippertsreute in den Adler), vielmehr auf nach Bregenz zur Seebühne und „Tosca"; nie mehr in Salzburg von der Autobahn abfahren, nur um eine Brotzeit im Augustinerkeller zu nehmen, nein, hinein in die Stadt zu einer Aufführung von Mozarts „Zauberflöte" (und einem Abendessen in der Riedenburg oder im Hangar). Auch eine rein kulinarisch ausgerichtete Tour an den Gardasee, musikalisch leicht untermalt durch den Gefangenenchor aus „Nabucco" in Verona, tut es jetzt nicht mehr, besser direkt nach Mailand in die Scala (Bild rechts) und Verdis „Rigoletto" gelauscht; ... obwohl, mit etwas gutem Willen sollten sich ein **Ossobuco** und ein **Risotto alla milanese** schon noch ins Programm einbauen lassen.

Menschen wollen alles Mögliche aber auf keinen Fall mehr gewöhnlich und normal sein; sie fordern Respekt, Verständnis und Teilhabe für sich und die Gruppe, der sie sich zugehörig fühlen. Wie soll(te) ich, wie soll(t)en wir damit umgehen? Ihnen Recht geben und dann so weiter machen wie bisher? Da sind die Amerikaner wieder einmal weiter, sie können Donald Trump als Präsidentschaftskandidaten aufstellen, aber was ist mit uns? Sollten wir vielleicht seinen Neffen, Donald Duck, zur Kandidatur überreden, und hat der überhaupt deutsche, womöglich pfälzische Vorfahren; wie ist sein Verhältnis zum **Saumagen** und wäre Mainz bereit, die Ampel auf Grün für einen deutschen Pass zu stellen? Ich weiß es noch nicht, verspreche aber, mich rechtzeitig vor der nächsten Wahl zum Bundestag uneigennützig und ~~ehren~~-hauptamtlich darum zu kümmern.

Bis dahin werde ich versuchen zu analysieren, welche Kurse und Aus- bzw. Fortbildungsteile, als da waren:

1. Einmaleins-Führerschein (1956)
2. Hohner-Musikschule (1959)-galt übrigens nicht nur für mich, siehe Bild
3. Lesen der Hornblower-Romane (1956-1960)
4. Lernen der Bruch-/Prozent-Rechnung (1961)
5. Trecker-/Moped-Führerschein (1963)
6. Tanz-Kurs (1964)
7. Steno-Kurs (1964/65)
8. Segelbescheinigung (1965)
9. PKW-Führerschein (1967)
10. Segelschein A (1976)
11. Sportbootführerschein (1987)
12. Segelschein BR (1989)
13. Führungskräfte-Seminar (1991)

14. Windows/Excel-Kurs (1994)
15. Golf-Platzreife (2003)
16. Windows/PowerPoint (2004)
17. Fahrsicherheitstraining (2005)
18. Fischereischein (2013)
19. Windows/Word (2015)
20. Fliegenfischer-Kurs (2015)

sich in der Rückschau als tatsächlich und nachhaltig das Verhalten im Alltag prägend herausgestellt haben.

Vorher wollen wir aber noch rasch die letzten „feuerfesten" Jahre zu einem reklamationsfreien Ende bringen.

Eine große Hilfe dabei waren die vielen größeren und kleineren Veränderungen, die sowohl auf Seiten der Hersteller (inklusive der RHI) als auch der Verbraucher dieses für die Zivilisation unverzichtbaren Werkstoffes eingetreten waren. Die RHI war in Europa vom Gestalten aufs Verwalten übergegangen, andere Länder und Regionen wurden daher wichtiger; es gab für uns am Rhein keine Übernahmen und Marktanteile mehr zu managen, zu sichern oder auszubauen. Sicher erwartet ihr von mir diesbezüglich keine Details, aber es machte einfach immer weniger Spaß, auf der Brücke zwischen Arbeitseifer und engagierter Unkenntnis auf der einen und zentralisierter Wichtigkeit bei eingeübter Ignoranz und Budgetgläubigkeit auf der anderen Seite, als freundlich lächelnder, vermeintlicher Knowhow-Träger hin und her zu laufen, oder anders gesagt: die Zeiten für interessante, mit guten Witzen unterlegte Meetings waren endgültig vorbei. Verzweifelte Versuche, diesen Verlust an Gestaltungsmöglichkeiten durch Auftritte bei einem Firmen-Fußballturnier oder auf einem Kochplatz (Bilder oben) zu kompensieren, waren zum Scheitern verurteilt. Und da traf es sich gut, dass der berufsmäßige Ruhestand noch nicht

komplett abgeschafft worden war, man also ohne schlechtes Gewissen Platz für positive Veränderungen und kreatives Neues machen konnte.

Bestens gerüstet mit Rosis Buchgeschenk *„In Rente, von W. Prosinger, Rowohlt-Verlag"* und dem Fotoband bzw. des Films *„Feuer und Flamme – von Mitarbeitern und Kollegen, Eigenarbeit"* war die Hinwendung zu einer neuen Herausforderung (Bild rechts) eine reine Formsache; ein Abschiedsfoto in Arbeitsweste (**ein Dank den engagierten Doppelgängern**) erübrigte sich und die Merkmale für ein selbstbestimmtes Leben ließen sich glücklicherweise, jetzt eben als Rentner, also ähnlich wie früher als Student, aber ohne Prüfungen (wenn man den Fliegenfischer-Kurs mal außen vor lässt), auf der Festplatte im Kopf wieder herstellen:

- In der Ruhe liegt die Kraft! (bloß keine Hektik, der Tag ist noch lang)
- Gibt's irgendwo Kaffee? (glücklicherweise hat Rosi ihren Espresso-Automaten bereits hergerichtet)
- Sind die Zeitungen schon da? (hoffentlich kein neuer Selbstmordanschlag; warum sagt denen keiner, dass bei ca. 7.400.000.000 Menschen weltweit ihr Vertriebskonzept für einen fundamentalistischen Islam nicht zielführend sein kann)
- Was ist mit dem Wetter? (was soll schon sein, es ist wie es ist, also mach das Beste daraus)
- Was gibt's heute Abend zu essen? (da wirst du dich wohl selbst drum kümmern müssen, wie wär's mit einer **Jahreszeiten-Tarte** oder mal wieder **Himmel und Erd**, vielleicht einer **Linsensuppe (asiatisch)** oder einem **Lamm-/Rindfleisch-Eintopf** und hinterher ein paar **Eierlikör-Muffins**, mal sehen)

Na gut, ich bin dann mal wieder auf eine Excel-Tabelle unten am Schreibtisch, bis später.

?	??	???
??	???	????
???	????	?????

Entschuldigung, aber es ging nicht schneller, die Aufgabe hat sich als viel, viel größer herausgestellt als von mir zunächst erwartet.
Dabei waren bzw. sind nicht die Herausforderungen als solche die eigentlichen Hürden, zu deren Überwindung gibt es zielgenaue Hilfen von kompetenter Seite, beispielsweise für Manager: *„Die Mäuse-Strategie – Veränderungen erfolgreich begegnen" von Spencer Johnson*, nein, es ist der Umstand, dass im Leben offensichtlich alles mit allem zusammenhängt. Womit also anfangen? Klar, Ingenieure können auf die gute alte

Mechanik zurückgreifen und die zunächst unübersichtliche Aufgabe „schneiden" (für Nicht-Ingenieure: „im Innern wirkende Kräfte zu berechenbaren äußeren machen") und diese dann häppchenweise abarbeiten. Nur so wird verständlich, dass dieser riesige Berg aus Herausforderungen, der für einen 16/18jährigen von weitem wie Herr Tur Tur für Jim Knopf aussah, sich beim Näherkommen wie dieser nicht nur verkleinerte, sondern sogar mit einigem Vergnügen erklimmen ließ:

- Soziale Kontakte und Beziehungen (Mädchen, was sonst; allerdings ist dieser Platz inzwischen von Rosi besetzt)
- Beruf/Erfolg im Alltag, also bei dem was man so tagsüber macht/e *(das Thema wird gerade bearbeitet)*
- Gesundheit und körperliches Wohlbefinden (treib Sport, iss und trink nicht so viel; vermeide Titel wie „Ratgeber Gesundheit" und lass auf jeden Fall die Hände von der Rentner-Bravo, auch „Apotheken-Umschau" genannt)
- Genuss und seelische Ausgeglichenheit (nicht so viel Fastfood, Slowfood ginge, Superfood wäre rausgeworfenes Geld; Frust lässt sich nun mal nicht wegfressen, saufen oder kiffen)
- Zufriedenheit im Leben (stellt sich womöglich von selbst ein, manchmal auch nicht und sicher nicht bei Fußballfans, die partout nicht einsehen wollen, dass bei der Wahl des Lieblingsvereins derselbe Maßstab anzulegen ist, wie bei der Wahl der Frau, Freundin oder des genderneutralen LAPpen)

Unter Rückgriff auf die „Dreisprungtechnik" (*nicht kursiv, weil selbst entwickelt*), bestehend aus:

- 1. Stepp - Alternativloses weglassen
- 2. Stepp - Unangenehmes überspringen und
- 3. Stepp - kurzer Hüpfer zum erreichbaren Ziel

konzentrieren wir uns heute auf die Analyse der Voraussetzungen für Erfolg (oder was man dafür hält) und schauen mal, aus oder auf welche(n) Aus- und Weiterbildungs-Elemente(n) sich dieser erklären oder zurückführen lässt bzw. ob er überhaupt jemals zu erwarten gewesen war:

(Dazu mussten in einer xls-Tabelle bis maximal 10 Punkte pro Aus- oder Fortbildungsteil für jede der 5 oben genannten Herausforderungen vergeben werden)

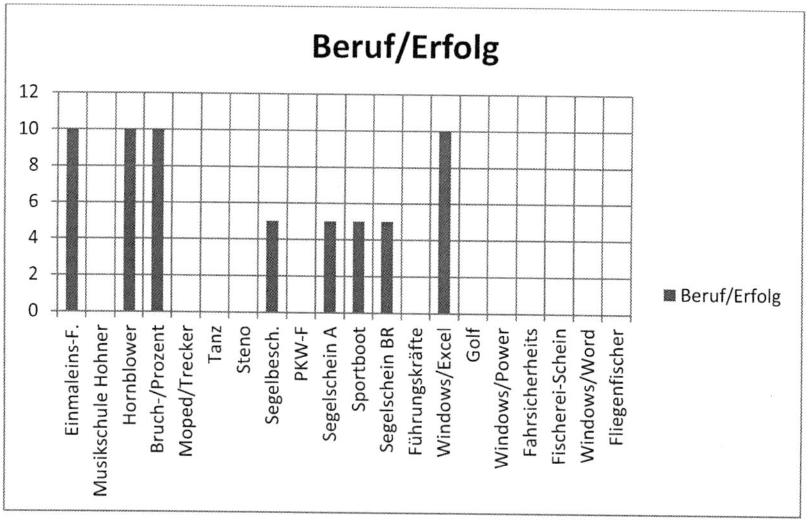

Eindeutiger geht es wohl kaum, C.S.Forester, den Grundrechenarten, der Tabellenkalkulation und der Segel-/Boots-Schule sei Dank.

Würde man alternativ nach sozialen Kontakten oder Gesundheit auswerten, sähe das Bild selbstverständlich vollkommen anders aus. Und nicht einmal ansatzweise sollte man anfangen, darüber nachzudenken, welche Rolle wohl Zufall und Glück dabei gespielt haben mögen.

Was aber würde passieren, wenn die Darstellung auf Wirklichkeit, sprich Nachfrage träfe? Ganz klar:

- **Augen auf bei der Berufswahl**
- **Der Einmaleins-Führerschein ist von allen Scheinen der wichtigste**
- **Misserfolg in der Musikschule ist kein Weltuntergang**
- **Die Beschäftigung mit Büchern ist nicht von Nachteil**
- **Teilen und Relativieren sollte beherrscht werden**
- **Mit dem Moped oder Trecker zur Tanzschule zu fahren, könnte verlorene Zeit sein**
- **Laufe nie einer überholten Technik hinterher (und ist es auch noch so interessant, dies als einziges Männlein zusammen mit 29 jungen Frauen machen zu dürfen)**
- **Kleinere Boote sind größeren Schiffen ausbildungsmäßig vorzuziehen**
- **Windows sind auch nur Fenster, manche dürfen, andere sollten geschlossen bleiben**
- **Nicht alle Termine in Kalendern von Managern müssen bei der Bonusberechnung berücksichtigt werden**
- **Traue keiner Statistik (und ihrer Interpretation), die du nicht selbst erstellt hast**

So weit, so gut, aber was hat der gemeine Leser oder Rentner davon?

Nun, im Grunde genommen gar nichts, es sei denn, er wollte endlich verstehen, weshalb es deutlich einfacher ist, etwas im Nachhinein erklären zu dürfen als richtig vorherzusagen zu müssen.
Zeit und Raum sind miteinander verbunden, der menschliche Verstand oder die menschliche Vernunft an einem bestimmten Punkt aber immer nur mit eins von beiden, das macht die Sache so schwierig (selbst für Experten). Glücklicherweise gibt es aber doch wenigstens zwei Möglichkeiten, wie man sich solch komplexen Fragen, besser gesagt Systemen, nähern könnte, und das wäre die Beschäftigung mit „Schwarzen Kästen" oder „Schwarzen Löchern".
Bei Schwarzen Kästen würde es reichen, *Hermann Spoerls „Feuerzangenbowle"* zu lesen, sich wie Lehrer Bömmel dumm zu stellen, einen schwarzen Kasten zu bauen, diesen an zwei gegenüberliegenden Seiten mit je einem Loch zu versehen und dann zu überlegen, was hinten herauskommen könnte, wenn man die komplexe Herausforderung in das vordere Loch hineinstecken würde. Den Film dazu muss man sich aber nicht mehr antun, er stammt aus dem Jahr 1944 und ist damit bereits ungenießbar; als Alternative böte sich vielleicht **Frau Müller muss weg** mit Anke Engelke in einer der Hauptrollen an.

Bei Schwarzen Löchern sollte man schon auf *„Raum und Zeit" von Stephen Hawking und Roger Penrose (Rowohlt Verlag)* zurückgreifen, von Wikipedia ist abzuraten, auch die im Buch vorkommenden „Weißen Löcher" sollte man außen vor lassen, aber die Debatte zwischen den beiden Wissenschaftlern, ob „Schrödingers Katze" nun mehr tot oder mehr lebendig ist, verbunden mit Hawkings` Feststellung, dass solche Gedankenexperimente heutzutage politisch nicht mehr korrekt seien, ließe vielleicht auch bei uns die Erkenntnis reifen:

„Der Rand der chronologischen Zukunft kann nicht zeit- oder raumartig sein, möglicherweise aber lichtartig"

was uns glauben machen könnte:

„Die Zukunft liegt im Ungefähren"

- Darf man „Glauben" einfach machen?
- Was sagt uns die Signalflagge „F" an Land?
  (auf See: bin manövrierunfähig, nehmen Sie Kontakt zu mir auf)
- Haben wir eigentlich Physiker in der Regierung?
- Hätte das überhaupt Auswirkungen aufs Abendessen?
- Was sagen unsere **Freunde am Niederrhein** dazu?

Glaubt bloß nicht, dass ich mich auch noch darum kümmern werde.

Was sonst noch

Eine berechtigte Frage und nicht ganz einfach zu beantworten.
Es fängt schon damit an, herausfinden zu müssen, was man eigentlich noch will oder noch kann? Allein? Zu zweit? In einer Gruppe? Wie auch immer, der Weg ist das Ziel, bloß wie und wohin? Zu Fuß? Per Rad? Im Auto? Im Flugzeug? Alles, bloß keine Kreuzfahrt, viel zu deprimierend für einen sensiblen Menschen. Die vielen alten Leute an Bord, der Smutje aus MeckPomm, ein Bord Arzt im bezahlten Vorruhestand, zwei Pfarrer in Zivil und Sascha Hehn als Kapitän. Dabei wäre er der einzige, mit dem ich wohl noch über die Filme der 60/70er Jahre des vergangenen Jahrhunderts mich würde unterhalten können; die anderen Kreuzfahrer würden sich ja nicht mehr an diese, so manche vorlesungsfreie Stunde überbrückenden Filme wie „Django, Zur Sache Schätzchen, Die Jungfrau von Bamberg oder die Variationen der Körperlichen Liebe auf dem Land mit und ohne Lederhose" erinnern wollen, können oder dürfen. Nun gut, es sind ja auch keine richtigen Kreuzfahrer mehr; die letzten ihrer Art hatten bekanntlich bei George W. Bush gebucht, von dem sie am Ende der Reise an Deck ihres explorierenden, wirklich gut ausgerüsteten und seegängigen Kreuzfahrtschiffes mit Landebahn mit dem Fazit: „Well done" - ach nein, wir sind ja nicht beim Grillen - „Mission accomplished" von Bord verabschiedet worden waren. Und zu den neuen Vergnügungsdampfern habe ich noch keine Beziehung aufbauen können; nicht dass Schiffe mich nicht mehr interessieren würden, aber in deren Spielcasinos will ich gar und in die mit bestem Feuerfest-Material ausgekleideten Verbrennungsanlagen im Bauch des Schiffes noch nicht. Da täte Rosis guter Rat not, aber sie ist noch viel zu beschäftigt, um sich mit solch banalen Fragen herumschlagen zu wollen. Zufälligerweise steht für sie ein Treffen mit den **Muschelfrauen** bevor; ich denke, dass es an diesem Termin für mich mal wieder einen **Männerabend** geben wird, um zu diesem „Was sonst noch" sinnvolle und zu gleich vernünftige Ideen zu entwickeln........................

........................Es hat funktioniert, ein Brainstorming (Bild) im besten Sinne: *„...eine kreative Konferenz, die keinem anderen Zweck dient, als eine Vielzahl von Ideen hervorzubringen..."* Allerdings musste ich, der besonderen Umstände wegen, den von Alex Osborn entwickelten Rahmen: *„Vorzugsweise 6-7 Teilnehmer, nicht zu viele Experten, Bearbeitung nur eines Problems, maximale Dauer 1 Stunde und vorzugsweise morgens"*, leicht abändern: *„nur 1 Teilnehmer, alles Experten, gleichzeitige Beschäftigung mit mehreren Themen* (bäh, wie bei Frauen), *über 4 Stunden und abends"*.

Doch dafür kann sich das Ergebnis sehen lassen, weiß Gott (oder sagt man schon Inschallah?), aber lest selbst.

Fazit (vorläufiges) des Brainstormings vom letzten Männerabend:

„Die perfekte Tomatensuppe ist nicht darstellbar! Es gibt einfach viel zu viele verschiedene Tomaten, die Anzahl (3500 ?) bekannter, wenn auch oft nicht (mehr) angebauter Sorten ist deutlich zu groß, ganz abgesehen davon, dass diese auf sehr unterschiedlichen und mal mehr, mal weniger der Sonne zugewandten Böden bzw. Flächen und darüber hinaus konventionell oder biologisch angebaut und dann maschinell oder von Hand geerntet sein könnten; von der äußeren Farbe der Tomate, der Tatsache, dass die Verwendung von Dosentomaten für Suppen viel sinnvoller sein kann und der Höhe der Mütze des Koches gar nicht zu reden".

Mit großem Respekt vor diesem Ergebnis und mindestens gleich großem Bedauern, es nicht trotzdem weiter versucht zu haben, wird, nach reiflicher Überlegung, entschieden, sich alternativ Fragen von eher allgemeinem Interesse zu stellen:

- Kann man gesund bleiben, ohne zu lächeln (oder gefährdet gute Laune womöglich die eigene Gesundheit und/oder die anderer Menschen)?
- Geht „gendern" auch in langer Unterhose (und was passiert, wenn diese keinen Eingriff hat)?
- Wäre der Kölner Dom auch ohne Preußen jemals fertig gebaut worden (oder wie ist der Verwandtschaftsgrad zwischen Domplatte und Plattenbau)?
- müssen Migranten unbedingt und ausnahmslos Hochdeutsch lernen (oder reichte nicht auch ein Dialekt oder Esperanto)?
- Kann man sein ganzes Leben als Linker verbringen (oder anders gefragt: ist der Kapitalismus womöglich eine Krankheit wie Krebs, die auch von Schamanen vom Stamm der Göttinger Mescaleros nicht hatte klammheimlich besiegt werden können)?
- Kann die Aus- und Weiterbildung von küchentechnischen Dilettanten helfen, die Gesellschaft Kontinental-Europas positiv zu verändern (und was sagen Vertreter des EU-Parlamentes, Claudia Roth, Wolfgang Bosbach, Markus Söder und Ralf Stegner bei Anne Will, Sandra Maischberger oder Maybrit Illner dazu)? (Entschuldigung, hab Gregor Gysi und Frauke Petry vergessen.)
- Gibt es tatsächlich einen Unterschied zwischen Gesinnungs- und Verantwortungsethik (und wie ginge man in einer Koch Show damit um)?
- Verlängert scharfes Essen überhaupt das Leben (oder ist auch das nur eine Erfindung hanseatischer Pfeffersäcke)?
- War ein mit kirchlichem Segen bestatteter Hund eigentlich ein Ess- oder doch nur ein Fressfreund (und wie erklärt man das seiner Katze)?
- Gibt es einen Zusammenhang zwischen der Zunahme von allergischen Reaktionen und der steigenden Zahl an berichteten Gefühlsverletzungen (oder ist das die Folge

des verschwundenen Eisernen Vorhangs und der Migration des Mobiltelefons aus der Hosentasche vor das Gesicht als smartes Abbild der eigenen Person in sozialen Netzwerken)?

- Ist das Höchste, was ein Individuum im Leben erreichen kann tatsächlich, als ganzkörpertätowierte, rundumgepiercte, frutarisch lebende, alternativ wählende, bisexuelle, im ärztlichen Dienst arbeitende Person mit Migrationshintergrund, Fußballer-Frisur und Schwerbehinderten-Ausweis wahr genommen zu werden (und kann es überhaupt eine Alternative dazu geben)?

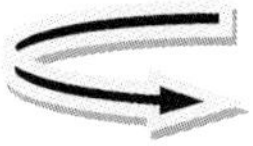

Keine Ahnung, - jedenfalls wäre es höchst unklug, in ihrer Gegenwart irgendeine Art von **Witz** erzählen zu wollen und zu glauben, dass dieser **gesellschafts-politisch korrekt** sein könne, andererseits könnte man aber mit einer solchen Person auf dem Beifahrersitz praktisch überall parken, ohne ein Knöllchen zu riskieren.

Nachdem die letzte der hier aufgeführten Fragen schon mal umfassend beantwortet werden konnte, ergeht der (gem)einsame Beschluss, die übrigen in einer anderen Form und zu einem anderen Zeitpunkt (jedenfalls nicht jetzt, sofort, auf der Stelle) abzuarbeiten.

Und damit zurück in die Küche.
Nehmt aber was zu lesen mit, zu viel Alkohol ist ungesund.

(Impression statt leerer Seite: Feuerfest und eine interessante Konferenz am Golf in Sharjah, UAE)

Und dann

Ein sonniger Nachmittag im späten Herbst, vielleicht nach einer Wanderung an Rhein, Ahr oder in der Eifel (Bild unten), im Kaminofen brennt schon das Feuer und ein **6-Stunden- Lamm** oder ein **Walisischer Fleischtopf** warten im Herd, du hältst ein Glas „Dernauer Pfarrwingert" in der Hand, als dir ein Gedicht von William Butler Yeats (irischer Poet 1865-1939) in den Sinn kommt:

When you are old and grey and full of sleep,
And nodding by the fire, take down this book,
And slowly read, and dream of the soft look
Your eyes had once, and of their shadows deep;

How many loved your moments of glad grace,
And loved your beauty with love false or true;
But one man loved the pilgrim soul in you,
And loved the sorrows of your changing face.

And bending down beside the glowing bars,
Murmur, a little sadly, how love fled
And paced upon the mountains overhead
And hid his face amid a crowd of stars.

(übersetzt von E. Tenert:
Wenn alt du bist und grau, und müde gar,
und nickst ein beim Kamin, dann nimm dies Buch
und lies es langsam, träume sanft und such
den milden Blick, der einst in deinen Augen war.

Wie viele liebten deine Blicke voll Geduld,
und deine Schönheit, mit und ohne Neid;
doch einer liebte auch dein stilles Leid,
das an den Spuren deines Alters schuld.

Und als du dich hinabbeugst zu der Scheiter Glut,
dann murmelst traurig du, wie der Geliebte wich
hoch in die Berge über dir, und sein Gesicht
verbarg vor dir in einer Sternenflut.)

(Impression statt leerer Seite: Da kommt noch was)

Kollaterale

Keine Angst, „Kollaterale" steht hier nicht für medizinische bzw. anatomische Themen.

Auch die Vermutung, dass damit verklausuliert auf irgendwelche Schäden hingewiesen werden soll, die beim Hantieren mit diesem Buch ungeübten Lesern zustoßen könnten, ginge in eine völlig falsche Richtung.
Natürlich könnte sich auch ein Tippfehler eingeschlichen haben, also beispielsweise „Kolleralm" gemeint gewesen sein, aber so ist es gleich gar nicht; zwar wäre die gleichnamige Alm im Salzkammergut ganz leicht von der Bergstation der Feuerkogel-Seilbahn aus zu erreichen, ist aber hier wirklich nicht gemeint.
Gleiches würde für „Kullerale" gelten, gibt's sicher irgendwo in Schweden oder im Schwedischen, ist aber leider auch keine heiße Spur.
So leid es mir tut, ihr lieben (ausgedienten) Schnitzeljäger und Waldläufer, und vor allem für euch, ihr eifrigen Geo Cacher und Pokémon Verfolger, aber diese Überschrift ist einzig und allein der Versuch, den folgenden erzählerischen Schnipseln irgendwie ein gemeinsames Dach zu geben oder von außen gesehen: Ihm ist nichts Besseres eingefallen.
Aber stellt mich deshalb bitte nicht sofort in die Ecke von Mainstream Autoren, vorher sage, nein warne ich euch: *Die Suppe wird dünner*.
Stammt nicht von mir, weder die Speise (daher auch nicht **fett** hervorgehoben) noch das Zitat; sucht es meinetwegen wo ihr wollt, aber nicht auf den folgenden Seiten.
Die sind (für Eingeweihte, wahrscheinlich SPD-Wähler) was Besonderes, zeigen sie doch, dass Menschen, die im kleinsten, PISA-mäßig (fast) dümmsten und ärmsten der deutschen Länder (das BIP erreicht 2015 immerhin das von Ghana), dem Stadtstaat Bremen, zur Schule gegangen sind, noch im fortgeschrittenen Alter an etwas anderes denken können, als an Versandung und Zufrieren der Weser, die Anzahl der im Ratskeller lagernden Weine oder die Performance vom SV Werder in der Bundesliga (Apropos, was macht eigentlich Willi Lemke?..Rentnert er schon oder arbeitet er gemeinsam mit Uli Hoeneß an einem Comeback?).
Wie auch immer, es hat schon seinen Grund, weshalb Otto Rehagel und Rudi Carell gerade in dieser Stadt so erfolgreich wirken konnten.
Fahrt aber trotzdem hin und dann weiter nach Bremerhaven, die Luft riecht nach Meer, und die Fahrt durch den Überseehafen an den Containern und Autos vorbei erspart euch das Lesen der Konjunkturprognosen der Experten im Wirtschaftsteil von FAZ und Handelsblatt: wenig los bedeutet Bären, viel los dagegen Bullen im Anmarsch.
Bedenkt aber, dass Dienstleistungen nicht analog über Häfen ausgetauscht werden.

Das plattdeutsche „Du"

…oder anders gefragt: Kann man auf Plattdeutsch Befehle erteilen?
Jedenfalls könnte man es versuchen, allerdings müsste man dazu wenigstens mit rudimentären Kenntnissen dieses Idioms ausgestattet sein; das inhaltliche Verstehen eines Stückes aus dem Ohnesorg-Theater reicht definitiv nicht aus.
Da bei uns zu Hause, des familiären Friedens wegen, nur hochdeutsch gesprochen wurde, und bei meiner Einschulung der lokale plattdeutsche Dialekt, der vielen Kinder aus Flüchtlingsfamilien und, fast noch wichtiger, der Lehrer mit Migrationshintergrund, daher ebenfalls ohne Kenntnisse der Umgangssprache der einheimischen Bevölkerung, wegen, in der Schule nicht mehr gesprochen wurde, habe ich das aktive Sprechen nicht mehr erlernen müssen (oder dürfen), erwartet also keine tiefschürfenden Erkenntnisse zu dieser Sprache an dieser Stelle. Im praktischen Gebrauch täte man sich, ähnlich wie im Englischen und seit einigen Jahrzehnten auch in den Niederlanden, leichter in der Anrede, da nicht wirklich zwischen „Du" und „Sie" unterschieden werden müsste. Das „Dau" war die normale Anrede (und so ist das „Du" in diesem Buch gemeint), nur völlig fremde oder in der (gesellschaftlichen) Stellung weit höher stehende Personen hätte man unbestimmt oder in der dritten Person angeredet (aber es steht nicht zu erwarten, dass so jemand dieses Kaleidoskop zur Hand nehmen könnte).
Trafen bei uns damals aber nur Mitglieder der Familie Stelling aufeinander, wurde übergangslos Platt gesprochen, verstehen kann ich es daher eigentlich ganz gut. Einige Eigenheiten dieser Sprache habe ich noch im Ohr: grobe, harte oder ganz weiche Konsonanten wurden vermieden, den Vokalen wurden Neben- oder Doppellaute zugefügt, viele Wörter wurden verkürzt, in der Aussprache aber gerne gedehnt und der Sinn eines gesprochenen Satzes ergab sich oft erst aus dem Nachdruck (der Sprachmelodie), mit dem vorgetragen wurde und entgegenstehende Wörter wurden gehoben.
Und wo ist jetzt die Verbindung zum Erteilen von Befehlen? Nun, wenn unsere Mutter etwas wirklich gemacht haben wollte, dann kam die plattdeutsche Form des ultimativen Befehls: „Ik segg di dat in gauen!" („Ich sage dir das im Guten"), da war nichts mehr gedehnt, „ik" und „di" dafür besonders stark hervorgehoben. Eine wichtige Erfahrung und große Hilfe, als ich es 1973, trotz unterstützender Schreiben der TU in Clausthal, nicht verhindern konnte, zu einer Wehrübung des 2./SichBtl 3 in das Weser-Elbe-Dreieck an die Oste eingezogen zu werden. Es wurde ein neues Verteidigungskonzept nach Schweizer Vorbild auf regionaler, ja lokaler Basis erprobt (und kurze Zeit später wieder verworfen). Reservisten aus der Gegend mussten üben, Objekte wie Kraftwerke, Versorgungsleitungen, etc. zu schützen. Kompaniechef B. (Ausbilder an einer Berufsschule im wirklichen Leben), Unterführer und Soldaten (Handwerker, Jungbauern und Arbeiter) sprachen mit nur wenigen Ausnahmen alle Plattdeutsch, Befehle allerdings erfolgten auf Hochdeutsch, und der eine hochdeutsch sprechende Student wurde zum Schriftführer bestimmt. Selbiger konnte am Ende der Übungswoche gerade noch verhindern, die Ausrüstung mit nach Hause nehmen zu müssen, aber nur, weil er die Kopie eines Einwanderungsantrags für Australien zufälligerweise dabei hatte.

Oberharzer Kiepenfrauen

... sind eigentlich nur Frauen aus dem Harz, genauer gesagt aus dem Oberharz, mit einem Behälter auf dem Rücken, also doch eher selten und daher schon etwas Besonderes. Mal sehen, ob uns die Beschäftigung mit dieser Spezies zu neuen Erkenntnissen oder Einsichten bringen wird, die geeignet sind, bergauf liegende Herausforderungen besser einschätzen und meistern zu können.
Am besten beginne ich damit, euch Südlichtern zu erklären, dass es sich bei einer „Kiepe" in der Basisausführung um einen Tragekorb handelt, und zwar einen, der ausnahmslos nur

von Frauen getragen werden darf (links ein älteres Modell). Völlig ungeklärt ist bisher allerdings, ob die Kiepe mit der Handtasche verwandt ist, oder ob es sich womöglich gar um eine eigenständige Familie von Tragegefäßen handeln könnte. Ich setze darauf, dass die gleichen Institute (Cambridge bzw. KTH Stockholm), die schon die Frage nach der Anzahl möglicher Varianten (85 bzw. 177.147) beim Binden von Knoten für krawattentragende Männer vorläufig beantwortet haben, sich dieser neuen Herausforderung mit gleichem Enthusiasmus stellen werden. Wichtig zu wissen ist weiterhin, dass eine Kiepe immer (und nicht nur Anlass bezogen wie etwa eine Schultüte) gut gefüllt sein muss, und zwar mit solchen Dingen, die, obwohl lebensnotwendig, in den Hosentaschen von Männern und Kindern nicht (mehr) unterzubringen waren. Auch ohne an dieser Stelle auf alle zu diesem Thema bereits vorliegenden Untersuchungen und Berichte im Detail eingehen zu können bzw. zu wollen, darf ich festhalten, dass der Beitrag des Harzes in der Weiterentwicklung dieser Spezies nicht hoch genug eingeschätzt bzw. nur mit der Erfindung des Drahtseils verglichen werden kann. So weit, so gut. Was muss aber beachtet werden, sollte man(n) auf ein solches Individuum treffen oder mit ihm unterwegs sein. Zunächst muss man wissen, dass vor allem bei den jüngeren Modellen (rechts im Bild) die Kiepen sich in federleichte Rucksäcke, die Trägerinnen in völlig normal aussehende Frauen verwandelt haben und die Frage: „Sag mal, haben wir eigentlich was zu trinken mit" nicht mehr so selbstverständlich gestellt werden darf wie früher; man(n) könnte Gefühle von anwesenden zarter besaiteten weiblichen Wesen ohne Tragegefäß auf dem Rücken verletzen. Ich bin schon gespannt, ob zukünftig hiervon Ausnahmen zugelassen werden, vielleicht wenn erste vollverschleierte Exemplare mit passendem schwarzen Back-Pack auf hiesigen Traumpfaden unterwegs sein werden.

Luxemburg

...oh wie schön ist Panama... stellten schon der Tiger und der Bär auf ihrer Reise in dieses Land ihrer Träume fest, und genauso ergeht es vielen Kindern, wenn sie die Geschichte dieser aufregenden Suche nach Freundschaft, vielen Abenteuern und dem glücklichen Ende der Reise vorgelesen bekommen, dabei die phantasievollen Zeichnungen betrachten und mit dem Erreichen des Ziels zufrieden einschlafen können.
Und was hat Janosch' Geschichte mit Luxemburg zu tun? Gar nichts, außer dass ich nach Besuchen der Stadt und des Landes Luxemburg immer gut mit Speis und Trank versorgt zurückgekommen war und zu Hause zufrieden einschlafen konnte, jedenfalls bis in die späten 90er Jahre des letzten Jahrhunderts. Während man damals nach den interessantesten Restaurants und typisch Luxemburger Gerichten befragt wurde, hatte sich das in den späteren Jahren mehr als deutlich verschoben, hin zu Bankkonten, Preisen für Benzin, Kaffee und Zigaretten, also weg vom **Kalbskopf** und mehr zum **Euter** der EU, Luxleaks und den Banken hin.
Aber wahrscheinlich ist es mit Luxemburg wie mit dem Leben: Alles darin hat seine Zeit. Und ich kann mich nur jener Zeitung, die vor einigen Monaten überschriftete: Gibt es bald mehr Antworten als Fragen? mit den genauso wichtigen Ergänzungen anschließen: Gibt es eigentlich mehr Wälder als Bäume bzw. mehr Daten als Clouds oder mehr Briefkastenfirmen als Briefkästen? Womit wir wieder in Luxemburg wären (oder doch in Panama?). Ganz egal, aber während wir früher einfach in ein bodenständiges Restaurant im Land oder in der Stadt Luxemburg zum Mittagessen gegangen waren und mit vielen einheimischen Gästen das Tagesmenü gewählt hatten (wie stellte vor Jahren ein Freund dort so schön fest: Luxemburger sind Menschen, die mit einer französischen Zunge und einem deutschen Magen zur Welt gekommen sind), müssen wir uns heute in Luxemburg genauso auf die Gastro-Führer verlassen, wie für andere Länder schon seit vielen Jahren notwendig und üblich. Zwar finden sich 2015 immer noch 11 besternte Restaurants im Michelin, aber auffällig ist, dass viel, viel mehr große Autos mit dem „L" vor guten Häusern diesseits der Grenze stehen, als man sich vor 15-20 Jahren überhaupt hat vorstellen können. Noch kann und will ich das Land kulinarisch nicht verloren geben, denn der Luxemburger ist zäh, gerade oder erst recht beim Essen; schließlich ist es erst 105 Jahre her, dass Ernest Paul als Teilnehmer der Tour de France am Ruhetag in Marseille am Hafen essen ging, sich durch Berge von Muscheln, Austern, sonstigem Meeresgetier und die übrigen Gerichte inklusive der Dessert- und der Käse-Auswahl kämpfte, um in der Nacht wegen einer Fischvergiftung den Arzt (und dieser den Pfarrer) kommen zu lassen. Aber während am frühen Morgen ihn alle auf dem Teilstück zum Himmel wähnten, hatte der kernige Luxemburger die nächste Etappe der Tour in Angriff genommen.
So verrückt sollten wir uns nicht verhalten; ein Sonntagsausflug zu Lea Linster nach Frisange zum Mittagessen, anschließend einen Kaffee auf dem Place d´Armes in der Stadt Luxemburg (hoffentlich spielt das Wetter mit) und zum Abschluss ein Gläschen Crémant an der Mosel, einmal volltanken und zurück an den Rhein würde mir schon reichen.

Großbritannien (Einstieg • Good Old England)

...sollte endlich Margret Thatcher ein Denkmal bauen und bei der Einweihung wenigstens mit einer Plakette an den Schauspieler Edmund Kean erinnern.
Beide hätten es verdient, dass Besucher ihretwegen nach England reisten, um gelegentlich der Besichtigung des Ortes ihrer Erinnerung neben Land und Leuten, am Nachmittag geöffnete Pubs und die englische Küche kennenlernen zu können. Es ließe sich auch einiges hervorragend miteinander verbinden, beispielsweise die Aufführung eines Stückes von Shakespeare unter alten Bäumen in einem Park an einem warmen Sommerabend mit einem Pint in einem Pub auf dem Weg zum Picknick vor der Aufführung. Während man (noch ganz entspannt vom Bitter oder Stout, Lager lassen wir mal weg) mitbekäme, wie die Darsteller sich hinter den Sträuchern an der Open-Air Bühne für ihre Rolle fertigmachten, könnte man beim Anstehen an der Ausgabe für Speisen und Getränke noch kurz überlegen, was Kean wohl bestellt haben würde. Welche Hauptrollen tragen dieses Stück von Shakespeare? Liebhaber? Tyrannen? Mörder?..Wie war das noch bei ihm? Roastbeef vor dem Auftritt als Mörder, Pork beim Tyrannen und Lamb für den Liebhaber. Gut, dass „Ein Sommernachtstraum" auf dem Programm steht, mit einigen **Lamm-Küchelchen** und einer Flasche Champagner Rosé wird sicher auch meine Frau einverstanden sein.
Jetzt kommt mir bloß nicht damit, dass ihr noch nichts von Edmund Kean gehört habt, versetzt euch einfach zurück in die Kindheit, also jene Zeit vor 1980, als einem noch Bücher zu Weihnachten und zum Geburtstag geschenkt wurden, und erinnert euch an *Tom Sawyers und Huckleberry Finns Abenteuer von Mark Twain*. Genau dort, bei der Floßfahrt den Mississippi runter, tauchte er bei mir spät im Bett gleich in mehreren seiner berühmtesten Rollen auf, als Hamlett, in Richard III und in Romeo und Julia, und das alles an einem Abend und als Plagiat. Wahrscheinlich stand deshalb auch nichts von seinem Essverhalten im Buch; das las ich erst viel später im bereits erwähnten *„Ich kann kochen"*.
Sollte jemand versucht sein, eine vorsichtige Annäherung an dieses Land zu wagen, so wäre 2016 keine schlechte Wahl (gewesen): Shakespeares 400. Todestag, 30. Todestag Henry Moores, 90. Geburtstag der Queen, Leicester gewinnt die Premier League und das Jahr des Brexit Referendums.
Wir werden wie im letzten Jahr wohl wieder nur einen Tagesausflug nach Perry Green auf Henry Moores Farm und zu seinen Skulpturen machen; einfach mit der ersten Maschine von Köln/Bonn nach Stansted (und mit der letzten zurück), dort mit dem kleinsten Mietwagen in ca. 45 min zur Foundation, unterwegs bei Waitrose in Bishop`s Stortford alles für ein Picknick besorgt und dann rein aufs parkähnliche Anwesen zum ehemaligen Wohnhaus und den ausgestellten Großfiguren.
Ich bin sicher, dass wir wieder schönes Wetter haben werden und sehe uns schon nach einigen Stunden im jüngst renovierten Teil des Parks auf einer Gartenbank beim Lunch sitzen.

Panorama-Museum

...eine interessante Form monumentaler Darstellungen von Geschichte, nicht unbedingt in wissenschaftlicher Hinsicht, eher so etwas wie „Ben Hur" ohne bewegte Bilder.
Als erstes seiner Art bekam ich, ziemlich zufällig, das Panorama der Schlacht (im Jahr 637) zwischen Arabern und Persern von Al-Quadissiya nahe Bagdad im Irak, nicht weit entfernt von Babylon und Seleukia-Ktesiphon am Tigris, zu sehen.

Den Besuchern werden die Ereignisse dieser vier Tage andauernden Kämpfe in umlaufenden Rundgemälden nahegebracht, wobei am Boden zwischen Bildern und Betrachter noch Fundstücke von Waffen und dergleichen ausgestellt sind bzw. sein können. Im Begleitheft aus dem irakischen Ministerium für Kultur und Information zu diesem Museum war zu lesen, dass es (1981) noch vier weitere Museen dieser Art und Größe weltweit gab, zwei in der Sowjet-Union (Moskau, Leningrad) sowie je eines in Nord-Korea und Belgien. Leningrad war vielleicht aus politischer Korrektheit gegenüber der Sowjet-Union anstelle von Stalingrad aufgeführt worden und mit Belgien hatte man sich wahrscheinlich nur vertan, denn das Museum von Pleven liegt zwar in Europa, aber in Bulgarien und stellt die dort stattgefundene entscheidende Schlacht im Russisch-Osmanischen Krieg (1877/78) nach. Aus diesem Museum waren wir, trotz Begleitung durch Vertreterinnen der staatlichen Import-Export-Firma, hinausgeworfen worden, weil unser österreichischer Kollege nicht aufhörte, beharrlich darauf hin zu weisen, dass neben Russischen und Bulgarischen Truppen auch Rumänische Einheiten sowie ein Finnisches Kontingent an der Schlacht teilgenommen hatten. So ein Bestehen auf historischer Genauigkeit, noch dazu aus kapitalistischem Mund, ging gar nicht (und nicht einmal Reisende in Sachen „Feuerfest" waren davon ausgenommen). Überhaupt dien(t)en diese großen Monumente der Heroisierung der jeweiligen Schlachten aus Sicht der Sieger, von daher ist ihr geschichtspolitischer Hintergrund auch eher „gezielt" dargestellt. Allerdings gibt es eine Ausnahme (jedenfalls für mich), und zwar das am 14.09.1989 eröffnete Panorama-Museum von Bad Frankenhausen in Thüringen (in der damaligen DDR). Es zeigt in einem gigantischen Bilderreigen die Epoche der Bauernkriege des 16. Jahrhunderts am Ort der entscheidenden Schlacht am Fuße des Kyffhäuser-Gebirges, und die mit der Gefangennahme und Hinrichtung Thomas Müntzers endete (was auch das Ende der Bauernaufstände bedeutete).

Es ist sicher der Persönlichkeit des Malers Werner Tübke zuzurechnen, dass aus dem Beschluss des SED-Politbüros vom 09.10.1973 kein weiteres sozialistisches Helden-Epos, sondern eine einzigartige, fast biblische Darstellung der ökonomisch-religiös-machtpolitischen und damit gesamtgesellschaftlichen Auseinandersetzungen jener Zeit hervorging, die auch nach dem Ende der sozialistischen Diktatur und der DDR ihre beeindruckende Kraft behalten hat. Und da ist es ein schöner Zufall, dass eine der letzten größeren Arbeiten Tübkes ein Flügelaltar in der St.-Salvatoris-Kirche in Clausthal-Zellerfeld gewesen ist.
Der Begriff „Panorama" für Rundum-Darstellungen geht übrigens auf den Iren R. Barker (1792) zurück; auch dank neuer Techniken gibt es heutzutage sogar immer mehr davon, diese sind nicht mit den hier angesprochenen Panorama-Museen gleichzusetzen.

Nauru

...oder was für eine interessante Insel. Schön weit weg im Pazifik, außerhalb der Hauptrouten von Schiffen und Wirbelstürmen gelegen, von 12 Stämmen (zwei davon bereits ausgestorben) mit ca. 10000 Einwohnern (2014) besiedelt, deren familiäre Zuordnung über die mütterliche Linie erfolgt. Ein kleines gehobenes Atoll, mit 21 km^2 so groß wie Amrum, eigentlich wie geschaffen, um anschaulich vorgeführt zu bekommen, wie ein Paradies im Katalog dargestellt werden sollte, wenn, ja wenn es denn die vielen Vögel (bzw. deren Hinterlassenschaft) nicht gegeben hätte. So aber bestand das Landesinnere aus Guano, hochreinem Phosphatdünger, der seit 1906 von der Pacific Phosphate Company abgebaut wurde, zunächst unter deutschem Protektorat, später unter UN Treuhandschaft als British Phosphate Commissioners (Vereinigtes Königreich, Australien, Neuseeland) bis Nauru am 31.01.1968 ein unabhängiger Staat wurde, zwar der drittkleinste auf der Erde, aber auf dem Weg zum reichsten.
Anfang der 1980er Jahre, als unser Reisebüro mir ein Ticket von Air Nauru hatte zukommen lassen, war die Insel auf dem Höhepunkt angekommen. Man leistete sich eine Schifffahrts- und eine Fluglinie, die Familien 2-3 Autos bei nur einer (1) Straße, man investierte in Immobilien in Australien, in das Musical „Leonardo“ in London und ähnliche Dinge mehr. Leider floppte das Musical, die Immobilien waren falsch gelegen und die Airline verschlang bei einer Auslastung < 20 % praktisch die Hälfte der jährlichen Einnahmen des Staates; mit anderen Worten, die Reisebüros hatten mich und andere Vielflieger nicht häufig genug mit dieser schönen Fluglinie und ihren zuvorkommenden Flugbegleiterinnen fliegen lassen. Da offensichtlich auch die Beratung der Regierung durch den seinerzeitigen Mitpassagier nicht erfolgreich oder falsch gewesen war, kam es wie es wohl kommen musste, Nauru ging Pleite. Und zwar so, wie es für Staaten vorgesehen ist; man nimmt es lange nicht zur Kenntnis, versucht durch immer gewagtere Investitionen zu retten was nicht mehr zu retten ist, überschreitet die Grenzen des Anstands und der Legalität, versucht es mit International Banking (fremdes Geld waschen), Briefkastenfirmen, stellt „teure“ Pässe an Ausländer aus, nimmt Australien gegen entsprechende Zahlungen dort ankommende Flüchtlinge ab und schafft es, sich irgendwie weiter durchzuwursteln. Und die Einwohner? Sie werden mitgenommen, zum höchsten BIP pro Kopf zu einem der niedrigsten, zu Reichtum und Luxus und wieder zurück in die Armut, von sich aus der Natur gesund ernährenden Inselbewohnern zu Konsumenten von Lebensmitteln in Dosen, von typischen Südsee-Insulanern zu übergewichtigen, an Diabetes leidenden, selten älter als 50-60 Jahre werdenden Menschen der Moderne; und das alles gut dokumentiert in Büchern wie: *Nauru-Environmental Damage Under International Trusteeship (Christopher Weeramantry)* und *Die verwüstete Insel. Wie der Kapitalismus das reichste Land der Erde zerstörte. (Luc Folliet).* Aber da die Hoffnung bekanntlich zuletzt stirbt, hat sich Nauru bereits ein Stück Pazifikboden für die Ernte von Manganknollen gesichert und ist ohne eigene Währung dem IWF beigetreten.
Damals, auf dem Flug von Hongkong nach Seoul hatte ich mir vorgenommen, später einmal die Insel und die fröhlichen Mädchen dort zu besuchen, aber wie soll man heute hinkommen: als Bootsflüchtling nach Australien? Keine Ahnung; ich werde wohl weiterhin auf gegrillten Noddy (eine leicht nach Fisch schmeckende Seeschwalbenart) in Pandanus-Blättern zum Abendessen verzichten müssen.

Frau Müller muss weg

...oder die Erkenntnis: die Zukunft liegt im Ungefähren.
Als ich Anfang 2015 in einer Zeitung über den Film mit Frau Müller stolperte, fiel mir auf der Liste der Darsteller der Name „Anke Engelke" ins Auge und ich erinnerte mich, dass vor über 20 Jahren unsere Kinder, natürlich gemeinsam mit vielen anderen, im Rahmen des Sportvereins einen Besuch in einem von der jungen Anke Engelke moderierten Musik-Magazin des 3. Fernseh-Programms, ich glaube nach Bingen, gemacht hatten, organisiert von einem Vater wohl über die Eltern der Moderatorin, die seit vielen Jahren in Breisig wohnen. Die lebhafte und lautstarke Busladung Kinder wurde von einigen Erwachsenen begleitet, wozu auch ich gehörte; warum weiß ich nicht mehr, vielleicht weil Rosi als Übungsleiterin im Einsatz war und ich keine Geschäftsreise vorschieben konnte. Egal, wir besuchten die Live-Sendung, Janni hielt Händchen mit seiner ersten Freundin, Gerd langweilte sich zusammen mit seinen Fußballfreunden, während Simon F., der Sohn unserer Freunde aus der Nachbarschaft, auf der Bühne von der Moderatorin altersgemäß interviewt wurde und auf ihre Frage, was er wohl machen möchte wenn er älter ist, ohne zu zögern antwortete: „Mit meiner Freundin zum Leben und Lieben in den südamerikanischen Urwald". Eine klare Ansage, nicht unbedingt zu erwarten von einem 12/13jährigen, aber Anke Engelke ging schlagfertig und absolut souverän damit um. Und jetzt also, 20 Jahre und viele Erfolge im Fernsehen weiter, dieselbe Anke in einer Hauptrolle in einem Film über Schule bzw. eine Lehrerin; für mich ein guter Grund, den Film anzuschauen, um bloß nicht eine aktuelle Dokumentation über Schule zwischen „Die Lümmel von der ersten Bank" und „Fack ju Göhte" zu verpassen. Keine Frage, der Film spielte in einer Schule, Kinder (und deren Noten) kamen (indirekt) darin vor, die Lehrerin „Frau Müller" stand auch im Mittelpunkt, aber irgendetwas sagte mir, dass es für die Eltern mit der von Anke Engelke gespielten Mutter an der Spitze um mehr ging, als nur um den Unterricht von Frau Müller bzw. ihre Noten und Empfehlungen für den weiteren schulischen Werdegang der Kinder. Und dann kam ich drauf, es ging einzig und allein um die Zukunft, und es war gar nicht Frau Müller gemeint, sondern unsere Bundeskanzlerin. Jetzt hatte alles einen Sinn. Wir wollen, dass es unseren Kindern einmal genauso gut, vielleicht sogar besser geht als uns; dazu brauchen sie einen guten Schulabschluss und um den zu erreichen müssen sie auf eine weiterführende Schule, dafür wiederum braucht es positive Bewertungen und gute Noten, was selbstverständlich, ganz klar, die Aufgabe von Frau M. ist. Leider ist nicht auszuschließen, dass Frau M. einen davon abweichenden, unser Kind (zu) wenig berücksichtigen „Matchplan" hat. Vielleicht will sie einfach nur pragmatisch und unaufgeregt regieren, es möglichst allen „Stakeholdern" recht machen, internationale Verpflichtungen vorbildlich einhalten, das globale Ansehen des von ihr gemanagten Landes mehren und die Koalitionsfähigkeit ihrer Partei sichern. Alles völlig in Ordnung, aber wo bleibt unser Kind? Es ist doch nur eines (genaugenommen 1,47/2014), und es hat grad keinen Bock auf Schule und auf Prüfungen schon gar nicht. Da könnte man doch auf Noten verzichten und alle mit Empfehlung versetzen, die deutsche Wirtschaft hat schließlich Bedarf für jede Menge motivierter Fachkräfte. Und weil wir grad beim Thema Ausbildung sind; nirgendwo auf der Welt, Korea, Japan, Singapur, Finnland eingeschlossen, bin ich auf zukunftsfähiger organisierte gesellschaftliche Systeme und Ordnungen gestoßen wie im Nahen Osten und in Nordafrika. Also her mit diesen High Potentials, sie passen zum pädagogischen Konzept von Frau Müller.
(K)ein Witz? Nun, die Zukunft wird es zeigen.

Männerabend

...oder das Vergnügen, in Ruhe gelassen zu werden.
Natürlich nur möglich, wenn Frau (und Kinder) aus dem Haus sind, kein wichtiges Fußballspiel ansteht und alle sonstigen Männerrituale (Baum pflanzen, Haus bauen, Sohn zeugen, Antilope mit bloßer Hand erwürgen, Schwertfisch angeln, 22jährige Jungfrau streicheln) entweder schon abgearbeitet oder aus ethischen Gründen verworfen worden sind.
Also kurz in sich gegangen, nachgedacht und entschieden, ob die Variante „4f (ffff)" es dieses Mal noch tut oder ob es doch „4F (FFFF)" zu sein hat.
Glücklicherweise reicht(e) meistens ja die kleine Variante völlig aus, aber immer mal wieder (in letzter Zeit mit deutlich steigender Tendenz) musste es doch schon das große „F" sein. Ach, ihr wisst nicht, was die „eff`s" bedeuten? Ist aber eigentlich ganz einfach, nämlich „Flasche, Fleisch, Fluss und Film" in schweren sowie „Fläschchen, Fisch, Fenster und Fernsehen" in leichten Fällen von beginnender oder wiederkehrender Midlife-Crisis, Anzeichen eines (Männer) Schnupfens und altersbedingter Bequemlichkeit verbunden mit der Erkenntnis: „Keiner hat mich richtig lieb".
So ein kleiner Männerabend kann (konnte) demzufolge mit einem Fläschchen Weißwein (beispielsweise einem Silvaner), einem leichten Fischgericht (vielleicht mal wieder Kabeljau auf der Haut gebraten), einem langen Blick aus dem Fenster (keine Rehe zu sehen, bloß Anwohner mit ihren Hunden) und dem Ansehen eines Naturfilms im Fernsehen (etwa Andreas Kieling bei den Bären in Alaska) auskommen.

Der große Abend dagegen beginnt schon mit dem Öffnen einer Flasche Rotwein (ein Pontet-Canet wäre nicht schlecht) am späteren Nachmittag, dem rechtzeitigen Besorgen und Zubereiten eines gut abgehangenen Stück Fleisches (ein **Entrecote** oder T-Bone Steak sollte es schon sein) genau auf den Punkt, gefolgt vom Anzünden einer Kerze vor dem Stück Leinwand aus dem Fluss „Red River" (von Mario Reis - hat Rosi gerahmt über der Vitrine im Wohnzimmer aufhängen lassen) und erreicht seinen Höhepunkt im Abspielen des gleichnamigen Films (mit John Wayne und Montgomery Clift, selbstverständlich schwarzweiß und im Originalton), währenddessen der Mann, auch nur ein Mensch, einsam und verlassen seine karge Mahlzeit verzehren und bis weit nach Mitternacht auf die Rückkehr der (seiner) Muschelfrau warten muss.

Der gesellschafts-politisch korrekte Witz

...oder die Auseinandersetzung mit dem Unwirklichen.
Deshalb normalerweise auch völlig sinnlos, es überhaupt zu versuchen, schließlich stehen stark besetzte Begriffe wie „Gesellschaft", Politisch", Korrekt" und „Witz" nebeneinander (so meine erste Überlegung vor noch nicht allzu langer Zeit).
Aber dann gab es den 10. November 2015 als das Autoradio im Auftrag eines regionalen Senders seine Hörer informierte, dass „Altkanzler Helmut Schmidt im Alter von 96 Jahren an den Folgen des Rauchens verstorben" sei, und am gleichen Nachmittag ein deutschlandweites Programm die Nachricht bereit hielt: „Präsident Obama hält eine vielbeachtete Rede zu Universitäten und die dort ständig zunehmenden und aggressiver werdenden Auseinandersetzungen um verletzte Gefühle" mit dem ergänzenden Kommentar des Sprechers, dass Einzelkinder von Helikopter-Eltern wohl besonders betroffen seien. Bloß gut, dass wir noch das Jahr 2015 schrieben, ein paar Jahre später wäre mir wohl das Gebiss aus dem Mund gefallen oder ich hätte völlig überraschend für alle sonstigen Verkehrsteilnehmer eine Vollbremsung eingeleitet. Dieses Mal aber fand das Gefährt, dieser schwer geprüfte SUV, praktisch auf sich allein gestellt, noch einmal den Weg zurück nach Hause, wo ich mich mit einem Becher Kaffee in sicherer Umgebung der Frage widmen konnte: Wo müssen solche Informationen gedanklich eingeordnet werden? Ist es unter Zynismus? Vielleicht nur ein schlechter Witz? Oder doch schon Ironie in Reinform oder gar Satire? Und wie müssen wir damit umgehen? Ich kam an dem Nachmittag zu keinem Ergebnis, beschloss aber, Witzen und witzähnlichen Geschichten bzw. Nachrichten gegenüber vorsichtiger zu werden, ein Verhalten, das auch einige Wochen ganz gut funktionierte, aber in den ersten Monaten 2016 ein abruptes Ende fand. Was aber war geschehen zwischen Charlie Hebdo und Jan Böhmermann? Das kostenfrei einigen Zeitungen beigelegte evangelische Magazin „Chrismon" beschäftigte sich in Heft 03.2016 u.a. mit der Frage: Was passiert nach dem Tod? und fasste Antworten aus den Religionen Judentum, Christentum, Islam, Hinduismus und Buddhismus zusammen und hielt unter der Überschrift: Und dann? (dürfen die eigentlich bei mir abschreiben und wie kamen die an das unveröffentlichte Manuskript?) für den Islam fest: *„In den Paradiesgärten erwartet die rechtgläubigen und moralisch lebenden Muslime alles, was sie sich ersehnen. Sie trinken Wein, erhalten Schmuck und kostbare Gewänder. Sie werden von Jungfrauen und Knaben umsorgt, erfahren das Wohlwollen Gottes. Ob sie ihn erblicken, ist unter Theologen umstritten".* Spontan wollte ich hinzufügen: „und dafür muss im Diesseits unter Inkaufnahme einiger kleiner Abstriche geübt werden", beispielsweise in Köln: *„Auf der Domplatte erwartet die rechtgläubigen und moralisch lebenden muslimischen Männer alles, was sie sich ersehnen. Sie trinken Kölsch, erhalten Mobiltelefone und berühren (weniger) kostbare Gewänder (von H&M, kik oder C&A). Sie werden von jungen Frauen (die Knaben werden leider alle im Dom gebraucht) umsorgt"* Allerdings nehme ich an, dass sie diesmal noch auf das Wohlwollen Gottes und seinen Anblick hatten verzichten müssen (egal wie umstritten dies unter Theologen auch sein mag).
Ganz klar, der Artikel hatte mich (und wahrscheinlich auch andere Leser) in ein Dilemma gebracht. Wie sollte man ihn einordnen? Als sachliche, wissenschaftliche Information konnte er nicht gemeint gewesen sein, als Witz war er wegen des zusätzlich eingeführten Begriffes „Religion" noch weniger anzusehen und Ironie und Satire sind viel zu komplex, um dem gemeinen Leser eine Hilfestellung geben zu können, aber es nahte Aufklärung im Inhalt des Heftes 04.2016. Die Macher des Magazins stellten diesmal 56 Seiten zur Verfü-

gung, die anteilsmäßig mit folgenden Themen gefüllt waren (wie beim Durchblättern leicht festzustellen war):
•36 % Cover/allg. Infos/Werbung, •29 % Politik/Gesellschaft, •14 % Leben/Kultur, •14 % Flora/Fauna, •5 % Medien/Sonstiges und •2 % Religion (sprich eine (1) ganze Seite)
Mit anderen Worten, diesmal war die Botschaft: Haltet euch bei der Religion zurück; wir als Vertreter einer Religionsgemeinschaft wissen, wovon wir sprechen.
Also raus aus der Position zwischen all den Tentakeln der Krake „Religion und verletzte Gefühle" und hin zu einem neuen Ansatz, einen gesellschafts-politisch korrekten Witz zu formulieren. Nach einigem Nachdenken kam ich drauf, dass offensichtlich nur ein sicherer Pfad blieb, und zwar weg von der Pointe, hin zu einem offenen Ende.
Ich merke ganz deutlich, dass ihr noch nicht überzeugt seid, aber vielleicht ändert sich das nach folgendem Beispiel:
„Intelligenten Wesen aus dem Kosmos, die ja von Zeit zu Zeit Erich von Däniken und seine Erde zur Inspektion besucht hatten, war aufgefallen, dass das Verhalten der Menschen, anders als von ihnen erwartet, mit den Jahren immer weniger rational nachvollziehbar wurde und auch die Unterschiede zwischen den Bewohnern nicht kleiner geworden waren. Kurzerhand beschlossen sie, erneut ein Raumschiff loszuschicken, um die aktuelle Situation zu begutachten. Während sie früher einfach eine Landekapsel auf eine Grenze zwischen zwei Regionen, beispielsweise zwischen Bayern und Österreich, Luxemburg und Belgien, Türkei und Syrien, Saarland und Rheinland-Pfalz, Düsseldorf und Köln oder Nieder- und Ober-Breisig hatten niedergehen lassen, sich von beiden Seiten je ein Exemplar zur Untersuchung des Gehirns besorgt, die Details inspiziert und verglichen hatten, entschlossen sie sich dieses Mal, direkt neben dem Landtag von Sachsen-Anhalt zu landen und je einen Volksvertreter der in das neue Parlament gewählten Parteien zu checken. Die fünf Probanden waren auch schnell gefunden, vorsichtig betäubt und zur weiteren Untersuchung der galaktischen Gerichtsmedizin übergeben worden. Diese öffnete vorsichtig deren Schädel und begutachtete das Innere. Bei fast allen zeigte sich das von früher bekannte Bild völlig ungeordneter Gehirnwindungen - außer bei einem der untersuchten Individuen. Hier stießen sie zwar wieder auf eine hohle Birne mit dem ihnen aus früheren Untersuchungen bereits bekannten quer durch den Kopf verlaufenden Draht und als sie diesen vorsichtig durchtrennten, fielen wie erwartet wiederum die beiden seitlich am Kopf angebrachten Ohren ab, aber dieses Mal hatten sie ein Problem, sie konnten das Ergebnis nicht mit Sicherheit einer Partei zuordnen, hatten sie in der Eile doch tatsächlich vergessen, die Probanden zu kennzeichnen. Und so grübeln sie immer noch in ihrem Raumschiff, welche Wähler dieser Abgeordnete wohl vertreten könnte.
Und wenn sie nicht gestorben sind, dann grübeln sie noch heute".
Und was sagt uns das? Ganz klar, wir haben es tatsächlich geschafft; wir haben gelernt, dass ein gesellschafts-politisch korrekter Witz keine Pointe mehr haben darf, es muss auch nicht mehr gelacht werden, nicht weil es nichts mehr zu lachen gibt, sondern weil Witze jetzt in Form von Märchen daherkommen. Ich bin sicher, dass es dazu führen wird, demnächst völlig neu überarbeitete Versionen von Grimms und Hauffs Märchen bei Amazon kaufen zu können. Noch nicht in Erfahrung bringen konnte ich dagegen, ob Scheherazade zukünftig womöglich eine 1002te Nacht brauchen wird, um dem Sultan im Morgenland alle neuen Märchen dieser Welt erzählen zu können (und hoffentlich kommt sie auch dieses Mal mit dem Leben davon, ausreisen darf sie schon nicht mehr).

(Impression statt leerer Seite: Feuerfest und eine interessante Konferenz in Südafrika)

Essen und Trinken

Gleich vorweg: Ich bin kein Koch, ich war nie Koch und aus mir wird auch nie einer werden.

Also nehmt die folgenden Informationen so, wie sie gemeint sind, nämlich zum Nachempfinden der im Text **fett** herausgestellten Speisen (und Getränke).
Genauso wichtig sind mir aber auch einige Gerichte, die vielleicht auf den Seiten vorher nicht angesprochen wurden, aber durchaus Teil nahrhafter Treffen und Diskussionen im Familienkreis und anderen Gelegenheiten waren (oder hätten sein können).
Und ganz besonders ans Herz legen möchte ich euch die mit „Vornamen" versehenen Rezepte, zeugen sie doch davon, dass auf dem Kochplatz das Spiel für Schland noch nicht verloren ist.

Denkt aber bitte daran, dass Genuss und Spaß beim Essen nicht nur vom Rezept, von der Qualität der Zutaten sowie dem handwerklichen Geschick des Küchenpersonals abhängen, sondern von weiteren Parametern wie Ort und Zeit, aber vor allem der Gesellschaft, in bzw. mit der man das Essen (und die Getränke) teilen darf.
War der Verlauf der Verhandlung (oder das Gesprächsklima) schlecht, kann auch ein Sternekoch im Ruhrgebiet oder sonst wo dies nicht wegkochen. An solchen Tagen geht man besser in eine Touristenfalle am großen Fluss oder in die Altstadt; das gemeinsame Durchleben herausfordernder Umstände wirkt sich häufig erstaunlich positiv auf das direkte Verhältnis der Betroffenen aus.

Üblicherweise wird das Zubereiten von Speisen als „Kochen" bezeichnet, was ja, wenn auch unausgesprochen, die Beherrschung und Nutzung des Feuers voraussetzt, und von daher und nicht zufälligerweise, viele Anknüpfungspunkte zum Thema „Feuerfest" bestehen. Zwar sind in einem modernen Küchenherd keine feuerfesten Materialien mehr verbaut, aber z.B. der Stahl dafür wird in einem mit feuerfesten Steinen ausgekleideten Gefäß erzeugt. Vielleicht ist es diese Verbindung, die mich zum Anhänger der Theorie werden ließ, dass die Beherrschung des Feuers  und  dann des Kochens

uns erst zum Menschen gemacht hat *(Richard Wrangham: Catching Fire. How Cooking Made Us Human. Basic Books New York 2009).*
Werkzeuge benutzen auch andere Primaten, aber ich kann mich nicht erinnern, schon mal eine Affen-Familie um einen Tisch versammelt bei einem Mehrgänge-Menü gesehen zu haben.
(Allerdings könnte es sein, dass ich die Aussage in dieser einfachen Form womöglich noch überarbeiten muss, stand doch jetzt in der Zeitung, dass Schimpansen beobachtet wurden, die sich bereits im Sammeln und Werfen von Steinen üben; da sollte es zum gemeinen Hooligan oder vor eine Flüchtlingsunterkunft nicht mehr allzu weit sein.)

Selbstverständlich wurden fast alle Rezepte nachgekocht, und die allermeisten mit Rosis Hilfe, wobei mit einem Blick auf den Aushang in unserer Küche eigentlich alles Wesentliche geklärt sein sollte; gerade kleine Teams brauchen eine eindeutige Hierarchie:

	**Küchenbrigade** **Römerstraße**	
Patron/Chef	**Chef Tournant** **Sous-Chef/Garde-Manger** **Poissonnier** **Pâtissier**	**Commis** **Lehrling**
Chefkoch	**Beikoch**	**Küchenhilfe**
?	**Ratet mal, was ich bin?**	

Die Mengenangaben reichen, sofern nicht abweichend beschrieben, im Allgemeinen für die Bewirtung von 4-6 Personen aus. Allerdings hatte ich gelernt, zwei Typen von Essern zu unterscheiden: die Löwen und die Gnus.

Letztere sind, sofern bei guter Kasse, die bevorzugten Opfer der internationalen Koch-Avantgarde, die ihnen nur zu gerne stundenlang geschäumte und auch nicht geschäumte Köstlichkeiten servieren möchten. Gnus mit weniger Geld erkennt man daran, dass sie permanent irgendwelche Snacks zu sich nehmen müssen. Löwen dagegen bevorzugen im Allgemeinen größere einzelne Mahlzeiten, nehmen aber dazwischen, der Verdauung (und des fehlenden Jagderfolgs) wegen, längere Pausen in der Nahrungszufuhr hin; und sie sind auch nicht unangenehm überrascht, nach dem Besuch eines Sternetempels von einem Freund, Kai A., gefragt zu werden: „Und? Gab`s was Ordentliches auf die Gabel?"

Ich hatte ursprünglich vor gehabt, einige in Restaurants georderte Speisen, d.h. die servierten noch jungfräulichen Teller mit Foto vorzustellen, habe diese Idee aber, nach dem Lesen einer Überschrift im Handelsblatt: *„Wenn Foodporn zum teuren Vergnügen wird"* wieder fallengelassen; bewusst gegen das Urheberrecht soll nicht verstoßen werden, schließlich habe ich schon schweren Herzens (und der unklaren Rechtslage wegen) auf die Verwendung des Begriffs „Pornchic" an der einen und der Diskussion von „Koranchic" an einer anderen Stelle verzichtet.

Die Rezepte entsprechen häufig nicht dem Zeitgeist, und sie richten sich auch nicht an spezielle Ess-Typen, mir sind eigentlich alle recht, ob nun Flexitarier, Frutarier, Naturamanducarier, Paleotarier, Superfoodianer, Tubuspressarier, Veganer, Vegetarier und Weißnichtwasichwirklichwillianer.
Es ist mir schon klar, dass es bei uns in Deutschland womöglich nicht gut ankommt, aber ich plädiere für das Tragen eines „Esstyp-Stickers", wenigstens bei der ersten gemeinsamen Mahlzeit. Löwen und Gnus waren ja eher leicht auseinander zu halten, im schlimmsten Falle musste halt die Bestellung etwas präzisiert werden.

Sitzen beispielsweise zwei Löwen, die wegen fehlender ~~Tanz~~-Esstyp-Nadel nicht wissen, dass der andere ebenfalls einer ist, in einem kleinen Restaurant in Florenz zum Abendessen zusammen, so passiert es schon mal, dass der Wirt bei der Aufnahme der Bestellung:

„Antipasti für zwei, dann bitte **Bistecca alla fiorentina**“

von dem jüngeren (in unserem Falle Rüdiger D.) sogleich den wichtigen Hinweis erhält:

„Ich nehme auch eins“,

denn in Italien ist so ein Steak für zwei Personen vorgesehen und wird, wenn es auf den Tisch kommt, von der Bedienung „bestimmungsgerecht“ zugeteilt. Ich weiß nicht, woran sie es erkennen, aber das Gnu, sofern eines dabei ist, erhält immer das kleinere Stück Fleisch links vom Knochen.

Was mach ich aber demgegenüber mit einer/m Frutarier/in beim Hans-Stefan St. in Heppingen? Sag ich bei der Bestellung: „Und sorg bitte dafür, dass die Pflanzen nicht verletzt werden“ oder sammle ich vorsichtshalber gleich alle Messer und sonstigen scharfen Gegenstände in der Küche ein? Denkt man länger darüber nach, kommt man unweigerlich zu dem Schluss, dass die asiatische, speziell die chinesische Küche, von Hause aus besser auf solche Herausforderungen und damit zukunftsfähiger eingestellt ist als die europäische. Wenn man die große Anzahl an Kochplätzen in einem dieser Garküchen-Ensembles vor Augen hat, wo jeder Koch immer nur für eine bestimmte Zubereitungsart zuständig ist, dann ist nachvollziehbar, dass da selbstverständlich Platz für einen Frutarier-Spezialisten wäre. Ich sehe ihn schon am Becken mit den munteren Fischen, den Kisten mit den lebenden Schlangen, Echsen oder Fröschen entlanggehen, um seinem Hoch-Beet vorsichtig eine jungfräuliche Möhre zu entnehmen, diese sanft mit handwarmem Wasser von anhaftendem Substrat befreien und mittels ionisiertem Luftstrom, selbstverständlich kleinste Stufe am Föhn, zu trocknen und für den Teller mit drei (3) Tropfen Öl (hoffentlich haben sie die Samen nicht zu stark gepresst) zu zubereiten. Weiter hat mich meine (zugegeben, wenig entwickelte) Phantasie noch nicht gebracht. Ich scheitere bisher an der Frage: „Muss vor dem Verzehr einer solchen Spezialität eigentlich das Gebiss aus dem Mund genommen werden und wo wird es abgelegt?“, obwohl, für die Zähne könnte die Spitzengastronomie ja die heute nicht mehr üblichen Cloches (Hauben oder Glocken) wieder bereithalten. Hoffentlich haben sie die, des zwischenzeitlich hohen Silberpreises wegen, nicht längst alle weiterverkauft.

Obwohl dieses Kaleidoskop keinesfalls auf ein Sachbuch zum Thema Kochen reduziert werden sollte, weder dem Inhalt noch der Intention nach, so beschäftigt es sich an sehr vielen Stellen unüberlesbar mit der Aufrechterhaltung menschlicher Vitalfunktionen in Form von Essen und Trinken und damit verbundener Kommunikation; von daher dürfen nach Meinung des Autors (also meiner) die zu den Gerichten gehörenden Rezepte nun einmal nicht fehlen. Schließlich kann man sich über fast nichts so schön streiten, wie über die qualitative und quantitative Auswahl, Zubereitung und Darreichung von Speisen und Getränken; und ganz besonders in Zeiten wie diesen. Kaum sitzt man heute, also 2015/2016 irgendwo zusammen, fängt irgendwer mit dem Thema „Flüchtlinge“ an.

Ob wir (oder die Politiker) es wahrhaben wollen (oder auch nicht), das Thema und der Umgang damit bestimmen in immer stärkerem Maße das Fühlen und Denken der Menschen. Und der in diesen Monaten erkennbar „auf Sicht" (vielleicht mit kurzfristig oder kurzsichtig zu übersetzen; vor aller Augen stochern Politiker nun mal nicht gern im Nebel) angelegte Lösungsansatz bezüglich der Herausforderungen durch Migration und Migranten ist drauf und dran, die Gesellschaft(en) zu spalten. Genauso wenig wie den globalen Klimawandel kann kein Land allein den globalen, letztlich ökonomisch bedingten Migrationsdruck kompensieren, weder indem man/frau Mitteleuropa zu einem schwarzen Loch (das alles aufnimmt) erklärt, noch durch die Errichtung von Hindernissen ohne vorausschauende Phantasie. Die Geschichte hat ja einige Verhinderungsbauten als Anschauungsunterricht zu bieten: von der Chinesischen Mauer, dem Limes und Hadrians-Wall, über die Maginot-Linie, West- und Atlantik-Wall bis zum Eisernen Vorhang und der Berliner Mauer, von Panzer- und Schützengräben gar nicht zu reden. Bewusst nicht aufgeführt sind Deiche und Rückhaltebecken. Allen Küstenbewohnern ist klar, dass es einen realitätsbestimmten Umgang mit Zu- und Abflüssen geben muss. Fragt mal die Holländer oder seht euch wenigstens an, wie ihr Knowhow entlang von Nord- und Ostsee und an den großen Flussmündungen in den früheren Jahrhunderten genutzt worden ist. So etwas politisch Naives wie eine Gleichsetzung heutiger und kommender Migrationsbewegungen mit der Ansiedlung von Schlesiern im Ruhrgebiet im Laufe der Industrialisierung, der Vertreibung der Deutschen aus dem Osten nach dem 2. Weltkrieg oder der Entscheidung vormaliger Vertrags- (Gast) Arbeiter, nicht zurück nach Anatolien zu gehen, und die Tatsache der weitgehend erfolgreichen Integration dieser Menschen als Beispiel und Begründung für aktionistische, völlig ungeordnete und unkoordinierte Maßnahmen ohne Zukunftsbezug heute, ist sicher nicht dabei.

Jetzt ist hier ganz bestimmt nicht der richtige Platz, der Politik detaillierte Empfehlungen an die Hand zu geben, weder solche, die kurzfristig helfen, noch solche, die langfristig wirken könnten. Bei der Zubereitung von bekömmlichen, schmackhaften Speisen haben sich klare Vorstellungen über das, was man da eigentlich für wen und wie viele machen möchte (manche würden es „Rezept" nennen), gute Planung der Abläufe, Verteilung der einzelnen Aufgaben an die mitmachenden und dafür geeigneten Personen, wo soll gegessen werden, wer soll mit wem zusammensitzen, wie lange wird das Beieinander dauern, etc. seit langer Zeit bewährt. Als nicht ganz so erfolgreich hat sich das überwiegende Ausrichten des Beisammenseins an der Höhe der einzusetzenden Geldmittel herausgestellt; und schon gar nicht funktioniert hat eine Einladung zu einem größeren Essen auf Pump oder in Form eines Fondue ohne vorherige Einbeziehung der Teilnehmer, denn die „Spender" erwarten wegen ihrer Großzügigkeit eine gewisse Dankbarkeit, und zwar völlig unabhängig davon, ob es den Bewirteten geschmeckt hat oder nicht, während im Falle eines Fondue die „Bespendeten" womöglich nicht darauf eingestellt waren, bei der Fertigstellung des Essens selbst Hand anlegen zu müssen; mit anderen Worten, dem Zufall würde Tür und Tor geöffnet und der Ausgang des Zusammenseins wäre ungewiss.

Also folgt (ich wiederhole mich) den Angaben bei Zutaten und Zubereitungen nicht blind, einen Ochsenschwanz kann man über eine längere Zeit schön weich schmoren, ein Ei aber nicht immer weicher kochen.

Damit aber genug der Vorrede und hin zu Speisen und Getränken, die in Rezepte / Register aufgelistet und unter Sammlung bzw. Themen durchnummeriert mit Hinweis der Kategorie (ABC Getränk, VST Vorspeise, SUC Suppe, ZKG Zwischengericht, EAF Eintopf/Auflauf, HFL Hauptgericht Fleisch, HFM Hauptgericht Fisch/Meeresfrüchte, NES Nachspeise, THE Thema) zum Nachlesen zu finden sind.
Beachtet weiterhin bitte, dass beim eventuellen Nachempfinden einzelner Speisen für alle Angaben die üblichen Abkürzungen gelten (und ggfls. unter Sammlung überprüft werden können).
Und selbstverständlich solltet ihr vor dem Nachkochen jedes Rezept mittels googeln, bingen oder yahooen gegenchecken, sicher ist sicher, und wozu trägt man sonst so ein Smartphone oder Tablet Tag und Nacht am Körper.
Natürlich könntet ihr alternativ auch auf das von fettigen Fingern beschmierte Kochbuch in eurer Küche, immerhin ein Geschenk eurer Eltern vor deren erster Einladung zum Essen in eurer neuen Wohnung ausweichen, zu besonderen Anlässen womöglich gar auf ein Rezept aus einer mit einer Widmung versehenen oder auch zeichnerisch veredelten Spezialausgabe (zu finden im Bücherregal eures Wohnzimmers, Abteilung Lifestyle,) zurückgreifen.
Ich hätte mich immerhin (in alphabetischer Reihenfolge) zwischen Thomas Becker (Büchlein Nr. 53 von 80/2003), Lea Linster (Das Gelbe vom Ei), Johanna Maier (Meine Kochschule), Lutz P. Natusch (Es gibt kein schöneres Wort für Fisch) und Hans-Stefan Steinheuer (Das Kochbuch) zu entscheiden; wahrlich keine leichte Wahl, dabei sind das nur die Bücher mit einer persönlichen Zeile des Chefs (an Rosi) und nicht eines der vielen anderen mit dem Bild eines Fernseh-Moderators auf dem Cover und dem kurzen Hinweis: „Lieber Bernd, alles Gute zum Geburtstag“ auf der Innenseite des Geschenks.

Aber damit auch genug geplaudert und frisch ans Werk, äh an den Herd.

Rezepte / Sammlung

Ich hatte bereits an anderer Stelle daraufhin gewiesen, dass ihr natürlich und vorsichtshalber alle Angaben zu den Rezepten durch Einsatz eures gesunden Menschenverstandes (und möglicherweise eures Smartphone) überprüfen solltet. Rezepte sind nämlich für mich so eine Art Vorlage, die ich nur zu gerne „Us de la Meng" abändere (außer, es wurde die gleichnamige Cuvée von Meyer-Näkel als Küchenwein ausgewählt). Von daher kann es für das ungeprüfte Nachkochen keinerlei Garantie, weder fürs Gelingen noch fürs Schmeck-Vergnügen, geben.

Einige Male bin ich auch schon gefragt worden, ob die Gerichte bzw. Rezepte in Richtung „ambitionierter Männer-Koch Club" gehen und eine Beziehung zu herausragenden Köchinnen ersetzen oder den Besuch guter Restaurants überflüssig machen könnten. Dies ist ganz sicher nicht der Fall. Es geht mehr Richtung „Pedelec oder E-Bike". Mit so einem Rad unterm Hintern würde man zwar auch untrainiert alles Mögliche befahren können; aber es kann einem keinesfalls die Auseinandersetzung mit der voraus liegenden Strecke, ob Straße, Stadt, Feld, Wald, Berg oder Bahn und der Verpflegungsstellen abnehmen (außerdem sollte der Akku aufgeladen sein).

Gewicht und Volumen

Alle Angaben ohne weiteren Zusatz sind „brutto" gemeint, d.h. ungeschält, ungeputzt, nicht ausgenommen; steht „netto" dabei, bedeutet dies geschält, geputzt, pariert.
1 l (Liter) = 1000 ml
1 kg (Kilogramm) = 1000 g
1 Tl (Teelöffel) = ca. 3-5 g
1 El (Esslöffel) = ca. 10-15 g
1 Dose (groß) = ca. 800 g Einwaage und ca. 450 g Abtropfgewicht (netto)
1 Dose (klein) = ca. 400 g und ca. 230 g netto
1 Glas = ca. 200 ml
1 Tasse = ca. 250 ml und/oder 250 g
1 Becher = ca. 200 ml und/oder 200 g
1 Bund (Bd) = 1 abgepacktes Sträußchen oder 1/3 Topf eines Küchenkrauts
1 Prise (Pr) oder 1 Messerspitze (Msp) = die Menge zwischen 2 Fingern von Erwachsenen
1 Spritzer (Spr) = das, was ein (Spritz)-Fläschchen bei einmaliger Handbewegung hergibt
1 Ei = ca. 55-65 g
1 Päckchen (Pck) Backpulver = ca. 15 g
1 Päckchen Vanillezucker = ca. 8 g
1 Päckchen Trocken-Backhefe = ca. 8 g
1 Beutel (Btl) Blatt-Gelatine = ca. 10-12 Stück, ausreichend für ca. 1 l Flüssigkeit

Garzeit und Temperatur

Außer einem verlässlichen Herd, sollte ein einfaches Brat-Thermometer vorhanden sein; man tut sich einfach viel leichter bei einer evtl. Überprüfung des Garpunktes.
Unseren Herd kann selbst ich auf Umluft, Ober-/Unterhitze oder Grillen einstellen; die vielen anderen vorhandenen Möglichkeiten sind vom Hersteller zwar gut gemeint, an mich aber verschwendet worden.
Abgesehen von ganz wenigen Ausnahmen, stelle ich alles auf die mittlere Einschub-Schiene.
Langzeit-Garen, wie beispielsweise beim 6-Stunden-Lamm oder ähnlichen Schmorgerichten, ist etwas anderes als Niedertemperatur-Garen, das sich zwar auch schon mal 1 Flasche Wein lang hinziehen kann, aber (nach vorherigem Anbraten und evtl. abschließendem Bräunen) bei nur 80-85 °C so lange erfolgt, dass das Fleisch eine Kerntemperatur von gerade einmal 70 °C bei Geflügel, sonst mind. 60-65 °C aufweisen sollte (bei Rinder- oder Lammfilet reichen auch 55-60 °C).
Es ist angeraten (je nach Gericht), sich vorher genauestens zu informieren.

Menge und Gehalt

Nur ganz kurz als Info für alle, die sich weder zu den Löwen noch den Gnus zählen.
Für diese normalen, weder klein- noch großwüchsigen Esser rechne ich pro Person für Gerichte, die nicht Teil eines Menüs sind, mit etwa:
150-200 g Fisch
200-250 g Fleisch
200-300 g Hackfleisch (je magerer, desto mehr)
250 g Kartoffeln
175-200 g Reis
150-200 g Nudeln

Bei Fischen und sonstigem Meeresgetier empfiehlt es sich, zusätzlich darauf zu achten, wie viel Fett diese Bewohner von Flüssen, Seen oder Meeren enthalten, um dies ggfls. bei der Menge und der Art der Zubereitung berücksichtigen zu können:
fett sind z. B. Aal, Hering, Lachs, Makrele, (Öl-) Sardine),
normal sind Hecht, Heilbutt, Rotbarsch oder Zander und
fettarm sind etwa Austern, Forelle, Kabeljau, Schellfisch, Seelachs oder Seezunge einzustufen.

Berücksichtigen solltet ihr auch den Fettgehalt von Milch-Produkten:
Kochsahne 20 %, Schlagsahne (Rahm) 30 %, Crème double (Rahm Stufe Extra) 40 %, Clotted Cream 55 % und Mascarpone 70 %
sowie aus Sauermilch hergestellt:
Saure Sahne 10 %, Sour Cream 12-16 %, Crème légère 20 %,
Schmand (Sauerrahm) 20-29 % und Crème fraîche 30 % Fett.

Einen Unterschied zwischen Fond und Brühe mache ich nicht.

Accra Special [001]

<table>
<tr><td>Zutaten:
60 ml Gin, ca. 15-30 ml Campari, Tonic Water, Zitronenscheibe, Eiswürfel</td></tr>
<tr><td>Zubereitung:
Gin und Tonic in ein Glas mit Eiswürfel geben, einen (guten) Schuss Campari zufügen, umrühren, Zitronenscheibe ans Glas und fertig ist der vorbeugende Schutz gegen Malaria und dergleichen, nicht immer hilfreich, aber mit der Anzahl der Drinks steigt der unbedingte Glaube an die Wirksamkeit der Maßnahme. In jedem Fall anzuraten, wenn es am nächsten Morgen an den Strand gehen soll. 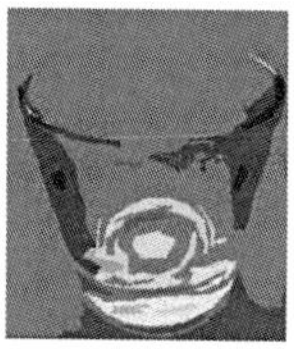</td></tr>
<tr><td>
(So ähnlich sah er damals aus, der Thirteen-Miles-Beach nahe Accra)</td></tr>
</table>

Antipasti di terra pugliesi [002]

Natürlich gibt es diese Vorspeisen, die uns damals in einer sehr privaten Umgebung in Apulien aufgetischt wurden, auch so oder so ähnlich in anderen Teilen des Landes und zu Hause bei italienischen Freunden; für mich geradezu exemplarisch als nahrhafter Teil einer Willkommenskultur, und noch dazu kommunikativ und bekömmlich.
So einen apulischen Auftakt sollte man unbedingt mit den Klassikern Tomaten und Mozzarella sowie karamellisierten Zwiebeln gesamtitalienisch erweitern.

Und vielleicht gelingt es ja, rechtzeitig einen Negroamaro/Malvasia Rosé oder einen weißen Martina Franca zu besorgen.

Zutaten:

8 Paprika (bunt gemischt), 2 Zucchini, 1-2 Auberginen, 2-3 Knoblauchzehen (geschält, durchgepresst), 2-3 Chilischoten (geputzt, Kerne entfernt, sehr fein gehackt), Petersilie (gehackt), 125 ml Aceto Balsamico (weiß), 200 ml Olivenöl, Pfeffer, Salz, Kräuter (Thymian, Olivenkraut, Rosmarin), Basilikum, Kapern (in Salz eingelegt, abgespült)

Zubereitung:

Paprika, Zucchini und Auberginen waschen, putzen und in Scheiben bzw. Streifen schneiden.
Die Paprika auf ein Backblech (mit Alufolie darunter) legen und bei 160 °C (Umluft) backen, bis die Haut Blasen zeigt, herausnehmen, feucht abdecken und die Haut abziehen.
Zucchini und Auberginen salzen und Wasser ziehen lassen, abtrocknen, leicht mit Knoblauch einreiben, auf ein Gitterrost (Backblech darunter) legen und im heißen Ofen grillen, es muss eine leichte Röstfarbe zu sehen sein.
Olivenöl, Aceto, Chilis, Petersilie, gehackte Kräuter, Pfeffer, Salz zu einer Marinade verrühren. Eine geeignete Keramikform mit der Marinade ausstreichen, die Paprika, Zucchini und Aubergine im Wechsel hineinlegen, jeweils mit Marinade und Kräutern bepinseln bzw. bestreuen, abdecken und über Nacht durchziehen lassen. Vor dem Servieren mit Basilikumblättern und (wer mag) Kapern dekorieren.

Tri Tra Trullili.

Guten Appetit und zum Wohl.

Apfelstrudel [003]

Zutaten:

Achtung: für 2 Strudel (sonst lohnt sich der ganze Aufwand einfach nicht)

Teig: 500 g Mehl (Typ 550), 200 ml Wasser (lauwarm), 40 ml Öl. 4-5 g Salz, 2-3 Eier
Füllung: 100-125 g Butter, 200 g Semmelbrösel, 275-300 g Zucker, 20-25 g Zimt, 300-350 g Rosinen, 2-2,5 kg Äpfel (Boskoop, geschält, gewürfelt), 20-25 ml Zitronensaft, Rum, Butter, Puderzucker

Zubereitung:

Teig: Zutaten kneten bis er sich von der Unterlage und den Händen löst, zu einer Kugel formen und in neutralem Öl ca. 30-60 min ruhen lassen. Teigrolle in Mehl wenden und auf bemehltem Tuch dünn ausrollen, mit flüssiger Butter bestreichen.
Füllung: Die Brösel in erhitzter Butter goldfarben rösten, Zucker und Zimt vermischen und dann alles mit Äpfeln, Rosinen, Zitronensaft und einem Schuss Rum vermengen.
Die Masse auf den Teig gleichmäßig aufbringen und mittels Tuch vorsichtig aufrollen. Ein Blech mit Butter bestreichen, Teigrolle vorsichtig darauf ziehen und bei 190-200 °C (Ober-/Unterhitze) im vorgeheizten Ofen backen bis der Strudel eine schöne goldbraune Farbe hat, danach mit flüssiger Butter bestreichen, ca. 20-30 min ruhen lassen und mit Puderzucker bestreuen.

So einen Strudel kann man eigentlich immer essen; sobald man in die Nähe der Alpen kommt, führt kein Weg dran vorbei.

(Ein kleiner, netter Ort in Tirol mit einem großen Schornstein)

Apfel-Tarte (mit Zimt Parfait und Punschsabayon) [004]

Apfel-Tarte

ruhig das Rezept von der Tarte Tatin nehmen.

Zimt Parfait

Zutaten:

250 g Zucker, 50 ml Wasser, 10 Eigelb, Kirschwasser, Zimt, 600 ml Sahne (geschlagen)

Zubereitung:

Zucker mit Wasser einkochen, mit dem Eigelb kalt aufschlagen, mit Kirschwasser und Zimt das Parfait abschmecken und die geschlagene Sahne unterheben.

Punschsabayon

Zutaten:

20 g Zucker, 200 ml Rotwein, 200 ml roter Portwein, 100 ml Orangensaft, 4 ml Rum, 1 Tl schwarzer Tee (Pulver aus Beutel), 6 Eigelb, Gewürze (1 Nelke, 1 Lorbeerblatt, je 1 Prise Zimt, Kardamom, Anis)

Zubereitung:

Zucker karamellisieren und mit Rot- und Portwein, Orangensaft einkochen (ergibt 100 ml), Gewürze hinzugeben, dann Tee und Rum, ziehen lassen. Danach abseihen und mit Eigelb warm aufschlagen.

Austern [005]

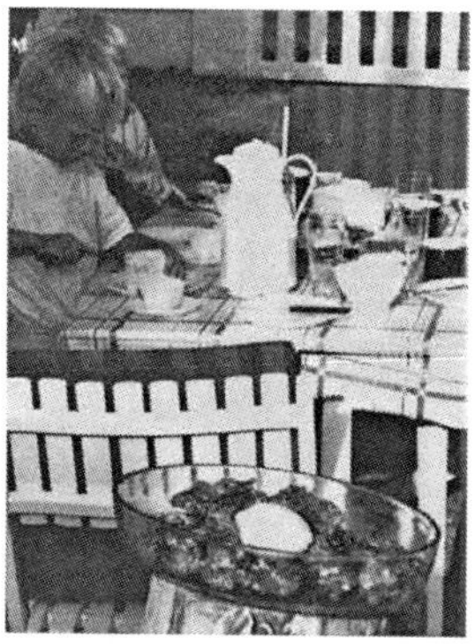

Irgendwann und irgendwo war sehr wahrscheinlich jeder von uns mit der Frage konfrontiert worden: Was ist mit dir, möchtest du nicht auch einmal eine frische Auster probieren? Was für eine dämliche Frage, natürlich nicht; wer isst schon freiwillig rohe Muscheln und noch dazu in glibbriger, undefinierbarer Konsistenz. Jetzt könnte man ja, wie damals die Kinder in Montalivet, weiterhin einfach „nein" sagen, aber das geht heutzutage nicht immer und überall mehr, genauso wenig wie man sich in Köln als Fan von Leverkusen outen sollte. Aber mit etwas Vorbereitung sind diese Situationen ohne Gesichtsverlust nicht nur nicht beherrschbar, nein, man kann sogar in die Offensive gehen:
Nein, nein, die da esse ich nicht, das sind doch einfache Felsenaustern; wenn schon frische, dann nur eine Belon-Auster und nur die Größe 1 (ca. 75 g) und auch nur mit einem Glas eines ganz einfachen Muscadet oder eines weißen „Entre Deux Mers".
Schon sieht das Ganze gleich viel besser aus, und wenn man dann noch nachschiebt, dass frische Austern am besten küstennah (wie die im Bild vorne) gegessen werden sollten, während sie hier am Rhein zunächst in die Küche, um dort gratiniert oder gebacken zu werden, gehören, dann ist das Match praktisch schon gewonnen.

Austern gratiniert

Austern öffnen, auslösen, in die Schalen zurückgeben und diese auf grobes Meersalz auf ein Backblech setzen. Das Austernwasser mit wenig Mehl, Sahne, Pfeffer, Cayenne-Pfeffer in geschmolzene Butter einrühren und andicken lassen, je einen Tl der Mischung auf die Auster geben und nach Geschmack mit geriebenem Cheddar, kleinen Apfel- oder Schinkenstückchen bestreuen, ca. 2-5 min im vorgeheizten Herd gratinieren und ggfls. noch mit etwas Kaviar garnieren.

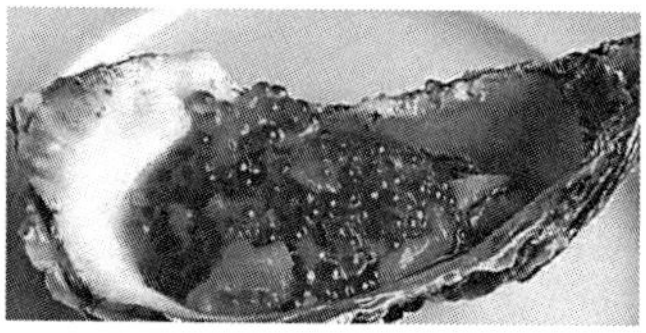

Austern gebacken

Die aus den Schalen gelösten Austern (ggfls. entbarten) mit Zitronensaft beträufeln, zuerst in Mehl, dann in einem mit Austernwasser verquirlten Ei, danach in geriebenen Zwieback Bröseln wenden, In heißem Öl kurz ausbacken und zu einem norddeutschen Kartoffelsalat servieren.

Bärlauch Pesto [006]

Basilikum-Petersilien-Pesto [007]

Zutaten:

100 g Bärlauch, 50 g Pinienkerne, 5-6 Knoblauchzehen, 100-150 ml gutes Olivenöl, Pfeffer, Salz, 1 Limette, 100 g Parmesan (frisch reiben)
oder
100 g Basilikum-, 50 g Petersilienblätter, 80 g Pinienkerne, 125 ml Olivenöl, Pfeffer, Salz, 100 g Pecorino (frisch reiben)

Zubereitung:

Den **Bärlauch** waschen, trocknen, hacken. Knoblauch schälen, klein hacken. Pinienkerne kurz in der Pfanne anrösten. Alles zusammen mit Pfeffer, Salz und einem Spritzer Limettensaft in der Moulinette pürieren, abschmecken, den Parmesan untermixen und das Pesto in ein leeres Schraubglas füllen. Es hält sich einige Wochen im Kühlschrank.

Basilikum-Petersilien-Pesto wird genauso einfach zubereitet.

Übrigens kann man beide auch sehr gut variieren, beispielsweise in dem Pinienkerne durch geröstete (Erd-) Nüsse ersetzt werden.

Beide Pesto (oder sagt man auch in Deutschland schon Pesti?) passen ausgezeichnet zu vielen Speisen (z.B. einfach über frische Spaghetti oder ein Fischfilet geben) und sollten im Sommer immer vorrätig sein.

(Sobald etwas aus dem Glas entnommen wird, bitte sofort wieder mit Olivenöl abdecken.)

Bauernente aus dem Ofen [008]

Zutaten:

1 (Flug-) Ente (ca.2-2,5 kg, küchenfertig, Fettdrüse entfernt), 4 Äpfel (z.B. Boskoop), Pfeffer, Salz, 1 Tl feingezupfte Kräuter (Oregano, Rosmarin oder Thymian), 1 Tl Honig, Entenfond, Schalotten oder kleine Zwiebeln, Crème fraîche, Saucenbinder, Zucker

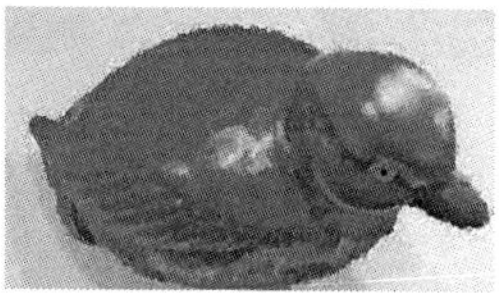

(links seht ihr die von Rosi auf der Geburtstagsfeier von Onkel Franz zu später Stunde gefangene Keramik-Ente)

Zubereitung:

Äpfel schälen, Kerngehäuse entfernen und vierteln oder würfeln. Ente gründlich abspülen und abtrocknen, von innen mit Salz einreiben, mit den Äpfeln füllen und von außen mit einer Mischung aus Kräutern, Pfeffer, Honig und etwas Fond einpinseln. Die Ente mit der Brust nach unten in einen Bräter legen, die Schalotten drum herum verteilen, etwas Fond angießen und im vorgeheizten Ofen bei 180 °C (Umluft) ca. 120 min mit Deckel braten, dann den Deckel abnehmen, die Ente wenden und weitere ca. 25-30 min offen braten, danach herausnehmen und warm stellen. Den Bratensaft abgießen und mit Crème fraîche und ggfls. etwas Saucenbinder verrühren, mit Zucker und Salz abschmecken. Die Apfelspalten aus der Ente holen und mit den Schalotten als Beilage warm halten. Die Ente zerteilen, die Teile mit der Haut nach oben auf ein Blech legen und unmittelbar vor dem Anrichten einige min im Ofen die Haut kross grillen.

Die Ente mit einem Löffel Apfel-Schalotten-Beilage und einem Kloß oder einem Stück Polenta servieren.

Dazu gibt es einen Frühburgunder von der Ahr, und zwar einen, der nicht zu lange im Barrique lag.

Bigos (Sauerkrauttopf) [09]

Zutaten:

750 g Fleisch (gemischt), 300 g Speck (durchwachsen), 3 Krakauer Würste, 750 g Sauerkraut, 30 g Butterschmalz, 2 Zwiebeln, 250 g Pilze (gemischt / oder 25 g getrocknet), 2-2,5 l Fleischbrühe, Weißwein, Kümmel, Zucker, Salz, Pfeffer

Zubereitung:

Fleisch gabelgerecht, Speck und Zwiebeln fein würfeln, Würste und Pilze in Scheiben schneiden, Sauerkraut lockern; Schmalz erhitzen und Fleisch, Speck, Würste unter Wenden anbraten, Zwiebel zugeben und glasig dünsten; Sauerkraut, Pilze und ¾ der Brühe zugeben, mit einem Schuss Wein, Kümmel, einer Prise Zucker würzen und 30 min köcheln lassen; mit Pfeffer und Salz abschmecken, ggfls. Konsistenz noch mit etwas Brühe optimieren.

Bigos mit Salzkartoffeln als Beilage servieren.

Als Getränk empfiehlt sich der restliche Wein, beispielsweise ein kräftiger Weißburgunder vom Weingut Heinrich Schmidt in Windesheim.

Bistecca alla fiorentina [010]

Zutaten für einen (1) Löwen:

1-1,2 kg T-Bone-Steak (gut abgehangen), Senf (Löwen oder Dijon), Pfeffer, Meersalz, Butterschmalz

Zubereitung:

Das ansehnliche Stück Fleisch mit Pfeffer, Salz und etwas Senf gut einreiben, in einer ofenfesten Pfanne Butterschmalz hoch erhitzen, das Fleisch von beiden Seiten je ca. 2-3 min scharf anbraten und dann für 10-15 min bei 100 °C in den vorgeheizten Ofen geben. Die Dauer richtet sich natürlich nach der angestrebten Stufe der Garung (und „well done" geht grad gar nicht).

Gegessen wird so ein schönes Stück Lebensfreude (sch... auf political correctness) allein oder, sofern man 2 Steaks hat, zusammen mit einem zweiten Löwen und mit einem kleinen Salat, einer Ofenkartoffel oder ein paar Bohnen.

In jedem Falle braucht es aber einen entsprechenden Rotwein dazu, vollmundig aber nicht filigran oder gar Typ „Grand Cru".

Beispielsweise könnte man die letzte Flasche Chianti „Querciabella" (1986) öffnen oder, falls nicht mehr mit Genuss trinkbar, alternativ zum „Z" aus der südafrikanischen Linie von Meyer-Näkel greifen.

Blumenkohl-Marzipan-Suppe (von Julia) [011]

Zutaten:

800 g Blumenkohl, 1 El Butterschmalz, 1 Zwiebel, 1 Knoblauchzehe, 400 ml Gemüsebrühe, 400 ml Kokosmilch, 200 ml Sahne, 80 g Marzipan Rohmasse, Pfeffer, Salz Muskatnuss
für die Einlage: 150 g gekochter Schinken, 3 Scheiben Toastbrot, 2 El Butterschmalz

Zubereitung:

Blumenkohl waschen, in Röschen teilen und den Strunk entfernen. Zwiebel und Knoblauch schälen, fein würfeln und in Butterschmalz andünsten, Blumenkohl dazugeben, etwas mitdünsten und mit Brühe, Kokosmilch und Sahne ablöschen und ca. 20 min leicht köcheln lassen, pürieren, die Marzipanmasse hineinbröckeln und rühren bis eine Bindung entstanden ist. Alles nochmals pürieren, mit Pfeffer, Salz, geriebener Muskatnuss kräftig pikant abschmecken, dann die Suppe durch ein Sieb streichen.
Für die Einlage den Schinken in ca. 2 cm Stücke, Toastbrot in ca. 2 cm Würfel schneiden. Die Brotwürfel in Butterschmalz braten, bis sie eine leichte Bräunung haben, herausnehmen, dann den Schinken in dem Bratfett erhitzen.

Serviert wird die gehaltvolle Suppe in ausreichend großen Tellern, damit die obenauf gegebenen Schinken- und Toastbrotwürfel dekorativ schön zur Geltung kommen können.

Solange **Julia** (und Günter) nicht ausdrücklich ein Getränk empfehlen, würde ich zu einem gut ausbalancierten feinherben Riesling von der Mosel oder Nahe greifen.

Bohnen-Dip [012]

Zutaten:

400 g weiße Bohnen (große Dose), 1 unbehandelte Zitrone, 1 Knoblauchzehe, 2-3 Schalotten (oder 1 Zwiebel), 3 El Olivenöl, 1 Tl Fenchelsamen (oder 1 Teebeutel), 1 El Kreuzkümmel, Pfeffer, Salz

Zubereitung:

1 Tasse Tee aufbrühen (Fenchel und Zitronenschale). Schalotten und Knoblauch fein würfeln, zusammen mit Kreuzkümmel in Öl andünsten, die abgespülten Bohnen zufügen, kurz mitdünsten, dann pürieren und dabei den abgeseihten Tee nach und nach zugeben bis die Konsistenz für einen Dip oder ein Püree richtig ist, mit Pfeffer, Salz und Zitronensaft abschmecken.

Kann mit Weißbrot bzw. Baguette als Vorspeise oder wie ein Püree zu einem Steak (auch zu einem Seelachsfilet, auf der Haut gebraten) serviert werden.

Eine Empfehlung für ein Getränk kann es leider nicht geben, da das Rezept sehr wahrscheinlich auserkoren werden wird, amtlicherseits den allgemeinen Informationen zu Auswahl und Menge an Notfall-Vorräten als Beispiel für eine spätere Zubereitung beigelegt zu werden. In diesem Fall hat Berlin meine uneingeschränkte Zustimmung: Jeden Tag kalte Ravioli aus der Dose käme einer zweiten Katastrophe gleich.

Braai [013]

Grillabend (Fleisch, Schaschlik) [014]

Grillteller (Türkisch) [015]

Wir greifen auf die bewährte Grillausrüstung aus Thüringen [017] zurück. Für das „normale" Grillen reicht handelsübliche Holzkohle in Bio-Qualität. Beim **Braai** bleibt dem Mann nichts anderes übrig, als mit dem Rentner-SUV in den Wald zu fahren und trockenes Holz (am besten Buche) zu sammeln (es stehen bei uns (noch) keine Ich-AGs mit gebündeltem Holz an der Straße, die einem diese Arbeit abgenommen haben), um damit den Grill zu bestücken; und selbstverständlich muss das Herunterbrennen des Holzes zu geeigneter Glut bei der zeitlichen Abfolge berücksichtigt werden.

Für einen **Grillabend** ist daher rechtzeitige Planung das Wichtigste, und zwar beginnend mit dem Wetter; es folgen Anzahl (beispielsweise 4) sowie Ess- (und Trink-) Erwartungen der Teilnehmer. An dieser Stelle setzt die bewährte Arbeitsteilung ein: Der Mann besorgt die Getränke, das Grillgut, z.B. 12 große Scampi (ungeschält, entdarmt) sowie 12 Lamm- und 12 marinierte Nackenkoteletts beim Lieferanten bzw. Metzger des Vertrauens, baut den Grill auf, entzündet und bewacht das Feuer, probiert selbstlos die Qualität der Getränke (mit Ausnahme des Mineralwassers) und wartet auf den Beginn des Grilldesasters; die Frau kümmert sich um die Salate, das Gemüse, die Saucen, das Baguette und heizt den Ofen vor, am Himmel ziehen dunkle Wolken auf.

Der weitere Ablauf liegt im Ungewissen, ähnlich wie bei einem Fußballspiel; zwar weiß man, wer spielt und eigentlich gewinnen sollte, aber trotzdem ist der Ausgang nicht mit Sicherheit vorher zu sagen (sonst gäbe es ja keine Toto- und Lotto-Gesellschaften).

Ganz anders die Vorgangsweise, um zu einem **türkischen Grillteller** zu kommen. Der einfache Weg führt uns in ein türkisches Restaurant nach Köln in die Keupstrasse (alternativ an die türkische Küste), wo man sich einfach einen Teller mit gegrillten Lamm-Koteletts, Spießen mit Fleischstückchen vom Huhn und Rind, frischem und eingelegtem Gemüse und Joghurtsaucen zusammenstellen lässt.

Der integrativere Weg führt zu einer befreundeten türkischstämmigen Familie und mit ihnen in den Park, wo sich alles praktisch ganz von selbst ergibt. Ich weiß nicht, wie sie es mit dem Wetter machen, aber den Ablauf rund um den „Mangal" haben sie im Kindesalter noch vor dem Laufen-Können erfahren dürfen.

Bei einem Grillteller in Eskişehir teilte sich ein türkischer Kollege eine kleine Flasche Raki (und viel Wasser) mit mir.

Bratwurst [016]

Thüringer Rostbratwurst [017]

Currywurst [018]

Nun zu den Fastfood-Klassikern in Deutschland bzw. zu der Frage: Was verbindet Hamburg, Berlin, das Ruhrgebiet, Weimar, Fürth, Gerhard Schröder, Herbert Grönemeyer mit VW und Uli Hoeneß? Ganz richtig: die Wurst. Aber immer eine andere, in jeweils anderer Ausführung, damit rezept- und alternativlos, dafür Gefühle verletzend, nicht immer und jeden, aber ein No Go für Vegetarier, Veganer und Mitbürger ohne Beziehung zum Schwein.

Wie aber könnte eine Annäherung an diesen wichtigen Teil der deutschen Leitkultur aussehen? Eigentlich wie bei allen Sachen, für die es ein bewusstes erstes Mal geben sollte. Man probiert es gezielt aus. Eine einfache aber reichlich dumme Art wäre, zum nächsten Einkaufszentrum zu fahren und eine **Bratwurst** am Stand auf dem Parkplatz zu essen; fast genauso sinn frei wäre, ein Fußballspiel zu besuchen und eine Wurst im Stadion zu probieren, womöglich gewinnt der Lieblingsverein und man überträgt das gute Gefühl auf die Wurst. Nein, viel vernünftiger ist, das Auto und ein paar Tage frei zu nehmen und eine Rundfahrt durch (einige) deutsche Bundesländer bzw. Städte zu machen, also beispielsweise nach Nürnberg und Coburg in Bayern, Bottrop oder Bochum in NRW und Saalfeld in Thüringen, um dort jeweils mindestens eine Wurst am Stand vor der Metzgerei oder auf dem Marktplatz zu verspeisen. Und auf der Rückfahrt von Saalfeld könnte man dann die A 4 an der Ausfahrt Gotha-Boxberg verlassen, um sich in Georgenthal im Werks-Pavillon der Firma „Thüros“ grillmäßig komplett neu ausstatten zu lassen, denn, ganz wichtig, eine richtige **Thüringer** gibt es nur vom Holzkohle-Grill. Und da man ja im Auto unterwegs wäre und vorausschauend eine Kühlbox mit Eis mitgenommen hätte, kauft man in der Metzgerei mit der besten Wurst gleich eine Probiermenge für den bereits angekündigten Grillabend mit der Familie oder Freunden ein.

Bei der **Currywurst** wird es deutlich komplizierter. Schon die Frage: Wer hat`s erfunden? ist nicht ganz einfach zu beantworten; in jedem Falle nicht die Schweizer, womöglich eine Frau, in Hamburg oder Berlin, die Wurst mit oder ohne Pelle, von Hand geschnitten oder durch den Cutter gejagt, mit Brötchen oder Pommes? Und dann die Sauce, nein, da mach ich nicht mehr mit. Ich grille einfach eine (oder mehrere) von meinen Thüringern, schneide sie in 1-2 cm lange Stücke, übergieße alles mit Sauce (3 El Tomatenketchup, 1 Tl scharfe Chilisauce, 1 Spritzer Worcestersauce, ½ Tl Limettensaft), streue noch vom CTM [024] übriggebliebenes Currypulver darüber und ... habe fertig.

Burger (Kamel-)[019]

Burger (American Style) [020]

Ich hoffe, dass niemand erwartet hat, an dieser Stelle ein Rezept für einen

Kamel-Burger

vorzufinden. Wer so etwas probieren möchte, sollte sich besser schnurstracks auf den Weg an den Golf machen, und zwar die arabische Seite. Ich bin ziemlich sicher, dass man das Gericht auf der persischen Seite nicht finden würde.

Zutaten:

2 Kamele (Dromedare oder Trampeltiere gingen selbstverständlich auch) und ein Flugzeug.

Zubereitung:

Im Internet eine Reise an den Golf buchen.

Für einen (1) **American Burger** besorgen wir uns 400 g bestes Steakfleisch vom Rind, lassen es etwas gröber durchdrehen, würzen gut mit Pfeffer und Salz, geben ein halbes (1/2) verquirltes Ei hinzu und formen eine flache gut daumendicke Scheibe entsprechend der Größe eines runden weichen Brötchens oder Fladenbrots (nicht gesüßt, ggfls. ausschneiden). Dann braten wir den Burger in einer Eisenpfanne mit einem Löffel Butterschmalz von beiden Seiten je 2-4 min scharf an und stellen die Pfanne für ca. 10-15 min in den auf 100 °C (keine Umluft) vorgeheizten Ofen. Während wir 1 kleine Zwiebel, 1 kleine Spreewald-Gurke sowie 1-2 Tomaten fein würfeln und 1 El Mayonnaise, 1 El Schmand, 1 El Joghurt, 2-4 El Tomatenketchup, Pfeffer, Salz, Spritzer Chilisauce schön cremig rühren, kommt das aufgeschnittene Brötchen oder runde Fladenbrot auf den Toaster von KitchenAid (oder Kenwood oder so). Sobald der Fleischklops innen medium leuchtet, führen wir alle Komponenten zu einem richtigen Burger zusammen, holen uns eine eiskalte Dose Bier aus dem amerikanischen Kühlschrank und setzen uns damit vor den Fernseher; irgendeine US-Serie wird bei einem der privaten Sender ja wohl gerade laufen.

Und das Kamel muss bleiben, wo es hingehört.

Butterkuchen (ganz einfach) [021]

Frei nach Loriot gilt für Norddeutsche: ein Leben ohne Butterkuchen ist zwar vorstellbar, aber nicht wirklich erstrebenswert. Also keine Feier ohne Butterkuchen, und zwar von der Geburt (bzw. Taufe) bis zur Beerdigung; und auch bei der Kartoffelernte hielt mich allein der Gedanke an den Kuchen, den es in der nachmittäglichen Pause geben würde, psychisch und physisch in der (Acker) Furche.
Folgendes "Tassen" Rezept (1 Tasse = 250 g oder ml) macht euch unabhängig vom Können lokaler, nicht norddeutscher Bäcker.
(außerdem gibt es Niemeyer in Bremerhaven leider auch nicht mehr, dafür aber Strandhalle und den Zoo am Meer (Tiergrotten) immer noch)

Zutaten:

Teig: 2 Tassen Mehl, 1 Tasse Zucker, 1 Tasse Sahne, 4 Eier, ½ Bio-Zitrone (abgeriebene Schale), 10 g Backpulver (1 Beutel), 10 g Vanillezucker (1 Beutel), Salz (1 Prise), (Butter, Mehl fürs Blech)
Belag: 125 g Butter, 1 Tasse Zucker, 4-5 El Milch, 10 g Vanillezucker, 250 g Mandeln

Zubereitung:

In eine Schüssel Sahne, Zucker, Vanille und Eier geben und verrühren, Mehl, Backpulver, Salz, Zitronenabrieb zufügen, zu einem schönen Teig rühren und diesen auf ein gefettetes, bemehltes Backblech streichen. Während der Teig im vorgeheizten Herd bei 200 °C (Ober-/Unterhitze) 10 min backt, einen Streich Belag aus weicher Butter, Zucker, Vanille, Milch und Mandeln rühren. Die Masse dann auf den Teig streichen, Butterflöckchen draufsetzen und wieder 10 min bei 200 °C (Oberhitze) fertigbacken.

Café con Leche y Churros [022]

Natürlich gibt es hierzu kein Rezept, fliegt oder fahrt einfach nach Spanien, bucht ein Hotel ohne Frühstück in einer Großstadt, stellt euch morgens gegen 09:00 in die Nähe eines großen Bürogebäudes, schaut genau hin, aus welcher Bar die meisten Leute kommen und frühstückt exakt dort in aller Ruhe Milchkaffee und Schmalzgebäck (ihr könnt aber ruhig auch eine heiße Schokolade dazu trinken, darin eingetunkt schmecken die Churros fast noch besser).

Oder verzichtet auf Spanien, besucht stattdessen den Mainzer Weihnachtsmarkt am Dom und frühstückt dort mittags um 16:00 weihnachtstypische Churros und Coffee-To-Go; es ist eh zu warm für einen Glühwein und das falsche Wochenende für Meenzer Worscht oder Handkäs.

Ceviche [023]

Zutaten:

1000 g frischen weißfleischigen Seefisch (am besten Seeteufel), 2 Schalotten, 5-6 Limetten, 2-4 grüne Pfefferschoten, 2-3 Tomaten, Olivenöl, Pfeffer, Salz, Mayonnaise, Koriander und/oder glatte Petersilie

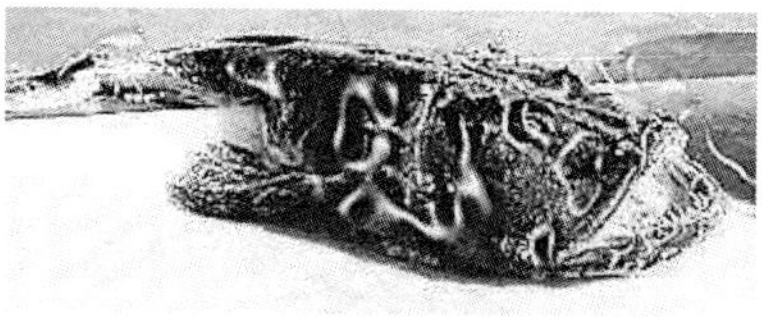

Zubereitung:

Den Fisch von allen Häuten, Gräten, etc. säubern; es sollten ca. 600-700 g reines Filet übrig bleiben. Das Fischfleisch recht klein würfeln und mind. 4 h in Limettensaft einlegen. Kurz vor dem Servieren Schalotten und Chilis (bitte auf eine ausgewogene Schärfe achten) säubern und fein hacken. Tomaten klein würfeln und den Saft im Sieb ablaufen lassen. Koriander (Achtung: schmeckt nicht jedem und es gibt nur „hmh“ oder „bäh“) und/oder Petersilie hacken.
Fischwürfel in ein Sieb geben, Saft ablaufen lassen, mit Tomaten, Schalotten, Chilis und Koriander/Petersilie mischen und nochmals abtropfen lassen. Zum Schluss mit Pfeffer, Salz, Olivenöl und evtl. etwas frischem Limettensaft abschmecken.

Nach dem Abschmecken sofort in dekorativen Gläsern, obenauf mit einem Klecks frischer Mayonnaise versehen, servieren.

Warum nicht einmal einen Goldmuskateller aus der Kellerei Meran Burggräfler, Marling dazu probieren, aber selbstverständlich ginge auch ein Sauvignon Blanc aus Chile.

Chicken Tikka (sehr scharf) [024]

Zutaten:
600 g Hähnchen-Teile bzw. -Fleisch (ohne Knochen), neutrales Pflanzen-Öl, 1-2 Tl rotes Chilipulver, 1 Tl Kurkumapulver, Salz (nach Geschmack), 1-2 El Limettensaft, 150 g saure Sahne, 150 g Joghurt, ½ Gurke (geschält, Kerne entfernt, fein gerieben), 2 Knoblauchzehen (gepresst)
Zubereitung:
Hähnchenteile einschneiden, mit den Gewürzen einreiben, in einer Schüssel ca. 30 min einwirken lassen, dann mit saurer Sahne und Limettensaft vermischen und für ca. 4-5 h in den Kühlschrank stellen. Öl in einer ofenfesten Form erhitzen, das Fleisch dazu geben und im vorgeheizten Ofen bei ca. 180 °C (Umluft) ca. 15-20 min garen, dann noch 10 min grillen. Den Joghurt mit der Gurke und dem Knoblauch vermischen, mit Salz und Limettensaft abschmecken.
Chicken Tikka mit der Joghurtsauce und Fladenbrot servieren. Die Schärfe bestimmt sich über die Menge des Chilipulvers. Auf dem indischen Subkontinent wird Tikka (eigentlich ein persisches Wort) im Lehm-Ofen (Tandoori) zubereitet. In Großbritannien entstand vor Jahren hieraus das inzwischen populärste Gericht des Landes, das „Chicken Tikka Masala (CTM)“, wobei für die Sauce eine spezielle Currymischung „Garam Masala“ verwendet wird.  So wie man bei uns in einem türkischen (oder griechischen) Lokal einen Grillteller bestellt, geht ein Brite in ein indisches (oder pakistanisches) Lokal und holt sich ein CTM.

Chimchi (Koreanisch) [025]

Bei Chimchi (Kimchi) handelt es sich um sauer eingelegtes (also milchsäurevergorenes) Gemüse aller Art (z.B. Chinakohl), das bei keinem koreanischen Essen fehlen darf.

Ob es auch heute noch zu Hundefleisch gegessen wird, kann ich nicht sagen, genauso wenig, ob Hund überhaupt noch in einem der Koreas auf den Tisch kommt; immerhin hat sich außer Brigitte Bardot auch Sepp Blatter (sieh an, sieh an) vor der Fußball-WM 2002 in Japan und Süd-Korea dafür eingesetzt, ein Schlachtverbot (wohl zwischen An- und Abpfiff eines WM-Spiels) für diese vermenschlichten Haustiere einzuführen.

Ein Rezept findet ihr hier nicht; ich empfehle, Chimchi im gut sortierten Asia-Laden zu kaufen oder auf die bewährten sauer eingelegten Produkte aus dem Spreewald zurückzugreifen.

In jedem Fall wäre Chimchi eine interessante Ergänzung der Beilagen für das obligatorische Raclette am Weihnachtsabend.

Couscous-Salat (Connys liebster) [026]

Zutaten:

250 g Couscous, 2-3 Tomaten (klein gewürfelt), 1 gelbe Paprika (fein gewürfelt), schwarze Oliven (ohne Stein, in Scheiben), 2 Zitronen (Saft), 8 El Olivenöl, Pfeffer, Salz, Cayennepfeffer, Tabasco, Chilipulver, 2-3 Schalotten (sehr fein gehackt), Petersilie, Minze

Zubereitung:

am Vortag: Couscous nach Packungsangabe zubereiten oder übrig gebliebenen Rest nehmen, mit 4 El Wasser (warm) mischen, dann mit den Gewürzen, Zitronensaft und Olivenöl gut vermischen (Schärfe nach Wunsch, nachzuwürzen ist kein Zeichen von Schwäche), Tomaten, Oliven und Paprika zugeben, wieder mischen und kühl stellen.
Kurz bevor die Gäste kommen, die Schalotten, Petersilie und Minze zugeben, nochmals durchmischen, abschmecken, ggfls. nachwürzen und servieren.

Für Freunde und Gäste wird der Salat als „Eye-Catcher“ erweitert und angerichtet.

Dafür schneidet Conny Zucchini in Scheiben, brät diese kurz in Olivenöl, würzt mit Pfeffer, Salz, legt die Scheiben kurz auf Küchenpapier, um überschüssiges Fett zu entfernen, legt Ringförmchen seitlich mit den Zucchinischeiben aus, drückt den Salat fest in die Mitte und schiebt das Ganze vorsichtig heraus, so dass ein Couscous Türmchen entsteht; und dann toppt sie alles noch durch Braten einer entsprechenden Anzahl Garnelen, die bis zum Verzehr tapfer ihrer Aufgabe als obere Turmwächter nachkommen müssen.

Liebe **Conny**, falls du es vergessen haben solltest, aber ich bin einer der erfahrensten Vernichter von Krustentieren aller Art, und insbesondere von Garnelen, egal ob klein oder groß.

Im Griff meiner Gabel sind nicht von ungefähr gleich drei (3) M`s eingeritzt: für 3000 (so viel Latein muss sein) Stück, und zwar nicht erschossen, sondern aufgespießt und ganz allein gegessen.

Und ich würde den Wein mitbringen.

Man sieht sich.

Cranachan (Schottisches Dessert) [027]

Zutaten:

500 g Himbeeren oder Erdbeeren (frisch, im Winter TK), 250 ml Sahne, 4-5 El Haferflocken, 5-6 El Honig, 25 ml Whisky, Minze und einige ganze Früchte als Deko

Zubereitung:

Die Haferflocken leicht anrösten, gut abkühlen lassen. Die Sahne steif schlagen und die Honig-Whisky Mischung sowie gut die Hälfte der angerösteten Haferflocken unterheben. Die Beeren und die Sahne abwechselnd in vier dekorative Gläser füllen, mit einer Sahneschicht abschließen und ca. 1 h kalt stellen.

Das Dessert vor dem Servieren mit den restlichen Haferflocken und einigen Beeren und Minzblatt verzieren.

Wer mag, trinkt ein Gläschen Whisky-Likör oder gleich einen Kaffee dazu.

Croissant mit Johannisbeer-Konfiture aus Bar-Le-Duc [028]

Eine wirkliche Rarität, nein, nicht das Croissant, die Konfiture. Hergestellt mit weißen oder roten Johannisbeeren, aus denen die Kerne mittels Gänsefeder von ruhiger Frauenhand entfernt wurden. Was für eine Kultur und die 25 € für ca. 100 g gut angelegtes Geld, müsste man sich doch sonst nach dem Frühstück die Zähne putzen, nur um die schwarzen Pünktchen aus dem strahlend weißen Gebiss (das womöglich noch von teuer aufgespritzten Lippen umrahmt wird) wieder weg zu bekommen.

Und auch hier heißt es, sich zu entscheiden: Hinfahren oder kommen lassen. Entscheidet man sich fürs Fahren, sollte Metz unbedingt ein Zwischenziel sein: Bahnhof aus wilhelminischer Zeit, sehr interessantes Centre Pompidou, schöne Altstadt, gut zu erreichendes Parkhaus neben Markthalle und gotischer Kathedrale mit Fenster aus dem 20. Jh. von Marc Chagall und Jacques Villon.

Nach einer kleinen Stärkung fährt man weiter nach Nancy in die Stadt des Stanislaus aus Polen und besucht das „Maison des Sœurs Macarons“ oder fährt gleich durch bis Bar-Le-Duc, um sich dort die Herstellung dieses besonderen Fruchtaufstrichs bei „Confitures à la Lorraine“ oder „Confrérie de la Groseille et Saveur des Ducs“ vor Ort anzusehen oder auch im Maison Dutriez zu kaufen.

Ville de Bar le Duc

Cullen Skink (Schottische Fischsuppe) [029]

Zutaten:

750-1000 g weißes Fischfilet, 100-150 g geräucherter Aal, 3-4 Stück Kartoffeln, 400 ml Fischfond (Glas), 200-400 ml Sahne/Milch, 50 g Butter, 2 Schalotten, 2 Frühlingszwiebeln, Zitrone, Petersilie, Pfeffer, Salz, Worcestersauce

Zubereitung:

Die Kartoffel schälen, in Salzwasser weichkochen (Pellkartoffeln eignen sich fast noch besser) und stampfen.
Fischfilet und Aal würfeln, darauf achten, dass alle Gräten und Hautreste entfernt wurden. Die Schotten verwenden geräucherten Schellfisch (Finnan Haddock), der ist aber deutlich schwerer in guter Qualität bei uns im Binnenland zu bekommen.
Schalotten und Zwiebeln in etwas Butter andünsten, den Fischfond und das Fischfleisch (es eignet sich fast alles, auch TK-Garnelen) dazugeben und erhitzen. Dann Sahne/Milch hinzufügen (etwas zurückhalten, um ggfls. Konsistenz einzustellen), kurz aufkochen und fertig garen. Die fein gestampften Kartoffeln zugeben, und zwar so viel, wie für eine gute Bindung notwendig sind, mit der restlichen Butter, Salz, Pfeffer, Zitrone und Worcestersauce abschmecken und mit Petersilie bestreut servieren.

Diese herzhafte Fischsuppe, benannt nach einem Städtchen an der schottischen Nordost-Küste, gibt es in vielen Varianten, also nicht scheuen, sie nach eigenen Vorlieben abzuwandeln. Es sollte aber immer ein Teil geräucherter Fisch dabei sein.

Wir trinken ein frisches Pils dazu.

Damwild-Keule (als Sauerbraten) [030]

Zutaten:

2,5 kg Damwild-Keule (gut pariert), 1,25 l Rotwein, 500 ml Apfel-Essig, 1-2 Zwiebeln, 2-3 Karotten, ½ Sellerie, 10 Pfefferkörner, 10 Pimentkörner, 10 Wacholderbeeren, 5 Nelken, 6 Lorbeerblätter, 1 Zimtstange, Salz, Zucker, Saucenbinder, Butterschmalz, Holundergelee, Thymian, Rosmarin

Zubereitung:

Das Gemüse putzen, grob zerkleinern, die Gewürzkörner zerstoßen; zusammen mit der Keule, Wein, Essig, Zimtstange, Lorbeer, Nelken, Zucker, Salz in einen Topf geben und mind. 24 h (besser 48 h) ziehen lassen. Danach Keule herausnehmen, abtrocknen und im Bräter in Butterschmalz von allen Seiten scharf anbraten. Die Marinade abseihen, aufkochen und durch einen Papierfilter über das Fleisch gießen, nach einigen min die abgespülten Gemüsestücke um die Keule verteilen und das Ganze im vorgeheizten Ofen bei 160 °C (Ober-/Unterhitze) ca. 150-180 min schmoren lassen, dabei mehrmals wenden und begießen.

Wenn das Fleisch schön zart ist, herausnehmen und warm stellen. Die Schmorflüssigkeit erneut abseihen, binden und mit Holundergelee, Pfeffer, Salz und Thymian bzw. Rosmarin abschmecken.

Von der Keule daumendicke Scheiben schneiden und mit der Sauce, einigen Gemüsestücken und z.B. Thüringer Klößen auf großen Tellern anrichten.

Beaujolais Nouveau würde ich heute nicht mehr dazu trinken, eher einen „Les Mûres“ vom Chateau de Roquefort aus der südlichen Provence.

Dicke Bohnen (zu Kaninchen oder Lammhaxen) [031]

Zutaten:

5 kg Schoten, am einfachsten Ende Juni / Anfang Juli auf dem Markt kaufen, ggfls. beim Gemüsehändler vorbestellen.

Kaninchen: ca. 2 kg Kaninchenteile, Mehl, 500 g neue Kartoffeln, 2-3 Chilis, 4-5 Knoblauchzehen, 6-8 Schalotten, 80 ml Olivenöl, 1 Bund Thymian, 3-5 Rosmarinzweige, Pfeffer, Salz, 400 ml Geflügelfond (Glas), 1 Bund Basilikum

oder Lamm: 4 Haxen (mind. 2 kg), Essig, Fenchelsamen, Kreuzkümmel, Pfeffer, Salz, Olivenöl, 8 Schalotten, 10 Cherry-Tomaten, Limette

Zubereitung:

Die Schoten unbedingt von einem Mann auspulen lassen, wobei sich ca. 1,5-2 kg Bohnen ergeben sollten und aus denen nach dem Blanchieren noch die Kerne heraus gepult werden müssen. Denselben Mann dafür vorsehen und diesen am frühen Nachmittag auf die sonnige Terrasse oder den Balkon schicken und zur Motivation mit einem Glas Wein versorgen. Nach geraumer Zeit sollte er mit ca. 1,1-1,2 kg Bohnenkerne in die Küche kommen. Diese Bohnenkerne lassen sich ausgezeichnet in einfachen Ofengerichten wie geschmorten Kaninchen oder Lammhaxen verarbeiten.

Kaninchen

Teile waschen, abtrocknen, pfeffern, salzen und in Mehl wenden, abklopfen. Öl erhitzen, die Fleischteile darin anbraten und dann in einen großen Bräter oder die Saftpfanne legen. Zwiebelstreifen, halbierte Kartoffeln, Chilis, Knoblauch und Rosmarinzweige in die Anbrat-Pfanne geben und unter Wenden ca. 5-10 min andünsten, pfeffern, salzen und alles zum Fleisch legen. Die Röststoffe mit Fond ablöschen und über das Fleisch gießen, Thymian und etwas Öl darüber geben und im vorgeheizten Ofen bei 200 °C (Umluft) garen, dabei gelegentlich wenden. Die Bohnenkerne ca. 20-25 min vor Ende der Garzeit dazu geben und mit Basilikum bestreut servieren.

Lammhaxen

Die Haxen Scheiben mit Essig einreiben, pfeffern, salzen, mit Fenchel und Kreuzkümmel bestreut in eine Ofen-Form setzen. Wenig Öl darüber geben, Limettenscheiben darauf, geputzte Schalotten und Tomaten dazu legen und im vorgeheizten Ofen bei 200 °C (Umluft) ca. 20-25 min garen, dann alles wenden, die Temperatur auf 160 °C einstellen und ca. 2 ½ -3 h schmoren, immer mal wieder Wasser zugießen, so dass nichts anbrennen kann. Etwa 10-15 min vor dem Servieren die Bohnenkerne zugeben, alles noch einmal abschmecken und umrühren.

Beide Gerichte sind bestens für warme Sommerabende auf der Terrasse geeignet. Und bitte das Baguette und den richtigen Sommerwein nicht vergessen.

Döppekooche (Variante 1) [032]

Zutaten:
4 kg Kartoffeln (für einen normalen Bräter), 2-4 große Zwiebeln, 500 ml Milch, 1-2 altbackene zerkleinerte Brötchen, 3 Eier, Muskat, Pfeffer, Salz, ca. 100 ml Pflanzenöl, 125 g Speckwürfel, 3-4 grobe Mettwürste
Kartoffeln und Zwiebeln schälen und reiben (es geht auch ganz gut in einer dafür geeigneten Küchenmaschine) und abtropfen lassen, die Masse würzen. Speckwürfel anschwitzen, mit verquirlten Eiern und ausgedrückten Brötchen untermischen. Die Würste in Scheiben schneiden. Den Bräter mit viel Pflanzenöl erhitzen, abwechselnd Teig und lagenweise die Würste einfüllen, oben auf die Masse kleine Butterflocken setzen. Den Döppekooche im vorgeheizten Ofen bei 180 °C (Umluft) ohne Deckel ca. 150-180 min backen. Er soll schön braun werden, ggfls. mit dem Grill nachhelfen.
Serviert wird diese lokale Spezialität, von der es mehr Varianten als gute Restaurants in der Eifel gibt, mit frisch zubereitetem Apfelmus. Und er sollte nicht, auch wenn dies von vielen (Vereins-) Wirten anders gesehen wird, auf dem Blech gebacken werden. Einige unserer Freunde trinken schwarzen Tee dazu, andere bevorzugen ein Kölsch (wozu gibt es sonst die kleinen Fässchen) oder einen kräftigen weißen Burgunder von der Ahr.

Döppekooche (Variante 2) [033]

Zutaten:
4 kg Kartoffeln, 6-8 Zwiebeln, 250 g Bauchspeck (geräuchert, in Scheiben oder grob gewürfelt), 6-8 Mettwürste (frische, grobe), 25 g Walnuss Kerne, ca. 150 ml Olivenöl, 3-4 Eier, 2-3 altbackene Brötchen (ohne Rinde), 500 ml Milch, Muskat, Pfeffer, Salz
Zubereitung:
Kartoffeln und Zwiebeln schälen bzw. putzen und fein reiben; Brötchen grob schneiden, Milch erwärmen und zugeben, einweichen lassen und mit Ei, Muskat, Pfeffer, Salz verrühren und das Ganze zu der gut vermischten Kartoffel-, Zwiebel-Masse geben und nochmals durchrühren. Einen Bräter erhitzen, einen guten Teil des Bauchspecks anbraten, darauf die Kartoffelmasse füllen, die Mettwürste mit einlegen und den restlichen Speck sowie die Nusskerne obendrauf verteilen. Den Bräter in den auf 200 °C (Umluft) vorgeheizten Herd stellen und ca. 90 min backen, danach noch ca. 30 min ohne Deckel grillen, damit eine schöne braune Kruste entsteht.
Eine knackige Variante, die viel fruchtiges Apfelkompott und einen interessanten Weißwein wie einen Viognier verträgt.

Döppekooche (Variante 3 von Iris) [034]

Zutaten:

2,5 kg Kartoffeln, 4 Zwiebeln, 200 g Speck, 4 Mettwürste, 3-4 Eier (je nach Größe), Salz, Pfeffer, Muskat

Zubereitung:

Die Kartoffeln schälen und anschließend entweder mit der Küchenmaschine oder einer Reibe fein raspeln. Am besten fängt man die fein geraspelten Kartoffeln in einer Schüssel mit einem Küchenhandtuch auf, sodass man die überschüssige Flüssigkeit gut herausdrücken kann, aber die abgesetzte Kartoffelstärke zurück behält.
Nun die Zwiebeln und Speck in Würfel und die Mettwürste in Scheiben schneiden. Jetzt werden die Kartoffelmasse mit den Eiern, Zwiebeln, Speck und Mettwürstchen miteinander verrührt und die ganze Masse gut mit Salz, Pfeffer und Muskat gewürzt.
Jetzt wird die ganze Masse in einen Bräter gefüllt und für ca. 2 Stunden bei 180 °C ohne Deckel gegart. Bekommt der Döppekooche eine zu dunkle Farbe kann man ihn mit Alufolie oder dem Deckel abdecken und so zu Ende garen.

Der Döppekooche wird dann mit Apfelmus (aus dem Glas, wenn es schnell gehen muss) serviert.

Keine Ahnung, ob es das Gericht auch in der Mensa der ETH Zürich gibt; muss **Iris** bei Gelegenheit mal fragen.

Eierlikör-Muffins [035]

Zutaten:

200 g Puderzucker, 4-5 Eier, 2 Pck. Vanillezucker, 200 ml Likör, 200 ml gutes neutrales Pflanzenöl, 100 g Mehl, 100 g Speisestärke, 3 Tl Backpulver

Zubereitung:

Puder- und Vanillezucker mit den Eiern schön schaumig mixen (höchste Stufe), Öl und Likör untermischen. Mehl, Stärke und Backpulver vormischen und nach und nach bei mittlerer Geschwindigkeit einbinden.

Den Teig in die eingefetteten Muffin-Formen füllen und ca. 25-30 min im auf 160 °C (Umluft) vorgeheizten Ofen backen, herausnehmen und erkalten lassen, dann aus der Form lösen und mit Puderzucker bestäuben.

Die Muffins lassen sich sehr gut als Dessert vorbereiten und mit einer frisch gebrühten Tasse Kaffee servieren.

Herzlichen Dank allen Teilnehmerinnen an Rosis Gymnastik-Stunden, die diesen Likör noch selbst herstellen und sogar weiter verschenken.

Ente (gebraten, mit Rotkohl und Salzkartoffeln) [036]

Ente (knusprig gebraten, mit Rotkohl und Kartoffelklößen an Orangensauce) [037]

Ente

ruhig eins der Enten-Rezepte nehmen

Die (Barbarie-) Ente im Kochkurs bei H.-St. Steinheuer wurde ca. 2 h vorher zubereitet, dann zerlegt, und zwar so, dass aus einer Ente 6 Portionen, bestehend aus einer Keule und einem Teil Brustfleisch, arrangiert werden konnten (selber gesehen, der Chef hat es am Abend noch mal gezeigt). Die Ententeile kamen auf ein Blech, die Haut wurde mit Entenfett eingepinselt und unmittelbar vor dem Servieren knusprig gegrillt (ja, so ein Salamander ist einfach gut).

Rotkohl

Zutaten:
1 Rotkohl (ca. 600-800 g, geputzt, geviertelt, Strunk entfernt, fein geschnitten), Pfeffer, Salz, 2 El Zucker, Speisestärke, Marinade (am Vortag 100 ml Rotwein mit 1 Lorbeerblatt, ½ Tl Senf Saat, 4 Nelken, 5 Wacholder (angedrückt), 1 Zwiebel (gehackt) und 1 Apfel (gewaschen, geachtelt) aufkochen und ziehen lassen).

Zubereitung:
Marinade abseihen, Zucker in einem Topf karamellisieren lassen, Kohl unter Rühren dazu geben, Marinade zufügen, mit Pfeffer und Salz würzen und ca. 20-30 min köcheln lassen, nochmals abschmecken und ggfls. noch binden. Der Kohl muss Stand haben.

Orangensauce

Zutaten:
Bratensaft, 1 Bio-Orange

Zubereitung:
Orange waschen, trocknen und ca. 1/2 Tl Abrieb von der Schale raspeln, Orange ausdrücken, den Saft zusammen mit dem Abrieb in den Bratensaft (ggfls. vorher entfetten) einrühren, aufkochen und nochmal abschmecken.

Ente à l`Orange (für junge Väter) [038]

Zutaten:

1 (Barbarie) Ente (ca. 2 kg, küchenfertig, Fettdrüse am Bürzel entfernt), 3 Orangen (unbehandelt, heiß abgewaschen), 300 g Schalotten (geschält), 800 ml Entenfond (Glas), Salz, 4 Zweige Rosmarin, Honig, Speisestärke, heißes Wasser

Zubereitung:

Backofen auf 200 °C (Umluft) vorheizen.
Ente parieren (Flügel und Hals grob hacken), Ente innen und außen salzen, mit ca. der Hälfte der grob zerkleinerten Orangen, den Schalotten und dem Rosmarin füllen und auf ein Backblech setzen, das restliche Entenklein, Orangen, Schalotten und Rosmarin um die Ente verteilen. Das Watscheltier ca. 30-35 min rösten, dann die Temperatur auf 170 °C zurücknehmen, die Ente mit einem Gemisch aus Orangensaft, Fond und Honig einpinseln, 400 ml Fond sofort angießen, weitere ca. 90 min garen und die Ente dabei von Zeit zu Zeit mit dem Bratenfond übergießen, restlichen Fond und ggfls. heißes Wasser nachgießen.
Die Ente aus dem Ofen nehmen, abgedeckt beiseite stellen.
Den Bratenfond vorsichtig durch ein Sieb gießen, entfetten und ggfls. noch etwas reduzieren. Den Fond mit etwas Stärke binden, mit Salz abschmecken. Die Sauce soll eine schöne Konsistenz haben.
Die Ente zerteilen, die Teile auf ein Backblech legen und unmittelbar vor dem Servieren im noch heißen Ofen ca. 2-4 min grillen.

Als Beilagen bieten sich Rotkohl und Thüringer Klöße oder in der Schale gekochte kleine Kartoffeln (Drillinge, La Ratte, Bamberger Hörnchen) an.

Getrunken wird ein Spätburgunder von der Ahr, alternativ auch ein Gigondas oder Vacqueyras von der Rhone (Domaine des Amouriers).

Ente gut, alles gut.

Entenbrust (gebraten, mit Rosenkohl) für Jan-Niklas [039]

Zutaten:

4 Entenbrustfilets (je ca. 250 g), Marinade (aus 2 El Rotwein, 1 El Honig, Pfeffer, Salz), Butterschmalz, 100 ml Rotwein, Speisestärke, schwarzes Johannisbeergelee
500 g Rosenkohl, 125 ml Sahne, 50 g Butter, Muskat

Zubereitung:

Entenbrust abspülen, gut abtrocknen, Haut am Rand parieren und rautenförmig bis auf das Fleisch einschneiden, mit der Marinade einpinseln und ca. ½-1 h einziehen lassen.
Butterschmalz in einer Pfanne erhitzen, die Entenbrust darin ca. 6-8 min mit der Hautseite nach unten bei nicht zu großer Hitze an- und Fett ausbraten lassen, die Entenbrust wenden und weitere 2-3 min braten. Die Entenbrustfilets auf ein Gitter über dem Backblech legen und weitere ca. 45 min im auf 80 °C (keine Umluft) vorgeheizten Ofen innen rosa fertiggaren.
Bratensaft (ggfls. entfetten), Rotwein und die restliche Marinade aufkochen und reduzieren, mit etwas Stärke binden, 1 El schwarzes Johannisbeergelee zugeben und zu einer Sauce verrühren, abschmecken.
Rosenkohl putzen und in wenig Salzwasser bissfest kochen, den Kohl abgießen, Sahne und Butter in den Topf geben, erhitzen, Kohl wieder hinzutun und so lange schwenken, bis alle Flüssigkeit aufgenommen ist, mit Muskat, Pfeffer und Salz abschmecken.

Die Entenbrustfilets mit dem Rosenkohl und einem Glas Lemberger servieren.

Ente (geschmort) [040]

Gans (geschmort) [041]

Zutaten:
2 Barbarie- oder Flug- **Enten** (je 1,2-1,5 kg, sauber pariert), 1 Bund Suppengrün (gewaschen, geputzt, gewürfelt), 1-1,2 l Enten- oder Geflügelfond (Glas), Pflanzenöl, 2 El Tomatenmark, 3-4 El Mehl, Pfeffer, Salz, 40-60 ml Süßwein
Zubereitung: Öl im Bräter erhitzen, die gut gesalzenen und gepfefferten Enten von allen Seiten gleichmäßig kräftig anbraten, herausnehmen und abgedeckt zur Seite stellen. Das gewürfelte Gemüse im Bräter anschwitzen, Tomatenmark und Mehl zugeben und kurz mitrösten, dann mit dem Wein ablöschen, etwas einkochen, mit dem Fond aufgießen und noch ca. 4-6 min köcheln lassen. Jetzt könnte man die Enten zurück in den Bräter geben und alles abgedeckt warm halten, um dann ca. 90-100 min vor dem Servieren das Ganze in den vorgeheizten Herd zu stellen und bei 160-170 °C (Umluft) in 80-90 min fertig zu garen.
Vor dem Servieren die Sauce nochmals abschmecken, ggfls. die Konsistenz einstellen und die Enten tranchieren. Diese Enten kommen mit allen möglichen Beilagen zurecht, warum nicht einmal nur mit einem Rotkohl-Selleriesalat und einem rustikalen Baguette.

Zutaten:
1 schöne **Gans** (ca. 3,5-4,5 kg, sauber hergerichtet), 4-6 Boskoop-Äpfel, 6-10 Zwiebeln, 1 Bund Suppengemüse, 2 l Geflügelfond (Glas), 250-300 ml Weißwein, 2 El Tomatenmark, Pfeffer, Salz, Pimentkörner, Beifuß, Honig
Zubereitung: Äpfel und Zwiebeln putzen, würfeln und mit zerstoßenen Pimentkörnern und gerebeltem Beifuß mischen. Die Gans innen und außen gut mit Pfeffer und Salz einreiben, mit der Apfelmasse füllen, in einen mit etwas Wasser gefüllten Bräter legen und in den vorgeheizten Herd bei 180 °C (Umluft) für ca. 60 min stellen, dann den Herd auf 80 °C (Ober-/Unterhitze) zurückschalten und den Vogel für ca. 7 h dort lassen, immer mal wieder mit der Bratflüssigkeit übergießen. In einem Topf den kleingehackten Hals und die Flügel scharf anbraten, die restliche Apfel-Zwiebelmasse, das geputzte, grob geschnittene Gemüse zugeben und mitbraten. Das ausgetretene Fett abschöpfen, Tomatenmark zugeben und rösten, mit Wein ablöschen und reduzieren lassen. Diesen Vorgang, insbesondere das Entfetten, mehrmals wiederholen, dann mit dem Fond auffüllen und ca. 120-130 min köcheln lassen, danach abseihen und bis zur richtigen Konsistenz einkochen lassen bzw. mit Stärke etwas abbinden. Die Gans ist (fast) fertig, wenn sich die Keulen leicht mit den Fingern eindrücken lassen (man könnte auch ein Bratthermometer zu Rate ziehen), dann die Gans noch für wenige min unter dem Grill knusprig werden lassen, für die letzte min mit Honig bestreichen. Man muss dabei bleiben (Frau auch).
Beilagen gerne nach Wahl, der Rotwein muss angemessen sein (Spätburgunder, Lemberger, Lagrein, Zweigelt, Merlot oder Syrah).

Entenleber (gebraten, mit Äpfel und Zwiebeln) [042]

Gänseleber (gebraten, mit Salbei) [043]

Kaninchenleber (gebraten, auf Apfelscheiben) [044]

Entenleber Zutaten und Zubereitung: 400 g frische Leber (geputzt, in Scheiben geschnitten), 2-3 Schalotten (geputzt, in dünne Scheiben geschnitten), 400 g Äpfel (z.B. Boskoop, geschält, Kerngehäuse entfernt, gewürfelt), 2 El Butter, 5-6 El Zucker, 1 El Honig, Portwein (weiß), Pfeffer, Salz Apfelstückchen mit Butter anbraten, mit Zucker und Honig karamellisieren, mit Portwein ablöschen, reduzieren, pfeffern und mit etwas Butter binden und unter Rühren lauwarm abkühlen lassen. Die Leber mit Pfeffer, Salz würzen, zusammen mit Schalotte in 1 El Butter von beiden Seiten kurz anbraten und in der (beschichteten) Pfanne etwas ruhen lassen. Dann mit den karamellisierten Apfelwürfeln servieren.
Gänseleber Zutaten und Zubereitung: 400 g Gänseleber (geputzt, in Scheiben geschnitten), 5-6 Schalotten (geputzt, gewürfelt), Butter, Mehl, Pfeffer, Salz, Salbeiblätter, Apfel-, Quitten- oder Feigen- Balsamico Schalotten und einige Salbeiblätter in 4-5 El Butter anschwitzen, die in Mehl gewendeten, gut abgeklopften Gänseleberscheiben darin von beiden Seiten ca. 3-4 min braten, herausnehmen und warm stellen. Den Bratensatz mit Balsamico ablöschen, mit Pfeffer und Salz würzen und etwas einköcheln lassen. Die Gänseleber mit der Sauce und Baguette servieren.
Kaninchenleber Zutaten und Zubereitung: 400 g Kaninchenleber (geputzt, größere Stücke halbiert), 2 große Äpfel (Boskoop, gewaschen, in 8 Scheiben geschnitten, Kerngehäuse ausgestochen), 2 Zwiebeln (geschält, in Ringe geschnitten), Butter, Apfelessig, 2 El Honig, 1 El Zucker, Pfeffer, Salz Honig und Zucker in Butter und einem Spritzer Apfelessig leicht karamellisieren, Apfelscheiben zugeben und braten, dabei 1x wenden. Die Zwiebeln in Butter anschwitzen und darin die Leber von beiden Seiten 2-3 min braten, mit Pfeffer und Salz würzen. Zum Servieren die Apfelscheiben auf Teller verteilen, darauf die Leber mit den Zwiebelringen anrichten.
Und die **Oma** hat immer **Nein** gesagt, wenn eins der Kinder sie gefragt hat.

Entrecote (am Männer-Abend oder für Gerd-Kristian) [045]

Zutaten:

1 Entrecote (ca. 400-600 g) pro Mann, 400 g weiße Riesenbohnen (Dose), 2 Zwiebeln (geschält, gehackt), 1 Knoblauchzehe (geschält, gehackt), Pflanzenöl, ca. 100 g Tomatenstückchen (Dose, abgetropft), 100 g Thunfisch (Natur, Dose, abgetropft, zerpflückt), Chilisauce, Limette

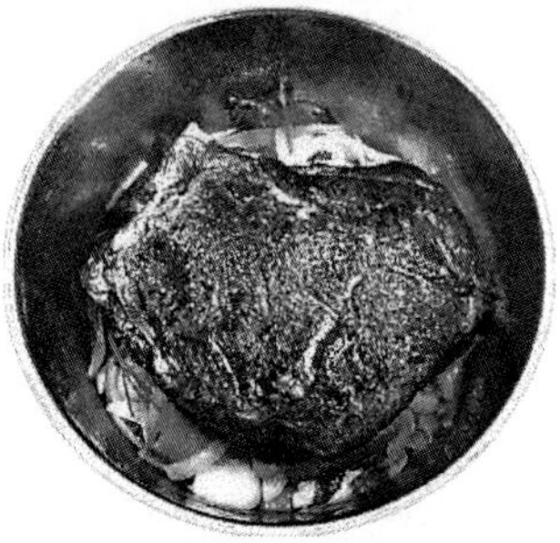

Zubereitung:

Das Fleisch parieren, abspülen, abtrocknen und in wenig Öl ca. 4-5 min von jeder Seite scharf anbraten, dann für ca. 90-120 min bei 90 °C in den vorgeheizten Ofen geben. Die Kerntemperatur sollte 55-60 °C beim Rausnehmen zeigen.
Zwiebeln und Knoblauch in Öl anschwitzen, auf 2 kleine Töpfe verteilen, die abgetropften Bohnen je zur Hälfte dazu geben, in den ersten Topf die Tomaten zugeben, mit Chili und Salz abschmecken, in den anderen Topf Thunfisch zufügen und mit Limettensaft, Pfeffer, Salz abschmecken.

Sobald das Entrecote mit je einem Löffel Bohnen auf einem wirklich großen Teller, dazu etwas Baguette und ein Glas Rotwein (Typ „Rio Tinto“) auf dem Tisch stehen, bitte den Film „Red River“ starten, die Kerze vor dem Stück Leinwand aus diesem Fluss brennt hoffentlich schon.

Falscher Hase (Variante 1) [046]

Zutaten:

1000 g Hackfleisch (halb und halb), 2 altbackene Brötchen, 4 Eier, 3 Zwiebeln, 150 ml Milch, ca. 50 g Butter, Senf (Löwen oder Dijon), Paprikapulver, Pfeffer, Salz, Kräuter (Thymian, Petersilie, etc.)

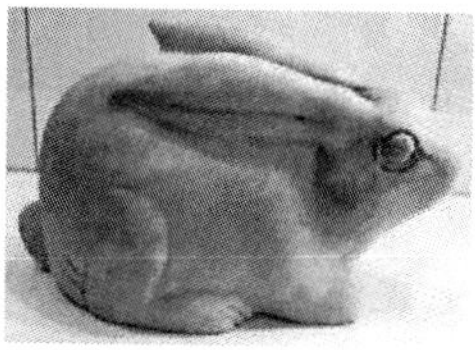

Zubereitung:

2 Eier hartkochen, abkühlen und pellen.
Zwiebel putzen und würfeln, in Butter glasig dünsten. Brötchen in warmer Milch einweichen. Hack in einer Schüssel mit 2 Eiern, 3 El Senf und den ausgedrückten, zerpflückten Brötchen verkneten und gut mit Paprika, Pfeffer, Salz und klein geschnittenen Kräutern würzen und abschmecken.
Den Ofen vorheizen und ein Blech mit Backpapier auslegen.
Aus der Masse einen „falschen Hasen", d.h. einen Brot ähnlichen Laib formen und auf das Blech setzen. Die 2 hartgekochten Eier nicht zu tief in das Hackfleisch drücken und mit der Masse bedecken.
Der Hase bleibt bei 200 °C (Umluft) ca. 45-50 min im Ofen; sein Fell sollte schön braun glänzen, daher zum Schluss mit etwas flüssiger Butter und einem Pinsel nachhelfen.

Serviert wird der Hase mit Kartoffeln und Gemüse (z.B. in Butter gedünsteten klein geschnittenen Möhren mit viel Petersilie), und es lassen sich nicht nur Eier verstecken, sondern auch Würstchen oder ein Streifen Lachsfilet.

Da der Hase sehr gerne bei Kindern zu Gast ist, im kalten Zustand auch Buffets bereichert, erübrigt sich die Empfehlung eines Getränks.

Falscher Hase (Variante 2-Nadjas Mini Hasen) [047]

Zutaten:

500 g Hackfleisch (gemischt), 5 Eier, 4 Scheiben Toastbrot (klein gewürfelt), 1 Zwiebel (geputzt, fein gewürfelt), 1 Bd. glatte Petersilie (gehackt), 1 Lauchstange, 200 g Sahne, 3-4 El Butter, 1 El Senf, 1-2 El Kapern (abgespült, sehr fein gehackt), Pfeffer, Salz, Muskatnuss

Zubereitung:

4 Eier ca. 5 min kochen, abschrecken, pellen. Hackfleisch mit dem Ei, Zwiebel, Toast, Senf, Kapern, ½ der Petersilie verkneten, mit Pfeffer und Salz würzen. Die Masse in 4 Portionen teilen, diese flach drücken, je 1 gekochtes Ei drauf setzen, mit der Masse zu vier kleinen Braten umschließen und nebeneinander in eine gefettete Bratenform setzen, mit zerlassener Butter bestreichen und ca. 25-30 min im vorgeheizten Herd bei 200 °C (Umluft) garen.

Lauch putzen, waschen, in Ringe schneiden und in 1 El Butter dünsten, Sahne angießen, cremig einköcheln lassen und mit Pfeffer, Salz und geriebener Muskatnuss abschmecken.

Zum Servieren die Minihasen halbieren, je 2 Hälften mit Lauchgemüse auf Tellern anrichten und mit restlicher Petersilie garnieren.

Bei Nadja gibt es zu den Häschen noch Kartoffelpüree oder Reis.

Falscher Hase hat übrigens nichts mit Dach- oder Etappenhasen (links **Nadja**s Filou) zu tun, sondern war wohl eher eine Alternative zum gebratenen Feldhasen, den sich früher nur Jäger (es prasselt das Schrot, so finden der Hase und bei Reinhard M. ein Außenminister den Tod) und wohlhabendere Zeitgenossen leisten konnten.

Außerdem schmeckt der falsche Hase besser, so die Meinung vieler und insbesondere der Kinder, die aber alle noch nie Katze probiert haben. Ihnen rate ich, es erst einmal mit Kaninchen zu versuchen.

Feldsalat (als Zwischengericht) [048]

Zutaten:

250 g Feldsalat (gewaschen, trocken geschleudert), 125 g Speck (mager, leicht geräuchert, fein gewürfelt), 125 g Roggenbrot (ohne Rinde, klein gewürfelt), 1-2 Knoblauchzehen (geschält, angedrückt), Pflanzenöl, 20 ml feiner Weißweinessig, 20 ml Gemüsebrühe (Glas), ½ Tl Senf (Löwen oder Dijon), je 1 Prise Zucker, Pfeffer und Salz
Wachteleier (gekocht) oder (Ziegen-) Käse-Bällchen

Zubereitung:

Essig, Brühe, Senf, Zucker, Pfeffer, Salz verrühren, etwa gleiche Menge Öl dabei einlaufen lassen bis eine schöne Marinade entstanden ist.
Den Speck ohne Fett kross anbraten, auf Krepppapier geben; die Brotwürfel mit den angedrückten Knoblauchzehen in 2-3 El Öl knusprig anrösten.
Den Salat mit der Marinade vermischen.

Der Salat wird in tiefe Teller gegeben, mit den Speck- und Brotwürfeln bestreut und mit den Eiern oder Bällchen angerichtet.

So ein Feld-Salat (Vanerianella locusta) ist auch bestens geeignet, sich über die Vielzahl und Unterschiedlichkeit der deutschsprachigen Regionen in Mitteleuropa klar zu werden, ist er doch anderenorts auch als Vogerl-, Nüssli-, Acker- und Mausohr-Salat bzw. als Rapunzel, Sonnenwirbele, Nüssler oder Nüsschen bekannt.

Ich höre den gestressten Mann in der Eifel oder im Hunsrück schon sagen:
Geh Mausi, mach uns doch heute Abend mal wieder einen Mausohr-Salat, die vielen Vitamine werden uns ganz bestimmt auf die Sprünge helfen.

Fisch(Kabeljau)-Eintopf [049]

Zutaten:

2 kg Kabeljaufilet (oder andere Vertreter der Dorschartigen), 1000 g Kartoffeln, 4 Schalotten, 1 Limette, 2-3 Selleriestängel, 1 Bund Frühlingszwiebeln, 4 El Öl, 3 Knoblauchzehen, 400 g Tomatenstückchen (1 Dose), Petersilie (glatt, gehackt), Pfeffer, Salz, Sauerrahm

Zubereitung:

Den Fisch säubern und würfeln.
Schalotten, Lauch und Sellerie schälen, klein würfeln, in Öl andünsten, Kartoffel schälen, klein würfeln und mit den Tomatenstückchen dazugeben, köcheln lassen, bis alles bissfest ist.
Kabeljau hinzugeben, einige Minuten köcheln lassen bis der Fisch gerade nicht mehr glasig ist. Zum Schluss mit Pfeffer, Salz und etwas Limettensaft abschmecken.

Den Kabeljau-Eintopf in große, tiefe Teller füllen, mit gehackter Petersilie bestreuen und servieren. Wer mag, erhält noch einen Klecks Sauerrahm oben drauf.

Dazu passt ein klar strukturierter weißer Burgunder.
(wie z.B. der Auxerrois vom Weingut Klumpp in Bruchsal)

Ein paar Mal wurde ich schon gefragt, ob es sich um so etwas Ähnliches wie eine norddeutsche Bouillabaisse handeln würde. Die Antwort ist Nein, denn eine Bouillabaisse isst man in Marseille (und sonst nirgendwo, ist das klar).

Fischfilet (überbacken) [050]

Zutaten:

1000 g reines Fischfilet (Heilbutt, Lachs, Kabeljau, Seehecht, Seeaal oder was so da ist), 750 g Kartoffeln, 1 Zwiebel (geschält, fein gewürfelt), 1 Knoblauchzehe (durchgepresst), 200 ml Sahne, 100 ml Milch, 2 El Senf (Löwen oder Dijon), Muskat, Pfeffer, Salz, 1 Limette, Öl

Zubereitung:

Kartoffeln schälen und ca. 20 min in Salzwasser garen, abgießen. Zwiebel in wenig Öl andünsten, Knoblauch, Senf, Sahne und die Hälfte der Milch zugeben und aufkochen, mit Muskat, Pfeffer und Salz würzen, die Kartoffeln zerkleinert (ganz einfach mit Kulls Spätzle Presse) hinzugeben, gut durchrühren und nochmals abschmecken. Mit der restlichen Milch ggfls. die Konsistenz optimieren.
Fischfilets säubern, mit Pfeffer, Salz, wenig Limettensaft würzen und in eine gefettete Ofen Form setzen, die Kartoffelmasse darüber verteilen und im vorgeheizten Ofen bei 180 °C (Umluft) ca. 30-45 min überbacken (hängt von der Dicke der Fischfilets und der Höhe der Kartoffelmasse ab).

Zu diesem einfachen Fischgericht passen ein grüner Salat und ein Glas Illusion vom Weingut Meyer-Näkel oder ein Bellabianca von Sermann-Kreuzberg, beide von der Ahr.

Fisch-Kartoffel-Topf aus dem Ofen [051]

Zutaten:

1000 g Fischfilet (4-8 Stücke vom Kabeljau, Seehecht, Lachs, o.ä.), 1000 g Kartoffeln, 1000 g Zwiebeln, 150 g Butter, 1 Dose (400 g) Tomaten in Stücken, 100 ml Weißwein, 1 Becher Sahne, 1 Limette, 3 Lorbeerblätter, Kräuter (Thymian, Petersilie, o.ä.), Zucker, Salz, Pfeffer

Zubereitung:

Zwiebeln vierteln, in Scheiben schneiden und in 100 g Butter glasig dünsten; eine feuerfeste Form mit Butter ausreiben, Zwiebeln und Tomatenstückchen einfüllen, Lorbeerblätter und gehackte Kräuter zugeben; Fischfilets obenauf legen; Wein, Sahne und Limettensaft verquirlen, mit Zucker, Salz und Pfeffer abschmecken und darüber gießen; die geschälten Kartoffeln in Stifte schneiden, leicht salzen, blanchieren und über das Fischfilet bzw. die ganze Form streuen; Butterflöckchen oben drauf geben und ca. 20 min im aufgeheizten Backofen bei 220 °C (Umluft) garen, dann ca. 10 min bei 240 °C grillen bis die Kartoffeln schön knusprig aussehen.

Den Fisch in der Form auftragen und dazu den gleichen Wein ausschenken, der bereits bei der Zubereitung verwendet wurde.

Wir haben uns beim Nachkochen für einen Silvaner vom Weingut Bungert-Mauer aus Rheinhessen entschieden.

Fischpastete [052]

Zutaten:
250 g Forellenfilets (geräuchert), 250 g Lachs (mild geräuchert), 150 ml Fischfond (Glas), 10 Blatt Gelatine, 200 ml Kochsahne, 1 El Dill (gehackt), 2 El Limettensaft, 2 Eiweiß, 1 Tl Wasabi- oder grüne Currypaste, 1-2 El Tomatenketchup
Zubereitung: Die Gelatine im Fond einweichen, erhitzen und auflösen, abkühlen lassen, ausgedrückt zum Fond geben. Den grob gewürfelten Lachs bzw. Forelle mit je ½ des abgekühlten Fonds sowie Limette und Dill pürieren. Sahne und Eiweiß steif schlagen und je zur Hälfte unter den Lachs bzw. Forelle mischen, Lachs mit Tomatenketchup, Forelle mit Wasabi Paste abschmecken bzw. Farbe hervorheben. Eine Pasteten Form mit der Mousse (unten Lachs-, darüber Forelle) füllen und über Nacht in den Kühlschrank stellen. Die Mousse lässt sich leichter aus der Form nehmen, wenn sie mit Folie ausgekleidet wurde. Die Mousse kann auch eingefroren werden.
Eine gut vorzubereitende Vor- oder Zwischenspeise, vor allem in Verbindung mit einem kleinen grünen Salat. Dazu passen ein typischer Elbling von der Mosel (z.B. Weingut M. Dostert auf der deutschen oder Caves Pundel-Err auf der luxemburgischen Seite) oder auch ein Gemischter Satz aus Franken (z.B. Weingut Bickel-Stumpf).

Fischsuppe (Indian Ocean) [53]

Zutaten:

1,25-1,5 kg Fischfilet (TK, Seehecht, Kabeljau, Seelachs, Lachs oder ähnlich und FAO zertifiziert), 500 g Garnelen (TK, geschält, entdarmt), 2 x 400 ml Fischfond (Glas), 800 ml Kokosmilch (Dose), 2-3 Zwiebeln (gewürfelt), 1 Paprika (gewürfelt), 3-4 Chilis (entkernt, fein gehackt), 1 Stück Ingwer (4-6 cm, geschält), 3-4 Süßkartoffeln (geschält, gekocht), (alternativ Kartoffeln), 250-300 g Champignons (geputzt, geschnitten), 2 El grüne Currypaste, Pfeffer, Salz, 1 Bund Koriander und 4-6 Kaffir-Limettenblätter (alternativ 1 Bund Schnittlauch, 1 Bund Dill), 1-2 Limetten, Sesamöl

Zubereitung:

In einem großen Topf Öl erhitzen, Zwiebeln, Paprika, Chilis anschwitzen, mit 400 ml Fond ablöschen und ca. 10 min köcheln lassen. Kokosmilch, Currypaste und Ingwer zugeben, etwas köcheln lassen und mit Pfeffer, Salz und Limettensaft kräftig abschmecken, parallel Kartoffeln garen.
Soweit kann die Suppe gut am Vortag vorbereitet werden.
Fischfilet auftauen, waschen, abtrocknen, von allen Häuten befreien und in löffelgerechte Würfel schneiden, zweites Glas Fischfond parallel zum Kochen bringen, die gefrorenen Garnelen zugeben und den Topf vom Feuer ziehen. Die Kräuter hacken, die Fischsuppe wieder erhitzen, ½ der Kartoffeln durch eine Presse zufügen, das Fischfilet hineingeben und kurz aufkochen lassen, Hitze reduzieren, die abgetropften Garnelen und die gehackten Kräuter zugeben, gut umrühren und nochmals fein mit Pfeffer, Salz und Limettensaft abschmecken, ggfls. mit den restlichen Kartoffeln die Konsistenz der Suppe nach eigenem Gusto einstellen und sofort servieren.

Eine sehr leckere und einfach zu machende Suppe für mind. 6 Personen, die Fisch mögen, außerdem sehr leicht abzuwandeln in „Pacific oder Atlantic Ocean“ durch Fische und Garnelen aus den entsprechenden Ozeanen und passenden Gewürzen und Kräutern.

Und selbstverständlich kann man auch frischen Fisch verwenden (aber was ist, wenn die liebe Verwandtschaft kurz vorher absagt?).

Schon beim Kochen (und Warten) bietet sich an, die Zeit in der Küche mit einem Glas eines spritzigen Rieslings oder Elblings (vielleicht auch als Sekt) zu überbrücken.

Forelle (gebraten) [054]

Zutaten:

4 Forellen (küchenfertig), 3-5 El Mehl, Paprika (edelsüß), Pfeffer, Salz, Butter, Zitrone

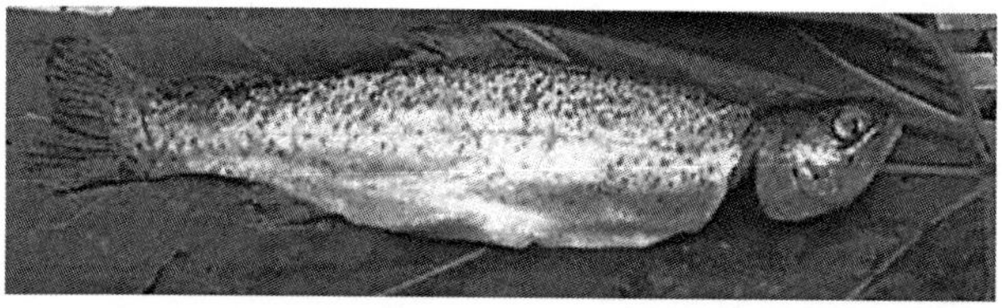

Alternativ Felchen (Renken) oder Saibling nehmen; alle natürlich, wie auch die Forelle auf dem Bild, mit der „Fliege" gefischt.

Zubereitung:

Die Forellen parieren, abspülen und gut abtrocknen; innen und außen mit Pfeffer, Salz und ein paar Spritzern Zitrone einreiben, außen 3-5-mal schräg einschneiden. Butter in einer Pfanne erhitzen. Mehl und Paprika mischen, die Forellen darin wenden, abklopfen und bei nicht zu großer Hitze von beiden Seiten ca. 4-6 min goldfarben braten.

Die Forellen auf vorgewärmten Tellern anrichten. Reichlich Zitrone (Scheiben oder Spalten) bereithalten (Jan-Niklas könnte zum Essen kommen). Mit Salzkartoffeln und gebräunter Butter servieren.

Dazu schmeckt ein Grüner Veltliner aus der Wachau oder dem Kamptal (z.B. Weingut Bründlmayer in Langenlois).

Frikadellen (Bulette, Klops, Burger (light), Fleischpflanzerl) [055]

Zutaten:

1000 g Hackfleisch (halb und halb), 2-3 Zwiebeln, 1 Bund Petersilie, 2-3 Eier, optional (wegen Kinder) gehackte 2-3 El Kapern und 4-6 Sardellen, 60-70 g Weißbrot oder Panko- Brösel, 8 El Sahne, Cayennepfeffer, Pfeffer (schwarz), Salz, Pflanzenöl

Zubereitung:

Brösel in der Sahne einweichen. Zwiebeln schälen, Petersilie waschen, Blätter abzupfen, beides hacken und in etwas Öl anschwitzen. Das Hackfleisch zusammen mit den Eiern, Bröseln, Zwiebeln, Petersilie, (ev. Kapern und Sardellen) zu einer formbaren Masse kneten, kräftig mit Pfeffer und Salz abschmecken. Mit angefeuchteten Händen ca. 12-16 gleich große Klopse formen und in Öl bei mittlerer Hitze ca. 8-10 min auf beiden Seiten braten.

Frikadellen kann man immer und mit vielen Beilagen essen (Kartoffelsalat, Möhrengemüse, **Schwarzwurzelgratin**).

Das Getränk der Wahl ist natürlich ein frisches Bier.

Gaisburger Marsch mit Spätzle [056]

Zutaten:

für die Brühe: 500 g Schulterfleisch (Rind), 125 g Schinkenspeck (geräuchert), 3 Markknochen, 1 Bund Suppengrün, 2 Lorbeerblätter, Pfeffer, Salz, 1 El Öl
für die Spätzle: 250 g Mehl, 4-5 Eier, 1 gstr. Tl Salz, Muskat
500 g Kartoffeln, 2 Möhren, 1 Bund Schnittlauch

Zubereitung:

Speck in wenig Öl anbraten, Knochen mitrösten, Fleisch und 1500 ml Wasser zufügen und zum Kochen bringen, den Schaum mehrmals abschöpfen. Suppengrün würfeln und mit Lorbeerblatt, Pfeffer, wenig Salz zum Fleisch geben und garen. Fleisch herausnehmen, mundgerecht würfeln und beiseite stellen. Brühe durch ein Sieb in einen großen Topf gießen, kleingewürfelte Kartoffeln und Möhren darin ca. 15 min garen.
Die Zutaten für die Spätzle vermischen und solange schlagen oder mit der Maschine kneten, bis der zähe Teig Blasen wirft, danach ruhen lassen. Salzwasser zum Kochen aufsetzen, einen Schuss Öl ins Wasser geben (verhindert das Verkleben) und die Spätzle in das Wasser drücken. Dafür benutzen wir die Handpresse der Marke „Kull" (weder verwandt noch verschwägert, aber immer noch zu kaufen). Die Presse mit Teig füllen, ca. 20 cm über den Topf halten und die Füllung langsam ins kochende Wasser drücken. Aufsteigende Spätzle abschöpfen und in die Brühe geben. Den Vorgang wiederholen, bis der Teig verbraucht ist. Spätzle, die nicht direkt in die Brühe kommen, in lauwarmes Salzwasser geben.
Das Fleisch zum Eintopf geben, abschmecken und mit Schnittlauch- (oder Frühlingszwiebel) Röllchen bestreuen.

Der Eintopf wird in tiefen Tellern serviert.

An Bord der „Wappen von Danzig" auf dem Bodensee wurde der Eintopf aus gehenkelten Suppentassen, die mit maritimen Motiven verziert waren, gegessen.

Wir haben dazu fast immer einen Trollinger aus Württemberg getrunken (z.B. vom Weingut G.A. Heinrich in Heilbronn oder der WG Mundelsheim).

Garnelen (im Wok) in Schwarzbohnensauce [057]

Zutaten:

400 g schwarze Bohnen (aus der Dose oder als Paste ginge auch), 1 El Sojasauce, 1 Tl Fischsauce, 1 El Hoisinsauce, 1 El Austernsauce, 1 Chili (entkernt, gehackt), 1 Knoblauchzehe (gepresst)
400 g Garnelen (ohne Schale, vorgegart, TK), Ingwer, 1 Knoblauchzehe, Korianderblätter, Schnittlauch, Frühlingszwiebeln, 2 El Sojaöl

Zubereitung:

Bohnen nach Packungsangabe zubereiten, zusammen mit Soja-, Fisch-, Hoisin-, Austernsauce und einem Schuss Weißwein im Mixer zu der Schwarzbohnensauce pürieren, mit Chili und Knoblauch würzen.
Sojaöl im Wok erhitzen, ein 4 cm Stück geschälten Ingwer und 1 geschälte Knoblauchzehe hineingeben, pfeffern, die TK-Garnelen nicht aufgetaut dazugeben und kurz aber ausreichend garen und mit je 2 El gehackten Korianderblättern und Schnittlauch abschmecken. Den Sud abgießen und die Schwarzbohnensauce zu den Garnelen geben.

Die Garnelen als ein Gericht (mindestens zwei bis drei bzw. entsprechend der Anzahl der Gäste sollten es schon sein) eines chinesisch inspirierten Essens zusammen mit (gedämpftem) Reis servieren.

Dazu als Getränke Bier und/oder einen passenden Weißwein (z.b. Riesling, Sauvignon Blanc oder Viognier) auswählen.

Gebackene Blunznradln mit Erdäpfel- und Vogerlsalat [058] (in deutscher Übersetzung)

Zutaten:

500 g Blutwurst (Blunzn), 800 g (Pell-) Kartoffeln (Erdäpfel), 500 g Feldsalat (Vogerl), Kalbsfond, verquirlte Eier, Mehl, Paniermehl (Brösel), frischer Meerrettich (Kren), Essig, Öl, Pfeffer, Salz, Zucker, Muskatnuss, Kürbiskerne, Butterschmalz

Zubereitung:

Kartoffeln kochen, pellen und in Scheiben schneiden. Aus Fond, Essig, Öl, Pfeffer, Salz und Zucker eine lauwarme Marinade herstellen, mit den Kartoffeln vermischen, abschmecken und ziehen lassen, nochmals abschmecken.
Die Blutwurst in Scheiben schneiden, panieren (nacheinander in Mehl, Eier und Semmelmehl wälzen) und in heißem Fett schön langsam ausbacken.
Den Feldsalat waschen, gut abtrocknen und leicht mit einer Vinaigrette aus geriebenem Meerrettich, Essig, Öl, Zucker und Salz mischen, etwas davon zurückhalten; die Kürbiskerne anrösten.

Zum Servieren den Kartoffelsalat auf einen Teller geben, eine Handvoll Feldsalat dazu und darauf die Blutwurstscheiben legen, mit der Vinaigrette beträufeln und Kürbiskerne darüber streuen.

Als Getränk empfiehlt sich dazu ein leichter Wiener Gemischter Satz, schließlich soll danach noch gearbeitet werden.

(Was ist das denn?)

Gefüllte Paprika [059]

Zutaten:

8-10 Paprika, 450-500 g Hackfleisch (halb und halb Schwein/Rind oder Rind/Lamm), 125 g Rundkorn- bzw. Risotto-Reis, 200 ml Gemüsefond, 250 g Champignons, 2 Zwiebeln, 2 Möhren, 3 Fleischtomaten oder 400 g Tomatenstückchen (Dose), Öl, Pfeffer, Salz, Chilis (frisch oder gemahlen), Petersilie, Dill, Joghurt

Zubereitung:

Paprika (bunt gemischt sieht schöner aus) waschen, große Öffnung rund um den Stiehl ausschneiden, möglich viel der Rippen entfernen.
Die Zwiebeln, Möhren und Pilze klein würfeln und in 100 ml Öl andünsten. Hackfleisch zugeben und anbraten.
Den Reis in wenig Öl anschwitzen, mit Fond ablöschen und unter gelegentlichem Rühren und etwas Wasserzugabe quellen lassen und zur Hackfleischmischung geben und kräftig würzen.
Die Masse in die Paprika füllen, obendrauf Tomatenwürfel geben.
Eine Ofen-Form mit Öl auspinseln, restliche Tomatenwürfel und Hackfleischmischung in der Form verteilen, die Paprika darauf setzen, noch eine halbe Tasse Wasser angießen und für 50-60 min in den auf 200°C (Umluft) vorheizten Ofen setzen.

Die Paprika vor dem Servieren noch mit kleingehackten Kräutern bestreuen und in der Form auf den Tisch bringen. Wer mag, bekommt noch einen Klecks Joghurt.

Dazu passen Baguette und ein frischer Rotling bzw. Rose´ vom (Weingut Aufricht in Meersburg) Bodensee oder einmal etwas ganz anderes wie ein Schilcher (vom Weinbau Friedrich, St. Stefan ob Stainz) aus der Steiermark.

Na schön, fangen wir schon mal mit einem Glas Sekt an.

Gerstl-Suppe [060]

Zutaten:

125 g Perlgraupen grob, 2 El Öl, 125 g Bauchspeck, gewürfelt, 1 Zwiebel, 1 Möhre, 1 Pastinake, 1 Petersilienwurzel, 1/8 Sellerie, 2 Kartoffeln, 400 ml Gemüsefond (Glas), ca. 500 ml heißes Wasser, Pfeffer, Salz, Zucker, Zitrone, Petersilie

Zubereitung:

Gemüse fein würfeln, Bauchspeck in wenig Öl anbraten, Zwiebeln zugeben und anschwitzen, restliches gewürfeltes Gemüse zugeben, mit Fond und ca. 250 ml Wasser ablöschen, aufkochen lassen, Perlgraupen zugeben und ca. 30 min ganz leicht köchelnd garen, Konsistenz der Suppe durch Zugabe von restlichem heißen Wasser einstellen, mit Pfeffer, Salz, Zucker und Zitrone abschmecken und gehackter Petersilie bestreuen.

(Genau das Richtige auf oder nach einer Wanderung)

Wir trinken dazu einen kräftigen Merlot-Lagrein aus der Kellerei Meran-Burggräfler in Südtirol).

Geschmorte Kalbsvögerln [061]
(in deutscher Übersetzung)

Zutaten:

1000 g ausgelöste Kalbshaxe (Vögerl), 300 g Wurzelwerk (Wurzelgemüse), 2 Zwiebeln, 1 Knoblauchzehe, 6-7 Schalotten, 1 El Tomatenmark, Pfeffer, Salz, Öl, 400 ml Kalbsfond, 150 ml Rotwein, 1 Lorbeerblatt, Thymian, 1 Gewürznelke, 5 Pfefferkörner, Krümel (Brösel) von 1 Scheibe Schwarzbrot, ca. 1 El Mehl oder Saucenbinder

Zubereitung:

Fleischstücke pfeffern und salzen. Wurzelgemüse, Zwiebel und Knoblauch putzen und würfeln, Schalotten halbieren.
Fleisch in etwas Öl scharf anbraten und aus dem Topf nehmen. Im Bratensatz das Gemüse und Tomatenmark kräftig anrösten, mit Wein und Fond ablöschen, die Gewürze und Brösel dazugeben, Fleisch wieder hineingeben und im vorgeheizten Ofen ca. 120-150 min bei 180 °C (Umluft) schmoren, dann abschmecken und ggfls. etwas binden.

Die geschmorten Kalbsvögerln servieren wir mit einer Polenta und einer Flasche Zweigelt vom Markowitsch aus Göttlesbrunn (Carnuntum).

Erinnert sich eigentlich noch jemand an die sog. Tankstellenveranstaltung der RHI an der Autobahn nahe Göttlesbrunn?

Mein absolutes Highlight bzgl. des Kennenlernens einer weiteren österreichischen Weinregion. Für andere dagegen nur mehr ein surreales Lehrstück im Zusammenführen von übernommenem mit übernehmendem Unternehmen aus befreundeten (so lange Deutschland im Fußball und Österreich beim Ski-Alpin gewinnt) Ländern.

Gołąbki (Kohlrouladen) [062]

Zutaten:

1 Weißkohl, 500 g Hackfleisch (halb und halb), 1 Tasse Reis, 2 Zwiebeln, 2 Eier, 100 g Butter, Pfeffer, Salz
Für die Sauce: je ca. 50 g Mehl und Butter, 1 Knoblauchzehe, 1 kleine Dose gehackte Tomaten, 200 ml Hühnerbrühe, Pfeffer, Zucker, Salz, gehackte Kräuter (Thymian, Petersilie)

Zubereitung:

Kohl waschen und von äußeren Blättern befreien, 30 min in kochendem Salzwasser garen, herausnehmen und abkühlen lassen; Reis bissfest kochen; gehackte Zwiebel in Butter dünsten, Hackfleisch zugeben und anbraten, Reis und Eier zufügen, würzen und abkühlen lassen; den Kohl zerpflücken, von den Blättern grobe Teile entfernen und zum Füllen auslegen, Hackfleischmischung darauf verteilen, aufrollen und in eine ofenfeste Form geben, etwas heißes Wasser angießen und bei 180 °C Umluft ca. 30 min garen.
Butter und Mehl anschwitzen und mit den weiteren Zutaten in ca. 30 min zu einer sämigen Sauce köcheln lassen

Zum Servieren einen schönen Schlag Sauce in tiefe Teller geben und darauf die Rouladen mit etwas Petersilie anrichten.

Dazu passt ein Bier aus Posen und vielleicht noch ein Gläschen Wodka.

(Und, falls zufällig in Danzig zu Besuch, ein Blick auf das Kran-Tor)

Gorgonzola Surprise [063]

Zutaten:

250 g Gorgonzola (andere Blauschimmelkäse gingen auch), 250 ml (Koch) Sahne, 5-6 Blatt Gelatine, 2-3 El Honig, Pfeffer, Salz
Obst und/oder Fruchtaufstrich, Nüsse

Zubereitung:

Gelatine nach Packungsangabe einweichen.
Sahne vorsichtig erwärmen, den Käse zerbröckeln und nach und nach zufügen, danach zu einer glatten Creme verrühren. Die gut ausgedrückte Gelatine zugeben und nochmals gut durchrühren, dann mit Pfeffer, Salz und Honig pikant abschmecken und mind. 2-3 h kalt stellen (nicht einfrieren).

Zum Servieren aus der Masse Kugeln oder Nocken abstechen und mit passenden Obststücken, fruchtigem Aufstrich und Nüssen sowie Crackern oder Brotscheibchen anrichten.

Dazu passen Süß- oder Dessertweine, kommt ganz auf den Anlass bzw. Rahmen an.

Graupen-Risotto [064]

Zutaten:

200 g Gerstengraupen extra grob, ¼ Knollensellerie, 3 Möhren, 3 Schalotten, ½ Bund Frühlingszwiebeln, 750-800 ml Gemüsefond (2 Gläser), 2 El Öl, Pfeffer, Salz, 2 El Petersilie, 100 ml Sahne, Parmesan zum Reiben, Limette

Zubereitung:

Sellerie, Möhren, Zwiebeln putzen und sehr fein würfeln.
Öl erhitzen, das Gemüse anschwitzen, die Graupen dazugeben und kurz mitdünsten. Gemüsefond hinzugeben und aufkochen, anschließend unter gelegentlichem Rühren ca. 30-40 min leicht köchelnd garen.
Wenn das Gemüse und die Graupen gar sind, also bissfest, nicht matschig, Sahne und, falls gewünscht, Parmesan und Petersilie unterrühren, mit Salz, Pfeffer und Limette abschmecken.

Das Graupen-Risotto in tiefen Tellern mit einem kräftig gebratenen Filet (ohne Haut, nur leicht meliert) vom Kabeljau bzw. Lachs oder einem knusprigen Schweinebauch servieren.

Eine echte Alternative zu einem klassischen Risotto. Vielleicht einmal notwendig, wenn Vegetarier oder Veganer (dann natürlich Sahne und Parmesan weglassen oder ersetzen) zu Besuch sein sollten.

Dazu trinken wir einen leichten Grauvernatsch aus St. Magdalena oder einen Kalterer See von der E&N in Südtirol.

Grießpudding mit Fliederbeersuppe [065]

Rote Grütze [066]

Zutaten:

800 ml Milch, 200 ml Sahne, 150 g Grieß, 100 g Zucker, 2 Pck. Vanillezucker, Vanille-Puddingpulver, Salz

500 ml Fliederbeersaft, 500 ml Apfelsaft, 1-2 Bio-Zitronen, 1 Pck. Vanillezucker, 100 g Zucker, 1 Zimtstange, 1 Nelke, 1 Vanilleschote (ausgekratzt), Speisestärke

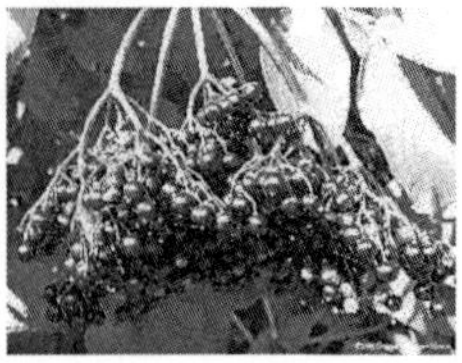

Zubereitung:

Milch, Sahne, Zucker, Vanillezucker, 2 El Puddingpulver, Prise Salz zum Kochen bringen, den Grieß einrieseln lassen, bis zum Aufkochen ständig rühren, vom Feuer nehmen und ca. 3-5 min quellen, in Portionsförmchen füllen und etwas abkühlen lassen.

Fliederbeer- und Apfelsaft mit Zitronenschale, Vanille, Vanillezucker und Zucker aufkochen, angerührte Speisestärke zugeben und noch einmal aufkochen lassen, durch ein Sieb abgießen und abkühlen lassen, ggfls. nachzuckern bzw. Konsistenz optimieren.

Je einen kleinen **Grießpudding** noch warm in einen tiefen Teller stürzen und mit der abgekühlten Suppe umgießen.

Zutaten:

500 g Beeren (Erdbeeren, Himbeeren, Johannisbeeren, Stachelbeeren, Brombeeren), 250 ml Wasser, 5-6 El Zucker, 1 Vanilleschote (ausgekratzt), 1 Bio-Zitrone (schälen), Speisestärke, 200 ml Sahne

Zubereitung:

Die Beeren waschen, putzen, ca. die Hälfte (die schönsten) abgetropft in eine Schüssel füllen. Die restlichen Beeren mit Wasser, Zucker, Vanillemark, Zitronenschale, 2 El Zitronensaft aufkochen und mit Stärke binden, einige min köcheln lassen, wenn die Konsistenz richtig ist, durch ein Sieb über die anderen Beeren passieren.

Die **Rote Grütze** mit geschlagener Sahne servieren.

Grünkohl mit Pinkel [067]

Zutaten:

2-2,2 kg Grünkohl (der Frost hatte), 200 g Zwiebeln, 150 g Schmalz (Gans), 800 ml Kalbsfond (Glas), 4 Pinkelwürste, 4 kleine Mettwürste, 200 g durchwachsener Speck (leicht geräuchert), 200 g Kassler Fleisch, 4 El Haferflocken, 3-4 El Senf (Löwen oder Dijon), 2-4 El Zucker oder Honig, Pfeffer, Salz
1500 g kleinere Kartoffeln, 2 El Zucker, 6-8 El Butter

Zubereitung:

Den Kohl entrippen, die Blätter in einem großen Topf aufkochen, abgießen und abtropfen lassen, fein hacken. Die Zwiebeln pellen und würfeln, in Schmalz anschwitzen, darin den Kohl und den Fond einrühren, Speck, Pinkelwurst und Haferflocken zugeben und alles bei nicht zu großer Hitze ca. 35-40 min köcheln lassen (der Kohl muss „schnattern"), Mettwurst und Kassler hineingeben und weitere 10-15 min garen. Fleisch und Würste herausnehmen und den Grünkohl mit Pfeffer, Zucker oder Honig, Senf und Salz aus der Mühle pikant abschmecken, Würste und Fleisch wieder zugeben.
Die Kartoffeln für die Beilage kochen, abgießen und pellen, dann leicht karamellisieren. Dazu etwas Zucker hell schmelzen, Kartoffeln hineingeben, wälzen, Butter zufügen und mit etwas Salz nachwürzen.

Den Grünkohl und die Kartoffeln in große vorgewärmte Kummen füllen und servieren.

Dazu trinkt man ein feines Pils und einen guten Doppelkorn, beides sollte aus Niedersachsen (mindestens aber aus Norddeutschland) stammen.

Guacamole-Dip [068]

Zutaten:

2 Avocado (sehr reif), 2 Knoblauchzehen, 1-2 Bio-Zitronen oder Limetten, 2-3 Tomaten, 1 Becher Joghurt, Pfeffer, Salz, Kräuter nach Wahl (z.B. Petersilie, Basilikum, Koriander oder Minze), Chilischote

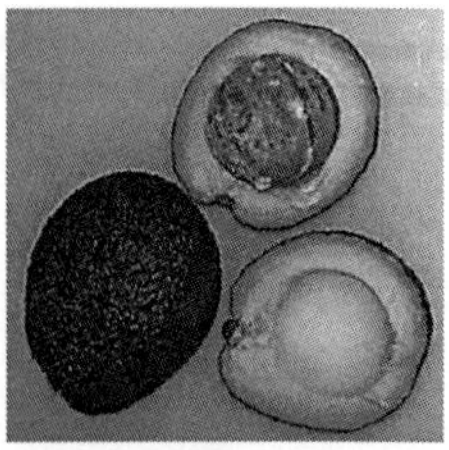

Zubereitung:

Tomaten brühen, häuten und in kleine Würfel schneiden. Zitrone abreiben (ca. 1-2 Tl), dann auspressen. Das weiche Fruchtfleisch mit einem Löffel aus den halbierten Avocados holen, mit einer Gabel zerkleinern und sofort mit Zitronensaft, Abrieb und klein gehackten Kräutern mischen, dann mit Pfeffer, Salz und, falls man es gern scharf mag, feinst gehackter Chilischote abschmecken.

Serviert wird dieser mexikanische Dip als Snack bzw. Vorspeise mit geröstetem Brot, Tortillas oder auch zu gegrilltem Fleisch.

Und macht euch bloß nicht zu viel Gedanken über die Herkunft der Bezeichnung für diese Avocado Sauce.
Mexiko kennt neben Spanisch bekanntlich noch 62 indigene Sprachen, und die Sauce ist nach einem Begriff aus der Nahuatl-Sprache (Aztekisch: Nahuatlahtolli) benannt, ein Wort das auch dort nur noch ca. 1 % der Einwohner aussprechen können.

Gulaschsuppe von Margrit [069]
(Deckname „Geschwisterliebe“)

Zu meinem (also Gittis) Lieblingsgericht wurde schon sehr früh die Gulaschsuppe. Das hat einen ganz bestimmten Grund. Es gibt keine großen Fleischstücke auf dem Teller! Aus Kindheitstagen steht der Verzehr von größeren Stücken Fleisch tief in mir drin immer in Verbindung mit der Frage: „Was ist denn da draußen los?“ Ich, weil immer ein wenig neugierig, schaute natürlich dorthin und schwupp .... mein Kotelett, Schnitzel oder auch Bratklops waren von meinem Teller verschwunden. Meistens kaute mein älterer Bruder Bernd genüsslich mein Fleisch zu Ende. Doch nun zum Rezept.

Zutaten:

500 g Rind- und Schweinefleisch (gewürfelt), 200 g durchwachsener geräucherter Speck (gewürfelt), 300 g Zwiebeln (geschält, gehackt), 250 g rote und grüne Paprika (gewaschen, geputzt, in Streifen geschnitten) 250 g Tomaten (gewaschen, in Stücken), 150 g Kartoffeln (geschält, gewürfelt), 150 g Möhren (geputzt, gewürfelt), 1-2 Knoblauchzehen (zerdrückt), ½ Tl Kümmel, 1,5 l Wasser, Pfeffer, Salz, Cayenne-Pfeffer, Paprika/Chili-Pulver, Schmand/Crème fraîche, Pflanzenöl

Zubereitung:

Öl in einem großen Topf erhitzen, nacheinander Speck, Fleisch, Zwiebeln anrösten, dann Paprika, Tomaten, Kartoffeln, Möhren zugeben und unter Rühren mit andünsten. Knoblauch und Kümmel zufügen, mit dem Wasser ablöschen und ca. 45 min gar köcheln lassen, dann mit Pfeffer, Salz, Cayenne und Paprika- bzw. Chili-Pulver nach Gusto abschmecken, mit Schmand bzw. Crème fraîche verfeinern.

Dazu schmeckt Baguette.

Guten Appetit wünscht Margrit alias **Gitti**.

(Gitti erzieherisch tätig)

Harzer Schmandkuchen (mit Apfel) [070]

Zutaten:

1000 g Äpfel, 200 ml Apfelsaft, 2 Pck. Vanille-Puddingpulver
100 g Zucker, 100 g Butter, 125 g Mehl, 2 Eier, 1 Tl Backpulver
200 ml Schmand, 3 Eier (trennen), 3 El Zucker

Zubereitung:

Äpfel schälen, Kerngehäuse entfernen, in grobe Stücke schneiden, mit Apfelsaft bissfest kochen. Später mit angerührtem Puddingpulver kurz aufkochen.
Aus Zucker, Butter, Mehl, Eiern und Backpulver einen Mürbeteig kneten, in einer gefetteten Springform im vorgeheizten Backofen bei 200 °C 10-15 min backen, die aufgekochte Apfelmasse darüber geben, weitere ca. 10 min backen.
Schmand mit 3 Eigelb, 3 El Zucker und dem daruntergezogenem steif geschlagenen Eiweiß auf die Äpfel geben und den Kuchen in ca. 10-15 min fertigbacken.

Der Kuchen sollte vor dem Servieren einige Stunden abkühlen, also ruhig im Harz mal wieder Skilaufen (wie Rosi) oder einen Winterspaziergang machen; alternativ den Schmand-Kuchen gleich bei Bäcker Biel besorgen.

Hecht aus dem Ofen [071]

Zutaten:

1 ganzer Hecht (nicht länger als 75-80 cm) oder Schwanzstück (mind. 1,2 kg), ca. 60 g Sardellen- bzw. Anchovis- Filets (Dose), 100 g Frühstücksspeck, 300 ml Sahne, 200 g Butter, 800 g Kartoffeln, Wurzelgemüse (Pastinake, Möhre, weiße Rübchen), 1 Limette, 2 El Petersilie, 2 El Schnittlauch, Pfeffer

Zubereitung:

Den geschuppten, ausgenommenen Hecht waschen, trocken tupfen. Die Sardellenfilets möglichst klein würfeln, mit der Butter vermischen und den Hecht mit ca. der Hälfte der Sardellenbutter innen und außen bestreichen.
Den Speck in dünne Streifen schneiden. Eine passende Ofen-Form mit der restlichen Sardellenbutter ausstreichen, den Fisch hineinsetzen und mit den Speckstreifen belegen.
Die geschälten Kartoffeln vierteln und mit dem geputzten, kleingeschnittenen Wurzelgemüse um den Hecht verteilen. Die Sahne mit Pfeffer und etwas Limettensaft abschmecken und angießen. Die Form für ca. 50-60 min in den auf 180°C (Umluft) oder 200°C vorgeheizten Ofen geben.

Die Form mit dem gegarten Hecht aus dem Ofen nehmen, die entstandene Flüssigkeit mit den Kräutern, restlichem Limettensaft und Pfeffer (ev. Prise Zucker und Salz) abschmecken, einige Limettenscheiben zugeben und den Hecht in der Form servieren.

Dazu schmecken ein robuster Grauburgunder (z.B. vom Weingut H.Schmidt aus Windesheim), ein Chardonnay (z.B. vom Weingut Kruger-Rumpf aus Sarmsheim) oder etwas leicht Ausgefallenes wie ein kühler Pinotage aus Südafrika.

Hechtklößchen (Badisch) [072]

Zutaten:

1,2-1,5 kg Fleisch vom großen Hecht (die kleineren Exemplare für den Ofen vorsehen), geschuppt, gewaschen, ohne Kopf, Schwanz und Flossen, 100 g Panko (oder 2 trockene Brötchen), 250 ml Sahne, 80-100 g Butter, 4 Eiweiß, 4 Schalotten, 100 ml Wermut, Dill, 1 Bund Petersilie, Pfeffer, Salz, Wasser, ein Fleischwolf mit feiner Scheibe

Zubereitung:

Wasser in einem großen Topf aufsetzen, 2 geschälte Schalotten, ½ Bund Petersilie und die abgeschnittenen Teile des Fisches hineingeben, aufkochen und ca. 10 min köcheln lassen, dann das Hechtfleisch in zwei oder drei Teilen dazugeben und kurz mitköcheln. Das nicht zerkochte Fleisch herausheben und durch die kleinste Einstellung des Fleischwolfes drehen, mit dem Panko vermengen, 1 h in den Kühlschrank stellen, dann mit dem Eiweiß vermengen, mit Pfeffer und Salz würzen, noch einmal für 30-45 min in den Kühlschrank stellen, danach aus der Masse tischtennisgroße Bällchen formen.
Den Hecht Sud abseihen und beiseite stellen.
Es empfiehlt sich, diese Arbeiten rechtzeitig vor dem Menü zu erledigen und Sud sowie Klößchen kalt zu stellen (ruhig über Nacht).
Die Hechtklößchen unmittelbar vor dem Servieren fertig machen, d.h. Sud einmal aufkochen und die Bällchen ca. 10-15 min darin ziehen lassen. In der Zeit die Sauce zu den Hechtklößchen bereiten. Dazu die restlichen Schalotten schälen und sehr fein würfeln, in Butter hell andünsten, mit Sahne und Wermut ablöschen und einige min kochen lassen bis die Sauce die richtige Konsistenz hat, zum Ende gehackten Dill und Petersilie zugeben.

Badische Hechtklößchen sind eine exzellente Vorspeise; wer mag, serviert sie mit einem Löffel Reis,
in jedem Fall aber mit einem badischen Weißwein dazu (z.B. ein Müller-Thurgau „Birnauer Kirchhalde" vom Markgrafen von Baden, Schloss Salem).

Nieuwe Haring (Matjes) [073]

Heringssalat (Bernd) [074]

Heringssalat (Rosi) [075]

Bei dem **Nieuwe Haring** oder **Matjes** handelt es sich um junge, fette Heringe, die noch nicht gelaicht haben und Ende Mai und im Juni eines jeden Jahres auf den Markt kommen, zuerst natürlich in Holland (und dem restlichen Teil der Niederlande). Sobald das niederländische Königshaus das erste (1.) Fass geleert (äh, probiert) hat, packen alle anderen Bewohner und Besucher dieses schönen Landes den Haring ebenfalls am Schwanz, legen den Kopf in den Nacken, halten den Fisch über den weit geöffneten Mund und lassen dann ihren Anteil am Fang im Hals verschwinden.

Matjes durften von uns früher auf gar keinen Fall mit Fett- oder sonstigen Heringen verwechselt werden, jedenfalls nicht, wenn Onkel Willi dabei war, stand er doch einmal in der Sache „gut situierte Bremer Bürgerin gegen die Nordsee“ (nein, nicht das Meer, die Firma) als Zeuge vor Gericht, um die feinen Unterschiede bei der Vermarktung dieser Fischspezialität zu erklären.

Es spricht aber überhaupt nichts dagegen, sich einen oder mehrere Matjes zu besorgen und zu einem Tartar oder Salat zu verarbeiten.

Und vergesst neben dem Bier bloß den Genever nicht.

Heringssalat (Bernd)

Zutaten und Zubereitung:

8 Bismarckheringe, 500 g gekochte Rote Beete, 2 Gewürzgurken, 1 Zwiebel, 1 Apfel, Pfeffer, Salz, Zucker, Limette, 1/2 Bund Dill, neutrales Pflanzenöl, Balsamico-Creme (weiß)

Heringe abspülen, abtrocknen, Flossen und sonstige Anhängsel abschneiden, würfeln. Rote Beete würfeln, Dill fein hacken, Gurken, Zwiebel und Apfel putzen und fein würfeln. Aus Öl (80 ml), Limettensaft (5 El), Balsamico (2 El), Zucker (1 Tl), Dill (1-2 El), Pfeffer, Salz eine Vinaigrette rühren und mit den Herings-, Gurken-, Zwiebel- und Apfel- Würfeln vermischen, ziehen lassen (ca. 30 min), mit etwas Dill bestreuen und servieren.

Heringssalat (Rosi)

Zutaten und Zubereitung:

3 Bismarckheringe (grob gewürfelt), 250 g Kartoffeln (gekocht, gepellt, gewürfelt), 150 g rote Beete (gekocht, geschält, gewürfelt), 150 g Gewürzgurken (gewürfelt), 1-2 Äpfel (Boskoop, geschält, Kerngehäuse entfernt, gewürfelt)), 1-2 Zwiebeln (geschält, gewürfelt), 4-6 El leichte Mayonnaise, ca. 100 g Joghurt, 1 El Senf (Löwen oder Dijon), Pfeffer, Salz, Zucker, 1 Bund Dill

Heringe, Kartoffeln, rote Beete, Gurken und Apfel in eine Schüssel geben. Mayonnaise, Joghurt, Senf und etwas Gurkenwasser verrühren, mit Pfeffer, Salz, Zucker abschmecken und über den Salat gießen, gut vermischen und mind. 30 min durchziehen lassen. Vor dem Servieren noch mal abschmecken, Dill zumischen und ggfls. mit hartgekochten Eiern anrichten.

Himmel und Erd [076]
(rheinisch: Himmel un Ääd)

Zutaten:

4 x 200 g Blutwurst zum Braten, 1,25 kg Kartoffeln (mehlig kochend), 200 ml Milch, 200 ml Sahne, 200 g Butter, Pfeffer, 2 El Butterfett, 6 Äpfel (mittelgroß, säuerlich, z.B. Boskoop), 6 El Zucker, 4-5 Zwiebeln, Muskatnuss

Zubereitung:

Die Kartoffeln schälen, vierteln, in gesalzenem Wasser weichkochen, abgießen, abdampfen lassen und stampfen. Milch und Sahne aufkochen, zusammen mit ca. 150 g kalter Butter zu den Kartoffeln geben, mit Salz, Pfeffer und geriebener Muskatnuss abschmecken und gut durchgerührt (ohne Handmixer) warm stellen.
Backofen auf 160°C vorheizen. Blutwurstscheiben in Butterfett bei mittlerer Temperatur in der Pfanne beidseitig anbraten (leichte Kruste) und für ca. 20 min in den Ofen geben.
Die geschälten Äpfel vierteln und Kerngehäuse entfernen. Zwiebeln schälen und in halbe Ringe schneiden. Butter (ca. 50 g) und Zucker in einer Pfanne schmelzen, die Zwiebeln darin anschwitzen und leicht karamellisieren, dann die Apfelspalten zugeben und bissfest (kein Mus) dünsten.

Blutwurst, Kartoffelstampf mit Zwiebel- und Apfelspalten auf einem großen Teller anrichten.

Sollte man im Rheinland kochen, passt als Aperitif eigentlich immer ein Gläschen Kölsch; zum Essen trinke ich dann aber einen „Blauschiefer" von Meyer-Näkel.

Es kommt auf die Wurst an, also sucht euch einen guten Metzger.

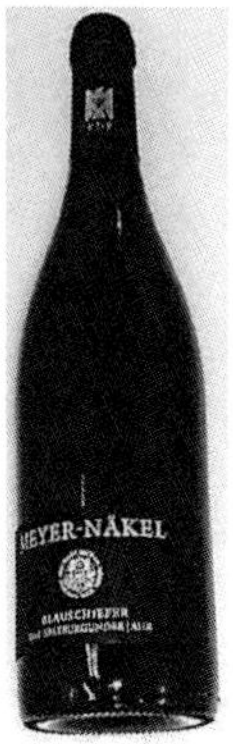

Hollerkoch und Pofesen [077]
(auf Deutsch: Arme Ritter und Holunderkompott)

Zutaten:
500 g Holunder (Holler, abgerebelt), 5 Zwetschgen, 250 g Zucker, 125 ml Rotwein, 1 Zitrone, Rum, Vanillezucker, Zimtstange Butterzopf/Butterweck oder süßes Weißbrot (Striezel), 250 ml Milch, 2 Eier, 2 El Rum, Butterfett
Zubereitung: Holunder mit Zucker, Zitronensaft, Rum, Vanillezucker, Zimtstange, geputzten und halbierten Zwetschgen und Rotwein ca. 20-25 min leicht köchelnd garen, umrühren, abschmecken und abkühlen lassen. Zimtstange herausnehmen. Milch, Eier und Rum verquirlen, Brotschneiden und die Scheiben darin tränken, im Fett leicht braun ausbacken und mit Zucker und Zimt bestreuen.
Holunderkompott in tiefe Teller füllen, die heißen Brotscheiben dazu legen und sofort servieren. Dazu passt ein großer Brauner (Kaffee). 

Hühnchen (Indonesisch, mariniert, im Wok) [078]

Zutaten:

1000 g Hähnchenbrustfilet, 1 Tl Ingwer, 1 Chilischote, 2 El Limettensaft, 1 Tl Zucker (braun), 1 Tl Currypulver, 1 Tl Kreuzkümmel, Pfeffer, 4 El Sojasauce, 3 El Sesamöl, Korianderblätter

Zubereitung:

Die Hähnchenbrust waschen, trocknen und in Würfel schneiden.
Ingwer schälen und reiben, Chilischote waschen, entkernen und kleinhacken. Beides zusammen mit Sojasauce, Curry, Limettensaft, Zucker, Kreuzkümmel, Pfeffer (aus der Mühle) zu einer Marinade verrühren, Hähnchenfleisch untermischen und abgedeckt mind. 2 h im Kühlschrank ziehen lassen.
Sesamöl im Wok erhitzen und das gut abgetropfte Hähnchenfleisch nach und nach garen und mit gehacktem Koriander bestreuen.

Das Gericht ruhig als Bestandteil eines chinesisch-asiatischen Essens mit Reis servieren.

Eine ausgezeichnete Gelegenheit, mal wieder eine Flasche Riesling (Grauschiefer von Jakob Schneider) aus dem Keller zu holen.

Hühnerbrühe (bzw. Suppe) [079]

Hühnerfrikassee [080]

Wir denken und arbeiten selbstverständlich ökonomisch, d.h. keine Hühnerbrühe für kranke Kinder ohne ein Frikassee am Abend oder am nächsten Tag für alle.

Zutaten:

1 Suppenhuhn (ca. 1,5 kg), ca. 1000 g Suppengemüse/ -grün, 6 Eier, 250 g Suppennudeln, Pfeffer, Salz, Muskat, (ggfls. gekörnte Brühe zum Abschmecken)
2 Hähnchenfilet (ohne Haut), 500 g Möhren, 500 g Erbsen, 500 g Champignons, 500 g weißer (in der Saison) oder grüner Spargel, 4 El Butter, 3 El Mehl, 500 ml Kochsahne, Zitrone, Zucker

Zubereitung:

Das Huhn in ca. 4,5 l Wasser mit dem geputzten Suppengemüse und 4-5 El Salz zum Kochen bringen und in ca. 100-120 min leicht köchelnd garen.
Die Eier mit Pfeffer, Salz und Muskat verquirlen und in einen Gefrierbeutel füllen. Den gut verknoteten Beutel und die Filets ca. 35 min vor Ende der Kochzeit zum Suppenhuhn geben und ebenfalls garen bzw. stocken lassen.
Das Huhn aus der Brühe nehmen, enthäuten, Fett entfernen, das Fleisch vom Knochen lösen und würfeln, ebenso die zusätzlichen Filets. Das gestockte Ei aus dem Beutel nehmen und würfeln. Die frische Brühe durch ein Sieb umfüllen, für das Frikassee ca. 600 ml Brühe beiseite stellen. Die Suppennudeln in die Brühe geben und nach Angabe garen, ca. 5 min vor dem Servieren den Eierstich und das kleingeschnittene, nicht für das Frikassee vorgesehene Fleisch hinzugeben, erhitzen und die **Brühe bzw. Suppe** nochmals abschmecken.
Für das **Frikassee** Butter aufschäumen, Mehl einstreuen und Klumpen frei verrühren. Das geputzte junge Gemüse (Erbsen, Möhren, Champignons, Spargel) in der beiseite gestellten Brühe, ggfls. ergänzt mit Wasser, bissfest garen. Dann zuerst nur Brühe zur Mehlschwitze geben, kurz aufkochen, sofort herunterschalten, die Kochsahne einrühren, so dass eine leicht gebundene Konsistenz entsteht, die Fleischwürfel und das Gemüse zugeben, nochmals fein mit Zucker, Zitronensaft, weißem Pfeffer, Salz abschmecken und mit Reis oder neuen Kartoffeln servieren.

Irish Coffee [081]

Zutaten:

20 bzw. 40 ml Irish Whiskey (Bushmills, Tullamore oder Jameson, aber niemals Whisky), 1 Tl bzw. 2 Tl Zucker (bzw. nach Geschmack), 1 Tasse Kaffee (schwarz, stark und heiß), 1 El bzw. 2 El Sahne (oder Crème double, leicht geschlagen)

Zubereitung:

In einem geeigneten Glas (z.B. einem Glas für Grog oder Glühwein) Whiskey und Zucker über einer Flamme erhitzen, mit dem sehr heißen Kaffee aufgießen und dann die Sahne über einen Teelöffel auf den Kaffee laufen lassen (also so, wie die Ostfriesen es bei ihrem Tee machen) und, obwohl jener bekannte britische Agent auch von einem Iren dargestellt wurde, auf keinen Fall schütteln oder rühren.

Sláinte. / Prost.

Jahreszeiten-Tarte (herzhaft und einfach) [082]

Zutaten:

1 Pck. Blätterteig (Kühlregal), 4-6 Kartoffeln (schälen, in dünne Scheiben schneiden, blanchieren), 150 g Käse (geraspelt), 100 g Frühstücksspeck, 200 g Lachsfilet (ohne Haut), 200 g Ziegenfrischkäse (mild, relativ fest),3-4 Eier, 150 g Crème fraîche, Muskat, Pfeffer, Salz

Zubereitung:

Tortenform (22 cm) mit Blätterteig auf Backpapier auslegen, einfetten, Speckscheiben und geraspelten Käse drauflegen, mit Kartoffelscheiben bedecken, mit Lachs und noch einer Schicht Kartoffeln belegen, darauf kommt der in Scheiben geschnittene Ziegenkäse. Die Eier mit Crème fraîche, Pfeffer und Muskat verrühren (Salz meist nicht notwendig) und darüber gießen.

Das Ganze mit dem restlichen ausgerollten Blätterteig abdecken, den Rand andrücken, den Teig mit einer Gabel einstechen und im heißen Backofen bei 200 °C (Umluft) ca. 30-40 min backen, herausnehmen und noch ca. 15 min stehen lassen.

Rand der Form entfernen, in Tortenstücke schneiden und mit einem kleinen Salat servieren.

Wenn man die Kartoffeln durch Spargel, Kohlrabi oder Schwarzwurzeln ersetzen würde, ließen sich übers Jahr Frühling, Sommer, Herbst und Winter nacheinander abdecken.

Und gleich eine gute Gelegenheit, bei der Weinauswahl die Restflaschen im Keller zu berücksichtigen.

(Ja, genau so denken Ingenieure)

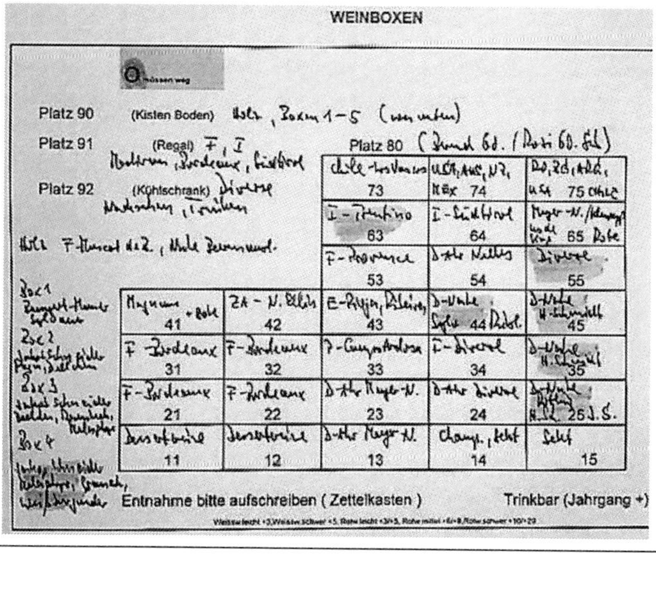

Jakobsmuscheln pur (Scallops) [083]

Jakobsmuscheln (im Wok gebraten, mit grünem Spargel) [084]

Rosis Lieblings-Muscheln, vielleicht weil sie zur Gattung der Kamm-Muscheln zählen und ausgezeichnet zu ihren Locken passen (oder weil sie als Getränk immer eine ihrer Lieblings-Rebsorten wie Sauvignon Blanc oder Weißburgunder vorschlagen kann).

Scallops pur

Zutaten:
8-16 Jakobsmuscheln (ausgelöst, geputzt)

Zubereitung:
6-8 El Olivenöl in einer beschichteten Pfanne erhitzen, Muscheln mit Pfeffer und Salz würzen, von jeder Seite ca. 1 min scharf anbraten, im warmen Ofen gar ziehen lassen und zu Risotto bzw. Pasta servieren

oder

Olivenöl erhitzen, Muscheln in dünne Scheiben schneiden, würzen, ganz kurz braten und z.B. auf einem Rote-Beete-Tartar oder Carpaccio verteilen.

Scallops im Wok

Zutaten:
8-16 Jakobsmuscheln (ausgelöst, geputzt, waagerecht halbiert), ca. 250 g grüner Spargel (gewaschen, geputzt, in ca. 2-3 cm Stücke geschnitten), Sesamöl, Ingwer (ca. 4 cm, geschält), 2 Frühlingszwiebeln (geputzt, in Ringe geschnitten), Pfeffer, Salz, Geflügelfond, Reiswein

Zubereitung:
Spargel in kochendem Wasser ca. 1-2 min blanchieren, abtropfen lassen.
Im Wok 2 El Öl erhitzen, Scallops kurz von beiden Seiten anbraten, herausnehmen und abgedeckt beiseite stellen, 2 El Öl in den Wok, Frühlingszwiebeln, Spargel, Ingwer hineingeben, pfeffern, mit 2-3 El Reiswein und 2-3 El Fond ablöschen, durchschwenken, Muscheln dazu geben, nochmals schwenken, Ingwer herausnehmen, fein abschmecken und sofort zu Reis servieren.

Kabeljau-Filet (auf der Haut gebraten) [085]

Zutaten:

Ein wirklich dickes Filet vom Winterkabeljau (Skrei) mit Haut von zusammen 1,2-1,6 kg, Butter, 2 El Öl, Salz, Pfeffer, Limette

Zubereitung:

Den Fisch säubern, Gräten entfernen und evtl. ausgefranste Teile abschneiden. Die Haut muss frei von Schuppen sein. In 2-4 Portionsteile schneiden, waschen und trocken tupfen, mit Salz und Pfeffer würzen, die Haut vorher mit etwas Limettensaft bestreichen.
Den Ofen auf 160°C (Umluft) vorheizen.
Die Filets in Mehl wenden, gut abklopfen und in einer Pfanne in etwas Öl und Butter auf der Hautseite scharf aber kurz anbraten, anschließend im Ofen mit der Haut nach oben in ca. 6-8 min fertiggaren.

Die Kabeljaufilets im späten Winter auf einem Graupen-Risotto, im frühen Frühling mit einem lauwarmen grün-weißen Spargelsalat servieren.

Ein einfaches Gericht, zu dem sich sehr gut ein leicht gekühlter, traditionell ausgebauter Frühburgunder von der Ahr trinken lässt.

(den Rotwein allerdings nur, wenn James Bond 007 nicht mit am Tisch sitzt, er würde euch womöglich „Liebesgrüße aus Moskau“ senden).

Kalbsfilet (gezopft) [086]

Zutaten:

1000 g Kalbsfilet, 500 g kleine Kartoffeln (Bamberger Hörnchen oder La Ratte), 500 g Karotten, 2 Fenchelknollen, Pfeffer, Salz, Sahne, Olivenöl

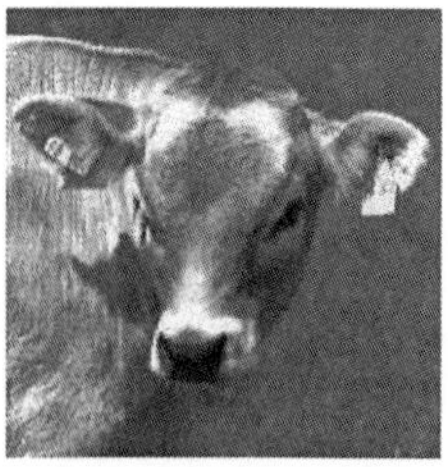

Zubereitung:

Fleisch kurz abspülen, abtrocknen, pfeffern, salzen und im auf 80 °C vorgeheizten Ofen ca. 120 min garen, in Alufolie wickeln (sollte ca. 1 h vor dem Essen beendet sein).
Gemüse waschen, schälen bzw. putzen und vierteln bzw. Streifen oder Scheiben schneiden, Alufolie auf ein Backblech legen, mit Öl einpinseln darauf das Gemüse verteilen, pfeffern, salzen, mit Olivenöl beträufeln und ca. 30-35 min im auf 200 °C (Ober-/Unterhitze) vorgeheizten Ofen garen.
Filet(s) längs zerteilen, portionsweise zu Zöpfen flechten und in etwas Öl rundherum 4-6 min braten, ca. 5 min warm halten bzw. ruhen lassen. Den Bratensaft mit Sahne ablöschen, abschmecken und beim Servieren über das Kalbsfilet geben.
Dazu das Ofengemüse reichen.

Als Getränk würde ich zu einem mineralischen Weißwein, z.B. einem Riesling von der Nahe (J. Schneider oder H. Dönnhoff) greifen.

Euter [087]

Kalbskopf [088]

Jetzt schlägt`s dreizehn (13), glaubt ihr wirklich, hier ein **Euter**-Rezept vorzufinden? Was wollt ihr damit machen? Doch wohl nicht bei der nächsten Einladung zum Essen für eure Familie oder Freunde nachkochen? Erstens würde danach niemand mehr mit euch sprechen wollen und zweitens hätte es sowieso niemand gegessen. Ach so, jetzt fällt mir ein, ihr habt ja einen Hund, der ganz verrückt nach Innereien ist (auch wenn es wegen der Position unlogisch erscheint, aber das Euter zählt tatsächlich dazu), und obwohl ich der Meinung bin, dass tierische Untermieter, inklusive dieser treuesten Weggefährten des Menschen, gefälligst fressen sollen, was aus dem Kühlschrank, der Dose oder Packung kommt, hier eine einfache Art der Zubereitung:

Besorgt 1000 g Euter (vielleicht von einer jungen Kuh, die keine Polizisten mag) sowie 2 Zwiebeln, Suppengrün, Lorbeerblatt, 2 Eier, Semmelbrösel, Pfeffer, Salz, Butter, wässert das Euter ausreichend und kocht es mit geputztem Gemüse und Gewürzen recht zart, schreckt es dann in kaltem Wasser ab, schneidet es abgetrocknet in fingerdicke Scheiben, paniert diese mit Ei und Semmelbröseln und backt die Scheiben in Butter zu einer goldgelben Farbe.

Serviert es dem Hund; sollte dieser eurer Kochkunst nicht trauen, ruft mich an und stellt eine Flasche Vega Sicilia Unico Reserva 1999 (mindestens aber einen Valbuena 5° 2009) für mich bereit, vielleicht lässt sich ja der Hund hinterher von mir überzeugen es zu fressen. Bei dem Wein würde ich es aber zur Not auch höchst selbst erledigen.

Mit **Kalbskopf** ist das etwas anderes, selber würde ich das Gericht zu Hause zwar nicht kochen, sondern lieber nach Frisange zu Lea Linster fahren. Ich hab sie vorsichtshalber im Herbst 2014 diesbezüglich bereits befragt und weiß daher, dass sie für eine Gruppe von 8-10 Personen einen typischen Luxemburger Kalbskopf zubereiten würde (natürlich nach rechtzeitiger Anmeldung).

Alle, die nicht mitfahren wollen, könnten folgendes Rezept versuchen:

Zutaten:

1 Kalbskopf, 1-2 Zwiebeln (geschält, grob gewürfelt), Lorbeerblatt, 1 Kräutersträußchen, Pfeffer, Salz, 50 g Butter, 1-2 El Mehl, 1 Glas Weißwein, 1 Zitrone

Zubereitung:

Kalbskopf absengen, sauber putzen, Hirn und Zunge herausnehmen, ca. 10-15 min in kochendes Wasser legen, kalt abspülen und dann in frischem heißen Wasser mit Pfeffer, Salz, Zwiebeln, Kräutern, Lorbeerblatt ca. 120-150 min köcheln lassen, danach das Fleisch ablösen und in Scheiben schneiden. Zunge und Hirn werden parallel weich gekocht, die Zunge abgezogen, ebenfalls in Scheiben geschnitten und das Hirn vorsichtig in Stücke zerlegt. Dann das Mehl in der zerlassenen Butter leicht anbräunen, mit ca. 350-400 ml Kalbskopfbrühe (natürlich abgeseiht) ablöschen und einköcheln lassen, mit Weißwein und Zitronensaft fein abschmecken und über die noch warmen Fleischstücke geben und sofort servieren.

Und, habt ihr es euch überlegt, kommt ihr doch mit?

Kaninchen (im Ofen gegart, mit einer Kräuter-Senf-Sauce) [089]

Zutaten:

2,5 kg Kaninchen (kleine oder Teile), 150 g Senf (Löwen oder Dijon), 4-6 El gehackte Kräuter (Rosmarin, Estragon, Kerbel, Petersilie, o.ä.), 400 ml Gemüsefond (Glas), 300 ml Weißwein, 500 g Schmand, Öl, Pfeffer, Salz, Zucker

Wenn man mal vergessen haben sollte, Kaninchen fürs Abendessen zu besorgen, bliebe immer noch der Weg (über den Zaun) auf das Werksgelände der RHI in Urmitz, wo (gefühlt) mehr dieser wohlschmeckenden Plagegeister leben als in ganz Australien.

Zubereitung:

Kaninchenteile waschen, abtrocknen. Den Senf mit den Kräutern verrühren. Die Fleischstücke pfeffern und salzen, mit dem Kräutersenf (etwas aufheben) einstreichen und in eine leicht geölte Bratenform geben.
Backofen auf 200 °C (Umluft) vorheizen, die Form in den Herd schieben, nach ca. 40 min Wein und Fond zugeben und ca. 45 min weitergaren; prüfen, ob das Fleisch gar ist.
Fleischteile aus der Form nehmen, im Herd warmstellen. Die Bratenflüssigkeit ggfls. Noch etwas einkochen lassen, restlichen Kräutersenf, Schmand und eine Prise Zucker einrühren, mit Pfeffer und Salz abschmecken.

Das Gericht unbedingt mit Pasta und ohne Hinweis auf das kuschelige Tier (der Kinder wegen) servieren.

Für die Erwachsenen gibt es zur Abwechslung einmal einen Refosco aus dem Friaul oder einen Teroldego aus Trient.

Kartoffel-Anchovis-Auflauf (Janssons Frestelse/Versuchung) [090]

Zutaten:

1000 g Kartoffeln, 200 g Sardellenfilets in Öl (Glas/Dose abgetropft/oder alternativ Sardinenfilets nehmen), 500 g Zwiebeln, Pfeffer (weiß), 400 ml Kochsahne, Semmelbrösel oder Panko, Butter

Zubereitung:

Kartoffeln schälen und stifteln, Anchovis abgießen (Öl auffangen), abspülen (falls viel Salz dran) und zerkleinern, Zwiebeln schälen, vierteln und in Streifen schneiden.
Eine Auflaufform fetten, abwechselnd Kartoffeln, Zwiebeln und Anchovis einschichten, jede Schicht pfeffern und mit Anchovis Öl beträufeln, Sahne darüber gießen, mit Brösel bestreuen, abdecken und ca. 75 min im auf 200 °C (Umluft) vorgeheizten Ofen garen, Deckel abnehmen, Butterflöckchen darauf setzen und ca. 10 min Oberhitze geben.

Ein wärmendes Gericht, das auch im grauen Winter für bessere Stimmung sorgen wird, spätestens nach einem Gläschen Aquavit als Abschluss.

(der von Fiedler in Bremerhaven passt nicht nur zum Lachs)

Kartoffelgratin [091]

Zutaten:

1,5 kg Kartoffeln (größere, vorwiegend festkochend), 100 g Schalotten, 1 Knoblauchzehe (geschält, halbiert), 100 g Butter, weißer Portwein, 1000 ml Koch-Sahne (oder Sahne/Milch mischen), Zucker, Pfeffer, Salz, Muskat

Zubereitung:

Auflaufform mit Butter und Knoblauch ausreiben. Schalotten schälen, fein würfeln und in Butter hell anschwitzen, Prise Zucker einrühren, mit einem Schuss Wein ablöschen und etwas köcheln lassen. Sahne zugeben, aufkochen, mit Muskat, Pfeffer, Salz kräftig würzen und vom Feuer nehmen.

Die Kartoffeln schälen, in Wasser legen, erst unmittelbar vor der Zubereitung abgetrocknet halbieren, in Scheiben schneiden und dachziegelartig in die Form setzen (die halbierten Kartoffeln sollten noch zu erkennen sein), mit der Sahne übergießen und im vorgeheizten Ofen bei 160 °C (Umluft) ca. 45-50 min goldfarben backen, mit der Gabel Garzustand prüfen und noch ca. 5 min grillen.

Beim Kartoffelgratin gibt es viele Varianten.

Puristen nehmen nur Kartoffeln, Butterschmalz, Muskat, Pfeffer und Salz. Dabei werden die eingeschichteten Kartoffelscheiben gewürzt, mit flüssigem Butterschmalz übergossen und abgedeckt ca. 50-55 min bei 160 °C (Umluft) gegart, danach noch 5-10 min knusprig überbacken.

Kartoffeln (Savoyer Art) [092]

Zutaten:
1,5 kg Kartoffeln (vorwiegend festkochend), 200 g Zwiebeln, 100 g Butter, 200 g Käse (z.B. aus dem Jura oder Franche-Comté), 400 ml Gemüsefond, Pfeffer, Salz, Muskat
Zubereitung: Zwiebeln und Kartoffel schälen, halbieren und in Scheiben schneiden. Die Zwiebeln in der Butter goldfarben anschwitzen. Den Käse in dünne, kleine Scheiben oder Streifen schneiden. Alles würzen und vermischt in einen gewässerten Keramiktopf (z.B. einen Römertopf) geben, den Gemüsefond darüber gießen und mit Deckel in den kalten Ofen setzen. Die Kartoffeln brauchen ca. 60 min bei 220 °C (Ober-, Unterhitze) zum Garen plus 5-10 min Grillen (ohne Deckel), um eine schöne Kruste zu bekommen.
Ein ganz einfaches, leckeres Gericht für Liebhaber dieser Knolle und bestens geeignet, von Weihnachten oder Silvester übrig gebliebenen Raclette-Käse aus diesen Regionen des früheren Burgund zu verarbeiten. Ich nehme jedenfalls bevorzugt einen Franche-Comté, denn wie hieß es in der *„Historie des römischen Huren-Regiments der Theodorae und Maroziae von V. E. Löscher:* „es entstanden die Freyen Graffen, die von Savoyen, Arles, Montbéliard, Neufchatel... reichten" (Müsst ihr mir nicht glauben, könnt ihr über Google unter „Pornokratie oder Mätressenherrschaft" finden.)

Kartoffelpuffer [093]

Zutaten:

1,5 kg Kartoffeln (festkochend), 3 Eier, 1 kleine Zwiebel (geputzt, sehr fein gehackt), 225 ml gutes Pflanzenöl, Salz

Zubereitung:

Kartoffel schälen, waschen und grob in ein Leinentuch raspeln. Dann sehr fest ausdrücken und die Masse in einer Schüssel mit 2 Pr. Salz, Zwiebel und den Eiern gut vermischen.
Das Öl in einer großen Pfanne erhitzen.
Die Masse vierteln und in fingerdicke Stücke formen, so dass 12 Puffer entstehen.
Diese werden dann bei mittlerer Hitze schwimmend von jeder Seite goldbraun ausgebacken (dauert ca. 6-8 min), danach auf Küchenkrepp gut abtropfen lassen.

Kartoffelpuffer sind ein Klassiker der (nord) europäischen Küche, einfach zu machen, preiswert und leicht mit ganz unterschiedlichen Beilagen (vom Apfelmus über Räucherlachs bis zum Kaviar) zu kombinieren, mithin das passende Gericht bei vielen Gelegenheiten.

Eine spezielle Getränkeempfehlung kann es daher nicht geben.

Kartoffelsalat (Norddeutsch) [094]

Kartoffelsalat (Süddeutsch) [095]

Es gibt Gerichte, die, wenn es sie nicht schon geben würde, dringend erfunden werden müssten. Dazu gehört ganz ohne Zweifel der Kartoffelsalat. Wenig Aufwand, schnell gemacht, preiswerte und gesunde Hauptbestandteile, die leicht vorgehalten werden können, passend zu vielen Beilagen (wie Bockwurst bzw. Wiener oder Frankfurter und frittierte Austern) und Gelegenheiten; der einzige Nachteil, es kommt kein Kurier-Bote mit Migrationshintergrund an die Haustür, einen Karton mit lauwarmem Inhalt anzuliefern, aber so ist das nun mal im richtigen Leben, man kann nicht alles auf einmal haben.

Norddeutsch

Zutaten und Zubereitung:
1,25 kg Kartoffeln (vorwiegend festkochend), 3-4 Gewürzgurken (gewürfelt), 1-2 Äpfel (Boskoop oder Cox, geschält, Kerngehäuse entfernt, gewürfelt), 1-2 Zwiebeln (geschält, gewürfelt), 200 ml Gemüsebrühe, 50 ml Gurkenwasser, 125 g leichte Mayonnaise, 1 El Senf (Löwen oder Dijon), 1 Tl Zucker
Kartoffeln in Salzwasser garen, Wasser abgießen, abdampfen lassen, pellen und in 4-5 mm dicke Scheiben schneiden, leicht mit Pfeffer und Salz würzen. Brühe und Gurkenwasser erhitzen, mit Zwiebel- und Apfelwürfeln, Senf, Zucker, Pfeffer, Salz gut verrühren und über die Kartoffelscheiben gießen, vorsichtig durchmischen und ziehen lassen. Vor dem Servieren überschüssige Flüssigkeit abgießen und die Mayonnaise unterrühren, nochmals abschmecken.

Süddeutsch

Zutaten und Zubereitung:
1000 g Kartoffeln (vorwiegend festkochend), 100 g Zwiebeln (geschält, klein gewürfelt), 400 ml Kalbs-Brühe oder -Fond (Glas), 4-6 El Essig, ½ -1 Tl Zucker, 1-2 El Senf (Löwen oder Dijon), Pfeffer, Salz, neutrales Pflanzenöl
Kartoffeln in Salzwasser garen, Wasser abgießen, abdampfen lassen, pellen und in dünne Scheiben schneiden. Zwiebeln in 6 El Öl nur ganz leicht anschwitzen, Brühe zugießen, Essig, Senf und weitere 5-7 El Öl langsam einrühren, erhitzen, mit Pfeffer, Zucker und ev. Salz abschmecken und über die noch heißen Kartoffeln gießen, durchmischen und durchziehen lassen, möglichst lauwarm servieren.

Kartoffelsalat, sommerlich mit Radieschen (von Nina) [096]

Kobe Beef Distinguished Gentleman Burger (ergänzt Gerd) [097]

Zutaten: 500 g neue Kartoffeln (Drillinge), ½ Bund Radieschen, 1 rote Zwiebel, ½ Bund Schnittlauch, 75 g Schmand, ½ Zitrone (Saft), 1 Tl Senf (Dijon oder Löwen), ½ El Weißweinessig, Pfeffer, Salz, Zucker
Zubereitung: Drillinge waschen, je nach Größe vierteln oder halbieren und in reichlich Wasser bissfest kochen. Zwiebel putzen, halbieren, in sehr feine Streifen schneiden, in eine ausreichend große Schüssel geben, mit Zitronensaft und Essig übergießen und einige min ziehen lassen. Radieschen mit Blättern waschen, vierteln, die Blätter ohne Stiel abzupfen. Schnittlauch waschen und in feine Röllchen schneiden. Schmand, Senf, 1 El Wasser und Schnittlauchröllchen zu den Zwiebeln geben, gut vermischen und mit Pfeffer, Salz und 1 Prise Zucker zu einem kräftigen Dressing abschmecken. Die gut abgetropften Kartoffeln mit Radieschen und den Blättern in die Schüssel mit dem Dressing geben, gut vermischen und bis zum Servieren ziehen lassen.
Obwohl sehr lecker, bringt **Ninas Kartoffelsalat** ihren Mann **Gerd** natürlich nicht über den Tag, weshalb er vorsichtshalber als mittäglichen Snack oder nach dem Ballgame ausnahmsweise (?) etwas Fastfood empfiehlt: **American Kobe Beef** (with Baby Swiss Cheese, Caramelized Onions, Arugula, Garlic Aioli, Lettuce and Tomato on a Brioche Bun) **Burger** goes along with Classic French Fries with White Truffle Oil, dusted with a Pecorino Romano and Parsley Blend.  Liebe Rosi, vielleicht sollten wir die beiden einfach mal in Florida besuchen, wenn sie wieder mal dort im Urlaub sind, das Essen scheint ganz ok zu sein. Was hältst Du davon?

Kartoffelsuppe [098]

Zutaten:

1000 g Kartoffeln (schälen, eine Hälfte kochen), 200 g Zwiebeln (gewürfelt), 100 g Butter, 2 Karotten (fein würfeln), ¼ Sellerie (sehr fein würfeln), ca. 2 l Gemüsebrühe, 400-600 ml Kochsahne, Muskat, ½ Tl Majoran, Pfeffer, Salz, 1 Bund Petersilie (gehackt)

Zubereitung:

Die Zwiebeln in Butter anschwitzen, die gekochten Kartoffeln durch eine Presse zugeben, Brühe zugießen und mit Muskat, Majoran, Pfeffer, Salz würzen, aufkochen lassen und mit dem Mixer pürieren. Die gewürfelten Karotten, Sellerie und Kartoffeln hinzutun, die Suppe köcheln lassen bis die Kartoffeln gar sind, Sahne (Menge hängt von der gewünschten Konsistenz ab) und Petersilie zugeben, nochmals abschmecken.
Wer mag, kann die Teller mit der Kartoffelsuppe mit gerösteten Weißbrot- oder auch ausgebratenen, abgetrockneten Speckwürfeln garnieren.

Schmeckt (nicht nur) gut nach einem Arbeitseinsatz im Garten.

Das „nicht nur" wurde von mir nach Rosis etwas spitzem Kommentar: „Dann kriegst Du wohl nichts ab" nachträglich eingefügt; egal, ich mach mich schon mal auf den Weg in den Keller, einen passenden Wein zu holen.

Käsekuchen (nach H. Levy) [099]

Zutaten:

100 g Mehl, ca. 60-70 g weiche Butter (ca. 20 g davon zum Ausbuttern der Form), 10 ml Milch, 1 Ei, 1 Eigelb, Salz, 1 Prise Hefe
250 g Frischkäse, 1 Kartoffel (mittelgroß, gekocht, geschält, püriert), 125 g Parmesan (gerieben), 2 Eier, Pfeffer, Salz

Zubereitung:

In die Schüssel der Küchenmaschine Mehl, dann Butter, Ei, Salz und die in Milch aufgelöste Hefe geben und mit dem Haken zu einem lockeren Teig verkneten, an einem warmen Ort ca. 1 h ruhen lassen.
Eine Füllung aus der Kartoffel, Frischkäse, Parmesan, Eiern, Pfeffer und Salz, fein gemixt, herstellen.
Den aufgegangenen Teig teilen und Boden und Deckel getrennt ausrollen. Eine Springform ausbuttern, mit Mehl bestäuben, mit Teigauslegen und die Käsefüllung darauf streichen. Den Teigdeckel aufsetzen, einstechen und mit Eigelb bestreichen. Den Kuchen in den auf 200 °C (Umluft) vorgeheizten Ofen geben und ca. 30-35 min backen (die Oberfläche sollte schön golden glänzen).

Serviert wird der Käsekuchen lauwarm mit einem Glas Gewürztraminer aus dem Elsass oder von den Gebrüdern Duhr (Etikett unten) aus Ahn (L).

Käse-Platte [100]

Es gibt zwei (2) Möglichkeiten, wie man zu einer Platte mit Käse kommen kann. Die erste besteht darin, einen französisch angehauchten Sternetempel aufzusuchen und als vorletzten Gang des Menüs, sich vom herangerollten Käsewagen ca. fünf (5) Stückchen verschiedener Sorten vorlegen zu lassen. Bei der zweiten nimmt man den Weg in die gut sortierte und organisierte Käseabteilung eines entsprechenden Geschäftes, holt den zusammen mit seiner Frau erstellten Einkaufszettel heraus, lässt sich die dort notierten Sorten zeigen und („man" ist nicht beratungsresistent) nach Rücksprache mit der kompetenten Käsefachverkäuferin diese oder alternative Käsesorten abwiegen und einpacken.

Um den Einkaufszettel ausfüllen zu können, müsste vorher geklärt werden, ob es Käse als Teil eines Menüs oder eigenständiges Gericht geben soll. Im ersten Fall rechnet man in Summe mit ca. 75-100 g, im zweiten mit ca. 200-250 g pro Person. In jedem Fall sollten mindestens 5 Sorten (hart, weich, mild, würzig, mit und ohne Schimmel, Kuh, Ziege, Schaf) zur Auswahl stehen und möglichst für einen Anlass nur aus einem Land (in Frankreich aus einer Region, sonst wäre man, wie seinerzeit Charles de Gaulle, mit den 370 Sorten womöglich völlig überfordert), außerdem tut man sich bei der Wahl des passenden Weines deutlich leichter.

Zu der Käse-Platte gibt es eine Auswahl an Brot, etwas Obst, Gemüse, vielleicht noch eine Sauce oder ein Chutney und natürlich ein Glas Wein (kein roter, eher ein regions- bzw. landestypischer, körperreicher weißer oder ein Dessert-Wein).

Kaviar (vom Stör, satt in Champagner-Begleitung) [101]

Kaviar (dreierlei, mit Pellkartoffeln und Schmand) [102]

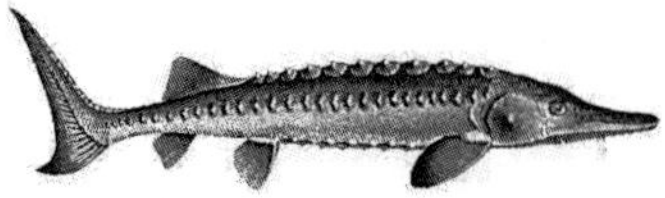

Kaviar ist eigentlich eingesalzener Rogen vom Fisch, entweder frisch und teuer (besonders vom Stör, inzwischen auch gezüchtet) oder pasteurisiert und niedrig bis hochpreisig (von vielen Fischen wie z.B. Seehasen, Capelin, Lachs, Forelle aber auch vom Stör).
Und es gibt inzwischen auch vegetarischen Kaviar aus Algen und in der Molekularküche hergestellten (z.B. Melonen) Kaviar.

Unsere sattmachende Rettungsaktion Anfang der 90er Jahre diente dem Inhalt von blauen Kaviar-Dosen, der von den Kindern als ungeeigneter Pizza Belag beurteilt und durch Thunfisch ersetzt worden war.

Zutaten und Zubereitung:
2 x 250 g Dosen **Beluga-Kaviar**, 4-6 Kartoffeln (in 10 g/l Salzwasser gekocht, gepellt), 250 g Crème double (oder Crème fraîche), Kräuter (z.B. Kerbel, Schnittlauch, Petersilie)
1 Flasche Champagner

Je eine Kartoffel durch Kulls Spätzle-Presse als ein lockeres Häufchen auf einen Teller drücken, 2-3 El Crème double und eine individuelle Menge Kaviar mit einem Perlmutt-Löffel darauf geben, mit gehackten Kräutern nach Wunsch bestreuen und in Champagner-Begleitung (und von der Ehefrau tatkräftig unterstützt) selbstlos retten.

Auch als Vorspeise oder kleines Gericht ist Kaviar gut geeignet.

Zutaten und Zubereitung:
3 x 100 g Gläser **Kaviar** (Deutscher vom Seehasen, Isländischer Capelin und spanischer Mujjo`l), 6-8 Kartoffeln (in Salzwasser gekocht, gepellt), 250 g Schmand, Kräuter

Je 3 Kartoffeln halbiert auf Teller legen, etwas aushöhlen, darauf je 1 El Schmand, 2-3 Tl Kaviar geben und mit Kräutern bestreut servieren.

In Finnland gab es dazu Koskenkorva, serviert in mehrarmigen Stielgläschen, sehr passend und auch optisch sehr ansprechend.

Kirsch- (Chriesi) Wähe [103]

Kirsch-Auflauf (Clafoutis) [104]

Zutaten:

250 g Mehl, 60 g Zucker, 125 g Butter (kalt), 1 Ei
500 g schwarze Kirschen, 40 g Zucker, 2 Eier, ca. 8 g Vanillezucker (1 Pck.), 100 ml Milch, 150 ml Sahne (zum Kochen, halb entrahmt), Puderzucker

Zubereitung:

In einer Schüssel Mehl und Zucker mischen, Butter in Stückchen dazu geben, mit den Händen krümelig reiben, ein verquirltes Ei zufügen und alles zu einem Teig mixen. Teig in Folie wickeln und mind. 30 min ruhen lassen. Den Teig auf Backpapier ausrollen und in eine runde Backform(28 cm) legen, Rand hochziehen, den Boden mit einer Gabel einstechen und das Blech kühl stellen.
Den Backofen auf 200 °C vorheizen, die Kirschen entsteinen (jedenfalls in Deutschland). Die Kirschen auf dem Teig verteilen, Zucker, Eier, Vanillezucker, Milch und Sahne verrühren und darüber gießen. Die **Wähe** auf der unteren Stufe des Herdes bei 200 °C ca. 30-35 min backen, herausnehmen, kurz abkühlen lassen und dekorativ mit etwas Puderzucker bestäuben.

Ein leckeres Kuchenrezept für die Zeit der Kirschernte im Sommer.

Will man hingegen nur schnell die reifen Kirschen noch retten, so bietet sich an, diese in einem simplen **Auflauf**, und zwar mit den Kernen, zu verarbeiten:
Dazu wird eine Form mit Butter ausgestrichen, die gewaschenen Kirschen (500 g) hineingefüllt und mit einer Creme aus verquirlten Eiern (3 Stck.), Mehl (25 g), Rohrzucker (25 g), Sahne (100 ml) und Milch (250 ml) übergossen und ca. 30-35 min bei 180 °C (Umluft) im vorgeheizten Ofen gebacken.

Und bitte denkt vorher darüber nach, was ihr beim Essen der Kirschen mit den Kernen machen wollt.

Klare Ochsenschwanzsuppe [105]

Zutaten:

1000 g Ochsenschwanz (in ca. 3-4 cm langen Stücken), ca. 100 ml Pflanzenöl, 1250 ml Rinderbrühe, 300 ml Weißwein, Gemüse zum Rösten (2-3 Zwiebeln, 2-3 Karotten, ¼ Sellerieknolle, 3-5 Knoblauchzehen), 2-3 El Tomatenmark, Pfeffer, Salz, Piment, Nelke, Majoran, Thymian, Lorbeerblatt, Wasser, ca. 75 ml Sherry (Fino), Zitrone

Zubereitung:

Öl in einem großen Topf erhitzen, Schwanzstücke von allen Seiten gut anbraten, geputztes und grob gewürfeltes Gemüse zugeben, ca. 10 15 min gut mitdünsten, dabei das Tomatenmark einrühren, pfeffern und salzen, dann alles mit Weißwein ablöschen. Rinderbrühe und ca. 750 ml Wasser angießen, aufkochen und ca. 2,5-3 h köcheln lassen, dabei nach ca. der Hälfte der Zeit die Gewürze in einem Teebeutel zugeben, zwischendurch den sich bildenden Schaum abschöpfen.

Nach der Garzeit die Schwanzstücke herausheben, das Fleisch auslösen und würfeln.

Die Suppe durch ein Haarsieb oder ein Tuch passieren und zurück in den Topf geben, wieder aufkochen, vielleicht noch etwas einköcheln lassen und mit Sherry, evtl. noch Zitrone, abschmecken.

Den gewürfelten Ochsenschwanz wieder zurück in die Suppe geben.

Serviert wird diese „Clear Oxtail Soup" in Suppentassen als Vorspeise oder Zwischengang.

Vor der Auswahl des Weines muss die geschmackliche Intensität der Suppe geprüft werden.

Ich bin mir fast sicher, dass Miss Sophie wohl einen Sherry (Fino oder Manzanilla) von ihrem Butler dazu serviert bekommen hätte.

Knoblauch-Mayonnaise (schnelle Aîoli) [106]

Gemüsesuppe(n) [107]

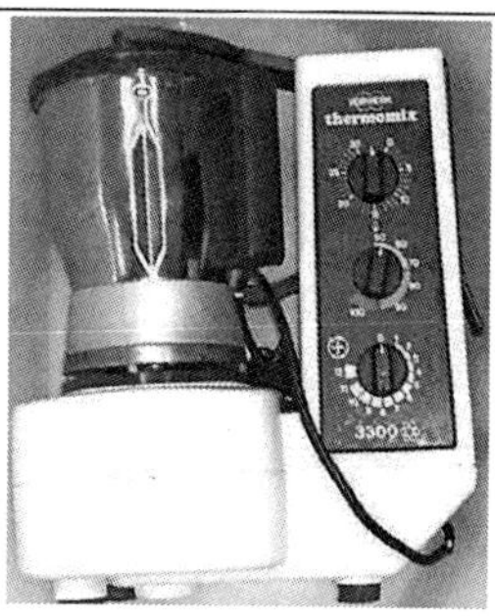

In den folgenden beiden Rezepten geht es im engeren Sinne gar nicht ums Kochen, sondern um einen wichtigen Baustein des Maschinenzeitalters, und zwar den Thermomix. Schaut nicht so ungläubig, es ist dieses Gerät, welches das erste Zeitalter (bis Ende des letzten Jahrhunderts) mit dem zweiten *„The Second Machine Age"* verbindet. Im Vorwort der gleichnamigen Ausgabe des Buches von *Erik Brynjolfsson und Andrew McAfee (Plassen)* schreibt *Prof. Dr. H. Henzler* (ehemals Europa-Chef von McKinsey) nämlich, wie gut es ist, ständig zu tun und zu wissen *„wie gesund wir essen, wie tief wir schlafen, permanent mit Freunden kommunizieren und auf unsere Besitztümer achten"*. Er muss dabei an diese Küchenmaschine gedacht haben, einen gewöhnlichen Herd mit eingebautem Laptop und einem Schmorgericht darin kann er nicht vor Augen gehabt haben. Zufälligerweise fiel die Geburt unserer Kinder in diese Zeit des Übergangs vom ersten in das zweite Maschinenzeitalter, d.h. bei ihnen der Übergang vom Brei bzw. Fläschchen zur gebundenen Suppe (und zwar völlig ohne irgendwelche störenden Stückchen, d.h. zum warmen Smoothie). Und selbstverständlich hatte die umsichtige Mutter der beiden auch sofort das Potential der kochenden Mischmaschine erkannt und für die Versorgung seinerzeit genutzt. Aber, obwohl als Küchen-Gerät ohne jeden Zweifel ein Erfolg, steht es seither im Keller und wird fast nur noch zur Herstellung der Aîoli heraufgeholt.

Knoblauch-Mayonnaise

Zutaten:

2 Eier, 6-8 Knoblauchzehen (geschält), 1 El Senf (Dijon oder Löwen), ½ Tl Salz, Pfeffer, 500 ml Öl

Zubereitung:

Knoblauch in den Mixer werfen und zerkleinern. Eier, Senf, Salz, 2 Pr. Pfeffer zufügen und mischen, dann das Öl bei kleiner Mix Stufe schön langsam hinein laufen lassen (alles bei Raumtemperatur). Nochmals abschmecken und zum Weihnachts-Raclette oder Krustentieren leicht gekühlt servieren.

Gemüsesuppe(n)

Zutaten:

250-350 g Gemüse aller Art (Paprika, Tomaten, Möhren, Lauch, Zwiebeln, Kartoffeln, etc./geputzt, grob geschnitten), 400 ml Milch, ½ Tl Salz, Pfeffer, 200 g Sahne, 50 g Schmelzkäse, Petersilie

Zubereitung:

Gemüse, Milch und Gewürze im Mixtopf mischen und auf Molekül-Größe zerkleinern, dann nach Anleitung ca. 10-15 min garen. Kurz vor Ende (ca. 1-2 min) Sahne, Käse und Petersilie zufügen.

Vor dem Servieren nochmals gut abschmecken.

Ich glaube, die Kinder ahnen bis heute nicht, was sie alles Gesundes gegessen haben.

Königin-Eintopf [108]

Das interessantere der beiden Resteverwertungsgerichte in der Mensa der TU Clausthal Ende der 60er Jahre, von daher eigentlich nicht wirklich rezeptfähig, was uns aber nicht abhalten soll, eine aufgepeppte Annäherung zu versuchen (und alle Zutaten beim lokalen Discounter zu finden sind).

Eine Getränkeempfehlung kann es natürlich nicht geben, schließlich muss(te) ernsthaft studiert werden.

Zutaten:

500 g Suppenfleisch (vom Rind, gewürfelt), 250 g Zwiebeln (gewürfelt), 300 g Buttergemüse (TK), 150 g Sellerie (geputzt, gewürfelt), 300 g Lauch (geputzt, in Ringen), 1000 g Kartoffeln (geschält, gewürfelt), 1 Bund Petersilie (gehackt), Pflanzenöl, ca. 2,5 l Fleischbrühe, Pfeffer, Salz, Suppenwürze (Rosi nimmt meistens Gomasio)

Zubereitung:

Zwiebeln in einem Topf glasig anschwitzen, Fleisch dazu geben, ebenfalls etwas anbraten, die Hälfte der Fleischbrühe angießen und ca. 45 min leicht köcheln lassen. Die Kartoffeln zugeben und ca. 10-15 min köcheln, dann das restliche Gemüse hinzu tun und weitere 10-15 min garen, zwischendurch die restliche Brühe zugießen bis die richtige Konsistenz erreicht ist. Zum Schluss wird mit Pfeffer, Salz, Petersilie und Suppenwürze nach eigener Vorliebe abgeschmeckt.

Königsberger Klopse [109]

Zutaten:

750 g Gehacktes (Schwein, Rind oder Kalb), 100 g Weißbrot oder Panko, 100 ml warme Milch, 2-3 Eier, 6-7 feingehackte Sardellenfilets, 2 gehackte Zwiebeln, 2 El gehackte Petersilie, Salz (Achtung Sardellen), Pfeffer, 3 x 400 ml Gemüsebrühe, 2 Lorbeerblätter, 6 Pfefferkörner

mit viel Sauce: 125 g Butter, 100 g Mehl, 200 ml Sahne, 2-3 El Zitronen- oder Limettensaft, 4 feingehackte Sardellenfilets können sein, 4 El Kapern müssen sein, Salz, Pfeffer

Zubereitung:

In großer Schüssel Fleisch mit eingeweichtem, gut ausgedrücktem Weißbrot, den Sardellen, Zwiebeln, Petersilie und Eiern vermischen und gut durchkneten, würzen und zu gleich großen Klopsen formen. Nicht zu groß, aber auch nicht zu klein und durch die Anzahl der Esser teilbar

Gemüsebrühe mit Lorbeerblättern und Pfefferkörnern aufkochen lassen, die Klopse hinein geben und ca. 10-14 min bei kleiner Hitze ziehen lassen, herausnehmen und warmstellen

Im großen Topf Butter zerlassen, Mehl einrühren, mit dem durchgeseihten Gemüsefond ablöschen und gut durchschlagen, aufkochen lassen, Sahne und Zitronensaft zugeben, mit Pfeffer abschmecken

Jetzt die Klopse hineingeben, Kapern und gehackte Sardellenfilets zugeben, einige Minuten ziehen lassen, ggfls. mit Salz abrunden.

Bei uns werden Königsberger Klopse mit Salzkartoffeln aus tiefen Tellern mit dem Löffel gegessen.

Dazu passt ein frisches Pils oder ein ausgleichender Wein (wegen der zitronigen Kapern), z.B. ein Weißburgunder oder Auxerrois.

(Auf der Kurischen Nehrung in Litauen; irgendwo dahinten liegt Königsberg/Kaliningrad)

Oma Doras Rührteig-Kuchen (Marmor- und Königskuchen) [110]

(Originalrezepte von Lindi glücklicherweise rechtzeitig aus der inzwischen leider verschwundenen blauen Kladde kopiert)

Für den Rührteig zunächst Butter, Zucker und Eier schaumig, dann Mehl und Backpulver unter rühren.

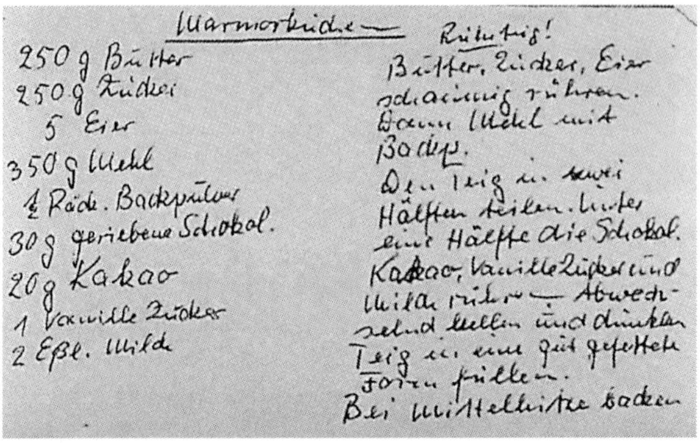

Marmorkuchen

250 g Butter
250 g Zucker
5 Eier
350 g Mehl
½ Päck. Backpulver
30 g geriebene Schokol.
20 g Kakao
1 Vanille Zucker
2 Eßl. Milch

Rührteig!
Butter, Zucker, Eier schaumig rühren. Dann Mehl mit Backp. Den Teig in zwei Hälften teilen. Unter eine Hälfte die Schokol. Kakao, Vanillezucker und Milch rühren – Abwechselnd hellen und dunklen Teig in eine gut gefettete Form füllen. Bei Mittelhitze backen

Marmorkuchen

Zutaten:
250 g Butter, 250 g Zucker, 5 Eier, 350 g Mehl, ½ Pck. Backpulver, 30 g geriebene Schokolade, 20 g Kakao, 1 Pck. Vanillezucker, 2 El Milch

Zubereitung:
Den Rührteig in zwei Hälften teilen, unter eine Hälfte die Schokolade, Kakao, Vanillezucker und Milch rühren, dann abwechselnd hellen und dunklen Teig in eine gut gefettete Kuchenform füllen und im vorgeheizten Ofen bei mittlerer Hitze (Ober-/Unterhitze 180 °C) ca. 30 min backen.

Königskuchen

Zutaten:
200 g Butter, 200 g Zucker, 4 Eier, 250 g Mehl, 1 Tl Backpulver, 125 g Sultaninen, 40 g süße Mandeln, 40 g Zitronat, abgeriebene Zitronenschale

Zubereitung:
Unter den Teig zum Schluss Sultaninen, Mandeln und Zitronat rühren und im vorgeheizten Ofen bei mittlerer Hitze backen.

Kotelett (doppelt dick, vom richtigen Schwein) mit Blumenkohl [111]

Zutaten:

2 Kotelett (doppelt dick geschnitten), 1 Blumenkohl, Butter, Butterschmalz, Brösel (von alten Brötchen), Pfeffer, Salz, Muskat

Zubereitung:

Den Blumenkohl in Salzwasser ca. 1 h wässern (die Maden verlassen das sinkende Schiff), abgießen und in einem Dampfdruck-Topf mit wenig Wasser und einer Prise Muskat bissfest garen. Im Ofen warm stellen bis der Junge aus der Schule kommt.
Sobald die Tür geht, die Koteletts von beiden Seiten 3-5 min in Butterschmalz scharf anbraten, pfeffern und salzen, in eine ofenfeste Form geben und im Herd bei ca. 120 °C weitere 10-15 min hellrosa durchgaren lassen.
Im Bratensatz ein gutes Stück Butter zum Schmelzen bringen, die Brösel dazu geben, kurz aufwallen lassen und sofort über den Blumenkohl gießen.

In der Zwischenzeit wird das Kind die Schultasche aufs Zimmer gebracht, die Klamotten gewechselt und das sonstige Geschäft erledigt haben, so dass alles auf den Punkt serviert werden kann.

Natürlich könnte man auch normal geschnittene Koteletts nehmen, allerdings muss dann die Anzahl angepasst werden.

Ihr habt es sicher gemerkt; dieses Rezept war für einen (1) Heranwachsenden, gab es natürlich nicht jeden Tag und am Geburtstag kamen noch 4-6 Stück frischer Blätterteig als Abschluss hinzu.

Kürbis-Lachs-Lasagne (von Hanna) [112]

Zutaten:

750-1000 g Kürbis/se (Butternut/Hokkaido), 1-2 Zwiebeln, 30 g Butter, 30 g Mehl, 250 ml Sahne, 500 ml Gemüsebrühe, Pfeffer, Muskat, ½ Bund Dill, 250 g Lasagne-Platten, 500 g Lachs (geräuchert), 200 g Gouda Käse (Hanna nimmt bereits geriebenen Käse, gibt ihn anteilig in die Sauce und streut den Rest oben drauf, nach Bedarf auch gerne mehr oder einen würzigeren)

Zubereitung:

Den Kürbis schälen, die Kerne entfernen und in Scheiben schneiden. Die Zwiebel würfeln und in der Butter glasig dünsten. Mehl darüber streuen, anschwitzen und unter Rühren mit der Sahne und der Gemüsebrühe ablöschen. Mit Salz, Pfeffer und Muskatnuss würzen. Bei schwacher Hitze 5 min köcheln lassen. Den Gouda klein schneiden und unter die Sauce rühren.

In eine Auflaufform abwechselnd Sauce, Lasagne-Platten, Lachs und Kürbis schichten. Mit einer Lage Lasagne abschließen und die restliche Sauce darüber verteilen.

Im vorgeheizten Ofen bei 200 °C ca. 45 min backen.

Guten Appetit wünschen **Hanna** (und Alex).

Labskaus [113]

Zutaten:

2 Dosen (je 340 g) Corned Beef, 2 kg Kartoffeln (mehlig kochend), 6-7 Sardellenfilets, 4 Zwiebeln, Öl, Gemüsefond (Glas), Muskat, Pfeffer, Salz, Petersilie
Beilage: 4 Essiggurken, 200 g rote Beete (vorgekocht), 8 eingelegte Heringsfilets, 4-8 Eier

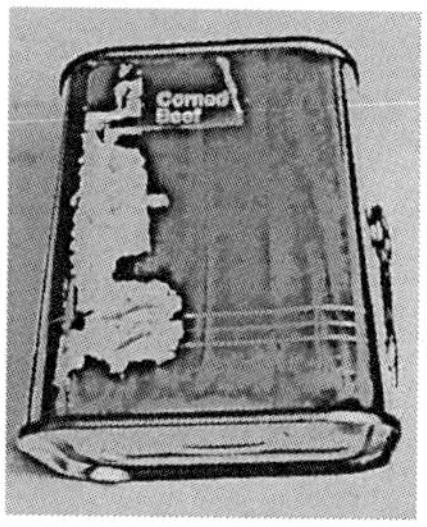

Zubereitung:

Kartoffeln schälen, in wenig Wasser ohne Salz garen, abgießen, nicht zu fein stampfen (wer hat, kann sie auch durch Kulls Spätzle-Presse drücken)
Zwiebeln in einem ausreichend großen Topf andünsten, das Corned Beef und gehackte Sardellen zugeben, mischen und erhitzen. Kartoffelstampf hinzufügen, Konsistenz mit Gemüsefond einstellen, wieder mischen, ohne dass es zu einem Kinderbrei wird, und mit Pfeffer, Muskat und ggfls. Salz abschmecken.
Die rote Beete würfeln, im Ofen erhitzen, sodass die Flüssigkeit verdampft, und pikant abschmecken (Aceto Balsamico, Cranberry Sirup, o.ä.). Spiegeleier braten.

Zum Servieren Labskaus auf große Teller verteilen, die Heringsfilets, rote Beete und fächerförmig geschnittene Gurken dazu geben, die frisch gebratenen Spiegeleier auf das Labskaus legen und mit Pfeffer, Salz und gehackter Petersilie bestreuen.

Dazu schmeckt ein norddeutsches Bier, z.B. aus Flensburg.

Labskaus gibt es in vielen Variationen, es ist ein klassischer Resteverwerter. Üblicherweise wird Pökelfleisch anstelle Corned Beef verwendet, Salzheringe und Salzgurken als Beilage genommen, während Spiegeleier schon immer Zugabe für den Kapitän und die Offiziere waren.
Ich weiß gar nicht, ob man in den USA heutzutage überhaupt noch nach Corned Beef fragen sollte oder mit „Spam" (Spiced Meat) weiter kommen würde.

Lachsauflauf (Salmon Pie) [114]

Zutaten:

1000 g Lachsfilet, 500 g Blattspinat (TK), 750 g Kartoffeln (vorw. Festkochend), 2 Zwiebeln, Butter, 3 Eigelb, 6 El Crème fraîche, 2 El Senf (Löwen oder Dijon),Pfeffer, Salz, 2 Bund Dill

Zubereitung:

Lachs von Haut, Gräten und dem dunklen Fett säubern, abspülen und trocken tupfen.
Kartoffeln schälen, in dünne Scheiben schneiden, in kochendem Salzwasser 4-6 min blanchieren und im Sieb kalt abspülen.
Spinat auftauen, ausdrücken und klein hacken.
Zwiebeln schälen, würfeln und in Butter glasig dünsten, Spinat zugeben, pfeffern, salzen und kurz erhitzen, entstandene Flüssigkeit abgießen. Eigelb, Creme und Senf mit klein gehacktem Dill verrühren und mit Pfeffer und Salz abschmecken.
Eine Auflaufform einfetten, Spinatmasse darin verteilen und das mit Pfeffer und Salz gewürzte Lachsfilet darauf geben. Die Kartoffelscheiben obenauf fächern, die Eier-Sahne darüberstreichen und den Auflauf im vorgeheizten Ofen bei 180 °C (Umluft) ca. 35-40 min garen.

Ein sehr einfaches Gericht, das alleine oder als Teil eines Menüs immer gern gesehen wird.

Ich kann mich erinnern, einen Müller-Thurgau aus Wales dazu getrunken zu haben; wirklich nicht schlecht dieser Wein.
(oder der Winzer oder der Golfstrom oder Global Warming, ... ich weiß es nicht mehr)

Lachs im Salzmantel [115]

Zutaten:

1 Lachs (oder eine Lachsforelle) von ca. 2-2,5 kg (küchenfertig), 1 Bio-Zitrone, 1 Bd. Dill, 3 Stängel Thymian, Pfeffer
ca. 3 kg grobes Meersalz und 3 Eiweiß für den Salzmantel

(Im Seefisch-Kochstudio / Schaufenster Fischereihafen wurde preisgünstiges normales Salz genommen)

Zubereitung:

Fisch außen und innen gut abspülen, abtrocknen, innen pfeffern und sehen, ob er aufs Blech passt, ggfls. Kopf abschneiden.
Zitrone heiß, Dill und Thymian kalt waschen, abtrocknen, Zitrone in Scheiben schneiden und alles in die Bauchhöhle stecken.
Eiweiß grob verschlagen, mit einigen El Wasser und dem Salz vermischen, so dass eine ziemlich feste homogene Masse entsteht.
Blech mit Backpapier auslegen, ca. 1/3 der Salzmasse aufgeben, den Fisch daraufsetzen, mit dem restlichen Salz rundum gut verschließen und für ca. 50-60 min in den auf 180 °C (Umluft) vorgeheizten Ofen geben.
Lachsforelle aus dem Ofen nehmen, die Salzkruste mit einem Sägemesser rundherum aufschneiden und den Salzdeckel abnehmen, dann die Haut vorsichtig abziehen und das Fischfleisch mit zwei Löffeln abheben, auf die Teller verteilen.

Eine sehr einfache Zubereitung eines größeren Fisches, denn selbstverständlich könnte man fast alle dieser Meeresbewohner nehmen, nur Form und Größe sollten passen.

Lachsforelle in Pergament (oder Alufolie) aus dem Ofen [116]

Zutaten:

1 große Lachsforelle (ca. 1-1,5 kg), Brennnessel-Blätter (frisch gezupft, gewaschen; alternativ 1 Bund Petersilie), 1-2 Knoblauchzehen (geschält, angedrückt), 1 Zitrone, Butter, Pfeffer, Salz

Zubereitung:

Den Fisch waschen, säubern, abtrocknen, mit Brennnesseln und Knoblauch füllen, außen mit Pfeffer, Salz und Zitronensaft einreiben. Ein Stück ausreichend großes Pergament-Papier mit Butter einstreichen, die Lachsforelle darauf setzen, einwickeln, den Rand einschlagen und ca. 25-30 min im vorgeheizten Ofen bei 180 °C (Umluft) garen, durch Ziehen an der Rückenflosse Garzustand prüfen.

(alternativ in Alufolie mit geputzten kleinen Gemüsestückchen umlegen und ca. 30-35 min garen)

Serviert wird der Fisch mit einer leichten Quark-Schmand-Milch-Kräutersauce sowie Pellkartoffeln.

Lamm (à la Messina) [117]

Zutaten:
8-18 Lammkoteletts, ½ Flasche kräftiger sizilianischer Rotwein, 4 Knoblauchzehen, 1 Zwiebel, 4-6 kleine Möhren, entsteinte Oliven, Kapern, 1 Zweig Rosmarin, Olivenöl, Pfeffer, Salz
Zubereitung:
Koteletts mit Öl einreiben, mind. 6 h in Wein, Knoblauch und Rosmarin einlegen, dann alles zusammen mit grob geschnittener Zwiebel, je einer Handvoll Oliven und Kapern, geputzten Möhren in eine Auflaufform geben, im vorgeheizten Ofen bei 220 °C (Umluft) ca. 15 min an garen, Temperatur auf 160 °C reduzieren, mit Pfeffer und Salz abschmecken und ca. 90 min fertig schmoren, dabei darauf achten, dass immer genügend Flüssigkeit vorhanden ist.
Das Gericht in der Form auf den Tisch bringen und dabei Ciabatta und Wein, z.B. einen sizilianischen Nero d`Avola, nicht vergessen.
Aber natürlich kann man auch auf die schöne Insel nach Taormina reisen und das Gericht vor Ort probieren. (vielleicht nach einem Aperitif auf dem Corso) 

Lammfleischbällchen (sehr scharf) [118]

Zutaten:

1000 g gut durchgedrehtes Hackfleisch vom Lamm, 100 g Mehl, 2 Zwiebeln, 2 Knoblauchzehen, 4 grüne und 4 rote Chilischoten, 3-4 Eier, 4 Tl Gewürzkräuter (pakistanisch), 400 ml Lamm Fond (Glas), Pfeffer, Salz, Olivenöl
150 g Joghurt (türkisch oder griechisch), 100 g Schmand, 1 Ei, Salz, 2 El Kreuzkümmel (gemahlen)

Zubereitung:

Chilis waschen, entkernen und fein hacken. Zwiebel und Knoblauch schälen und ebenfalls fein hacken, in eine größere Schüssel geben. Fleisch, Mehl, Eier und Kräuter dazu tun, alles zu einer geschmeidigen Masse verkneten und ca. 30-36 Bällchen formen. Eine ofenfeste Form mit Olivenöl auspinseln, die Bällchen hineinsetzen, den Fond angießen, mit Alufolie abdecken und für ca. 20-25 min in den auf 160 °C (Umluft) vorgeheizten Herd geben.
Aus Joghurt, Schmand, Ei und Gewürzen eine Sauce herstellen.
Nach Ablauf der ca. 25 min die Folie abnehmen, die Sauce über die Bällchen verteilen und weitere ca. 10 min überbacken.

Serviert werden die Lammfleischbällchen mit Fladenbrot (oder Baguette).

Als Getränk sollte Ayran oder etwas Ähnliches bereitstehen.

Lamm-Küchelchen [119]

Zutaten:

1 Pck. Blätterteig (275 g, backfertig aus der Kühlung), 250-300 g Lamm-Hackfleisch, 100 g Feta-Käse (zerbröselt), 100 g Panko (oder grobe Semmelbrösel), 2 Schalotten (fein gewürfelt), 2-3 Knoblauchzehen (sehr fein gehackt), 250 g Kochsahne, 2-3 Eier, weiche Butter, Pfeffer, Salz, gehackte frische Kräuter (Koriander, Minze, Petersilie), Sesam- oder Schwarzkümmelkörner

(Henry Moore Foundation, Perry Green)

Zubereitung:

Kleine Kuchen- oder Muffin-Formen gut einfetten und mit den ausgerollten, zugeschnittenen Platten so auslegen, dass die Ecken nach Einfüllen der Farce locker darüber geschlagen werden können.
Eier trennen, Eigelbe schaumig, Eiweiß steif schlagen. Sahne, Feta, Kräuter im Mixer locker durchmixen. Hack, Zwiebeln und Knoblauch in 1 El Pflanzenöl kurz anschwitzen, dann abgekühlt mit Eigelb, Kräuter-Sahne Mischung und Panko zu einer Masse verrühren, wobei der Eierschnee zum Schluss locker drunter gehoben werden sollte. Damit die Formen füllen, die Blätterteig-Ecken mit etwas Platz darüber falten, mit Butter bestreichen, Körner darüber streuen und im vorgeheizten Ofen bei 200 °C (keine Umluft) ca. 30-35 min wie ein Soufflé backen.

Diese Küchelchen können nicht nur ein Picknick begleiten, sondern selbstverständlich auch ihren Platz als Vorspeise oder Teil eines Buffets einnehmen.

Und es kann selbstverständlich für einen Kuchen auch eine größere Ofen-Form gewählt werden; dann eine Scheibe abschneiden und zum Salat servieren.

Lammrücken mit gerösteten Karotten und Kartoffeln [120]

Zutaten:

4 Stück Lammrücken (ca. 1000 g), 4 Knoblauchzehen, 8 Lauchzwiebeln, Butterschmalz, Pfeffer, Salz, Rosmarinzweig
8-12 (neue) Kartoffeln, Meersalz, 1 Zweig Rosmarin
8 Karotten, 1 El Ahornsirup, ½ Tl Limettensaft

Zubereitung:

Lammfleisch pfeffern und salzen, in einem Bräter von allen Seiten in 2-3 El Butterschmalz scharf anbraten. Knoblauch und Zwiebeln putzen, in grobe Stücke schneiden, zum Fleisch in den Bräter und das Ganze bei 180 °C (Umluft) für ca. 8-10 min zu den Kartoffeln in den Ofen stellen.
Die Kartoffeln ungeschält waschen, gut abbürsten, halbieren, mit Meersalz und Rosmarin bestreuen und auf einem mit Backpapier ausgelegten, eingeölten Blech für ca. 30 min in den auf 180 °C (Umluft) vorgeheizten Ofen geben.
Die Karotten putzen, in schräge 1 cm Stücke schneiden, in wenig Wasser andünsten und abgießen. Butterschmalz erhitzen, Ahornsirup und Limettensaft darin karamellisieren, die Karotten zugeben und knackig anrösten.

Die Lammrücken auf großen Tellern mit dem Gemüse anrichten, mit einem Stück Rosmarinzweig dekorieren.

Dazu passt ein Shiraz von Down Under (und 2-3 Flaschen Rosemount Estate, South Eastern Australia müssten noch im Keller liegen).

Lamm- und/oder Rindfleisch-Eintopf [121]

Zutaten:

1,5 kg Fleisch (z.B. Schulter, gewürfelt), 3 Stück. Paprika, 5-6 Stück. Möhren, 1 Bd. Frühlingszwiebeln, 6-8 Schalotten, 400 g Tomaten (stückige aus der Dose), 400 ml Kalbsfond (Glas), Gewürze (Ras el Hanout, Paprika, Chilis, Pfeffer), Salz, 1 Stück. Ingwer, 1 Btl. (125 g) „Ebly"-Sonnenweizen, Sesam-Öl, Pflanzen-Öl

Zubereitung:

Die Gewürze (gemahlen) mit dem Sesam-Öl mischen und das löffelgerecht gewürfelte Fleisch darin 2-4 h marinieren (je älter das Tier, desto länger, auch über Nacht). Öl in einem Bräter erhitzen und das Fleisch rundherum scharf anbraten. Das geputzte, gewürfelte Gemüse und ein großes geschältes Stück Ingwer zugeben, 1-2 min mitrösten, dann alles mit dem Fond, der restlichen Marinade, den Tomatenstückchen ablöschen, einen guten Schuss Rotwein zugeben, aufkochen lassen und nach einigen Minuten abgedeckt in den auf 160 °C (Umluft) vorgeheizten Herd stellen. Nach ca. 60-90 min prüfen, wie zart das Fleisch bereits ist, umrühren und die Weizenkörner zugeben, weitere 20-30 min garen. Die kleinen Nudeln nehmen sehr viel Flüssigkeit und Schärfe auf, so dass man vor dem Servieren unbedingt die gewünschte Konsistenz einstellen und nochmals abschmecken muss.

Ein sehr einfaches Rezept, das nicht nur zum Experimentieren einlädt, sondern dem Hilfskoch die nötige Zeit lässt, sich wirklich wichtigen Dingen wie der Auswahl eines passenden Weines zu widmen.

(Ok, für Rosi wieder mal einen Rosé, aber welchen Bordeaux nehme ich nur?)

Langusten und Hummer (in der Kumme serviert) [122]

Eigentlich ist es keine besonders gute Idee, zu Hause dieses „Küstengericht" nachempfinden zu wollen: keine fangfrischen Hummer und Langusten und der Pony-, Entschuldigung, der Rungis-Express zu teuer, doch eine Annäherung wollen wir versuchen, aber nur für zwei (2) Personen, also für Rosi und für mich.

Zutaten:

Pro Person mind. 1 Hummer (TK) und 1 Langusten-Schwanz (TK)
800 ml Hummerfond (Glas), 4 Schalotten (geschält, gehackt), 2 Knoblauchzehen (geschält, gehackt), 1 Fenchel (geputzt, grob gehackt), Pfeffer (weiß), Salz, Portwein (weiß), 2 El Anisschnaps, 2 El Pflanzenöl, 1/2 Bund Petersilie (gewaschen), 1 Bund Dill (gewaschen), 50 g Butter, 1 Zitrone

Zubereitung:

Sobald eine große Lebensmittelkette Hummer und/oder Langusten im Angebot hat, je 2-4 Stück besorgen (diese Schwänze sind fast immer zu 3 oder 4 Stück eingefroren), auspacken und über Nacht im Kühlschrank auftauen lassen.
400 ml Fond mit einer entsprechenden Menge Wasser, Petersilie und Dill zum Kochen bringen, die abgespülten Schalentiere hineingeben, 5-8 min köcheln (falls nicht vorgekocht), sonst Topf sofort vom Feuer nehmen und Schalentiere durchziehen lassen.
Schalotten, Knoblauch und Fenchel in Öl anschwitzen, mit 400 ml Fond ablöschen, auf die Hälfte einkochen, durch ein Sieb umgießen, Wein, Anis zugeben, weiter auf ein Drittel einköcheln lassen, dann ca. 50 g eiskalte Butter einmontieren und mit Pfeffer, Salz und Zitronensaft abschmecken.

Die Krustentiere mit Sud in eine Kumme umfüllen und auf den Tisch bringen.
Dazu die Sauce und vielleicht noch Rosis schnelle **Knoblauch-Mayonnaise** [106] sowie reichlich Baguette servieren.

Ein Sauvignon Blanc würde wohl als Begleitung passen.

Lemon Curd (Englische Zitronencreme) [123]

Zutaten:

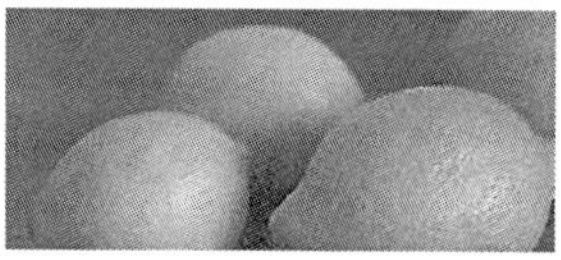

500 g Zucker, 150 g Butter, 6 unbehandelte Zitronen, 6-7 Eier

Zubereitung:

Zitronen auspressen, Saft (ca. 300 ml), vorher die Schale abreiben und beiseite stellen. In einem großen Topf die Butter zerlassen, Zucker, Saft und den Abrieb von mind. 1 Zitrone zufügen und verrühren. Eier aufschlagen, gut verquirlen und durch ein Sieb in den Topf gießen. Das Ganze bei ca. 85-90 °C (auf keinen Fall kochen) mit dem Schneebesen so lange rühren bis eine Creme entsteht; diese sofort in kleine, heiß ausgespülte (verschließbare) Gläser füllen und kalt stellen.

Ein gut vorzubereitendes Dessert für eine englisch angehauchte Gartenparty. Passend auch bei einem Picknick im Park eines Colleges in Oxbridge.

(dieses Mal in Oxford, nächstes Mal vielleicht in Cambridge)

Linseneintopf (nach Oma Liesel vom Weingut Jakob Schneider) [124]

Unverhofft kommt immer dann, wenn man es am wenigsten erwartet (oder dem Neugierigen fallen Riesling nebst einem Linsenrezept in den Schoß).

Da hatten wir auf einer spontanen „Wein-Ergänzungs-Reise" an die Nahe, und zwar zwischen Weißburgunder aus Windesheim und Silvaner in Ockenheim etwas Zeit, um noch nach einem Riesling von der Hermannshöhle zu schauen, was uns nach Niederhausen zum Weingut Jakob Schneider führte. Nicht angemeldet, unmittelbar nach einer und nur kurz vor einer weiteren größeren Weinprobe dort, ließ sich die 82jährige Seniorchefin von uns nicht aus der Ruhe bringen, brachte die gerade erhaltenen Zettel mit den bestellten Weinen in eine weiter bearbeitbare Form, um sich dann mit Enthusiasmus diesem hereingeschneiten Paar zuzuwenden. Es würde zu weit führen, alle Erklärungen und Zitate zum Wein von Oma Liesel hier wiederzugeben, folgendes nach G. E. Lessing muss reichen:

„Ob ich morgen leben werde, das weiß ich freilich nicht. Aber wenn ich morgen lebe, dass ich morgen einen hebe, das weiß ich ganz gewiss."

Und weil Essen und Trinken nur gemeinsam Leib und Seele zusammen halten, bekamen wir noch das Kurzrezept für eine gute Linsensuppe mit auf den Weg:

Zutaten:

500 g Tellerlinsen, 500 g Kartoffeln, 800 ml Fleischbrühe (2 Gläser Kalbsfond), 1,2-1,6 l heißes Wasser, 4-6 Zwiebeln, ¼ Sellerieknolle, reichlich Knoblauch, 1 Bund glatte Petersilie, Liebstöckl, Pfeffer, Salz, Essig, Pflanzenöl, Tomatenmark, Mehl, genügend Würstchen

Zubereitung:

Linsen abspülen. Zwiebeln, Sellerie und Knoblauch putzen und fein würfeln, mit Öl und etwas Tomatenmark hell andünsten, Linsen, Fleischbrühe und ausreichend Wasser zugeben, zum Kochen bringen und ca. 50 min schön langsam köcheln lassen. Die Kartoffeln schälen, ca. 2/3 würfeln und 1/3 reiben, alles zu den Linsen geben und weitere ca. 15-30 min garen. Mit einer Schwitze (2-3 El Butter in einem Pfännchen bräunen, gut Salz und 1 El Mehl einrühren), Pfeffer, Salz und Essig abschmecken Petersilie und Liebstöckl waschen, hacken und mit den Würstchen zu den Linsen geben, noch einmal kurz aufwallen lassen und servieren.

Natürlich trinken wir einen der Schneider`schen Rieslinge dazu.
Rosi würde den MELAPHYR nehmen, ich hätte keine Hemmungen gleich zur Niederhäuser Hermannshöhle MAGNUS zu greifen:
„Was du heute kannst besorgen, das verschiebe nicht auf morgen."
Zum Wohl.

Linsensuppe (Asiatisch, pikant) [125]

Zutaten:

250 g grüne Le Puy-Linsen, 500 ml Kokosnussmilch (60 %), 400 ml Gemüsefond (Glas), 4 Möhren, 2 Zwiebeln, 2 Knoblauchzehen, 1-2 Chilischoten (ganz, ohne Kerne), Öl, 1 El Tomatenmark, 1 El rote Currypaste, heißes Wasser, Pfeffer, Salz, Limette, glatte Petersilie, 225 g Garnelen (TK, ohne Schale) oder 225 g frisches Lachs- oder Seehechtfilet

Zubereitung:

Gemüse putzen und fein würfeln, Öl in einem großen Topf erhitzen, Zwiebeln und Knoblauch andünsten, Tomatenmark und Currypaste einrühren, Chilischoten und Möhren zugeben und kurz mitdünsten, mit Fond ablöschen. Kokosmilch zugeben, kurz aufkochen lassen, gut umrühren und blanchierte (5 min), abgetropfte Linsen hineingeben und ca. 10-15 min köcheln lassen, Konsistenz mit heißem Wasser einstellen. Chilischoten herausnehmen, mit Pfeffer, Salz und Limettensaft abschmecken, Petersilie hacken

Parallel 400 ml Fischfond erhitzen, nicht aufgetaute Garnelen (oder grob gewürfeltes frisches Fischfilet) hineingeben, kurz aufkochen, Topf sofort vom Herd nehmen und die Garnelen 5-10 min (Größe!) ziehen lassen.

Suppe in tiefe Teller füllen, einige Garnelen (oder gewürfeltes Fischfilet) zugeben und mit Petersilie bestreut servieren.

Ein einfaches Gericht, dessen Zubereitung auch Jung- oder Alt-Rentner nicht überfordern sollte.

Linsensuppe (schön rot und scharf für mich) [126]

Zutaten:

500 g rote Linsen, 125 g gewürfelten Speck, 6 El Sesamöl, 4-5 rote Chilischoten, 1 große Zwiebel, 2 Knoblauchzehen, 2-3 El rote Currypaste, Ingwer, 2 Möhren, 1/8 Sellerie, 1 Bund Frühlingszwiebeln, 1 Zitrone, 400 ml Gemüsefond (Glas), 400 ml Fischfond (Glas), 400 ml Kokosmilch (Dose 60%), 200 ml Sahne oder Kokosmilch, Mango oder Ananas, glatte Petersilie oder Korianderblätter
225 g Grönland-Garnelen (TK, Natur, geschält), 450 (2 x 225) g Garnelenschwänze (TK, Bio, Natur, geschält)

Zubereitung:

Zwiebel und Knoblauch schälen und fein würfeln. Chilischoten waschen, Kerne entfernen und sehr fein hacken. Ingwer schälen und in ca. 3-4 cm Stücke schneiden. Möhren, Sellerie und Frühlingszwiebeln putzen und würfeln bzw. in Ringe schneiden.
Speck-, Zwiebel- und Knoblauchwürfel in Öl andünsten; Chilis, Möhren, Sellerie, Frühlingszwiebeln, Currypaste und Ingwer zufügen und kurz mitdünsten, dann die Fonds und Kokosmilch nach und nach dazugeben, köcheln lassen.
Linsen im Sieb gut abbrausen, zugeben und ca. 10 min köcheln lassen, mit Pfeffer und Zitronensaft abschmecken. Die Schärfe und Konsistenz der Suppe durch Zugabe von Sahne, Kokosmilch und heißem Wasser nach Wunsch einstellen.
Die Garnelen (TK nicht aufgetaut) im Sieb abbrausen; Wasser in einem Topf aufkochen, salzen, die Garnelen zugeben und das Gefäß vom Feuer nehmen, einige min ziehen lassen.
Die Garnelen in die Suppe geben, einige weitere min ganz schwach köcheln lassen.

Die Suppe in tiefen Tellern, dekoriert mit Mango- oder Ananas-Stückchen und gehackter Petersilie oder Koriander (Ingwerstücke vorher rausfischen), servieren.

Dazu passt ein Pyraser Rotbier, gebraut mit Wiener Malz.

Linsensuppe (schön vegan von Marlen) [127]

Zutaten:

30-50 g Ghee, 175 g rote Linsen, 1000 g stückige Tomaten (Dose, abgetropft), 600 ml Gemüsebrühe, 300 ml Kokosmilch, 1-2 Schalotten (geputzt, gehackt), 1-2 Knoblauchzehen (geputzt, gehackt), asiatische Gewürze gemahlen(1 Tl Kreuzkümmel, 1 Tl Kurkuma, 1 Tl Garam Masala), 2-4 Tl Limettensaft, Chilipulver, Pfeffer, Salz, ½ Bund Koriander (gehackt)

Zubereitung:

Gewürze mischen, Ghee in einem Topf zerlassen, Schalotten und Knoblauch darin anschwitzen, Gewürzmischung zugeben und unter Rühren kurz mitdünsten, dann Linsen, Brühe, Kokosmilch, Tomaten und Limettensaft zugeben und aufkochen lassen, gut umrühren und nur noch leicht köchelnd garen (bis die Linsen bissfest gar sind, Konsistenz ggfls. mit Wasser oder Brühe einstellen), alles mit Pfeffer, Salz und Chili nach Wunsch abschmecken, mit Koriandergrün bestreuen und servieren.

Dazu als Beilage vielleicht eine Scheibe von einem noch warmen Möhren-Vollkorn-Sauerteig-Brot und ein Grüner Tee.

Marlen, wir sollten den Anteil Linsen überprüfen, wann dürfen wir kommen?

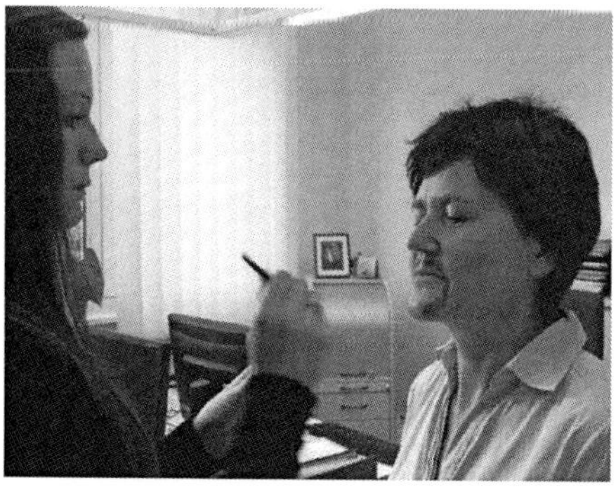

Lothringer Pastete [128]

Zutaten:
400 g Blätterteig (Tk), 500 g Schweineschulter, 4-5 Schalotten (geputzt, klein gewürfelt), 1 Bund Petersilie (gewaschen, abgetrocknet, klein geschnitten), 200 ml Weißwein, 1 Eigelb, Pfeffer, Salz
Zubereitung:
Fleisch in kleine dünne Scheiben schneiden; Schalotten, Petersilie und den Wein darüber geben, pfeffern und salzen, gut umrühren und über Nacht marinieren, am nächsten Tag sehr gut abtropfen lassen. Teig vorbereiten, vorher entscheiden, ob einzelne kleinere oder größere Pastetchen für den Anlass sinnvoller sind. Teig ausrollen und so in Bahnen bzw. Streifen schneiden, dass kleinere oder größere Pakete geformt werden können. Auf den Teigboden die gut abgetropfte Füllung (in einzelnen Häufchen oder langgezogen) geben, den Teig zu einer länglichen Rolle darüber schlagen und gut andrücken, oben einige Male einstechen und mit Eigelb bestreichen und auf ein gefettetes Blech setzen. Die Pastete(n) im vorgeheizten Ofen ca. 60 min bei 200 °C (Umluft) backen.

Die Lothringer Pastete eignet sich ausgezeichnet als warme Vorspeise oder kleines Zwischengericht und gibt sich unkompliziert, was begleitende Getränke angeht.

Sogar der heute fast vergessene „In-Wein“ der 70/80er Jahre der Deutschen mit Abitur und Hochschulabschluss, der „Edelzwicker“ aus dem Elsass, würde passen.
Und man könnte nach einigen Flaschen eine völlig sinnlose Diskussion über die Flottenpolitik des Deutschen Kaiserreichs unter besonderer Berücksichtigung folgender Großkampfschiffe führen:

(Linienschiff Lothringen (5. der Braunschweig-Klasse), Werft Schichau Danzig, außer im Küstenschutz nie im Einsatz (Kommandant Ernst van Semmern - Verwandtschaftsgrad zur Kochlehrerin in der Mittelschule unbekannt), die Schwesterschiffe Elsass, Hessen und Preußen gleichermaßen alternativ- bzw. erfolglos und überflüssig gewesen)

Lufthansa-Cocktail [129]

Zutaten:

20-25 ml Orangen-Apricot Likör (30%), 100-150 ml Sekt Brut, Limetten, Zucker, evtl. Eiswürfel zum Kühlen.

Zubereitung:

Man kauft eine Flasche des gleichnamigen Cocktails (wird heute aber nicht mehr von der Berliner Firma „Mampe“, sondern von „Berentzen“ hergestellt) oder nimmt einen Orangen-Apricot Likör (könnte durch Orangen- und Aprikosensirup ersetzt werden) und gießt mit Sekt auf.

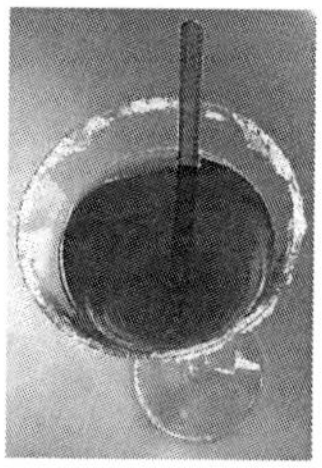

Ganz wichtig ist, dass der Cocktail in etwas breiteren Gläsern, deren Ränder erst in Limettensaft und dann in Zucker getaucht wurden, serviert wird.

Prost Alter.

Makkaroni-Auflauf (mit Tomatensauce) [130]

Zutaten:

500 g Makkaroni, 125 g gekochter Schinken, 2 Eier, 200 g Kochsahne, 200 g geriebener Käse (Gouda), Butter, Pfeffer (weiß)
800 g stückige Tomaten (Dose) oder 1000 g reife Fleischtomaten, 2 Zwiebeln, 2 Knoblauchzehen, ¼ Sellerie, 2 Möhren, 100 ml Olivenöl, 1 Bund Oregano (gehackt), Pfeffer, Salz, Zucker, Petersilie

Zubereitung:

Makkaroni in ca. 3-5 cm Stücke brechen und in Salzwasser nach Angabe kochen (bissfest + 1 min), abgießen und abtropfen lassen.
Schinken würfeln, mit Sahne, ¾ des Käses und Eiern vermischen.
Eine höherwandige keramische Ofen Form mit Butter einfetten, die Nudeln einfüllen, die Mischung darüber gießen und umrühren. Mit Butterflöckchen belegen und mit einer Schicht Käse abschließen. Die Makkaroni im vorgeheizten Ofen bei 180 °C (Umluft) ca. 35-40 min goldgelb mit einer knusprigen obersten Schicht backen.
Zwiebeln, Knoblauch, Sellerie, Möhren putzen, würfeln und in erhitztem Olivenöl hell anschwitzen, die Tomaten und Oregano zugeben und leicht köchelnd garen. Wenn die Sauce die richtige Konsistenz hat, durch ein Sieb streichen und mit Pfeffer, Salz und ggfls. Zucker abschmecken.

Je ein Stück Makkaroni-Auflauf in tiefe Teller setzen, mit der Sauce begießen und mit etwas gehackter Petersilie (außer für Jan-Niklas) bestreut servieren.

Eine Getränkeempfehlung gibt es nicht, es handelt sich um ein ausgesprochenes Kindergericht.

Mansaf (Arabisch, Lammfleisch in Joghurt) [131]

Zutaten:

1000 g Lammfleisch (z.B. Schulter, gewürfelt), 500 g Joghurt (türkisch), 50 g Blauschimmelkäse, 400 ml Lamm-Fond (Glas), 2 Zwiebeln (fein gehackt), ½ Zimtstange, 1 Tl Kardamom, 1 Tl Piment, 1 Tl Kreuzkümmel, 1 Tl Kurkuma, Pfeffer, Salz, Muskatnuss, 50 g Pinienkerne, neutrales Öl

Zubereitung:

In einem großen Topf das Öl erhitzen, die Zwiebel anschwitzen, das Fleisch zugeben und anbraten, die Gewürze einstreuen, vorsichtig salzen, umrühren und nach ca. 1 min den Fond angießen, so dass das Fleisch gut bedeckt ist, ggfls. mit heißem Wasser auffüllen. Aufkochen lassen und leicht köchelnd ca. 60 min garen, zwischendurch den fettigen Schaum abschöpfen. Das fast gegarte Fleisch herausheben, den Fleischsaft durch ein Sieb gießen und warm stellen. In den Topf den Blauschimmelkäse geben, schmelzen lassen, 100 ml des Bratensaftes zugeben und gut verrühren, Joghurt zugeben und wieder verrühren. Fleisch hinein geben, aufkochen lassen und bei kleiner Hitze nochmals ca. 50-60 min zugedeckt simmern, dann mit Pfeffer, Muskatnuss und ev. noch Salz abschmecken. Bitte die Konsistenz mit dem restlichen Bratensaft und / oder etwas Speisestärke nach Wunsch einstellen.

Gegessen habe ich dieses Schaffleisch-Gericht in sehr verschiedenen Versionen: dünn- oder dickflüssiger, jüngeres oder älteres Tier, säuerlicher oder weniger säuerlicher Joghurt, aber immer mit Fladenbrot und Reis.

Arabien ist nun mal groß und sehr verschieden und in den Restaurants stammen die Köche häufig gar nicht aus der Region oder dem Land.

Maultaschen (geschmälzt) [132]

Zutaten:

400 g Mehl, 3 Eier, 3 Eigelb (Eiweiß aufheben), 2 El feines Rapsöl, 1 Tl Salz, Mehl für Arbeitsfläche
125 ml Milch, 100 g Weißbrotbrösel, 250 g Spinat (TK, gut ausgepresst und klein geschnitten), 125 g Petersilie (fein gehackt), 2 Knoblauchzehen (fein gehackt), 4-5 Zwiebeln (ca. 300 g, fein gehackt), ca. 150-200 g Butter, 300 g Bratwurstbrät, 2 Eier, Muskatnuss, Pfeffer, Salz

Zubereitung:

Mehl in die Schüssel der Küchenmaschine füllen, eine Mulde eindrücken, darin Eier, Eigelb, Öl geben und mit dem Knethaken zu einem zähen, homogenen Teig formen, ggfls. etwas Wasser zufügen. Den Nudelteig in Klarsichtfolie wickeln und mind. 1 h (oder auch über Nacht) zum Ruhen in den Kühlschrank stellen.
1/3 der Zwiebeln und Knoblauch in Butter anschwitzen und beiseite stellen.
Die in Milch eingeweichten Bröseln, Spinat, Brät, Petersilie, angedünstete Zwiebeln und Knoblauch zu einer Masse vermengen, mit Muskat, Pfeffer, Salz kräftig abschmecken.
Den Teig auf einer bemehlten Arbeitsfläche ausrollen, ca.35-40 Rechtecke schneiden, die Ränder mit wenig Eiweiß/Wasser einpinseln. Auf eine Hälfte der Teigecken je 1 El der Füllmasse geben, die Rechtecke zusammenklappen und die Ränder fest zudrücken. In einem großen Topf Salzwasser zum Kochen bringen, die Maultaschen darin ca. 5 min kochen, herausnehmen und in kaltem Wasser abschrecken, gut abtropfen lassen.
In einer Pfanne die restlichen Zwiebeln in wenig Butter goldbraun anrösten, die Maultaschen in einen Topf mit der erhitzten restlichen Butter geben, unter Schwenken wieder erwärmen.

Die Maultaschen auf großen Tellern, bestreut mit den gerösteten Zwiebeln, mit einem kleinen Salat anrichten.

Dazu gibt es bei uns einen süffigen Trollinger aus dem Schwabenland.

Rough Food [133]

Milli Pap (als Beilage) [134]

Mit „**Rough Food**" ist natürlich kein spezielles Gericht gemeint, sondern es ist mehr eine Art lokaler Bezeichnung für ein preisgünstiges, dabei Reste verwertendes Gericht mit einer Brei-ähnlichen Sättigungsgrundlage; also Labskaus für Afrikaner, und daher gibt es auch kein Rezept.

In praktisch allen Regionen des Kontinents gibt es sehr ähnliche und sattmachende Gerichte, beispielsweise **Milli Pap** im südlichen Afrika.

Und beim Besuch von Waterkloof mit der überwältigenden Aussicht immer schön dran denken:

Milli steht vorne und Pap dahinter.

Zutaten:

65 g Polenta (kann auch Bulgur, o.ä. sein), 125 ml Sahne, Pfeffer, Salz, 1 Knoblauchzehe, Thymian, Parmesan (gerieben), ca. 100-150 ml Wasser, Raclette-/Gratin-Käse

Zubereitung:

Sahne und die Hälfte des Wassers in einem Topf aufkochen, unter ständigem Rühren Polenta einstreuen, mit Pfeffer, Salz, zerdrücktem Knoblauch, fein gehacktem Thymian und etwas Parmesan abschmecken, dann in eine Spring- oder ofenfeste Form streichen und (z.B. am nächsten Tag) mit dem Käse belegen und im vorgeheizten Ofen bei 240 °C (Grill) ca. 10-15 min überbacken und zu einem (Antilopen-) Steak oder einem anderen Rest, der weg muss, servieren.

Und weil an der Beilage so viel gespart werden konnte, muss es dazu schon eine Flasche „Zwalu" sein.

Mint Julep [135]

Neulich bekam ich von Heide einen Strauß Minze nach einem Besuch mit auf den Weg, genau einen Tag nachdem ich die Lamm-Küchelchen mit Koriander und Petersilie, aber ohne Minze ausprobiert hatte. Was also tun, außer dran zu riechen? Natürlich James Bond angerufen und mit ihm zusammen dem alten deutschstämmigen Bösewicht Goldfinger einen Besuch abgestattet und rasch einen Mint Julep getrunken.

(leider waren Pussy Galore und ihre Mädchen auch dieses Mal wieder auf einem Übungsflug in der Luft)

Zutaten und Zubereitung:

Minze waschen, abtrocknen, die Blätter abstreifen, klein hacken und mit 3-4 Tl heißes Wasser und 2-3 Tl Rohrzucker verrühren bis sich der Zucker gelöst und die Minze gut verteilt hat. Abgekühlt in ein Longdrink-Glas geben, mit sehr viel zerstoßenem Eis und 30-90 ml Bourbon (nach Körpergewicht) sowie einem Schuss Mineralwasser auffüllen und mit einem Zweig Minze dekorieren.

Danach entspannt in den Schatten setzen, das Glas Schlückchen für Schlückchen leeren und dabei philosophieren, warum selbst ein verdienter Agent wie James Bond über den Dienstgrad „Commander“ nie hinaus gekommen ist und immer noch nicht den Ruhestand genießen darf.

(Sean Connery dagegen schon)

Mockturtle-Suppe (falsche Schildkrötensuppe) [136]

Zutaten:

250 g Kalbfleisch, 250 g Rindfleisch, 125 g Schinkenspeck (gewürfelt), 400 ml Kalbsfond (Glas), 2 Zwiebeln, 2 Möhren, ¼ Sellerie, 75 ml Pflanzenöl, 30 g Mehl, 100 ml Sherry (hell), 400 g Champignons oder Kräuterseitlinge, Zitrone, Pfeffer, Salz, ca. 500 ml heißes Wasser

Nein, nein, keinesfalls das Fleisch dieser → Reptilien nehmen

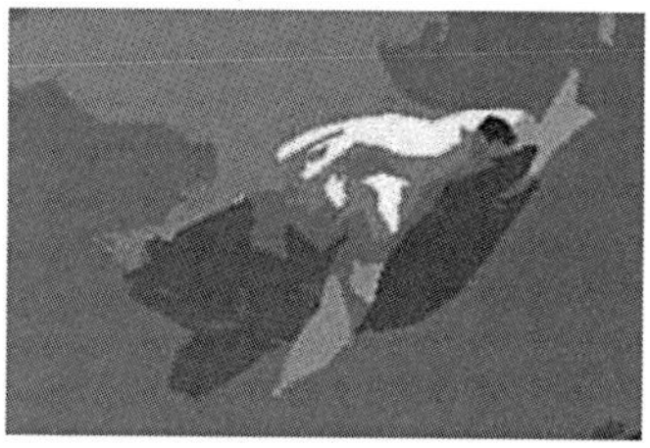

Zubereitung:

Fleisch in kleine Würfel schneiden und in Öl kurz und scharf anbraten. Zwiebeln, Möhren und Sellerie putzen, klein würfeln und zusammen mit dem Speck in Öl anrösten, zwischendurch mit Mehl bestäuben und mit dem Fond ablöschen. Fleischwürfel zufügen, nach und nach mit Wasser auffüllen, dabei kurz aufkochen und ca. 30 min köcheln lassen. Probieren und mit Sherry, Zitronensaft, Pfeffer, ev. Salz und Muskatnuss abschmecken, klein geschnittene Pilze zugeben und noch weitere 5-10 min fertig köcheln lassen. Wichtig ist, dass die Suppe eine feine Bindung hat.

Diese Suppe wurde bei uns zu Hause immer nur bei größeren Familienfeiern, neudeutsch auch als Geburtstags-Party bezeichnet, serviert, und zwar in (Suppen-) Tassen (Die Suppenteller wurden meistens für das richtige Essen benötigt).
Bei einem heutigen Event könnte man die Suppe auch in tiefen Tellern anrichten.

Da die Suppe gerne als Mitternachtsimbiss herhalten musste, gibt es keinen Vorschlag für ein passendes Getränk. Allerdings kann ich nicht empfehlen, auf das Kochen ganz zu verzichten und, wie damals üblich, die beliebte Variante aus der Dose zu nehmen.

Mohrenkopf [137]

Zutaten:

Teig: 6 Eier, 375 g Zucker, 500 g Mehl, 1 Pck. Vanillezucker, 1 Pck. Backpulver, 1 Pr. Salz, 2 Tafeln dunkle Schokoladen-Kuvertüre
Creme: 250 g Butter, 500 ml Milch, 3 El Zucker, 1 Pck. Puddingpulver (Vanille)

Zubereitung:

Aus Eiern, Zucker, Mehl, Backpulver, Vanillezucker und Salz einen Teig rühren, diesen in die Mulden einer Mohrenkopf-Form (Muffin-Formen gingen auch) füllen und im vorgeheizten Ofen bei 180 °C (Umluft) ca. 25 min backen, dann aus der Form stürzen und abkühlen lassen.
Schokolade schmelzen, Mohrenköpfe halbieren und die obere, abgerundete Hälfte mit der Kuvertüre überziehen, aushärten lassen.
Aus Milch, Zucker und Puddingpulver einen Vanillepudding nach Packungsanleitung kochen, fast ganz erkalten lassen, dann in die cremig gerührte, weiche Butter löffelweise einrühren.
Die Butter/Pudding-Creme auf den unteren Teil des Mohrenkopf-Kuchens verteilen, den Schokoladendeckel daraufsetzen und kalt stellen.

Gegessen wird der Mohrenkopf zu einem frisch gebrühten Kaffee nach einer Wanderung im Harz auf den Brocken.

(bei Wanderungen in anderen Mittelgebirgen und anderer Besetzung vorsichtshalber eine Schachtel grüne Schaumküsse bereithalten)

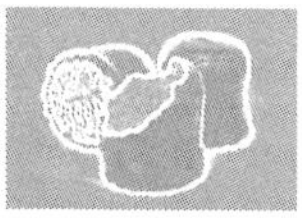

New England Chowder (Fischeintopf) [138]

Zutaten:

330 g Seeteufel/Steinbeißer, 330 g schwarzer Heilbutt, 330 g Seehecht/Kabeljau, ca. 250 g Hummer/(Königs-) Krabben-Fleisch (ggfls. TK), ca. 150 g Oktopus (ggfls. TK), 4-8 Stück. Scampi (ggfls. TK, geschält), 2 Fenchel, 2 Pastinaken, 2 Zwiebeln, 1 Bund Frühlingszwiebeln (nur das weiße), 1/8 Sellerie, 6-8 Kartoffeln, 300 ml Sahne, 100 g Butter, 200 ml weißer Portwein, 1,5 l Fischfond, Safran, Dill, glatte Petersilie, weißer Pfeffer, Salz, ggfls. Saucenbinder (hell)

Zubereitung:

In einem großen Topf die Butter zerlassen, das geputzte fein gewürfelte Gemüse zugeben und bissfest anschwitzen, Wein und 2/3 der Brühe zugießen, aufkochen und 5 min köcheln lassen.
Den Fisch säubern, abspülen und abtrocknen, in löffelgerechte Würfel schneiden, ebenfalls den Oktopus. Hummer- bzw. Krabbenfleisch auslösen, ev. zerteilen und mit den unzerteilten Scampi (sobald die Gäste da sind) in die Suppe geben, restlichen Fond angießen und weitere ca. 10 min köcheln lassen. Safranfäden und Sahne zufügen, gut umrühren und ggfls. Konsistenz einstellen, danach Temperatur reduzieren und mit Dill sowie Petersilie abschmecken.

Dieser Eintopf lässt sich ganz gut vorbereiten und sollte als Hauptgericht für vier (4) normale oder acht (8) schwache Esser reichen.

Es bietet sich an, hierzu ruhig einmal einen Weißwein von der amerikanischen Ostküste zu probieren. Fragt einfach **Heiner**.

Nudeln mit Lachs (Penne rigate al salmone) [139]

Zutaten:

800 g Lachs (Filet oder Koteletts), 100 g Räucherlachs, 1 Zucchini, 2 Schalotten, 1 Zitrone (ungespritzt), 150 ml weißer Martini, 400 ml Fischfond, 250 ml Sahne (zum Kochen oder ½ Milch), 30 g Butter, Olivenöl, Pfeffer, Salz, Schnittlauch, 500 g Penne Rigate

Zubereitung:

Die Schalotten klein hacken, die Hälfte mit Weiß- und Portwein andünsten, mit Fond ablöschen und auf 1/3 einkochen, die Sahne zugeben, aufkochen und 5-10 min köcheln lassen, dann die Butter einmontieren, mit dem Handmixer aufschlagen und mit Salz, Pfeffer und Zitronensaft abschmecken. Parallel das Lachsfilet von Haut und allen grauen Stellen befreien und würfeln, Zucchini waschen, kleinschneiden, in einer ausreichend großen Pfanne restliche Schalotte in Olivenöl erhitzen, Zucchini und Lachs zufügen, sanft garen, dann die Sauce und den klein geschnittenen Räucherlachs dazu geben und warm halten. Die Penne in ausreichend Salzwasser „al dente" kochen, gut abgießen und zu der Sauce geben, durchschwenken, mit abgeriebener Zitronenschale und fein geschnittenem Lauch bestreuen und sofort servieren.

Da das Gericht durch den Räucherlachs ein kräftiges Aroma erhält, empfiehlt es sich, beim Wein zu einem ausgleichenden Lugana vom Gardasee, beispielsweise „Le Creete" der Az. Agr. Ottello oder einem weißen „us de Kap" von Meyer-Näkel zu greifen.

Obstsalat (Macedonia di frutta) [140]

Stippmilch [141]

Zutaten:

100-120 ml frisch gepresster Orangensaft, 100-120 g Zucker, 40 ml Zitronensaft, ca. 800-1000 g gemischtes geschältes bzw. gewaschenes, entkerntes, gewürfeltes frisches Obst (z.B. Ananas, Apfel, Banane, Birne, Erdbeeren, Kiwi, Melone), 2 Gewürznelken, Zitronenmelisse

Zubereitung:

Orangen- und Zitronensaft mit Zucker und Nelken aufkochen und ca. 10 min dickflüssig einköcheln, dann abkühlen lassen und durch ein Sieb abgießen.
Das gut zusammengestellte, klein geschnittene Obst in die Sirup artige Flüssigkeit geben und vorsichtig mischen, in ein dekoratives Glasgefäß und vielleicht mit einem Eisbällchen servieren.

Ein gut vorzubereitender Abschluss eines sommerlichen Essens.

Ich erinnere mich an ein Hotel im Süden Italiens, wo so ein **Obstsalat** (was für eine simple Bezeichnung für so etwas Interessantes) in einem Bowlengefäß auf dem Bar-Tresen zur gefälligen Selbstbedienung anstelle von Erdnüssen stand (was für eine gute Idee).

Bei **Lindi** in Bonn würde so ein Obstsalat wohl auch zusammen mit **Stippmilch** serviert werden.

Zutaten und Zubereitung:
250 g Quark, 40 g Zucker, 1 Pck. Vanillezucker, 125 ml Milch, 100 g kalte geschlagene Sahne
Quark, Zucker, Vanillezucker und Milch in einer Schüssel gut verrühren und zum Schluss die Schlagsahne unterheben.

Guten Appetit!

Orangenfilets (mariniert / gratiniert) [142]

Zutaten:

5 Orangen (Bio), Puderzucker, Orangenlikör (z.B. Cointreau) 50 g Panna Cotta (o. ä.) und 50 g Johannisbeer- oder Himbeer- Gelee bzw. 100 ml Sahne und 2 Eier

Zubereitung:

Die Orangen sauber filetieren, alle weißen Häute entfernen, die Orangenfilets mit dem aufgefangenen Saft, 4-5 El Puderzucker und 3 El Likör 1-2 h marinieren.

Nur **mariniert**

Panna Cotta und Gelee gut verrühren, mit etwas Likör und Puderzucker abschmecken und als runden Spiegel auf einen Teller und darauf die Orangenfilets geben.

Auch **gratiniert**

Sahne mit 2 El Likör relativ steif schlagen. Die Eier trennen, Eigelb mit 5-7 El Puderzucker schön verrühren, Panna Cotta und geschlagene Sahne untermischen. Eiweiß zu Schnee schlagen und unter die Masse heben. Die marinierten Orangenfilets auf ofenfeste Teller geben, die schaumige Masse darüber verteilen und im vorgeheizten Ofen bei 200 °C (Oberhitze) goldfarben überbacken, heiß servieren.

Leichte und leicht zu machende Desserts, passend zu vielen Gerichten.

Orecchiette mit Brokkoli, Sardellen und Kirschtomaten [143]

Zutaten:

500 g Orecchiette, 800 g Brokkoli, 12-14 Kirschtomaten, 1-2 Knoblauchzehen, 7-8 gehackte Sardellen (in Öl eingelegt), 2 Chili-Schoten (gewaschen, entkernt und gehackt), Olivenöl

Zubereitung:

Brokkoli waschen, zerpflücken und in gesalzenem Wasser ca. 5 min blanchieren. Tomaten waschen, würfeln und in einer Pfanne mit etwas Öl, Knoblauch und den Chilis anschwitzen. Nach 2-3 min den Brokkoli zugeben und weiterköcheln lassen. Die Orecchiette im Brokkoli-Wasser nach Packungsangabe bissfest kochen, abgießen und in die Pfanne geben, kurz weitergaren, vom Feuer nehmen und die Sardellen zugeben, mit etwas Olivenöl beträufeln und sofort servieren.

Wir haben damals einfach eine weitere Flasche gut gekühlten Rosé aus Apulien dazu weitergetrunken, heute hole ich einen einheimischen Rosé oder Rotling aus dem Keller.

Ossobuco und Risotto alla milanese [144]
(Kalbshaxe mit Safran-Risotto)

Zutaten:

2-3 Kalbshaxen (in Scheiben), 2-3 Zwiebeln, 6-8 Knoblauchzehen, 2-3 Möhren, 1-2 Stangen Sellerie, Thymian, Lorbeerblatt, 2-3 Bio-Zitronen, Mehl, Olivenöl, Butter, Tomatenmark, 3-6 Tomaten (frisch gewürfelt oder kleine Dose), 400 ml Kalbsfond (Glas), Weißwein, Petersilie, Pfeffer, Salz

Zubereitung:

Beinscheiben pfeffern, salzen, mit Mehl bestäuben und von beiden Seiten scharf anbraten. In einem Schmortopf die geputzten, gewürfelten Zwiebeln, Möhren, Sellerie und ½ des Knoblauchs andünsten, mit Thymian, Lorbeerblatt sowie Zitronenschale würzen und mit Fond und einem guten Schuss Wein ablöschen, dann 1-2 El Tomatenmark und die Tomatenstückchen unterrühren, das Fleisch zugeben und bei schwacher Hitze ca. 90 min schmoren.
Die Scheiben mit einer Gremolata bestreichen und dazu ein Safran-Risotto servieren.

Für die Gremolata die abgeriebene Schale einer Zitrone, fein gehackten Knoblauch mit 2-3 El fein gehackter Petersilie vermischen.

Wenn schon zu Besuch in der Lombardei, dann ruhig zu einem rubinroten „Valtellina Superiore (Sassella)“ aus Sondrio greifen.

Safran-Risotto

Zutaten und Zubereitung:

500 g Reis (Carnaroli oder Avorio), ca. 1,5 l heißer Gemüsefond (2 x 400 ml Gläser, gleiche Menge Wasser), Weißwein, 1-2 Zwiebeln (geputzt, fein gewürfelt), ca. 75-100 g Butter, Pfeffer (weiß), Salz, 2-3 Döschen Safranfäden, Salbeiblatt, Sahne, ca. 150 g Parmesan

Die Hälfte der Butter erhitzen, Zwiebeln andünsten, Reis zugeben und glasig werden lassen, unter Rühren die Fondflüssigkeit, einen Schuss Wein, Salbeiblatt zugeben und den Reis bissfest garen, zum Schluss die aufgelösten Safranfäden unterrühren, mit Pfeffer, Salz abschmecken, 2 El Sahne und restliche Butter einrühren und ausquellen lassen. Ein Risotto muss cremig sein, also ggfls. mit heißer Flüssigkeit korrigieren. Salbeiblatt herausfischen und mit frisch geriebenem Parmesan servieren.

Parfait (als Basis) [145]

Zutaten: Für eine übliche ca. 23x8 cm große Terrinen- oder Parfait- Form. 750 g Kochsahne, 250 g Zucker, 8-9 Eigelb, 2-3 Vanilleschoten, Salz, ca. 100 ml Wasser, 2-3 Blatt Gelatine Frische Früchte nach Wahl bzw. Jahreszeit.
Zubereitung: Wasser mit dem Zucker erhitzen; Vanilleschoten halbieren, das Mark herauskratzen und beides im Zuckerwasser ca. 1 min kochen lassen bis die Konsistenz Sirup artig ist. Die Eigelbe mit 1 Prise Salz und dem Vanille-/ Zuckersirup in einer Edelstahlschüssel über einem heißen (nicht kochen) Wasserbad dickcremig aufschlagen (die Schote vorher entfernen), die nach Packungsangabe aufgelöste, gut ausgedrückte Gelatine einrühren und dann die dicke Vanillecreme mit der Schüssel in Eiswasser kalt durchschlagen. Die Sahne ebenfalls gut steif schlagen und unter die Creme heben. Die Kastenform mit Klarsichtfolie abdecken, die Masse einfüllen, Form aufstampfen (Masse verdichten) und über Nacht in den Gefrierschrank stellen.
Das Parfait (bedeutet übrigens so viel wie „vollkommen, perfekt, also hervorragend") ca. 30 min vor dem Servieren aus dem Kühler nehmen, damit es leicht antauen kann, dann in Scheiben portionieren. Wer möchte, kann die Parfait Masse, bevor die Sahne untergehoben wird, mit pürierten Früchten und/oder Likör nach Gusto variieren. Dazu passen Früchte aller Art, z.B. Erdbeeren, Kirschen oder Zwetschgen.

Pfannkuchen mit (Blau-) Beeren [146]

Zutaten:

300 g Mehl, 500 ml Milch, 100 ml Sprudelwasser, 8 Eier, 1000 g frische Blaubeeren, neutrales Öl, Salz Zucker, Puderzucker

Zubereitung:

Mehl, Milch, Wasser, wenig Zucker und die Eier in einer Schüssel vermischen und zu einem flüssigen Teig gut durchschlagen, ca. 20 min ruhen lassen, Konsistenz prüfen, ggfls. mit etwas Mehl oder Flüssigkeit optimieren, die Blaubeeren waschen, Süße prüfen und ggfls. zuckern.

Öl in einer beschichteten Pfanne auf mittlere Temperatur erhitzen, mit der Kelle so viel Teig in die Pfanne geben, dass der Boden gerade gut aber nicht zu dick bedeckt ist, Pfanne dabei schwenken, Blaubeeren darauf geben und mit etwas Teig bedecken, leicht anbraten lassen.

Wenn die untere Seite des Pfannkuchens sich beim Hin- und Herziehen der Pfanne vom Boden löst, Pfannkuchen wenden und die andere Seite genauso braten. Das Wenden geht ganz gut mit zwei Silikonwendern, spektakulärer ginge es natürlich durch Hochwerfen und Drehen des Pfannkuchens in der Luft, aber das müsst ihr wissen.

Den Pfannkuchen auf einen Teller gleiten lassen und mit Puderzucker bestreuen. Sofort mit dem nächsten Pfannkuchen beginnen und solange weiter machen bis die Kinder satt sind (oder der Teig alle ist).

Frische Wald-Blaubeeren kommen in der heutigen Zeit sehr oft aus Polen oder Litauen.

(Warum also nicht einfach vor Ort besorgen und dabei gleich noch das Thomas Mann-Haus in Nidda auf der Kurischen Nehrung besichtigen)

Piccata milanese [147]

Zutaten:

10 Stück Minuten-Steaks (Kalb), 2 Schalotten (geputzt, gehackt), 2 Knoblauchzehen (geschält, fein gehackt), Olivenöl, 800 g stückige Tomaten (Dose), ½ Tl Zucker, Pfeffer, Salz, Paprika-Pulver (edelsüß), 1 Bd. Basilikum, 100 g Parmesan (reiben), 4 Eier, Mehl, 500 g Spaghetti

Zubereitung:

Schalotten und Knoblauch in Olivenöl anschwitzen, Tomaten zugeben, mit Pfeffer, Salz und Zucker würzen und auf die Hälfte einköcheln lassen. Basilikum waschen, abtrocknen und grob gehackt zugeben.
Spaghetti nach Packungsangabe kochen.
Mini-Steaks mit Pfeffer, Salz und Paprika einreiben, Parmesan mit Eiern verquirlen, Mehl bereitstellen. Olivenöl in einer Pfanne (nicht zu) heiß werden lassen, Steaks in Mehl, dann in der Eimischung wenden und sofort von jeder Seite ca. 2 min anbraten und zum Ziehen lassen in den auf 100 °C vorgeheizten Ofen stellen.
Bissfest gegarte Nudeln abgießen und in die Tomatensauce geben, zusammen mit den pikanten Mini-Steaks servieren.

Vielleicht noch einen kleinen Salat dazu; in jedem Fall ein Glas italienischen Rotwein, Wasser, danach einen Espresso mit einem „Guten Appetit" vorher würde man bei **Lindi** (und Alf) bekommen

Pisco Sour [148]

Zutaten:

150 ml Pisco (peruanischer Traubenschnaps), 100 ml Limettensaft, 50 ml Zuckerlösung, 1 Eiweiß, Eiswürfel, Zimt, Angostura Bitter oder Amargo Chuncho

Zubereitung:

Pisco mit flüssigem Zucker mixen, Limettensaft zugeben, kurz mixen, Eiswürfel zufügen und „crushen" (man hört es), Eiweiß dazu und wieder mixen bis eine schaumige Flüssigkeit entstanden ist.
In 3-4 Gläser abseihen, mit einem Hauch Zimt und 2-3 Tropfen Bitter vollenden und als Aperitif servieren.

Pista Kulfi [149]
(Milch-Creme vom indisch-pakistanischen Subkontinent)

Zutaten:

1000 ml sahnige Frischmilch, 150 g Zucker, ¼ Tl Safran, 4-5 Kardamom (grün), 15 Mandeln und 2 El Pistazien (beides leicht geröstet und gehackt), 8 Muffin Formen, Goldblättchen (zur Deko, optional)

Zubereitung:

Die Milch in einem schweren großen Topf kochen und bei mittlerer Hitze auf die Hälfte einköcheln lassen (dauert ca. 35-40 min); zwischendurch immer wieder umrühren, um ein Ansetzen zu vermeiden. Sobald die Zeit herum ist, die Milch eine cremige beige Konsistenz und Farbe angenommen hat, Zucker und Safran zugeben, weitere 1-2 min köcheln lassen, dann den Kardamom zugeben und vom Herd nehmen. Wenn die Creme abgekühlt ist, die Nüsse zugeben (einige für die Deko zurückhalten), gut umrühren, in die Formen gießen und sofort zum Einfrieren in den Eisschrank stellen.

Zum Servieren die Creme aus den Formen drücken und in Schälchen geben, mit Nüssen und Goldblättchen garnieren und sofort auftragen.

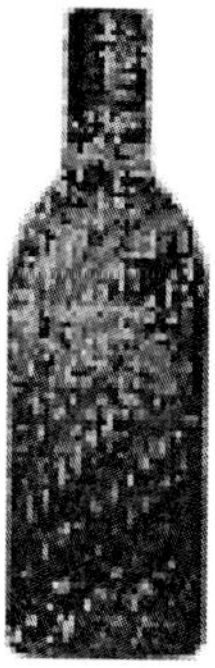

Diese Art der Dekoration ist in Pakistan, Indien und Arabien sehr beliebt (und in der EU mit E 175 oder E 174 gekennzeichnet).
Für Menschen mit Bezug zu Ostpreußen ein guter Grund, einmal eine Flasche Danziger Goldwasser zu kaufen, um die benötigte Menge Gold einfach auszusieben (und von der Flüssigkeit ein Gläschen zu trinken).

Pizza [150]

Zutaten:

350 g Weizenmehl, 1 Pck. Trockenbackhefe, 1 Tl Zucker, 1-2 Tl Salz, 1 El Olivenöl, 1 El Tomatenmark, 200 ml lauwarmes Wasser
400 g Tomatenstückchen (Dose), 2 El Olivenöl, 3-4 Knoblauchzehen (geschält), 2-3 Spritzer Chilisauce, 1 Bund Basilikum, Pfeffer, Salz
Büffelmozzarella und/oder Mozzarella (geraspelt), Fleischtomaten (in Scheiben), Zwiebeln (geputzt, in Ringe geschnitten, Thunfisch (Dose, Natur), Salami (in Scheiben), Champignons (in Scheiben)

Zubereitung:

Mehl in Rührschüssel mit der Hefe mischen, Zucker, Salz, Öl und Wasser zugeben und zunächst langsam, dann schnell mit dem Knetmixer ca. 5 min zu einem Teig verarbeiten, Oberfläche bemehlen und abgedeckt mindestens 60 min an einem warmen Ort aufgehen lassen.
Tomaten, Knoblauch, Basilikumblätter, Chili, Pfeffer, Salz mit dem Stabmixer zu einer Sauce mischen.
Den bemehlten Teig auf der Arbeitsfläche nochmals durchkneten und dünn (!) ausrollen. Die Teigmenge sollte für 2 runde (ca. 22 cm) oder 1 Pizzastein (Backblech) große (ca. 30 x 40 cm) Pizza reichen.
Den Teig (am einfachsten auf Backpapier) mit einem kleinen Rand versehen, mit der Sauce bestreichen und nach Wunsch belegen, z.B. Margherita (Tomatenscheiben, Basilikumblätter und Mozzarella) oder Tonno (Thunfisch, Zwiebeln und Kapern) oder Salami (luftgetrockneter Wurst) oder Funghi (frische Champignons) oder, oder ...

Parallel den Herd auf 225 °C vorheizen. Die Pizza bei Ober-/Unterhitze ca. 35-45 min backen, herausnehmen und mit etwas Olivenöl beträufeln. Verwendet man einen Pizzastein, diesen ca. 30-40 min auf 225 °C erhitzen, herausnehmen und die auf dem Backpapier liegende vorbereitete Pizza auf den Stein ziehen und noch ca. 20-25 min backen.

Eine Getränkeempfehlung kann es nicht geben, denn es ist das erste Gericht, das die Kinder selbst zubereiten dürfen. Irgendwann müssen sie beginnen, sich selbst zu versorgen (und ganz nebenbei lernen, in heißer Umgebung ohne Gefahrenzulage zu arbeiten).

Pommes frites (selbst gemacht) [151]

Zutaten:

2-5 kg Kartoffeln (mehlig kochend, z.B. Bintje), 2 l Öl (z.B. Erdnussöl), Salz

Zubereitung:

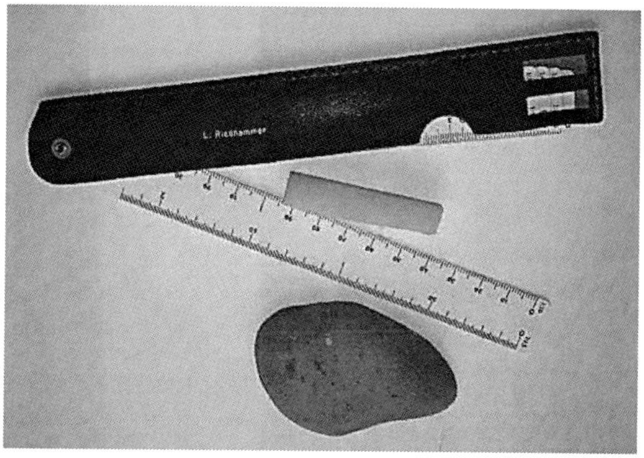

Kartoffeln schälen und in Stäbchen schneiden, wässern.
Die Stäbchen müssen exakt 1,00 x 1,00 x 5,00 cm groß sein (den Verschnitt, der bei ungeübten Küchenkräften schon mal 75% der eingesetzten Kartoffelmenge ausmachen kann, sollen die Kinder meinetwegen übungshalber zu Bratkartoffeln oder Kartoffelpuffer verarbeiten).
Die Stäbchen abtrocknen und portionsweise bei 140 °C in Öl vorgaren, herausnehmen und auf Küchenpapier abkühlen lassen.
Unmittelbar vor dem Servieren die Kartoffelstäbchen zu Ende frittieren, und zwar jetzt in 175 °C heißem Öl, auf Küchenpapier entfetten und dann salzen.

Serviert werden die „Pommes" oder „Fritten" rot-weiß, also mit Ketchup und Mayo

(für Anhänger von Borussia auch schon mal „schwarz-gelb", also Ketchup mit viel dunkler Sojasauce gemischt und Mayo nur mit dem Eigelb von Eiern mit sehr gelbem Dotter und sehr viel gelbem Senf hergestellt).

Natürlich könnte man diese Pommes frites auch ohne Mayo und Ketchup einfach als Beilage z.B. zu einem Schnitzel (Wiener-Art) servieren, aber dann kann man auch gleich fertige TK-Ware nehmen.

Powidltascherln mit Zwetschkenröster [152]
(in deutscher Übersetzung)

Zutaten:

500 g mehlig kochende Kartoffeln, 25 g Butter, 200-250 g Mehl, 60 g Weizengrieß, 200 g Pflaumenmus (Powidl), 1 Ei (Eigelb, Eiweiß aufheben), Salz, 1 Tl Zimtpulver, 1 El Rum, 100 g Butter, 125 g süße Weißbrotkrümel
500 g Zwetschgen, 100 ml Wasser, 100-150 g Zucker, 1 Zitrone, ½ Zimtstange, 2 Gewürznelken

Zubereitung:

Kartoffeln kochen, pellen und sofort durch Kulls Kartoffel-Presse drücken, abkühlen lassen. Mehl, Grieß, Butter, Prise Salz und Eigelb mit der Kartoffelmasse verkneten. Arbeitsplatte mit Mehl bestreuen, darauf den Teig auf ca. 5 mm ausrollen und Handteller große Kreise ausstechen. Zwetschgenmus mit Rum und Zimt verrühren (nicht zu dünn) und je einen Tl Mus auf die Teigkreise setzen. Deren Ränder mit dem verquirlten Eiweiß bestreichen, zusammenklappen und andrücken. Einen großen Topf mit Salzwasser zum Kochen bringen, Temperatur zurück nehmen und die Teigtaschen portionsweise in das leicht siedende Wasser geben. Sobald sie oben schwimmen herausnehmen, abtropfen lassen und warm stellen. Butter in einer beschichteten Pfanne erhitzen, süße Brösel darin anrösten und die Teigtaschen darin wenden und sofort servieren.

Zwetschgen waschen, halbieren und entkernen. Wasser mit Zucker, Zitronensaft, Zimtstange und Nelken aufkochen und darin die Zwetschgen weich dünsten, abschmecken und abkühlen lassen, ggfls. mit Zitrone und Zucker nachwürzen.

Die mit Pflaumenmus gefüllten Teigtaschen in tiefe Teller, dazu das Zwetschgenkompott geben und dann mit einem Gläschen Zwetschgenschnaps servieren.

Alles Zwetschge oder was.

Quiche Lorraine [153]

Zutaten:

200 g Mehl, 80 g kalte Butter, 4 Eier, 2 gehackte Zwiebeln, 2 fein gehackte Knoblauchzehen, 200 ml Sahne, 300 g Schinken- oder Frühstücks- Speck (gewürfelt), 200 g Käse (z.B. Gruyère, fein gerieben), 1 Bund Petersilie (gewaschen, abgetrocknet, die Blätter fein gehackt), Pfeffer, Salz, Wasser

Zubereitung:

Mehl, Butter, 1 Ei, 3 El Wasser und ½ Tl Salz zu einem Teig verkneten und in Klarsichtfolie einige h im Kühlschrank ruhen lassen.
Den Teig vor dem Weiterverarbeiten nochmals gut durchkneten, eine gefettete Springform (28 cm) damit auslegen, darin einen Rand von ca. 3 cm hochziehen. Den Boden einige Male einstechen, mit Alufolie abdecken, mit trockenen Hülsenfrüchten beschweren und ca. 10-12 min bei 200 °C (Umluft) vorbacken, dann Hülsenfrüchte und Alufolie entfernen, den Boden im heißen Ofen lassen, bis er eine leichte Bräunung aufweist.
Eier, Sahne und Käse verquirlen, pfeffern und salzen (Achtung: Speck). Schinkenspeck, Zwiebeln, Knoblauch und Petersilie vermischen, auf dem vorgebackenen Boden verteilen und die Eier-Käse Sahne darüber gießen. Die Quiche Lorraine im Ofen bei 200 °C (Umluft) ca. 20-25 min backen (Oberflächen nicht zu braun werden lassen, ggfls. abdecken).

Eine Quiche kann man eigentlich immer essen, vorausgesetzt, die Gäste sind nett und man hat einen leckeren Wein von der Ahr zur Hand.

Ragout Fin [154]

Zutaten:

1-1,2 kg Kalbfleisch (Schulter ohne Knochen), 800 ml Kalbsfond (Glas), 2 Lorbeerblätter 50 g Butter, 25 g Mehl, 200 ml Sahne, 250 g kleine weiße Champignons, 250 g Erbsen (TK), Pfeffer, Salz, Zucker, Zitrone, 8 Stück Blätterteig-Pasteten (vom Bäcker oder TK)

Zubereitung:

Das Kalbfleisch mit Fond (gut bedeckt, ggfls. Wasser zugießen) und Lorbeerblatt aufkochen und ca. 60 min abgedeckt köcheln lassen, zwischendrin abschäumen. Fleisch herausnehmen, die Flüssigkeit durch ein Sieb gießen, auffangen und auf ca. 500 ml einkochen. Das Fleisch gut parieren und klein würfeln.

In einem großen Topf Butter erhitzen, Mehl einrühren, aufkochen lassen und Fond, dann Sahne unterrühren und ca. 10-15 min offen köcheln lassen, immer mal wieder umrühren.

Erbsen abspülen, Pilze putzen und vierteln bzw. achteln, beides zur Sauce geben und noch ca. 10 min weiterköcheln lassen.

Blätterteig-Pasteten vorbereiten bzw. aufbacken.

Die Sauce mit Zucker, Salz, Pfeffer, etwas Zitronensaft würzen und abschmecken, das Fleisch zugeben, nochmals kurz aufkochen und in die Pasteten füllen.

Angerichtet werden die Pasteten auf flachen Tellern, restliches Ragout drumherum verteilt und mit wenig grünen Kräuterblättchen (z.B. Kerbel) dekorativ bestreut.

Und zu trinken gibt es einen weißen Burgunder, vielleicht sogar mal einen großen Meursault-Genevriéres der Domaine Michelot-Buisson von der Côte-d`Or.

Räucherlachsmousse (nach Hans-Stefan St.) [155]

Schnelles Forellenmousse (nach Rosi) [156]

Zutaten:
200 g Räucherlachs, 100 ml Fischfond (Glas), 100 ml Noilly Prat, 100 ml Sahne, je 100 g geputzte grob gewürfelte Schalotten, Fenchel, Lauch und Staudensellerie, 20 ml Olivenöl, 150 ml Sahne (geschlagen), 3 Blatt Gelatine, Zitrone, Pfeffer, Salz
Zubereitung:
Räucherlachs putzen, würfeln und kalt stellen; die abgeschnittenen Lachsteile zusammen mit dem Gemüse in Olivenöl anschwitzen, Fond, Wein und Sahne zugeben und auf die Hälfte reduzieren, abseihen und kalt stellen. Gelatine einweichen, mit etwas Noilly Prat erwärmen und in die kalte Reduktion einrühren, den fein gewürfelten Räucherlachs sowie die geschlagene Sahne unterheben und mit Zitrone und Salz abschmecken, dann in eine **Mousse**-Form füllen und kühl stellen.
Eine sehr leckere, gut vorzubereitende Vorspeise, serviert mit einem Klecks geeistem Preiselbeeren-Schaum und einem kleinen Feldsalat. Ich weiß nicht mehr, was wir dazu getrunken haben, heute würde ich zu einem weißen Burgunder greifen.

Zutaten:
4 Forellenfilets (geräuchert, nicht zu klein), 50-60 g Butter (weich), 150 g Crème fraîche, 1 Zitrone, Pfeffer (weiß), Salz, Forellenkaviar, (Dill oder Feldsalat)
Zubereitung:
Forellen mit der Gabel zerteilen, Butter mit dem Mixer (Knethaken) einarbeiten, Crème fraîche zugeben, mit Zitronensaft, Pfeffer, ev. Salz abschmecken, kalt stellen. **Mousse** mit einem erwärmten Löffel abstechen.
Aus Toastbrot runde Taler ausstechen, in etwas Butter anrösten, zusammen mit der Mousse, Crème fraîche und ev. Kaviar sowie einem Büschel Dill bzw. Feldsalat (leichtes Dressing) servieren.

Rehrücken [157]

Zutaten:

2 kg Rehrücken mit Knochen (Filets bereits auslösen lassen), 4-5 El Butterschmalz, Pfeffer, Salz, 1 El Paprikapulver (edelsüß)
Sauce: ca. 1000 g (Preisel-, Johannis-, Him-, Brom- und/oder Cran-) Beeren (frische, TK ginge aber auch), 7-8 El Zucker, 8-10 El roter Portwein, 5-6 Tl Saucenbinder, Pfeffer, Salz, Zimt, Cayennepfeffer

Zubereitung:

Backofen auf 220 °C (Umluft) vorheizen.
(Rehfilets ggfls. von der Unterseite des Rückens auslösen.) Fleisch mit Pfeffer, Salz und Paprika würzen. Butterschmalz in einem Bräter erhitzen, den Rücken mit den Knochen nach unten hineinlegen und ca. 15-20 min im Ofen braten, dabei am Anfang und zwischendrin mit dem Butterschmalz begießen. Die Filets ca. 5-10 min vor Ende der Garzeit in den Bräter legen, nach der Hälfte der Zeit wenden. Backofen ausschalten, Tür öffnen und den Rehrücken noch einige min ruhen lassen; das Fleisch sollte noch rosa sein.
Für die Sauce die gewaschenen Beeren mit dem Zucker und dem Wein aufkochen, durch ein Sieb gießen und den Saft in einem Topf mit den Gewürzen und der aufgelösten Stärke unter Rühren aufkochen, etwas eindicken lassen und nochmals abschmecken.
Wer möchte, kann die Sauce gerne auch mit den Beeren wieder mischen und so zum Fleisch servieren. Allerdings eignen sich nicht alle Beeren gleichermaßen gut dafür.

Den Rücken am besten in der Küche portionieren; das in ca. 1 cm dicke Scheiben zerteilte Fleisch und die in schräge Stücke geschnittenen Filets zusammen mit der Sauce auf vorgewärmten Tellern servieren.
Als Beilage passen kleine Kartoffelpuffer bzw. -plätzchen oder Spätzle.

Rehrücken gehört zu den großen Fleischgerichten und genauso groß sollte auch der begleitende Wein (von der Ahr) sein.

(**Longo** Sch. zeigt es hier gerade; nein, nicht die Größe, sondern die Menge im Glas)

Scharfes Gulasch [158]

Richtiges Gulasch (nach E. Witzigmann) [159]

Zutaten: 1000 g Gulaschfleisch vom Rind, 750 g Zwiebeln, 500 g (bunte) Paprika, 3 rote Peperoni, 3 Knoblauchzehen, 400 ml Gemüsefond (Glas), Tomatenmark, mildes Paprikapulver, Pfeffer, Salz, Saucenbinder (dunkel), 1 Bund glatte Petersilie
Zubereitung **scharfes Gulasch:** Zwiebel und Knoblauch putzen und würfeln bzw. durchpressen, Peperoni waschen, ggfls. (teil) entkernen und in feine Ringe schneiden. Fleisch in Öl etappenweise scharf braun anbraten und herausnehmen. Zwiebeln, Knoblauch und Peperoni im Bratfett andünsten, Fleisch hinzufügen, leicht pfeffern und salzen, 1 Tomatenmark und 1 El Paprikapulver zufügen und kurz mit anschwitzen, mit Fond ablöschen, aufkochen und das Gulasch zugedeckt ca. 90 min bei leichter Hitze schmoren. Nach der Hälfte der Zeit die Konsistenz prüfen, ggfls. Wasser dazu gießen und fertig garen. Die Paprika waschen, vierteln, entkernen und ca. 5 min in kochendem Wasser blanchieren, abschrecken und die Haut abziehen, dann in kleine Stücke schneiden und 5-10 min vor Ende der Garzeit zum Gulasch geben. Alles überprüfen; falls notwendig Saucenbinder einrühren, kurz aufkochen, umrühren und nochmals abschmecken.
Das Gulasch mit gehackter Petersilie bestreut servieren. Das Gericht heißt „scharfes Gulasch", d.h. es sollte wirklich scharf sein. Das reguliert man mit Anzahl und Schärfe der Peperoni. Und da normalerweise nicht immer ein Eckhard, der die mühsam entfernten Kerne wieder dazu gibt, beim Kochen dabei ist, müsst ihr das schon selber machen. Als Getränk kommt eigentlich nur flüssiger Joghurt, also etwa Ayran, in Frage. Sollte euch der Sinn nach Bier oder gar Rotwein stehen, ist das Gulasch nicht wirklich scharf.

Zutaten: 1,5 kg Rind (z.B. Wade, grob gewürfelt), 150 g Butterschmalz, 1,5 kg Zwiebeln (geschält, halbiert, dünn geschnitten), 250 ml Wasser, 2 El Essig, 70 g Paprikapulver, 3 El Tomatenmark, 500 ml Tee (aus 10 g Kümmel, 1 Tl Majoran, 3 zerbröselten Lorbeerblättern, 1 Tl Thymian, Wasser), 450 g kleine Kartoffeln (geschält), Paste (aus 3 Knoblauchzehen, 1 Tl Kümmel, 1 El Olivenöl), 1 Bio-Zitronenschale
Zubereitung **richtiges Gulasch**: Tee kochen. Zwiebeln anschwitzen, pfeffern, salzen, einköcheln, Tomatenmark darin anrösten, Paprika einrühren, Wasser und Essig zumischen, Fleisch gepfeffert, gesalzen zugeben und köcheln, Tee durch ein Sieb zugießen und das Gulasch ca.70-80 min abgedeckt butterzart schmoren lassen. Die Kartoffeln ca. 30 min, die Paste und Zitronenschale ca. 5-7 min vor Ende der Garzeit zugeben, vor dem Servieren noch einmal gut durchrühren und abschmecken.
Wir trinken dazu einen Blaufränkischen vom Neusiedlersee (vielleicht von einem der Triebaumers aus Rust).

Rinderfilet (von der Hochebene Boliviens) [160]

Remouladen-Sauce [161]

Zutaten:
ca. 1,5 kg Rinderfilet aus Bolivien (mindestens aber aus Südamerika), 200 g Suppengemüse (geputzt, grob gewürfelt), Butterschmalz, je 1 Zweig Rosmarin und Thymian, Pfeffer, Salz, Rotwein

Zubereitung:
Das Rinderfilet pfeffern, salzen und in Butterschmalz ca. 6-7 min rundum scharf anbraten, nach ca. 1 min das Gemüse und die Kräuter dazugeben. Den Backofen auf 80 °C (Umluft) vorheizen. Das Filet auf einen Rost über dem Ofenblech setzen und ca. 120-150 min bei konstanter Hitze garen, Kerntemperatur 55 °C. Sollten die Gäste sich verspäten, die Temperatur auf 60 °C zurückschalten, es bleiben dann noch ca. 60 min für den Aperitif. Die Flüssigkeit vom Anbraten mit dem Gemüse als Basis für eine Sauce nehmen. Als Beilage in Butter geröstete blanchierte ungeschälte bunte kleine Kartoffeln aus Bolivien oder Peru vorsehen.

Das Mittagessen in Oruro begann ziemlich spät und dauerte auch nicht allzu lang. Wir mussten pünktlich zur Abfahrt des Linien-Buses nach La Paz wieder zurück sein; immerhin war ein Blick auf die nicht weit entfernten Berge noch möglich.

Mein Eindruck war, dass das Fleisch bei relativ niedriger Temperatur (wenn auch höher als 80 °C) gegart und warm gehalten worden war.

Wein gab es keinen, getrunken wurden Bier und Cola direkt aus der Flasche.

Sollte beim Nachkochen vom Rinderfilet etwas übrig geblieben sein, so kann ich euch nur die **Remouladen-Sauce** von **Lindi** zum kalt aufgeschnittenen Fleisch, egal ob Filet oder Roastbeef, empfehlen:

Zutaten und Zubereitung:

Dazu ganz einfach:
1 Tasse Mayo, 100 ml steif geschlagene Sahne, 2 hartgekochte, klein geschnittene Eier, 2 El Essig oder Limettensaft, 1 Tl Senf, 1 Tl feingehackte Zwiebel, 1 El feingehackte Kapern, 2 feingehackte Gewürzgurken, 1 El frische fein gehackte Kräuter, Pfeffer, Salz, (wer mag, nimmt noch 1 El fein gehackte Sardellen) schön vorsichtig verrühren.

Risotto mit weißen Trüffeln (ai tartufi bianchi) [162]

Zutaten:

500 g Reis (Arborio oder Carnaroli), 50-70 g weiße Alba-(Sommer) Trüffel, 100 g Butter, 2-3 Schalotten, 5-6 El Olivenöl, 1,5 l Hühnerfond (selbst gemacht oder aus dem Glas), 200 ml Winzersekt, Pfeffer, Salz, ca. 125 g Parmesan (frisch gerieben)

Zubereitung:

Trüffel unter fließendem Wasser sanft abbürsten, dann gut schälen. Die Butter erhitzen, mit den zerkleinerten abgeschnittenen Trüffelschalen vermischen und abkühlen lassen. Schalotten schälen, fein hacken und in einem ausreichend großen Topf in Olivenöl hell andünsten, dann den Reis zugeben und ebenfalls glasig anschwitzen. Den Sekt angießen, köcheln lassen bis er vom Reis aufgenommen wurde, den Fond aufgießen und weitere ca. 15 min garen. Risotto mit Pfeffer, Salz abschmecken, die kalte Trüffelbutter und Parmesan dazugeben, ohne Temperatur ca. 1-2 min ziehen lassen, dann schön cremig rühren.

Risotto in tiefen Tellern anrichten und die Trüffel in sehr feinen Scheiben darüber hobeln.

Ich glaube mich erinnern zu können, dass wir damals einen Barolo dazu getrunken haben.

Heute würde ich, Rosi zu liebe, einen renommierten Weißwein, z.B. einen Gavi di Gavi aus dem Piemont nehmen, als Aperitif vielleicht einen Spumante aus Franciacorta.

Rouladen (nach Art der Familie Bohne) [163]

Zutaten:

Rindfleisch (6 dünn geschnittene Scheiben aus der Oberschale), Bauchspeck (6 dünn geschnittene Scheiben), 1 El Senf (Löwen oder Dijon), Pfeffer, Salz, 1 Möhre, 1 Lauchstange (nur das Weiße), ½ Sellerieknolle, 2-4 Gewürzgurken, Butterschmalz, 1 El Tomatenmark, 100 ml weißer Portwein, 500-600 ml Rinderfond, 1 Lorbeerblatt, Thymian, Petersilie, Butter, Sahne

Zubereitung:

Fleisch auslegen (Rind außen, Speck innen), ggfls. Fettränder einschneiden, pfeffern, salzen und mit Senf einstreichen. Das Gemüse putzen, in sehr feine Streife schneiden und ca. die Hälfte auf die Fleischscheiben verteilen, diese mit eingeschlagenen Rändern aufrollen und mit einem Zahnstocher verschließen. Butterschmalz in einem Bräter sehr heiß werden lassen, die Rouladen darin schön braun anbraten, dann das restliche gewürfelte Gemüse, Tomatenmark zugeben und gut anrösten, mit Wein und Fond ablöschen, Gewürze hinzufügen und den Bräter mit Deckel für ca. 120 min in den auf 160 °C (Umluft) vorgeheizten Ofen geben und schmoren lassen. Dann die Rouladen herausnehmen und warm stellen. Den Bratenfond etwas einkochen, Gewürze herausnehmen, durchmixen und mit kalter Butter und Sahne zu einer schön sämigen Sauce aufschlagen. Die Rouladen wieder hinein geben.

Serviert wurden die Rouladen in der Altenauer Straße mit Gemüse und einem cremigen Kartoffelstampf.

Dazu gab es für erwachsene Besucher ein Glas Bier (heute vielleicht ein Altenauer, denn Claus-Bräu oder Bergquell gibt es schon lange nicht mehr und – alkoholfreies - Clausthaler geht aus Prinzip gleich gar nicht).

Saumagen [164]

Saumagen ist ja eigentlich kein Gericht, sondern ein geografisches Hinweisschild wie Krabbenbrötchen oder Weißwurst. Entweder man kommt aus der Region und ist damit aufgewachsen, oder man war bereits mal dort, dann hat man es meistens auch schon gegessen.

Ich muss gestehen, bereits einige Male in die Pfalz gefahren zu sein, um Wein zu probieren und einzukaufen, und jedes Mal kam auch ein Saumagen vom örtlichen Metzger mit zurück.

Zutaten:

1 Wochenende, 1 Auto mit Fahrrad-Träger, 2 Räder, 1 Ehefrau

Zubereitung:

Wochenende aussuchen, 1 Übernachtung in Kallstadt buchen, Auto voll tanken, Träger auf Anhänger-Kupplung, darauf Räder setzen und in die Pfalz fahren (Ehefrau nicht vergessen), 1 Kallstädter Saumagen in einer der örtlichen Metzgereien und 1 Karton Karlstädter Saumagen Riesling vom Weingut Koehler-Ruprecht besorgen, weitere Tour an der Weinstraße und eine Scheibe gebratenen Saumagen mit Sauerkraut und einem kräftigen Landbrot in einer Weinschenke unterwegs genießen; den Rest zu Hause erledigen.

Saure (blaue) Zipfel [165]

Zutaten:

12 rohe Nürnberger Bratwürste, 1000 ml Wasser, 250 ml Weinessig, 1 Möhre, 1 Pastinake, 4-5 Schalotten, 3 Lorbeerblätter, ca. 20 weiße Pfefferkörner, 4 zerstoßene Wacholderbeeren, Salz

Zubereitung:

Wasser und Essig in einem großen Topf erhitzen. Möhre, Pastinake und Schalotten putzen, in Scheiben oder Streifen schneiden und zusammen mit Lorbeerblättern, Wacholderbeeren, Pfefferkörnern und Salz in das Essigwasser geben und ca. 20 min leicht köcheln lassen.
Die Würste in den Sud geben, Deckel drauf, Topf vom Herd nehmen und 15-20 min ziehen lassen.

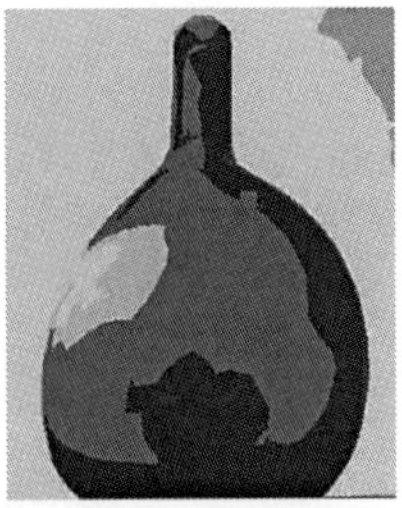

Die blauen Zipfel im Sud in einem großen Teller mit frisch geriebenem Meerrettich, Senf und einem guten Bauernbrot servieren.

Einen guten Silvaner aus Randersacker nicht vergessen.

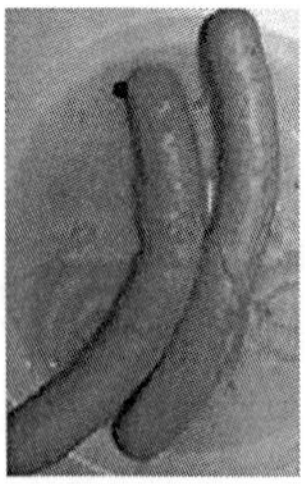

Schaschlik (mit Leber und Nieren) [166]

Schaschlik (Ungarisch) [167]

Zutaten:

500 g Rindfleisch (Gulaschqualität), 500 g Speck in Scheiben, 250 g Leber (vom Schwein), 250 g Nieren (vom Schwein), 500 g Paprika (bunt), 500 g Zwiebeln (große), 500 g Champignons, 3 Knoblauchzehen (durchgepresst), 2-3 El Paprika (edelsüß), 1-2 El Paprika (rosenscharf), 3-4 El Tomatenmark, 5-6 El Currypulver, 2-3 El Honig, 40 ml Apfelessig, 400 ml Kalbsfond (Glas), Pfeffer, Salz, Worcestersauce, Chilisauce, neutrales Pflanzenöl, Holzspieße (eingeweichte)

Für das **ungarische Schaschlik** (in Budapest) bitte Leber und Nieren vom Schwein durch Kalbsleber, Champignons durch Paprika und Zwiebeln ersetzen und alles schärfer abschmecken.

Zubereitung:

Das gesamte Fleisch und das Gemüse in mundgerechte Stücke bzw. Würfel schneiden und im Wechsel (Fleisch, Paprika, Leber, Pilz, Speck, Zwiebel, Niere, Paprika, etc.) auf die Spieße stecken, mit Pfeffer und Salz würzen, In heißem Öl scharf von allen Seiten anbraten und in eine ofenfeste Form legen. Restliche Zwiebeln und Knoblauch im Bratensatz anschwitzen, Tomatenmark und Honig mitbraten, mit Essig ablöschen, Paprika- und Currypulver zugeben, etwas weiter köcheln lassen, Fond dazu gießen, gut durchrühren und mit wenig Worcester- und Chilisauce abschmecken und über die Spieße verteilen.

Die abgedeckte Form kommt dann für ca. 60-90 min bei 180 °C (Umluft) zum Schmoren in den vorgeheizten Ofen. Sobald das Fleisch weich ist, Spieße herausnehmen und die Sauce nochmals abschmecken.

Das Schaschlik mit der Sauce und ausreichend Baguette servieren, dazu Getränke nach Wahl.

Sollte es trotz V. Orban ein ungarischer Abend werden, so spricht nichts gegen einen Kékfrankos (anderswo Blaufränkisch oder Lemberger genannt).

Ein Schaschlik bitte nicht mit einem Fleisch- oder Grillspieß verwechseln.

Schinkenröllchen [168]

Schinkenröllchen sind eine recht einfache Speise und bestehen im Prinzip nur aus in Aspik eingelegten gekochten Spargelstangen, eingerollt in eine mit Mayonnaise bestrichene Scheibe Koch-Schinken sowie etwas Dekoration, und es gibt drei (3) Möglichkeiten, sie einmal zu probieren.

Die zeitlich aufwendigste wäre, nach Clausthal zu fahren und einige Röllchen beim Metzger „Eine" gegenüber der Technischen Universität zu kaufen (um sich danach direkt nebenan in der Bäckerei Biel auch noch gleich den Schmand-Kuchen zu besorgen) Außerdem könnte man sich bei der Gelegenheit den „neuen" an den alten Platz zurückverlegten Eingang in das Hauptgebäude ansehen (Dank u.a. der GMH-Stiftung).

Bleiben die zwei Varianten A „Rosi" und A2 „Bernd"; bei beiden muss in der Küche gewerkelt werden.

Rosis Röllchen:

eingelegt in 4 kleinen Portionsschalen nach Rücksprache mit Schwester **Gudrun**.

Zutaten: 4 Scheiben Kochschinken, 8-12 Stangen frisch gekochter Spargel, 1 Glas Miracel Whip, 1 Glas Gewürzgurken, 2 hart gek. Eier, 1 Pck. gem. weiße Gelatine, Dill (gehackt)

Zubereitung: Schinkenscheiben mit Mayo bestreichen, je 2-3 Spargelstangen einrollen, in vorher mit Gurken- und Eierscheiben dekorierte Förmchen legen. Die Gelatine nach Angabe einweichen, dann in 375-500 ml Spargel-, Gurkenwasser mit 1 Schuss Essig, 1 Pr. Zucker heiß auflösen (nicht kochen), kräftig süß-sauer abschmecken, Dill einrühren und vorsichtig über die Röllchen gießen, über Nacht im Kühlschrank fest werden lassen.

Bernds Rolle:

eingelegt in einer Edelstahl Pasteten-Form von ca. 24x8x6 cm Größe

Zutaten: 4-6 Scheiben Kochschinken (etwas dicker geschnitten), 4-6 Stangen weißer und 8-12 Stangen grüner Spargel, 1 rote Paprika, 1 Apfel (Boskoop o.ä.), Mayonnaise (Glas), Meerrettich (Glas), Senf, Worcestersauce, Limette, Brühe, Pfeffer, Salz, Zucker, weißer Portwein

Zubereitung: Spargel waschen, schälen, bissfest in 500 ml Wasser garen (nicht an Salz/Zucker sparen), herausnehmen, abtropfen lassen. Je ½ Apfel, Paprika putzen, klein würfeln, in ca. 125 ml Wein blanchieren, Würfel abgetropft beiseite stellen, Flüssigkeit zum Spargelwasser geben. Spargel so kürzen, dass 2 Stangen längs in die Form passen. Aus Mayonnaise, etc. eine knackig abgeschmeckte Creme rühren, dünn auf den passend geschnittenen Schinken streichen, weiße und grüne Stangen darin zu 4-6 Päckchen einwickeln. Gelatine einweichen (Menge wie für 1 l angegeben!). Spargelabschnitte, gekörnte Brühe, ausgedrückte Gelatine in das Wasser geben, auflösen bzw. aufkochen und durch ein Sieb abgießen. Form mit Folie auskleiden, Apfel/Paprikawürfel verteilen, eingerollten Spargel einlegen, Würfel dazwischen verteilen, abgekühlte Flüssigkeit zugießen bis die Rolle bedeckt ist, im Kühlschrank ca. 4-5 h fest werden lassen.

Schnitzel (Wiener und sonstiger Art) [169]

Der Klassiker in der Aufzucht von gesunden Kindern in nicht vegetarisch bzw. vegan lebenden Familien.
„Wiener" steht dabei für besonders dünn geklopfte Schnitzel aus der Oberschale vom Kalb, die paniert in viel Butterschmalz schwimmend ausgebacken werden.
Aber eigentlich stammt so ein Schnitzel erklärtermaßen vom Schwein, es gibt einfach viel mehr davon. Wichtig hingegen sind die ergänzenden Hinweise in der Speisekarte: Schnitzel nach ...Jäger-, Zigeuner- (darf man das überhaupt noch sagen?), Winzer-, Gärtner-, Farmer-, ... Art, und überhaupt kein Geheimcode, sondern für jeden leicht zu verstehen: Pilze, Paprika, Weintrauben, Zwiebeln, Mais, ... mit Fertigsauce aus der Metro schulmäßig fein abgeschmeckt.

Vor vielen Jahren, als man mit Kunden noch zum Essen gehen konnte, habe ich dieses System einmal einem schottischen Stahlwerker in einem Restaurant am Rhein erklären und miterleben dürfen, wie ihm auf einen Schlag klar wurde, weshalb die britische produzierende Industrie keine Chance gegen Konkurrenten aus einem Land mehr haben würde, wo selbst das Essen im Baukastenprinzip durchgetaktet ist.

Eine Besonderheit stellt das Schnitzel „Wiener Art" dar, das Tier unbekannt und doch erfolgreich, aber wie erklärte das die Chefin eines wirklich renommierten Hauses am Bodensee so schön: Wir haben immer mehr Gäste im Rentenalter, die zwar ein Wiener Schnitzel möchten, aber nicht den Preis für Kalbfleisch bezahlen wollen.

Sei`s drum, immer gehört Zitrone dazu.

Zutaten:

Schnitzel vom Schwein oder Kalb (Anzahl richtet sich nach den zu bekochenden Personen, eines mehr kann nicht schaden), Toastbrot oder Semmelbrösel, Eier (verquirlt), Mehl, Pfeffer, Salz, Butterschmalz, Zitronen

Zubereitung:

Die Schnitzel, (sehr dünn geschnitten und geklopft) mit Pfeffer und Salz würzen, in Mehl wenden, abklopfen, durch die Eier ziehen, in den Bröseln mit etwas Druck wälzen, leicht schütteln und in einer großen Pfanne in viel heißem Butterschmalz 4-6 min schwimmend ausbacken. Sobald sie goldfarben und die Panade knusprig ist, herausnehmen, auf Küchenpapier abtropfen lassen und sofort servieren, natürlich mit Zitronenscheibe, aber ohne störende Dekoration. Dazu passen Kartoffelsalat, Bratkartoffeln oder Pommes, die Kinder werden es euch schon sagen.

Schopska Salat [170]

Zutaten:
2 Gurken, 4 Tomaten, 2 Paprikaschoten (grün und gelb), 150 g Schafskäse (frisch und fest), Pfeffer, Salz, grüne Oliven, Petersilie, Olivenöl

Zubereitung:
Gurken schälen, halbieren, mit einem Löffel auskratzen. Gurken und Tomaten würfeln, Zwiebeln schälen und sehr klein schneiden, Paprika im Herd bei ca. 160 °C anrösten (bis die Haut anfängt, Blasen zu werfen), Haut grob abziehen und ebenfalls schneiden. Alles in einer Schüssel mit Olivenöl mischen, mit Pfeffer, wenig Salz (Achtung: Käse) und gehackter Petersilie abschmecken. Den Käse darüber reiben (oder in kleinen Stückchen darunter mischen) und mit einigen Oliven dekorieren.

Ein sehr schöner leichter Salat für den Sommer; zu Gegrilltem und/oder mit einem Baguette ein ganzes Gericht.

Und obwohl meistens Schafskäse für den Salat verwendet wird, stammt der Name nicht von diesen Tieren, sondern ist nach Bewohnern aus der Nähe Sofias, den Schopen, benannt.

Schottische Bauernsuppe [171]

Das zweite der Clausthaler Resteverwertungsgerichte, häufiger im Wintersemester anzutreffen, angeblich aus Schottland (wohl weil die Menschen seinerzeit bei Culloden genauso tapfer gekämpft hatten, wie es die Studenten in der Mensa müssen, dazu genauso sparsam sind wie diese und ansonsten dort oben genauso wenig wächst wie im Harz). Eigentlich überhaupt nicht rezeptfähig, aber bisher haben wir uns ja auch schon jeder Herausforderung gestellt, warum also dieses Mal nicht wieder.

Einmal haben wir in Clausthal nach so einem Mensa-Essen ein Verdauungsbier an einem warmen Frühlingstag vor der „Krone“ getrunken, nach der dritten Runde meinte der Wirt: „Die zehnte (10.) Halbe geht aufs Haus“.
Und aus war's mit den Vorlesungen am Nachmittag (was für ein Pech für die Dozenten).

Zutaten:

500 g Fleisch (z.B. vom Huhn, gewürfelt), 250 g Kartoffeln (geschält, gekocht), 150 g Graupen (grob), 250 g gelbe Erbsen (z.B. 1 kleine Dose Kichererbsen), 2 Karotten (geputzt, geschnitten), 2 Zwiebeln (geschält, gewürfelt), ½ Sellerie (geputzt, gewürfelt), 1 Stange Lauch (in Ringe geschnitten), Pflanzenöl, Pfeffer, Salz, 1 Bund Petersilie (gehackt), ca. 1,5 l Gemüsebrühe

Zubereitung:

Die Zwiebeln in einem Topf in Öl andünsten, das Fleisch zugeben und ganz kurz anschwitzen, dann ca. 2/3 der Brühe, Karotten, Lauch, Sellerie und die Gerste hinzufügen und ca. 30 min köcheln lassen, jetzt kommen die restliche Brühe, Erbsen und die Petersilie hinzu, noch weitere ca. 15 min köcheln lassen, dabei die Konsistenz der Suppe mit den Kartoffeln, die durch eine (Kulls) Presse gedrückt werden, einstellen und zum Schluss mit Pfeffer und Salz abschmecken.

Schwarzsauer (Geflügel) [172]

Zutaten:
1000 g Hühner, Gänse- oder Entenklein, ½ Knollensellerie, 3 Möhren, 4 Zwiebeln, 2-3 Tassen mit Essig verquirltes Geflügelblut, 300 g Backobst (Pflaumen, Birnen), Majoran, Nelken, Zimt, Zucker, Pfeffer, Salz, Mehl
Zubereitung:
Das geputzte, gut gewässerte Geflügelklein mit Gemüse und Gewürzen in ca. 2 l Wasser langsam weichkochen, dabei öfter abschäumen. Danach Geflügelklein herausnehmen und die Brühe abseihen. Das Backobst mit Nelken, Zucker und Zimt aufkochen, einige Zeit ziehen lassen, abgießen und das Obst zu dem Geflügelklein geben. Das Blut zusammen mit zerstoßenen Nelken, Pfeffer, einer Prise Zucker in die Brühe geben und verrühren. Mehl in Butter leicht braun anschwitzen und damit die Konsistenz der Sauce einstellen. Das warm gehaltene Geflügelklein zurück in die heiße Sauce geben, nochmals abschmecken und mit Salzkartoffeln oder Kartoffelklößen servieren. 
Dieses Gericht habe ich noch nie gemocht, also auch nicht nachgekocht und/oder gegessen; keine Ahnung, was man dazu trinkt. Vielleicht vorher ein beruhigendes Getränk wie folgendes, welches in der Kaserne in Altenwalde vor Zahnarztbesuchen empfohlen wurde: Man bestelle ein kleines (100 ml) Glas Cola mit einem Glas Doppelkorn darin, trinke einen Schluck und lasse ein Glas Korn nachfüllen, trinke wieder einen Schluck, lasse nachgießen und so weiter bis die Flüssigkeit darin „glasklar“ ist. Dann muss nur noch dieser Rest geleert werden, um ganz ruhig, vielleicht mit etwas unsicherem Gang, zum Behandlungsstuhl zu gehen und die unangenehme Aufgabe im Halbschlaf mannhaft durchzustehen.

Schwarzwurzelcreme (als Süppchen) [173]

Schwarzwurzelgratin [174]

Zutaten:

1 kg dicke oder 1,5 kg dünne Schwarzwurzelstangen, Milch, Zitronensaft, Butter, Mehl, Knoblauchzehen (geschält), 3-4 Eier, Muskat, Pfeffer, Salz, Gemüsebrühe, 250 ml Kochsahne, Parmesan (frisch gerieben)

Schwarzwurzeln (mit Handschuhen) schälen und in Zitronenwasser legen

Schwarzwurzelcreme

Zubereitung:
Schwarzwurzeln in ca. 4 cm Stücke schneiden, mit einem Stück Butter und 1 Knoblauchzehe in Milch bissfest garen (bitte nicht anbrennen lassen) und abgießen.
Jetzt 100 g Butter zum Schmelzen bringen, zuerst 250 ml Sahne, dann 3-4 Eigelb einrühren und fast zum Kochen bringen, so dass eine cremige Konsistenz entsteht, die Schwarzwurzeln zugeben und vorsichtig pürieren, mit Pfeffer, Salz, Muskat, Spritzer Zitronensaft und Parmesan abschmecken.

Schwarzwurzelgratin

Zubereitung:
Eine Ofen Form mit Knoblauch ausreiben.
Butter in einem Topf aufschäumen, Schwarzwurzeln (evtl. kürzen) darin anschwitzen, mit Pfeffer, Salz würzen, mit einem Schuss Gemüsebrühe ablöschen und ca. 10 min garen, herausheben und beiseite stellen.
Butter in einem kleinen Topf aufschäumen, 1 Tl Mehl einstreuen und unter Rühren leicht hell anschwitzen, mit einem Schuss Milch und 250 ml Kochsahne ablöschen, unter Rühren einige min köcheln lassen, mit Parmesan, Muskat, Pfeffer, Salz, Spritzer Zitronensaft und der Garflüssigkeit abschmecken.
Die Schwarzwurzeln in die Form schichten, mit der Mischung übergießen und im vorgeheizten Ofen bei 200°C (Oberhitze) gratinieren.

Schweinefleisch (im Wok scharf-knusprig gebraten) [175]

Zutaten:

500 g Schweinefilet, 4 El Sojasauce, 1 Ei, 4 Tl Reismehl, 3 Paprikaschoten (grün, rot, gelb), 2 rote Chilis, 5 Zwiebeln, 1 Knoblauchzehe, 100 ml Geflügelfond (Glas), 2 x 2 El Erdnussöl, 4 El Reiswein, Salz, Zucker

Zubereitung:

Fleisch parieren, abspülen, abtrocknen und längs dann quer zur Faser in dünne Streifen schneiden. Ei, Sojasauce und Mehl verrühren und das Fleisch darin 15-20 min marinieren, zwischendurch umrühren. Paprika, Zwiebeln, Chilis und Knoblauch putzen, entkernen und in kleinere Würfel bzw. Ringe schneiden.

Öl im Wok sehr stark erhitzen, das Fleisch nach und nach darin knusprig braun anbraten, herausnehmen und beiseite stellen. Restliches Öl in den Wok geben und das Gemüse (Zwiebel zuerst, Knoblauch zuletzt) nacheinander unter Rühren garen. Dann den Fond und den Wein hinzugeben, kurz aufkochen lassen und mit Salz und Zucker abschmecken, dann das Fleisch wieder zufügen.

Ein weiteres Gericht für ein Abendessen ohne Messer und Gabel.

Ich sage nur: Riesling, Riesling, Riesling!

Schweinefleisch-Ragout mit Polenta [176]
(Rumänisch: Tochitură mit Mămăligă)

Zutaten:

1000 g Schulterfleisch, 2 Zwiebeln, 4 Knoblauchzehen, 2 El Tomatenmark, 3 El Pflanzenöl, 250 ml Rotwein, 2 El Paprikapulver (edelsüß), 1 El Thymian (gerebelt), Pfeffer, Salz, 6-8 El Schmand, 500 ml Flüssigkeit (heißes Wasser und Sahne), 500 g Maismehl für Polenta, 1,5 l Wasser

Zubereitung:

Zwiebeln und Knoblauch im heißen Öl anschwitzen, dann gewürfeltes Fleisch, etwas später Tomatenmark und die Gewürze zugeben, von allen Seiten braten bis das Fleisch hellbraun glänzt, ca. 500 ml heißes Wasser angießen und garen, zum Schluss den Wein mit der sauren Sahne zugeben, noch ca. 5 min köcheln lassen, Konsistenz ggfls. einstellen und abschmecken.

Für die Polenta das Wasser in einem großen breiten Topf (ca. 4 l Inhalt) mit Salz und 2 Tl Maismehl zum Kochen bringen, Temperatur reduzieren, ca. 150 g Mehl nach und nach unter ständigem Rühren dazugeben, es dürfen sich keine Klümpchen bilden. Dann das restliche Mehl zufügen, nicht mehr rühren, Deckel aufsetzen und ca. 20 min ganz leicht köcheln lassen. Danach den Topf vom Feuer nehmen, mit einem Holzlöffel umrühren und die Polenta zusammendrücken und glatt streichen. Den Topf noch einmal auf die heiße Herdplatte stellen, mit einem Messer den Rand lösen, den Topf drehen und die Masse auf eine Platte stürzen. Den Topf sofort mit warmem Wasser füllen, damit nichts ansetzt.

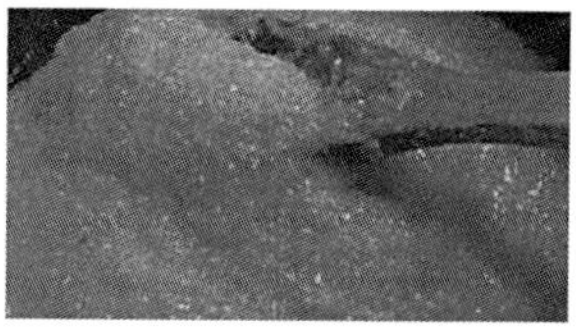

Das Ragout zusammen mit der Polenta auf großen flachen Tellern anrichten.

Dazu trinken wir einen nicht zu schweren rumänischen Rotwein, vielleicht einen Cadarca (entspricht dem Kadarka in Ungarn bzw. Gamza in Bulgarien).

Schweizer Käsefondue [177]

Weihnachts-Raclette [178]

Wer hat`s erfunden? Natürlich die Schweizer, und zwar völlig ohne Sauna und Lutschbonbons, einfach so, weil`s gut schmeckt und der Käse weg muss. Also machten auch wir uns auf, es ihnen gleich zu tun, um in geselliger Runde geschmolzenen Greyerzer, Emmentaler, Gomser, etc. und ein Fläschchen Fendant (auch Gutedel oder Chasselas genannt) oder Johannisberger (andernorts als Silvaner bekannt) zu genießen.

Das Weihnachts-Raclette dagegen ist das Ergebnis der Unmöglichkeit, ein bewährtes familiäres Essen am Heiligabend, nämlich **Kartoffelsalat** und **Würstchen** auf die nächste Generation zu übertragen: „nein, das wollen wir nicht mehr, das ist so langweilig, wie wär`s mit Burger“, und dem Versuch, eine neue Tradition für ein einfach vorzubereitendes und kommunikatives Abendessen zu begründen.

Käsefondue

Man besorge sich eine entsprechende Ausrüstung, wobei wichtig ist, dass ein vernünftiger Keramiktopf dabei ist. Dann braucht es: 500 g Greyerzer (geraspelt), 400 g Emmentaler (geraspelt), 400 ml Weißwein (z.B. Fendant), 1 El Zitronensaft, 3 Tl Speisestärke, Muskat, Pfeffer, 1 Flasche Kirschwasser, 1-2 Knoblauchzehen sowie ausreichend Brotwürfel (pro Person ca. 250 g) und Wein.

Dann wird der Keramiktopf mit Knoblauch ausgerieben, der Käse, Wein und Zitronensaft hineingegeben und unter Rühren zum Kochen gebracht, danach die in 150 ml Kirschwasser eingerührte Stärke zugefügt und zum Schluss mit Muskat und Pfeffer abgeschmeckt. Die Käsemasse sollte immer ganz leicht köcheln und eine glatte, sämige Konsistenz haben. Der Topf wird auf ein Rechaud auf den Esstisch gesetzt; gegessen wird das Fondue, in dem Brotstückchen auf Fonduegabeln gespießt und dann in den heißen Käse getaucht werden. Sollte einmal ein Stückchen Brot im Topf verloren gehen, bitte nicht danach fischen, sondern zur Strafe ein Gläschen Kirschwasser trinken.

Weihnachts-Raclette

Man besorge sich eine entsprechende Ausrüstung, am besten ein Multifunktionsgerät, also eines mit Raclette Pfännchen, Grillplatte und Fonduetopf aus Edelstahl. Dann wird durchgezählt, wer alles zum Essen kommen wird und welche individuellen Wünsche oder Vorlieben bestehen. Wir benötigen für 4-6 Personen ca. 1000-1500 g Filet vom Rind (in kleine Scheiben geschnitten), 1200-1600 g Raclette Käse (in Pfännchen große Scheiben geschnitten), 1500-2000 g Scampi (TK, rechtzeitig auftauen, schälen und entdarmen), 1000 ml bestes Pflanzenöl, Champignons, sauer eingelegtes Gemüse, Obst (kleingeschnitten), diverse Saucen (u. a. Rosis **Knoblauch-Mayonnaise**), 2-3 Baguette, Weiß- und/oder Rotwein.

Dann kann es losgehen und natürlich hören sich die Mengen nach viel an, aber es ist Heiligabend und nichts ist so wichtig, wie der Frieden auf Erden und in der eigenen Familie, und selbstverständlich haben auch die Kinder, die nicht mehr mit den Eltern zusammen sitzen wollen, Anspruch auf ihren Anteil (und vielleicht für Freund oder Freundin gleich mit) und mit dem Rest können die Eltern dann ja an Silvester oder Neujahr feiern.

Seeteufel in Weißwein [179]

Zutaten:

4 Filets vom Seeteufel (à 250-300 g), 2 Schalotten, 2 Knoblauchzehen, je 1 rote, gelbe und grüne Paprika, 1 Chicorée, Mehl, ca. 400 ml Weißwein, 200 ml Olivenöl, Pfeffer, Salz, Zitrone, Rosmarin, Petersilie

Zubereitung:

Fischteile gut säubern, abspülen und abtrocknen.
Gemüse putzen, in feine Stücke schneiden und in einer ausreichend großen Pfanne in Öl langsam andünsten, dann in eine Ofenform umfüllen.
Filets ganz leicht melieren, gleichmäßig und nicht zu heiß in der Pfanne anbraten, dann pfeffern, salzen und mit Wein, einem Spritzer Zitrone ablöschen, ebenfalls in die Ofenform umfüllen.
Die Form in den vorgeheizten Ofen stellen und ca. 30 min bei 160 °C (Umluft) gar werden lassen. Immer mal wieder mit der Garflüssigkeit übergießen. Zum Schluss Petersilie drüber streuen, einen Rosmarinzweig zugeben und sofort servieren.

Natürlich kann man den Seeteufel auch durch einen anderen ziemlich festfleischigen Fisch aus dem Meer ersetzen; am Mittelmeer beispielsweise durch Stücke eines „Monsterfisches" (eines Drachenkopfes, wenn es die heute überhaupt noch in der Größe gibt).

Wir hatten das Glück, beim Segeln in der Adria, so einen Großen auf einer der Inseln der Kornaten serviert zu bekommen.

(Ich vermute mal, dass sich unsere gesamte Crew daran noch erinnern kann)

Seezungenröllchen (in Weißwein-Pilz-Sauce) [180]

Zutaten:

6-12 Seezungenfilets (nach Größe, ca. 1000-1200 g, gesäubert, abgetrocknet), 1 Zitrone, 100 ml Fischfond (Glas), 100 ml Weißwein, 1 Schalotte (geputzt, fein gehackt), 350 g Champignons (geputzt, in Scheiben geschnitten), Butter, 3 El Mehl, 200 ml Sahne, 200 g Eismeerkrabben (TK, geschält), Pfeffer, Salz, Worcestersauce, 2 Bund Dill (gehackt), Hölzchen (Zahnstocher)

Zubereitung:

Filets pfeffern, salzen, mit Dill bestreuen, aufrollen und mit einem Hölzchen feststecken. Eine Ofen-Form leicht ausbuttern, die Röllchen hineinsetzen, mit Fond und Wein begießen und abgedeckt im vorgeheizten Ofen bei 180 °C (Umluft) ca. 10 min garen. In einem Topf die Schalotte leicht in Butter anschwitzen, unter Rühren Mehl einstreuen, mit Sahne ablöschen und bei nicht zu hoher Temperatur sämig glattrühren. Die Form aus dem Ofen holen, die Röllchen herausnehmen und warm stellen. Den Sud aus der Form zur Sauce geben, Pilze untermischen und ca. 5 min garen, Krabben dazu geben, mit Worcestersauce abschmecken. Die Ofen-Form auswischen, wieder ausbuttern, einen Teil der Pilzsauce einfüllen, die Röllchen daraufsetzen, den restlichen Teil der Sauce darüber geben und im heißen Ofen bei 200 °C (Oberhitze) einige min goldfarben überbacken.

Die Seezungenröllchen in der Form auf den Tisch bringen, dazu Baguette reichen.

Ich würde einen Riesling von der unteren Mosel, vielleicht vom Weingut Horch-Göbel aus Winningen, dazu trinken wollen.

Semmelknödel [181]

Zutaten:

6 altbackene Brötchen, 250 ml Milch, 1 Schalotte, 3 Eier, Butter, 40 g Mehl, Salz, 1 Tl kleingehackte Petersilie

Zubereitung:

Brötchen zerkleinern, Schalotte in etwas Butter anschwitzen. Milch, Eier und Salz verquirlen, mit Schalotte und Petersilie über die Brötchen geben, Mehl unterkneten und aus der Masse Knödel formen. Wasser aufkochen lassen, Knödel hinein geben und ca. 20 min ziehen lassen.

(Das Rezept für diese Knödel stammt ursprünglich von **Renate L.** und kam über **David** zu uns ins Haus)

Serviert man die Knödel zusammen mit einem Roastbeef, sind sie eine große Hilfe, einen schottischen Austauschschüler aus Tain sein Heimweh vergessen zu lassen. Was will man mehr.

Singapore Sling [182]

Zutaten:
60 ml Gin, 20 ml Kirschlikör, 20 ml Zitronensaft, ½ Tl Zucker, Sodawasser, Maraschino Kirsche, Orangenscheibe, Eiswürfel

Zubereitung:
Gin, Kirschlikör, Saft und Zucker mit Eis schütteln (Shaker), in ein Glas mit Eis gießen, mit Soda auffüllen und mit Kirsche und Orange garnieren.

Dies ist nur eine Annäherung an das vor 100 Jahren im Raffles Hotel in Singapur erfundene Originalrezept und entspricht auch nicht exakt dem heutigen Drink an der legendären Long Bar.

Hatte ich schon erwähnt, dass Singapore Airlines eine sehr zu empfehlende Fluglinie (damals) war? Nein? Nun, sie nahmen die Bitten ihrer Gäste (in diesem Fall meines österreichischen Kollegens Karl B.) sehr ernst, fast schon wörtlich:

„Ein sehr schöner Start und ein sehr leckerer Drink, bis zur Landung hätten wir gerne noch ein paar davon",
was für sie bedeutete, uns ein letztes Glas noch beim Verlassen des Fliegers zu servieren.

Spaghetti alle vongole (mit Venusmuscheln) [183]

Zutaten:

1,5 kg Venusmuscheln, 600 g Spaghetti, 4-5 Knoblauchzehen, 1 Bund Petersilie, 4 Chili-Schoten (gewaschen und entkernt), Olivenöl, 250 ml Weißwein

Zubereitung:

Die Muscheln in einem großen Topf wässern, von Sand säubern, Wasser zwischendurch wechseln und vor dem Weiterverarbeiten in ein Sieb gießen.
Gewaschene, abgetrocknete Petersilienblätter und den geschälten Knoblauch klein hacken, die Spaghetti fast (1 min kürzer als angegeben) bissfest kochen.
Olivenöl (ca. 6-8 El) im großen Topf kräftig erhitzen, Muscheln dazu geben, den Topf abdecken und ca. 2-3 min untergelegentlichem Schütteln garen. Deckel abnehmen, Knoblauch und Chilis zugeben und anschwitzen, mit dem Wein ablöschen, Petersilie zugeben und 2-3 min köcheln lassen. Noch einmal nachsehen, ob alle Muscheln sich geöffnet haben (geschlossene aussortieren), abgegossene Spaghetti zu den Muscheln geben und noch ca. 1 min fertig garen.

Die Spaghetti alle Vongole in tiefen Tellern, beträufelt mit etwas Olivenöl, sofort heiß servieren.

Und natürlich gibt es dazu einen gut gekühlten Weißwein, z.B. einen Vermentino aus Ligurien.

Spaghetti mit Garnelen in einer Spinat-Sahne-Sauce (liebt Ina) [184]

Zutaten:
325-375 g Garnelen (geschält, entdarmt, 1-2 Pck. Tk Rot- oder Eismeer-Garnelen), 200 g Blattspinat (grob gehackt), 2-3 Schalotten (geputzt, gehackt), 2-3 Knoblauchzehen (geschält, fein gehackt), Olivenöl, 250 ml Weißwein, 500 g Kochsahne, Parmesan (frisch gerieben), 1 Bd. Petersilie (gehackt), Pfeffer, Salz, 1 Zitrone, 500 g Spaghetti (1 Pck.)

Zubereitung:
Schalotten und Knoblauch glasig anschwitzen, mit Wein und Sahne ablöschen, mit Pfeffer, Salz und Zitronensaft gut würzen und alles etwas einköcheln lassen. Spinat kurz blanchieren und zur Sauce geben.
Wasser in einem kleinen Topf mit etwas Fischfond oder Salz darin aufkochen lassen, Garnelen nicht aufgetaut hinzugeben, vom Feuer nehmen und ca. 3-5 min ziehen lassen, dann abgetropft zur Sauce geben.
Spaghetti nach Packungsangabe bissfest kochen, abgießen, unter die Sauce mischen und mit Petersilie und Parmesan bestreut servieren.

Guten Appetit wünscht **Ina**.

Spanferkel (Bolivianisch) [185]

Zutaten:

2 kg Spanferkelschulter (mit Schwarte), 3-5 Knoblauchzehen (geschält, gepresst), 3-4 El Maiskeim-Öl, Kümmel (gemahlen), Paprikapulver, Pfeffer, Salz, Butterschmalz, Limetten, 1000 g kleine Kartoffeln (aus Südamerika, gewaschen, gebürstet), 500 g Kochbananen (geschält), 500 g Paprika (gewaschen, geputzt, grob gewürfelt), 400 g Tomatenstücke (Dose)

Zubereitung:

Das Spanferkel waschen, abtrocknen, die Schwarte diagonal einschneiden und ausgerollt hinlegen. Aus Öl, Knoblauch, Kümmel, Paprika, Pfeffer, Salz eine Paste rühren, das Fleisch innen damit einstreichen und mit der Schwarte nach außen zusammenrollen, mit Garn festbinden, pfeffern und salzen.
Ofen auf 180°C (Umluft) vorheizen. Butterschmalz in einem Bräter erhitzen, die Fleischrolle von allen Seiten ca. 10 min kräftig anbraten, Fond angießen und ca. 20 min abgedeckt im Ofen garen. Deckel abnehmen, Kartoffeln, Bananen, Paprika, Tomaten um den Braten verteilen, ev. noch etwas Fond nachgießen und weitere ca. 30-40 min offen garen, Kerntemperatur prüfen (sollte 65-70°C haben), das Spanferkel herausnehmen und auf einem Blech noch ca. 10 min Oberhitze geben, parallel die Bratenflüssigkeit und das Gemüse mit Pfeffer, Salz, etwas Limettensaft abschmecken, nach Wunsch noch etwas mit Stärke binden.

Die Zubereitung so eines Spanferkelgerichtes ist immer nur für eine größere Anzahl an Essern sinnvoll, von daher sollten bei den angegebenen Mengen auch 6-8 Personen satt werden.

Ich würde dazu einen Merlot aus Chile (Laura Hartwig) trinken wollen.
Es werden zwar inzwischen auch in Bolivien ganz ordentliche Weine in der Gegend um Tarija auf ca. 2000 m Seehöhe angebaut, sie sind aber praktisch bei uns nicht zu kaufen.

Spargel-Tortellini-Pfanne (von Georg F.) [186]

Wir schreiben das Jahr 1984. Beruflich bedingt müssen wir mit unserer Familie nach sechs Jahren das wunderschöne Trier verlassen. Dort wurden unsere Kinder geboren, wir wohnten unmittelbar am Dom und hatten eine tolle Zeit.

Nun Wohnungssuche im nördlichen Rheinland-Pfalz. Remagen, Sinzig, Oberwinter; wir bleiben in Breisig hängen. Hatten wir vorher, aus dem Saarland bzw. Hochsauerland kommend, nie gehört. Der Umzug im September, der Möbelwagen fährt vor, Oma und Opa von der Saar haben die Kinder in Obhut, meine Schwester hilft beim Einräumen. Mittags haben wir Hunger, meine Schwester geht in den Ort, um etwas Essen aufzutreiben. Sie kommt entsetzt zurück: „Überall stinkt es nach Zwiebeln, und es gibt nur Zwiebelkuchen". „Au fein" sagt Ingrid. Meine Schwester und ich schütteln den Kopf. Wir mögen keine Zwiebeln (deshalb hier kein Rezept). Den Zwibbelsmaat am Fest Kreuzerhöhung aber, haben wir schließlich im Laufe der Jahre näher kennengelernt.

Also Breisig: neue Umgebung, neuer Arbeitsplatz, neue Menschen. Mit Rosi und Bernd ging das Kennenlernen ganz flott. 26 Jahre wohnten wir in Oberbreisig in der Römerstraße in schöner Nachbarschaft. Die Kinder gingen gemeinsam zur Schule und verbrachten bis zum Erwachsenwerden eine intensive Freundschaft. Wir feierten gemeinsam Geburtstage, Silvester, wanderten, versorgten gegenseitig Blumen, Post und Zeitung und waren in Nöten füreinander da. Die Landidylle tat allen gut. Die Kinder konnten sich austoben, auf Entdeckungsreise gehen, während Bernd zuhause den Grill anwarf oder Georg zur Musiksession mit seiner Plattensammlung einlud; eine richtig schöne Zeit, auch wenn im Sommer um die Mittagszeit samstags von Nachbarn Rasenmäher und –trimmer gezündet wurden.

Im Frühjahr 2012 ziehen wir, wieder beruflich bedingt, nach Koblenz in die Südstadt in eine schöne Altbauwohnung mit einer Studenten-WG unterm Dach und nur 2 Minuten vom Rhein und der Insel Oberwerth entfernt. Schnell genießen wir Koblenz: Busse und Bahnen, Fahrradwege, Schwimmbad, Wanderungen im Stadtwald und das kulturelle Angebot. Die Kontakte zu Rosi und Bernd werden weniger, reißen aber nicht ab. Wir treffen uns zum Wandern, gehen aus und genießen die Erinnerungen an alte Zeiten. Wir sind ja inzwischen alle über 60 Jahre alt.

In Koblenz lernten wir über Dalli und Nino den Niederwerther Spargel im Gasthof „Zur Rheinschanz" kennen. Seitdem gibt es regelmäßig Spargel, inzwischen ein Lieblingsgericht, besonders wenn die Familien unserer Kinder zu Besuch da sind.

Zutaten:

400 g weißer, 400 g grüner Spargel, 2 rote Paprika, 1 Zucchini, 50 g Butter, 250 ml Gemüsebrühe, 500 g frische Tortelloni, 200 g Creme fraîche, Pfeffer, Salz, Curry, Chilipulver

Zubereitung:

Spargel waschen, schälen, dritteln. Paprika und Zucchini in dünne Streifen schneiden. Butter in der Pfanne erhitzen, Spargel und Paprika kurz andünsten, Brühe angießen und abgedeckt ca. 10 min bei schwacher Hitze garen, Zucchinistreifen und Tortelloni zufügen, aufkochen und ca. 5 min köcheln lassen, dann Creme fraîche unterrühren und mit den Gewürzen abschmecken.

Dazu ein Ciabatta und eine Flasche Wein nach Gusto.

(Ingrid bevorzugt Rot-, Rosi Weißwein, Georg gerne auch ein frisches Pils, infolgedessen würden wir (RuB) einen Spätburgunder Rosé (Jakob Schneider) von der Nahe mitbringen, feinherb, leicht und gut gekühlt lecker zu trinken.

Steckrüben (Wruken) Eintopf [187]

Zutaten:

1-2 Steckrüben (ca. 750 g geschält), 500 g Kartoffeln (geschält), 1-1,25 kg Fleisch (z.B. Schweinebauch, Eisbein, geräucherter Speck, besonders gut schmeckt Tafelspitz), 2 Möhren, 2 Petersilienwurzeln, 2 Pastinaken, 3 Zwiebeln, 1 Stange Porree, ¼ Sellerieknolle, 2 Lorbeerblätter, je 10 zerstoßene Pfeffer- und Pimentkörner, 1 El Zucker, 1 Tl Kümmel, gemahlen, 1 El Liebstöckel, getrocknet, 1 El Petersilie

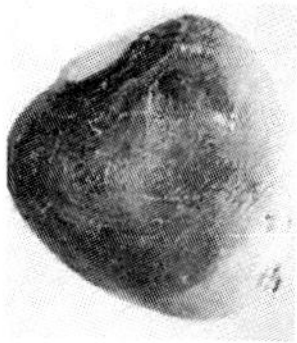

Zubereitung:

Wasser (nicht zu viel, lieber etwas nachgießen) im großen Topf zum Kochen bringen, salzen, das Fleisch zusammen mit klein geschnittenem Gemüse und Gewürzen hineingeben und köcheln lassen (kann je nach Fleischart ca. 1 Stunde dauern).
Rüben und Kartoffeln schälen und würfeln. Die Rüben in kochendem Wasser ca. 15-20 min brühen (Rüben sind häufig unterschiedlich fest), das Brühwasser weggießen. Wenn das Fleisch fast gar ist, herausnehmen und würfeln. Die Lorbeerblätter entfernen. Das Fleisch zusammen mit Rüben und Kartoffeln, Kümmel, Zucker und Liebstöckelblättchen zurück in den Topf geben und ca. 30-60 min garen. Zwischendurch ruhig probieren, ob Rüben und Kartoffeln schon gar sind.

Vor dem Auftragen noch einmal abschmecken, eventuell nachwürzen, mit gehackter Petersilie bestreuen und mit einem schlanken Pils servieren.

Wruken, also Steck- oder Kohlrüben, sind überraschenderweise eine Unterart des Rapses, gehören nicht zu den Speiserüben, und wurden im Osten regional vereinzelt auch mit „Dorsche" oder „Kulloche" bezeichnet.
Ganz egal, gut gemacht ist der darauf basierende Eintopf eine schöne Belohnung nach einem langen Spaziergang im Winter und zu Besuch in Norddeutschland.

Steinbutt (im Ganzen aus dem Ofen) [188]

Zutaten:

1 Steinbutt in Ofengröße (muss vorbestellt werden), 16 kleine neue Kartoffeln in der Pelle vorgekocht, 250 g Dicke Bohnen (frisch zubereitet oder eingefrorene Kerne), Pfeffer, Salz, Olivenöl, 2 Schalotten (geputzt, gewürfelt), 2-3 Knoblauchzehen (geputzt, gewürfelt), Rosmarin, Thymian, 1 Bio-Zitrone, 100 g Butter, Kalbsfond, weißer Portwein

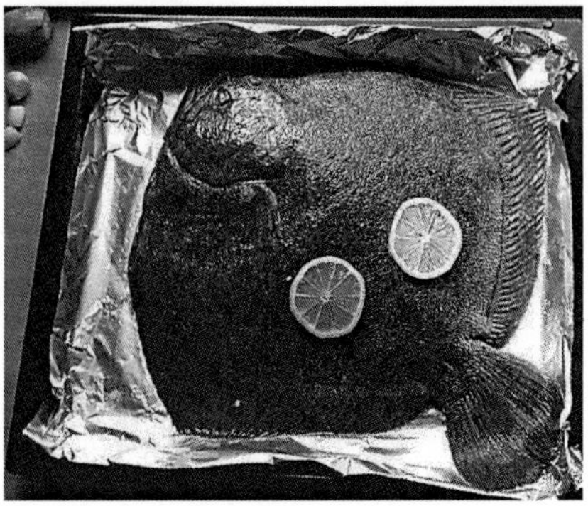

Zubereitung:

Steinbutt parieren, waschen, abtrocknen und auf ein eingeöltes Ofenblech legen, Pfeffer und Salz in Zitronensaft einrühren, den Fisch damit bestreichen und das Blech in den auf 200 °C (Ober-/Unterhitze) vorgeheizten Ofen setzen, nach 3-5 min auf 160 °C reduzieren, die halbierten Pellkartoffeln und die Bohnenkerne drum herum verteilen und in 8-10 min fertig garen (hängt aber von der Dicke des Butts ab).
Butter in einer Pfanne aufschäumen, Schalotten, Knoblauch, Zitronenschale, Rosmarin und Thymian Zweige hinzugeben, mit Fond und Wein ablöschen und leicht köchelnd ein reduzieren, mit Pfeffer und Salz abschmecken und durch ein Sieb in eine vorgewärmte Sauciere gießen.

Den Fisch im Ganzen auf den Tisch bringen und mit den Beilagen, der Sauce und einer Flasche Grauburgunder Dettelbach „Rebell" vom Weingut Glaser-Himmelstoss unter vier Fischliebhabern aufteilen.

Stielmus (ein „Bergisches Gericht" aus Eckhards Kindertagen) [189]

Rübstiel (so der Name des Gemüses als Hauptbestandteil des Gerichtes und im Harz leider gänzlich unbekannt) zieht der Bauer, indem er Mai-Rübchen zu dicht sät. Die Pflanzen wachsen schnell und schlank. Die Rübchen selbst sind unterentwickelt, die Stiele allerdings knackig und lecker.
Die Blätter werden von den Stielen gestreift und (bei den Kaninchen vom Nachbarn) entsorgt, die Stiele sehr gründlich gewaschen und in ca. 1 cm kleine Stücke geschnitten.

Zutaten:

1 kg Rübstiel (küchenfertig vom Markt; oder siehe oben), 1 kg Kartoffeln (geschält, gewürfelt), 4 Stück Mettenden oder Krakauer (oder alternativ geräuchertes Kassler), 1 Zwiebel (geschält, gewürfelt), Pfeffer, Salz, 1 Pr. Muskatnuss, 1 Pr. Nelkenpulver, Oregano, Pflanzenöl, Brühe

Zubereitung:

Rübstiel in kochendem Wasser kurz blanchieren, abgießen. Zwiebeln mit Pfeffer, Salz und Oregano in Öl andünsten, Kartoffeln und Rübstiel zugeben, mit Muskat und Nelke verfeinern und mit Brühe auffüllen (bis max. 1 cm unter Topf Rand), zum Köcheln bringen, die mehrmals angestochenen Würste einlegen, mit Pfeffer, Salz abschmecken und herunter geschaltet ca. 20-30 min (Kartoffeln) gar köcheln lassen.
(alternativ das geräucherte Stück Kassler weichkochen, dann mit der so gewonnenen Brühe wie vor verfahren und das Fleisch später wieder zum Eintopf geben)

Guten Appetit sagt **Eckhard**.

Stifado [190]

Zutaten:

1,5 kg Rind (Hochrippe), 1 Zwiebel (ungeschält, halbiert), 4-5 El Pflanzenöl, 1 Säckchen mit Gewürzen (6 Wacholderbeeren, 12 bunte Pfefferkörner, 2 Nelken), 3 Lorbeerblätter, 2 Zimtstangen, Salz, 250 g Möhren (geputzt, grob gewürfelt), 700 g kleine, runde Zwiebeln (gepellt), 750 g kleine, runde Kartoffeln (festkochend, geschält), frische gehackte Kräuter (Petersilie, Thymian, u.a.), Wasser

Zubereitung:

Einen großen Topf erhitzen, die Zwiebel darin auf der Schnittfläche gut anrösten und herausnehmen, Öl in dem Topf erhitzen, das Fleisch von beiden Seiten scharf anbraten, Gewürze, Salz und angeröstete Zwiebel zugeben, mit ca. 3-3,5 l Wasser auffüllen und ca. 120-150 min köcheln lassen, zwischendurch Schaum abschöpfen. Nach ca. 75 min die Zwiebelhälften herausnehmen, Möhren, Zwiebeln und Kartoffeln dazu geben, weiter köcheln lassen. Wenn das Fleisch gar ist, herausnehmen, parieren und würfeln, Gewürzsäckchen, Zimtstangen und Lorbeerblätter entfernen, das Fleisch in den Topf zurück geben, Konsistenz prüfen und einstellen, das ganze nochmals mit Pfeffer und Salz abschmecken und die Kräuter zufügen.

Ein schönes Gericht für einen spätsommerlichen Abend im Pullover auf der Terrasse. Wir zeigen uns mit Griechenland solidarisch und trinken einen Rotwein, entweder einen Xynomavro aus Naoussa oder einen Nemea der Sorte Agiorgitiko.

Für mich würde sich damit der griechisch-(zyprische) Kreis geschlossen haben: vom süßen, alkoholreichen Käsebegleiter „Commanderie St. John“ beim abendlichen Treffen beim Nachbarn und Namensvetter Bernd im Studentenheim in CLZ, über den geharzten Lieblingswein „Retsina“ einer studentischen Freundin, dem weißen Begleiter des Kraken vom Peloponnes bis zu den letztgenannten Roten.

Euro gut, alles gut.

Sunday Roast [191]

Früher, mithin in der guten alten Zeit, war der Tag nach dem Ende der Arbeitswoche, also der Sonntag, der Regeneration sprich dem Nichtstun gewidmet. Jedenfalls galt das für die Männer, hieß es doch schon in der Bibel: Der Herr ruhte am siebten Tag.

Als Konsequenz musste das familiäre Sonntagsessen von den weiblichen Mitgliedern zubereitet werden, was zwar ganz tolle Speisen und Menüs zur Folge hatte, aber doch, der Kinder, der Gesundheit und des Vorrats wegen, sehr oft mit einer ganzen Reihe von Kompromissen verbunden war.
In dieser misslichen Situation gelang den Engländern die Erfindung des Sunday Roast. Damit ist natürlich nicht der Rostbraten oder das Roastbeef als Hauptgang gemeint, sondern der wundervolle Anblick von großen, im Ganzen gebratenen Fleischstücken vom Rind, Lamm und großem Vogel, die auf beheizbaren Grillwägen von mit langen, scharfen Messern bewaffneten ehemaligen Seesoldaten Ihrer Majestät Navy an den Tisch der Gäste einer Carvery gerollt werden, also „to-come" und nicht „to-go", und auch für Besucher vom Kontinent leicht zu verstehen: außen ist das Fleisch „well done", weiter innen „medium" bis „rare", und da kann man leicht auf die meisten der offerierten Beilagen wie „Yorkshire Pudding, Potatoes, Cabbage, Horseradish and Gravy" verzichten.

Und es gibt sie noch, diese Restaurants oder Institutionen, nicht mehr in sehr vielen schönen Schlössern oder Herrenhäusern (einfach zu viele Hollywoodgrößen oder kontinentale Gesundheitsanhänger unterwegs; selbst Thornbury Castle, immerhin bereits von Heinrich VIII und Anne Boleyn frequentiert, hat auf Sunday Lunch umgestellt), aber Simpson`s-in-the-Strand in London hält seit 150 Jahren eisern stand. Wie hieß es vor einiger Zeit in einem Magazin: *...die Portionen sind mehr als großzügig, hier wird nicht „Posh Michelin Star Food" verteilt...* Allein dieses Wort: „POSH", einfach toll, man hat das Spice Girl direkt vor Augen und an Bord eines Schiffes der P&O Company auf dem Weg nach Kalkutta in ihrer Kabine auf der Backbordseite des Schiffes „Port Out" oder zurück auf der Steuerbordseite „Starboard Home", die Sonne scheint auch viel zu intensiv auf diesen tagelangen Reisen über den Indischen Ozean, in den ihr nachmittags zugewandten Kabinen wird es unerträglich heiß und an Deck gibt es viel zu viele allein reisende Männer mit großen Augen.

Mein Besuch mit Gästen liegt schon viele Jahre zurück. Ich kann nur hoffen, dass die Portionen immer noch so groß, die Qualität immer noch so gut und die Ober immer noch so überzeugt wie unserer damals sind:
„Yes, Sir, You are right, the oysters, You`ve had, are simply the best, indeed they are from British waters in Ireland".

Tagliatelle (mit Steinpilzen) [192]

Tagliatelle (mit Zitronensauce) [193]

Zutaten:

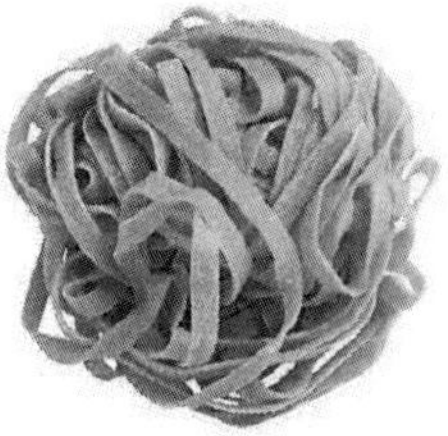

500 g Tagliatelle (Bandnudeln)
Pilzsauce: 50 g getrocknete Steinpilze, 500 g geputzte frische Steinpilze (alternativ braune Champignons oder Kräuterseitlinge), 2 Schalotten, 1 Knoblauchzehe, 50 g Butter, 200 ml Kalbsfond (Glas), 200 ml Sahne, 1 Vanilleschote, 1-2 El Brandy, 1 El Zitronensaft, Balsamico, Pfeffer, Salz, 1 Bund glatte Petersilie
Zitronensauce: 6 Eigelb, 6 El Weißwein, 3-5 El Zitronensaft, 300 ml Sahne, Pfeffer (weiß), Salz, Zucker, 1 Bund Basilikum, 1 Bund Petersilie

Zubereitung:

Nudeln in reichlich Salzwasser bissfest (al dente) kochen.
Getrocknete **Steinpilze** ca. 1 h in warmem Wasser einweichen, abgießen, Sud auffangen. Schalotten und Knoblauch würfeln und in Butter anschwitzen, eingeweichte Pilze zugeben und garen, mit Pfeffer und Salz würzen, mit Brandy und ca. ¼ des Einweichsuds ablöschen, 15-20 min einkochen und durch ein Haarsieb abgießen. Die Pilzemulsion mit dem Fond auffüllen, die aufgeschnittene Vanilleschote zugeben und nochmal reduzieren, dann die Sahne zugießen und wieder erhitzen. Die Schote entfernen und die Sauce mit Zitronensaft und Balsamico abschmecken.
Dann die frischen Pilze in Butter braten, mit Pfeffer, Salz und viel gehackter Petersilie abschmecken.
Zitronensaft mit Wein und Eigelb verrühren, ins Wasserbad stellen, erwärmen (nicht kochen!) und dabei ständig rühren. Die Sahne nach und nach unterschlagen, bis eine cremige Konsistenz entsteht. Die **Sauce** mit Pfeffer, Salz und evtl. noch etwas Zitrone abschmecken, dann 2/3 der gehackten Kräuter unterrühren.

Die Tagliatelle in tiefe, angewärmte Teller füllen und mit der(n) Sauce(n) mischen.

Dazu kommen die gebratenen Steinpilze
bzw.
2-3 gebratene Jakobsmuscheln mit gehacktem Basilikum und Petersilie.

Wir trinken gerne einen sortentypischen Weißwein dazu.

Tarte Tatin (Apfel-Tarte) [194]

Zutaten:

Teig: 125 g Mehl, 25 g Zucker, 80 g Butter, 1 Ei

Füllung: 140 g Zucker, 45 g Butter, 1000 g Äpfel

Zubereitung:

Aus Mehl, Zucker, Butter und Ei einen Mürbeteig herstellen und kühl lagern.
Die Butter schmelzen und mit dem Zucker karamellisieren. Äpfel in Stücke schneiden und in die Karamell-Masse hinein legen.
Die Äpfel-Karamell-Masse in eine Tarte-Form füllen. Den gekühlten Teig etwas größer als die Form ausrollen, über die Äpfel legen und den überlappenden Teig nach innen drücken, so dass ein kleiner Rand nach unten entsteht. Mit der Gabel einige Löcher oben in den Teig stechen, damit der Dampf entweichen, der Saft der Äpfel leicht aufsteigen und mit dem Teig verkrusten kann.
Die Tarte wird bei 200 °C (Umluft) ca. 30 min im vorgeheizten Ofen gebacken.

Die Tarte herausnehmen, abkühlen lassen, aber noch warm mit halbfest geschlagener Sahne als Dessert servieren.

Und dazu ein Glas Rieslaner Beerenauslese oder sogar ein Gläschen Silvaner Eiswein, das wäre nicht schlecht als Abschluss.

Thüringer Klöße [195]

Zutaten:

für 8-10 Klöße: 3,5-4 kg Kartoffeln (mehlig kochend), Weißbrotscheiben (ohne Rinde, gewürfelt), Butter, Essig, Salz, Wasser

Zubereitung:

Weißbrotwürfel (2 Stück pro Kloß) in Butter leicht anrösten. Kartoffeln schälen, 2/3 davon in eine Schüssel (mit einem Schuss Essig) fein reiben, die Masse durch eine Kartoffelpresse oder ein Presstuch drücken, salzen und mit etwas Kartoffelstärke verkneten. Die restlichen 1/3 der Kartoffeln würfeln, in einem Topf gerade so mit Wasser bedeckt weich kochen, die Hälfte des Wassers abgießen, die Kartoffelwürfel stampfen und heiß mit der Kartoffelmasse verkneten (ggfls. etwas Stärke zugeben bis der Kartoffelteig bindet). Falls man das mit den Händen macht, diese immer schön in kaltes Wasser tauchen. Nun runde Klöße formen, in die Mitte die Brotwürfel geben, den Kloß gut verschließen und schön glatt rollen.

Salzwasser in einem großen Topf (5-6 l) zum Kochen bringen, dann die Klöße in das heiße Wasser geben und 12-15 min ziehen lassen, mit dem Schaumlöffel herausnehmen und gut abtropfen lassen.

Die Klöße sofort als Beilage beispielsweise zu Rouladen oder einer Ente servieren.

Tintenfisch (gegrillt) [196]

Sicher habt ihr nicht wirklich erwartet, ein Rezept an dieser Stelle vorzufinden; wer besorgt sich schon einen richtig großen Kraken fürs Abendessen.

Die Zubereitung wäre aber gar nicht so kompliziert, vorausgesetzt frau hat genügend griechische Vorspeisen (Mezédes) besorgt (gefüllte Weinblätter, Fischrogen Püree, Tsatsiki, Auberginen-Püree, Feta-Salat, Souvlaki, etc.) und einen Mann zur Hand, dem es nichts ausmacht, dieses wirbellose Tier mindestens 1 h lang auf einem Stein weichzuklopfen, zwischendurch den sich bildenden Schleim immer gut abzuspülen und dann in grillfähige Stücke zu zerteilen, denn das ist die Voraussetzung, ihn nicht zäh wie Leder essen zu müssen.

Und so habe ich die Vorbereitung des Tintenfisches sehen können:

Auf der Rückfahrt von einem Kunden nahe Patras nach Athen bog unser Vertreter mit den Worten: „Zeit etwas zu essen" Richtung Strand ab, besprach sich mit dem Betreiber eines rustikalen Lokals, worauf dieser einen Tisch mit Vorspeisen und Getränken herrichtete, einen großen Kraken aus einem Korb im Wasser zog und, während wir uns um die Speisen und Getränke kümmerten, anfing, diesen ca. 60 min lang weich zu klopfen und ihn dann, sauber ausgespült und zerteilt, kurz zu grillen und nur mit einer Zitrone zu servieren.

Alles sehr lecker.

Getrunken wurde viel Wasser und ein leichter Weißwein aus Patras, wahrscheinlich aus der Roditis-Traube.

(Die Kleiderordnung war eher leger; der Fotograf des Bildes oben sah mit seinen hochgekrempelten Hosenbeinen und einem Tuch um den Kopf - nur der Hitze wegen - reichlich komisch aus, weshalb er wohl nicht zu seinem griechischen Kollegen mit aufs Bild wollte.)

Toast Hawaii (schon sechzig (60) und noch nicht in Rente) [197]

Zutaten:

8 Scheiben Toastbrot, 50 g Butter, 500 g gekochter Schinken (kein Formschinken), 16 Ringe Ananas (Dose), 8 Scheiben Bergkäse (oder gleich 8 verschiedene Sorten), Paprikapulver, Pfeffer, Pflanzenöl, Cocktailkirschen (Glas)

Zubereitung:

Brotscheiben toasten, Butter darauf streichen und auf ein mit Alufolie ausgelegtes Backblech setzen. Schinkenscheiben in einer Pfanne in wenig Öl anbraten und auf das Toastbrot legen. Dann gut abgetropfte Ananasringe und darüber Käse auf den Schinken geben, mit Paprika und Pfeffer würzen und im vorgeheizten Ofen ca. 5-10 min (Grillstufe) überbacken.

Alternative für einsame Rentner:

1 Scheibe frisches Eifler Graubrot, 1 Scheibe (ca. 4-5 mm) gek. Hinterschinken, 1 Scheibe (ca. 5-6 mm) Käse (Jura), 1 Scheibe frische Ananas, 1 dicke Süßkirsche besorgen (der Trainee im Lebensmittelmarkt ist begeistert, hat er so was in der WG tatsächlich schon mal selber „gekocht"), Scheiben passend zuschneiden, Brot anrösten, mit Butter bestreichen, alles zusammensetzen, mit Pfeffer, Paprikapulver bestreuen, überbacken und sofort servieren.

Auf einer Ü30-Party zum Aktuellen Sportstudio reichen und bitte nicht vergessen, eine Kirsche in die Ringmitte zu setzen.

Gute Nacht, ach nein, Guten Appetit.

(Bitte denkt dran: Es gibt kein Bier auf Hawaii)

Truthahn à la Ramsey (von Heiner 2013 in New Jersey zubereitet) [198]

Zutaten:

1 Truthahn (ca. 5 kg), 50 g weiche Butter, 150 g Bacon, 1,5 El Rosmarin (gehackt)
Füllung: 120 g Porree (geputzt, in feine Ringe geschnitten), 3,5 El Butter, 100 g Ciabatta (vom Vortag, gewürfelt), 75 g getr. Feigen (gewürfelt), 75 g Walnusskerne (gehackt), 100 g Cranberries (von 500 g frisch oder TK, verlesen, abgetrocknet), 1 El Petersilie (gehackt), 1 El Rosmarin (gehackt), 50 g Bacon (in Streifen geschn.), 2 El Orangenmarmelade, Pfeffer, Salz
Sauce: 400 g Cranberries (restliche Menge), 1 Bio-Orange, 100 ml Orangensaft, 100 ml Wasser, 175 g Zucker, Zitronensaft, 1 Pr. Nelkenpulver

Zubereitung:

Porree in Butter anschwitzen, Ciabatta in wenig Butter anrösten und abkühlen lassen. Beides zusammen mit Feigen, Cranberries, Walnüssen, Bacon, Kräutern, Marmelade, Schuss O-Saft vermischen, pfeffern, salzen als Füllung rechtzeitig vorbereiten (Vortag). Dem Vogel die Innereien entnehmen, Bürzel (Fettdrüse) abschneiden, innen und außen gründlich abspülen und gut trocken tupfen, eventuell noch vorhandene Federkiele mit einer Pinzette entfernen, alles überschüssige Fett abschneiden. Den Truthahn innen und außen mit Pfeffer und Salz einreiben und die Füllung hineingeben. Die Bauchöffnung mit Holzspießchen zusammenstecken und mit einem Faden verschnüren, die Keulen zusammenbinden. Butter und Rosmarin verrühren. Den Vogel damit und mit Pfeffer, Salz einreiben, dann mit der Brust nach oben auf eine Fettpfanne setzen und mit Bacon belegen. Den Hahn locker (zeltförmig) mit Alufolie einhüllen, dabei eine kleine Öffnung lassen damit der Dampf entweichen kann.

Backofen auf 200 °C vorheizen, darin den Vogel bei 160 °C (Umluft) ca. 4-4,5 h braten. Etwa 45 min vor Ende der Bratzeit die Folie entfernen, den Bacon absammeln und bei 200 °C (Ober-/Unterhitze) fertig braten. Als Garprobe Thermometer benutzen oder einen Holzspieß in den dicksten Teil einer Keule stechen, ist der austretende Saft noch blutig weitere 20-25 min braten.

Abrieb und Saft der Orange mit den Cranberries, Säften, Zucker, Nelke vermischen und aufkochen, herunterschalten und solange köcheln bis alle aufgeplatzt sind, dabei gelegentlich umrühren und mit Süße bzw. Chilipulver abschmecken.

Den Truthahn mit Salzkartoffeln und Klößen seinen Eltern (Verwandten oder Freunden) zu Weihnachten (oder Thanksgiving) servieren; vorher unbedingt einen Blick von Hoboken aus auf Manhattan bei Nacht werfen (und von **Heiner** empfohlen).

Vanillepudding (mit Erdbeeren aus dem Kalthaus) [199]

Zutaten:

Früher: einen Garten, der im Sommer mehr Erdbeeren reifen lässt, als gegessen werden können; ein Kalthaus im Dorf oder mindestens eine Tiefkühltruhe im Keller; 2 Päckchen Vanille-Pudding (beispielsweise Gala von Dr. Oetker), 1000 ml Milch vom Bauern nebenan, Zucker

Heute: einen Discounter mit TK-Erdbeeren, Vanille-Pudding, Milch und Zucker im Angebot

Zubereitung:

Früher: die im Sommer eingefrorenen Erdbeeren nicht aufgetaut in eine ausreichend große Glasschüssel geben, Vanille-Pudding nach aufgedrucktem Rezept, aber mit der doppelten Menge Zucker, zubereiten und heiß über die gefrorenen Erdbeeren gießen, am besten bevor die Ente (vom Hauptgang) in den Ofen kommt.

Heute: 1 Packung Vanille-Pudding, 500 ml Milch, 40-80 g Zucker und 1 Packet TK-Erdbeeren besorgen und wie o.g. vorgehen, beim Zucker vorsichtig sein, ggfls. Ersatzsüße verwenden; Leute, die so etwas noch kochen, könnten Diabetes auffällig sein.

(auf den Hauptgang „Ente" notfalls verzichten)

Ein ganz wichtiges Rezept für Großeltern; einerseits um den (möglichen) Enkelkindern zu zeigen, dass es noch etwas anderes gibt als Haribo und McDoof, andererseits um den eigenen Kindern (und sich selber) zu beweisen, dass man noch nicht alles aus ihrer (bzw. der eigenen) Kindheit verziehen oder vergessen hat.

Viktoria-Spritzgebäck [200]

Zutaten:

für 12 Stück
150 g Mehl, 75 g Butter, ca. 10-12 g Vanillezucker (1½ Pck.), 6 Eier, 250 g Puderzucker, 300 ml Wasser, Fett zum Ausbacken, Salz, Backpulver, Zitrone

Zubereitung:

Wasser, Butter, Vanillezucker und 1 Messerspitze Salz erhitzen, Butter schmelzen und alles aufkochen lassen, vom Feuer nehmen und das Mehl unter Rühren zugeben bis sich der Teig vom Topf löst, etwas abkühlen lassen und mit dem Mixer die Eier einarbeiten. Es muss ein schöner spritzfähiger Teig entstehen.
Ausbackfett erhitzen, Backpapier in ca. 10 cm breite Streifen schneiden und in das heiße Fett tauchen (eine Ecke zum Halten frei lassen), dann auf ein Backblech legen.
Den Teig in einen Spritzbeutel mit weiter gezackter Tülle füllen und Kränze von ca. 2 cm Höhe auf das Papier spritzen. Jetzt die Ringe vorsichtig mit dem Papier in das heiße Fett geben, etwas hin und her bewegen und abgleiten und von allen Seiten goldfarben ausbacken, mit der Schaumkelle herausnehmen und auf Küchenpapier abtropfen lassen.
Puderzucker mit 3-4 El heißem Wasser und 2-3 El Zitronensaft verrühren und die Oberseite der Viktoria-Ringe damit bestreichen.

Ein sehr leckeres Gebäck zum Kaffee nach einem Ausflug in der dunklen Jahreszeit, schmeckt bei Kerzenschein am besten.

Walisischer (Winter-) Fleischtopf [201]

Sechs (6)-Stunden Lamm [202]

Walisischer Fleischtopf Zutaten: 1,5 kg Fleisch (Rind und/oder Lamm), 3-4 Zwiebeln, 2 El Paprikapulver, 2 El Chilipulver, 3 El Tomatenmark, 4 Möhren, 4-6 Kartoffeln, ¼ Knollensellerie, 2-3 Lorbeerblätter, 800 g Tomatenstückchen (Dose), 800 g weiße Riesenbohnen (Dose), 150 ml Rotwein, 330 ml dunkles Bier (Guinness), 400 ml Kalbsfond, Öl, Pfeffer, Salz, Zucker, 1 Tl Worcestersauce
Zubereitung: Fleisch von Fett und Sehnen befreien, würfeln und mit Paprika und Chili würzen. Zwiebel, Möhren und Sellerie putzen und klein schneiden. Das Fleisch mit den Zwiebeln im Bräter in wenig Öl portionsweise kräftig an garen. Tomatenmark, Worcestersauce und Wein mit dem Fleisch in den Topf geben und unter Rühren hochkochen, dann Tomaten-, Möhren- und Selleriestückchen mit dem Bier dazugeben, aufkochen und ca. 5 min köcheln lassen, den heißen Fond zugeben und in den auf 160 °C (Umluft) vorgeheizten Ofen stellen und ca. 2 h schmoren lassen, dann die Kartoffeln und Bohnen zugeben, nochmals ca. 1 h ohne Deckel schmoren lassen. Vor dem Servieren noch einmal abschmecken.
Die Zeit des Schmorens zu einer Winterwanderung nutzen, danach den Kaminofen anheizen und den Fleischtopf in schönen tiefen Tellern servieren. Dazu trinken wir einen großen Spätburgunder von der Ahr, z.B. einen „S“ oder sogar „Dernauer Pfarrwingert“ von Meyer-Näkel oder einen „B 52“ vom Weingut Nelles.

6-h Lamm Zutaten: 1 Lammkeule (ca. 1,5-2 kg), ca. 450 g weiße Riesenbohnen (1 große Dose, abgetropft), ca. 400 g Brechbohnen (TK), ca. 300 g Zwiebeln (geputzt, grob geschnitten), ca. 450 g Tomaten (1 große Dose, geschält, Strunk entfernt), 3-4 Knoblauchzehen (geputzt, klein gehackt), 2 Tl Rosmarin, 2 Tl Thymian, Pfeffer, Salz, Pflanzenöl, frischer Thymian, frische Petersilie
Zubereitung: Lammkeule gut von Fett und Talg befreien und mit Pfeffer, Salz und getrockneten Kräutern einreiben. Öl in einem Bräter erhitzen, Keule kräftig von allen Seiten anbraten, weiße Bohnen, Tomaten mit Flüssigkeit und Zwiebeln zugeben, aufkochen, Knoblauch zufügen, Deckel drauf und für ca. 6 h in den auf 100 °C vorgeheizten Ofen (Umluft) schieben. Etwa 1 h vor Ende der Garzeit die grünen TK-Bohnen dazugeben (und den Wein aus dem Keller holen). Nach den 6 h die Lammkeule aufschneiden, das Gemüse bzw. die Flüssigkeit mit Pfeffer, Salz und frischen Kräutern nochmals gut abschmecken.
Die Zeit des Garens zu einer Wanderung (oder den Besuch des Arp-Museums in Rolandseck) nutzen, denn etwas hungrig schmeckt dieses Gericht noch besser (und es stellt sich kein schlechtes Gewissen beim Öffnen der zweiten Flasche „S“ oder „B 52“ ein).

Wild- oder Wildschweingulasch [203]

Zutaten:

1,5 kg Wildschweingulasch, 4-5 Schalotten, 3-4 Knoblauchzehen, 1 El Tomatenmark, 400 ml Wildfond (Glas), 400 ml Gemüsefond (Glas), 300-350 ml Rotwein, 3 Äpfel (Typ Boskoop), 350 g kleine braune Champignons, Pfeffer, Salz, Butterschmalz, Mehl

Zubereitung:

Schalotten und Knoblauch putzen und würfeln. Butterschmalz stark erhitzen und das Gulasch portionsweise anbraten, mit dem Schaumlöffel herausnehmen und warmstellen. Schalotten, Knoblauch und Tomatenmark im Bratensatz anschwitzen, Fleischstücke wieder hinzu geben pfeffern und salzen, Fonds und Wein zugießen, umrühren und zugedeckt ca. 40-50 min schmoren lassen. Äpfel waschen, Kerngehäuse entfernen, in Spalten schneiden und dann zusammen mit den geputzten Champignons für 5-7 min zum geschmorten Fleisch geben. Das Gulasch abschmecken, die Sauce ggfls. mit etwas in Wasser angerührtem Mehl binden.

Außer Semmelknödel braucht dieses Gulasch nur noch eine Flasche „Lemberger" vom Weingut Klumpp in Bruchsal.

Windbeutel [204]

Zutaten:

(Brand-)Teig: 90 g Mehl, 30 g Butter, 150 ml Wasser, 15-20 g Speisestärke, 4 Eier, 1 gstr. Tl Backpulver
Füllung: ca. 500-600 g geeignete Früchte (z.B. entsteinte Sauerkirschen), ca. 60 g Zucker, 15-20 g Speisestärke, 500 ml Schlagsahne (kalt), ca. 30 g Puderzucker, Vanille (ausgekratzt oder 1 Pck.)

Zubereitung:

In einem passenden Topf Wasser und Butter aufkochen, vom Feuer nehmen, Mehl und Speisestärke mischen und in das heiße Wasser geben und zu einem glatten Kloß verrühren, dann abbrennen (=erhitzen) und dabei ständig rühren (dauert ca. 1-2 min).
In einer Schüssel mit einem Knetmixer auf höchster Stufe die Eier (ein Ei zurückhalten) nacheinander in den Teig mischen, solange bis er schön glänzt und am Löffel leicht hängen bleibt, ggfls. das zurückbehaltene Ei verquirlen, nach und nach zugeben und die Konsistenz damit einstellen. Das Backpulver danach in den kalten Teig einrühren.
Backblech einfetten, mit Backpapier belegen und den Teig mit einem Spritzbeutel mit großer (für ca. 10 Stück) oder kleiner (für ca. 20 Stück) Zackentülle darauf spritzen.
Das Blech in den auf 180 °C (Umluft) vorgeheizten Ofen (mittlerer Einschub) schieben und ca. 25 (größere) bzw. 20 (kleinere) min backen, dabei die ersten 15-20 min die Tür nicht öffnen (sonst wird das nichts mit dem schönen Beutel). Nach dem Herausnehmen sofort einen Deckel vom Windbeutel schneiden und die Stücke auf einem Rost erkalten lassen.
Füllung: Die Kirschen zuckern, Saft ziehen lassen, aufkochen, dann durch ein Sieb gießen und den Saft auffangen. Speisestärke in Wasser anrühren und in den wieder erhitzten Saft geben, aufkochen, die Kirschen unterheben, mit Zucker abschmecken und erkalten lassen.
Sahne mit der Vanille und Puderzucker steif schlagen.

Zum Servieren die Fruchtmasse in den Windbeutel geben, Sahne darauf spritzen und den Deckel wieder aufsetzen und leicht mit Puderzucker bestäuben.

Neben verschiedenen süßen Füllungen gibt es auch salzige Varianten von Windbeuteln, aber das ist eine andere Geschichte.

Wolfsbarsch (im Ganzen gegart) [205]

Zutaten:

1 Wolfsbarsch (ca. 1,5 kg), 4 Frühlingszwiebeln (geputzt, in schräge Streifen geschnitten), Ingwer (ca. 5 cm, geputzt, gestiftelt), 1Tl Salz, 1 El Reiswein, 1 El Erdnussöl, 1 El helle Sojasauce

Zubereitung:

Den ausgenommenen Fisch innen und außen gut abspülen, abtrocknen, die Seiten diagonal ca. 1 cm tief einschneiden, Salz in die Fischhaut reiben und ca. 30 min ziehen lassen. Den Ofen auf 160 °C (Umluft) vorheizen. Den Fisch in eine Ofen Form legen, von außen und innen (nur wenig) mit Reiswein, Ingwer und der Hälfte der Zwiebeln bedecken und ca. 10-15 min garen (Fisch ist gar, wenn sich die Gräten der Rückenflosse herausziehen lassen).
Öl sehr stark erhitzen, die restlichen Zwiebeln kurz hineingeben und sofort zusammen mit der Sojasauce über den auf eine Servierplatte gelegten Fisch gießen.

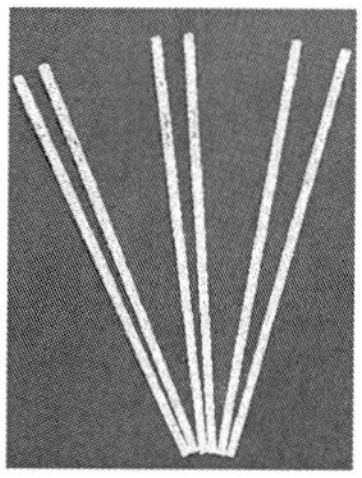

Den Fisch im Ganzen als ein Gang eines chinesischen Menüs servieren.

Und dann seht zu, wie ihr ihn mit Essstäbchen zerteilt bekommt. Vielleicht hilft euch ja ein Wein dabei.

Zanderschnitte (gekräutert, auf roter Paprikasauce) [206]

Zutaten:

1000 g Zanderfilet (4 schöne Stücke schneiden), 200 g rote Paprikastücke, 3 Schalotten, 100 g geschälte Tomaten, 100 ml Fischfond (Glas), 100 ml Weißwein, 200 ml Rahm,100 g Butter

(Der Zander, dieser große Barsch)

Zubereitung:

Das Fischfilet gut parieren, abspülen, abtropfen.
Kleingeschnittene Paprika und Schalotten in der Hälfte der Butter anschwitzen, die Tomaten zugeben, mit Fond und Wein auffüllen, Rahm hinzugeben, aufkochen und reduzieren. Anschließend fein mixen, passieren, nochmals kurz aufkochen lassen und die restliche kalte Butter in Stückchen unterschlagen und mit Pfeffer und Salz abschmecken.
Fischfilet sanft in Butter braten.

Die Zanderschnitte auf einem großen Teller mit einem Nudelnest anrichten und die Sauce angießen.

Dazu passt ein guter Weißburgunder von der Nahe.

(gerne vom Helmut Dönnhoff)

Zicklein (im Ofen gegart) [207]

Ziegenfleisch wurde (wird) bei uns nicht sehr häufig gegessen, dabei schmeckt es wirklich lecker, so zwischen Kaninchen und Gams. Aber die Jungs hatten nie einen Draht zu diesen genügsamen und intelligenten Tieren gefunden, vielleicht weil sie einmal mit ansehen konnten, wie sich die Ziegen auf einer kleinen, unbewohnten und trockenen Insel in der Adria in den eigenen Mund pinkelten, wohl um den Flüssigkeits- und Salz- Haushalt zu regulieren. Dabei spricht wirklich nichts dagegen, auf Ziegenhöfen in der Eifel nicht nur Käse, sondern gelegentlich auch ein Stück Fleisch mitzunehmen.

Zutaten:

2-2,5 kg Zicklein (mehrere Teile), 4 Zwiebeln (geschält, grob gehackt), 1000 g Kartoffeln (geschält, halbiert oder geviertelt), 2-4 Knoblauchzehen (geputzt, gehackt), 500 g kleine Tomaten (gewaschen, Strunk entfernt), 1 Chilischote (Kerne entfernt, gehackt), 1 Bio-Zitrone (gewaschen, geviertelt), Olivenöl, Weißwein, Kräuter (Thymian, Rosmarin, Salbei, Petersilie), Pfeffer, Salz

Zubereitung:

Backofen aufheizen, Fettpfanne oder große Ofen Form einölen. Fleisch pfeffern, salzen und mit Öl einreiben und in die Form legen. Gemüse, Tomaten, Kartoffeln, Knoblauch, Chili, Zitrone und reichlich gehackte Kräuter mit wenig Öl und ca. 100-150 ml Wein mischen, über und um das Fleisch verteilen und alles ca. 90-120 min bei 140 °C (Umluft) schön langsam garen, zwischendurch immer mal wieder umdrehen und ggfls. Flüssigkeit nachgießen.

Zum Schluss abschmecken und in der Form servieren.

(Vielleicht würden die beiden ja diesmal mitessen)

Zitronentarte [208]

Zitronenkuchen (aus Apulien) [209]

Zitronentarte

Zutaten:
für den Teig: 200 g Mehl, 60 g Zucker, 100 g kalte Butter, 1 unbehandelte Zitrone, 1 Tl Vanille (gemahlen oder Schote auskratzen), 1 Eigelb
für den Belag: 200 g Zucker, 4 Eier, 1 Eigelb, 2 unbehandelte Zitronen, 125 ml Sahne, Puderzucker

Zubereitung:
In eine Schüssel das Mehl, Zucker, Butterstückchen, Vanille, Eigelb und den Abrieb einer halben Zitrone geben und mit kalten Händen schnell zu einem Teig verarbeiten, zwischen Klarsichtfolie ausrollen und dann ohne Folie in eine runde gefettete Tarte- oder Springform (28-30 cm) einlegen und kühl stellen.
Den Backofen auf 160 °C (Umluft) aufheizen und den Teig ca. 10 min vorbacken, eine leichte Bräunung ist ok.
Die Zitronen waschen, die Schale abreiben und auspressen. Zucker, Eier und Eigelb mit dem Handmixer sehr schaumig schlagen, Abrieb und den Saft aller 3 Zitronen zur Eiercreme geben. Die Sahne steif schlagen und unter die Creme ziehen.
Die Zitronencreme auf den abgekühlten Teig gießen und bei 130 °C (Umluft) ca. 50 min backen bis der Belag fest ist.

Vor dem Servieren die abgekühlte Tarte mit Puderzucker bestäuben und unter dem Grill karamellisieren (bedeutet oberflächlich bräunen und dauert weniger als 1 min, also bitte dabei bleiben).

Dazu schmeckt ein doppelter Espresso.

Zitronenkuchen

Zutaten:
200 g Zucker, 180 g Mehl, 125 g Butter,6 Eier, 2-3 Bio-Zitronen, Salz, 1,5 Pck. Backpulver

Zubereitung:
Schale der Zitronen abreiben, Saft auspressen. Eier trennen, Eiweiß mit einer Prise Salz steif schlagen, Eigelb mit Zucker schaumig rühren. Mehl mit Backpulver mischen und mit dem Eigelb, Zitronenschale und Saft zu einem Teig verkneten. Dann den Eischnee unterheben, in eine ausgebutterte Springform füllen und im vorgeheizten Ofen bei 180 °C (Umluft) ca. 25-30 min backen.

Zuckerguss aus Zucker, Wasser und etwas Zitronensaft anrühren.

Den abgekühlten Kuchen vor dem Servieren mit Zuckerguss bestreichen.

Zürcher Geschnetzeltes mit Rösti [210]

Zutaten:
1000 g Kalbfleisch (Schnitzel), 3-4 Schalotten (gehackt), 350 g kleine braune Champignons (geviertelt), 50 g Butterschmalz, 300 g Sahne, ca. 50 ml Weißwein, Pfeffer, Salz, Zitrone, 1500 g Kartoffeln (mehlig), ca. 80 g Butterschmalz, Pfeffer, Salz

Zubereitung:
Fleisch flach klopfen und in schmale Streifen schneiden. In einer großen Pfanne Fett erhitzen, das Fleisch (portionsweise) scharf und kurz anbraten, herausnehmen und warmstellen. Schalotten im Bratfett anschwitzen, Pilze zufügen und kurz mit braten, Wein und Sahne angießen und sämig einköcheln lassen, das Fleisch wieder dazugeben, mit Pfeffer, Salz, einem Spritzer Zitrone abschmecken und ca. 5 min ziehen lassen.
Die Kartoffeln ca. 12-15 min kochen (nicht ganz gegart), pellen und grob raspeln, leicht pfeffern und salzen. Butterschmalz am besten in einer beschichteten Pfanne erhitzen. Die geraspelten Kartoffeln darin in 4-8 Portionen (Anzahl der Esser, Größe der Pfanne) ca. 6-8 min auf jeder Seite bei nicht zu großer Hitze goldfarben braten, die fertigen Rösti im Ofen bei ca. 100 °C warmhalten.

Zürcher Geschnetzeltes mit Rösti sollte auf den Punkt zubereitet und serviert werden.

Dazu passt ein Glas Fendant.

(Und immer eine gute Wahl vor dem Rückflug aus Zürich)

Zwiebelkuchen [211]

Zutaten:

250 g Mehl, 100 g Butter, 1 Ei, ½ Tl Salz
500 g Zwiebeln (geschält, halbiert, in Scheiben), 800 g Tomaten (stückige, Dose), 100 g Gouda (gerieben), 1 Knoblauchzehe (gehackt), Öl, 3 El Crème fraîche, 1 Bund Petersilie (gehackt), ½ Tl Majoran, Pfeffer, Cayennepfeffer, Salz

Zubereitung:

Die Zutaten für den Teig in einer Küchenmaschine verkneten, in Klarsichtfolie gut (am einfachsten über Nacht) abkühlen lassen.
Tomaten mit Flüssigkeit, Knoblauch, Majoran dicklich einkochen, mit Pfeffer und Salz würzen. Zwiebeln in etwas Öl glasig anschwitzen, Crème fraîche und Petersilie unterrühren, mit Pfeffer und Salz abschmecken. Beides abkühlen lassen.
Den Teig ca. 90 min vor dem Servieren ausrollen, in einer eingefetteten Springform (28 cm), ca. 20 min vorbacken, dann Tomaten, Zwiebeln und zuletzt Käse darauf geben und nochmal ca. 40 min bei 180 °C (Umluft) backen.

Ein einfaches Gericht, das sofort serviert und gegessen werden sollte.

Viele trinken Federweißen oder –roten (anderswo als Suser, Sauser oder Rauscher bekannt) dazu, aber da niemand wirklich weiß, was in diesen leicht trüben Flüssigkeiten so alles drin ist, rate ich, besser zu einem guten Steillagenwein (beispielsweise vom Weingut Laurentiushof am Calmont) zu greifen, vor allem dann, wenn man den Klettersteig schon mehrfach hat hin und her laufen müssen.

(Rosi wollte es so)

Zwiebelkuchen (Schwäbisch) [212]

Kartoffelkuchen (Schwäbisch) [213]

Diese beiden Rezepte sind von **Karin** (hier mit Anne-Kristin und Christian), die der Meinung ist, dass die meisten Besucher nicht nur ein Gläschen, sondern auch eine kleine Mahlzeit zu schätzen wissen.

Beide Kuchen haben einen **Hefeteig** als Grundlage.

Zutaten: 500 g Mehl, 2 Eier, 100 g Butter, 125 ml Milch, 30 g Hefe, 1 Prise Salz
Zubereitung: Die Zutaten bei Zimmertemperatur in einer Schüssel zuerst mit dem Knethaken, dann mit den Händen zu einem gleichmäßigen Teig verarbeiten. An einer warmen Stelle ca. 30 min gehen lassen.

Für den **Zwiebelkuchen** nimmt man 2 kg Zwiebeln (geschält, in Scheiben geschnitten), 2-4 El Pflanzenöl, 50 g Speck (gewürfelt), 250 g Saure Sahne, 4 Eier, 40 g Mehl, je 1 Prise Kümmel und Salz, Butter.
Öl erhitzen und die Zwiebeln darin andünsten, ohne dass sie Farbe annehmen. Speckwürfel kurz scharf anbraten, mit der sauren Sahne, den Eiern, Mehl, Kümmel, Salz verrühren und mit den Zwiebeln vermengen.
Den Hefeteig auf einer bemehlten Fläche ausrollen und auf ein gebuttertes Backblech legen. Nun die Zwiebelfüllung gleichmäßig auf dem Teig verteilen, das Blech in den auf 220 °C (Ober-/Unterhitze) vorgeheizten Ofen schieben und den Kuchen in ca. 60 min goldgelb backen.
Möchte man etwas Abwechslung in den Kuchen bringen, kann man auch einen salzigen Quark-Öl-Teig als Basis nehmen.

Oder man variiert den Hefeteig alternativ zu einem **Kartoffelkuchen**.
Hierzu braucht man 2 Becher Schmand, 2 Becher Saure Sahne, 2 Becher Schlagsahne, 3 Eier, 2 El Mehl, Salz, 8 Kartoffeln mittlerer Größe (geschält, gekocht), Butter, Milch.
Die warmen Kartoffeln durch (Kulls) Spätzle Presse drücken und mit etwas Butter und Milch verrühren. Schlagsahne steif schlagen und in einer großen Schüssel unter die übrigen Zutaten heben, dann die Kartoffeln ebenfalls unter die Masse heben.
Diese Kartoffelfüllung wird dann gleichmäßig über den Hefeteig auf dem Blech verteilt.
Der Kuchen wird im vorgeheizten Ofen bei 180 °C (Umluft) ca. 30-40 min gebacken.

(Impression statt leerer Seite: Keine Angst, es gibt noch was)

Rezepte / Themen

Eigentlich haben wir ja schon genug gekocht, gegessen und getrunken, aber eine Kleinigkeit fehlt dann doch noch, und zwar die Beschäftigung mit Themenkreisen; bloß, bitte, verwechselt diese nicht mit anderen Kreisen, wie Kornkreisen, Kreidekreisen oder dem Feldenkrais. Manche Rezepte oder Essen lassen sich nämlich nicht wirklich nachvollziehen, wenn sie aus dem Zusammenhang, sprich einem sie umgebenden Thema gerissen werden. Die folgenden zehn (10) Beispiele müssen aber genügen, schließlich ist schon Sommer und die olympischen Spiele in Rio haben bereits begonnen.
Die Themen haben auch nichts miteinander zu tun, außer, dass Rezepte darin vorkommen und/oder man wieder einmal zusammenkommen sollte (was die eingestreuten Bildern verdeutlichen mögen):

Ostpreußen? - aus und vorbei

Arabisches Essen? - nicht (mehr) weit weg

Herbst-Menü? - mal wieder fällig

Menü im Haus der DSF? - Problem gelöst

Südafrika? - aber gern

Baltikum? - hatten wir schon

Alpenküche? - wie jedes Jahr

Muschelfrauen? - wieder nicht eingeladen

Doppelgänger? - soll es geben

Freunde am Niederrhein? - einfach mal wieder treffen

Ostpreußens Küche für hungrige Besucher [214]

Spirkel Im engeren Sinne die ostpreußische Bezeichnung für gebratenen Speck oder Schweinebauch. Bei unserer Omi fielen aber auch andere zum Braten geeignete Fleischstücke unter diesen Oberbegriff, beispielsweise für ihr erstes Enkelkind, also mich, auch Schnitzel oder Kotelett (vor allem, wenn davon nicht genug für alle da waren). Spirkel passt zu praktisch allen Beilagen (z.B. Bratkartoffeln, Pellkartoffeln, kleine Kartoffelklöße oder Kartoffelsalat).	**Senf- (Mostrich-) Eier** Zutaten: 8 Eier, 2 Eigelb, 50 g Butter, 2 El Mehl, 200 ml Kalbsfond, 3 El Senf (Löwen- oder Dijon), Zucker, Pfeffer (weiß), Salz, Zitrone Zubereitung: Eier hart kochen. Butter und Mehl unter ständigem Rühren anschwitzen, den Fond angießen und ca. 10 min köcheln lassen, Senf einrühren, mit Pfeffer, Salz, Zucker und Zitronensaft abschmecken, die Eigelb ein legieren. Senf Eier passen gut zu Pellkartoffeln und grünem Salat.
Zwiebel-Schmand Zutaten: 500 g Zwiebeln, 500 g Bauchspeck, 250 ml Gemüsefond, 200 g Schmand, Öl, Pfeffer, Salz Zubereitung: Speck und Zwiebeln würfeln und in einer Pfanne in Öl anbraten, mit dem Fond ablöschen und ca. 25 min köcheln lassen, Schmand einrühren, noch etwas weiter köcheln und mit Pfeffer und Salz abschmecken. Mit Spirkel und Pellkartoffeln servieren.  (Skollwitten/Skolwity)	**Kartoffelsalat** Zutaten: 1000 g Kartoffeln, 250 ml Saure Sahne, 1 größere Zwiebel, 1 Tl Senf, Essig, Pfeffer, Salz, Zucker, Zitrone, viele Kräuter (Schnittlauch, Dill, Petersilie, Sauerampfer, Brennnessel) Zubereitung: Die Kartoffeln kochen, pellen und in Scheiben schneiden. Die saure Sahne mit 2 El Essig, Pfeffer, Salz, Zucker, einem Spritzer Zitrone abschmecken und die Kräuter (die Menge sollte ca. 4 Bund entsprechen) unterrühren und über die Kartoffeln gießen, umrühren und kalt stellen. Dieser Kartoffelsalat schmeckt zu Fischhäppchen, hart gekochten Eiern oder Spirkel.

Arabisch-Osmanisches Essen (Vorspeisen) [215]

(zwischen Amman und Damaskus)

Hummus

Zutaten: 1 kleine Dose Kichererbsen, 2-4 Knoblauchzehen (ruhig eingelegte), 2-3 El Olivenöl, 3-4 El Zitronensaft, 3-4 El Tahin (Sesampaste), Salz, Pfeffer, ½ Tl gem. Kreuzkümmel, 1 Tl Paprikapulver, 1 El Butter

Zubereitung: Kichererbsen gut kalt abbrausen, diese mit zerkleinertem Knoblauch, Olivenöl, Zitronensaft, Tahin mixen, Konsistenz ev. mit etwas Wasser einstellen, abschmecken mit Salz, Pfeffer, Kreuzkümmel. Dann Paprika in zerlassene Butter rühren und über angerichtetes Püree laufen lassen, mit glatter Petersilie oder Koriander garnieren

Tabouleh

Zutaten: 150 g Bulgur, Gemüsebrühe, 4-5 Tomaten, 1 Gurke, 4 Bund glatte Petersilie, 1 Bund Frühlingszwiebeln, 1 Bund Minze, 1 Zitrone, 5-6 El Olivenöl, Salz, Pfeffer, Knoblauch

Zubereitung: Bulgur in einer Schüssel mit heißer Gemüsebrühe übergießen und ½ Stunde quellen lassen, gewaschene Tomaten und geschälte Gurke würfeln, Zwiebeln, Petersilie und Minze waschen und kleinschneiden. Bulgur nach dem Quellen abgießen und abkühlen lassen, mit dem Gemüse und kleingehackten Kräutern mischen, direkt vor dem Servieren mit Zitronensaft, Salz, Pfeffer und eventuell Knoblauch abschmecken

(Jerash am Abend)

Mutabbal

Zutaten: 2-3 Auberginen, 2-3 Knoblauchzehen (ruhig eingelegte), 2-3 El Tahin, 1-2 El Olivenöl, 3-5 El Joghurt (türkisch), Salz, Pfeffer, Kräuter (Petersilie, Koriander, geröstete Sesamsaat oder ähnliches)

Zubereitung: Auberginen mehrmals einstechen und im Ofen bei 250°C ca. 45 min backen, abkühlen lassen und Haut abziehen, Fruchtfleisch mit gehacktem Knoblauch, Tahin, Olivenöl und Joghurt mixen, dann Salz, Pfeffer und gehackte Kräutern unterrühren und abschmecken

Serviervorschlag

Diese Mezze (Vorspeisen) auf Tellern anrichten und zusammen mit Fladenbrot und/oder Reis und Joghurt zu gegrillten Spießen mit Lamm, Huhn und **Zicklein** servieren.

Getränke nach Wahl (bzw. Religionszugehörigkeit der Gäste), Tee vorher oder dazu und Kaffee hinterher sollten nicht fehlen.

Herbst-Menü mit Weinen von der Ahr [216]

(Weine, die damals getrunken worden waren und solche, die wir heute bei einer Wiederholung trinken würden)

Amuse bouche „Quiche" 1990er Schieferlay Riesling (Spätlese) • 2013er „Hand in Hand" Rosé Sekt (Meyer-Näkel & Klumpp)	**Kaninchenleber an Feldsalat** 1989er Meyer-Näkel Nr. 1 (Weiß von Rot) • 2015er Illusion Eins (Blanc de Noir)
Klare Ochsenschwanz-Suppe 1990er Spätburgunder Weißherbst (Brut de Brut) • 2013er Illusion Nr. 1 (Blanc de Noir Brut)	**Seezungenröllchen** 1990er Sonnenberg Spätburgunder (gekühlt) • 2014er Frühburgunder (gekühlt)
Ahr-Sekt-Sorbet 	**September-Reh(rücken) mit Kartoffelplätzchen und rotem Zwiebelgemüse** 1989er Blauschiefer Spätburgunder (Barrique) • 2014er „S" Spätburgunder (Barrique)
Parfait mit Eicher Zwetschgen **Gorgonzola Surprise** 1989er Schieferlay Frühburgunder (Trockenbeerenauslese) • 2013er Marienthaler Trotzenberg (Riesling Auslese Edelsüß)	**Espresso** **Digestif** Apfel, Birne, Hefe (aus der eig. Brennerei) • Trester (vom Sauvignon Blanc alternativ vom Spätburgunder)

Menü im Haus der Deutsch-Sowjetischen-Freundschaft [217]

(ziemlich beste Freunde)

Russische Eier

Zutaten: 10 hartgekochte Eier, 3 El Mayonnaise, 3 El Löwensenf, 6 klein gewürfelte saure Gurken, 3 El feingehackte eingelegte Perlzwiebeln, Kapern, Pfeffer, Salz, rote Paprika als Deko

Zubereitung: Eier halbieren, Eigelb auslösen, zerdrücken und mit den Zutaten verrühren und die Masse in die Eihälften füllen und mit Kapern und Paprikataler dekorieren.

Borschtsch

Zutaten: 500 g rote Beete, 200 g Weißkohl, 750 g Rindfleisch, 2 weiße Rüben, 3 Möhren, 2 Zwiebeln, 50 g Butter, 1,5 l Fleischbrühe, Essig, 3 Lorbeerblätter, Zucker, Pfeffer, Salz. Saure Sahne, Dill, Petersilie

Zubereitung: Fleisch löffelgerecht würfeln, Gemüse putzen und fein hacken, Butter im Schmortopf zerlassen, Fleisch, Rüben, Möhren, Zwiebeln zugeben und 15 min schmoren, rote Beete und ½ der Brühe zugeben, ebenfalls einen Schuss Essig, Lorbeer, Zucker, Pfeffer und Salz, durchrühren und zugedeckt ca. 45 min köcheln lassen. Dann Weißkohl und Kräuter zugeben, weitere 30 min garen, abschmecken, Lorbeer entfernen und mit einem Klecks saurer Sahne servieren.

Bef Stroganoff

Zutaten: 1,5 kg Rinderfilet, 750 g Zwiebeln, 750 g Champignons, süßer Senf, Pfeffer, Salz, 2 Becher saure/1 Becher süße Sahne

Zubereitung: Pilze, Zwiebeln putzen, klein schneiden und ca. 10 min dünsten, Filet quer zur Faser in Scheiben, dann in Streifen schneiden, Butterschmalz stark erhitzen, das Fleisch scharf allseitig anbraten, mit der Schaumkelle zu dem Gemüse geben, würzen, Senf und dann saure Sahne einrühren, probieren und mit süßer Sahne abschmecken.

Eierschaum „Gogol Mogol"

Zutaten: 12 Eigelb, 125 g Zucker, 2 El Weinbrand, 1 El Orangenlikör, 1 El Limettensaft

Zubereitung: Eigelb mit Zucker schaumig rühren, die weiteren Zutaten hinzufügen und alles so lange schlagen, bis eine dickflüssige Masse entstanden ist, vor dem Servieren ca. 1 h kaltstellen.

Südafrikas Kap-Küche [218]

Geflügelpastete
Zutaten: ½ Grillhähnchen (ca. 200 g ausgelöst), 150 g Geflügelleber, 1 Schalotte, 1 El Butter, 50 g Sahne, Portwein (weiß), gehackter Koriander, Thymian, Limette, Pfeffer, Salz
Zubereitung: gesäuberte, abgetrocknete Leber mit gewürfelter Schalotte in Butter anbraten, gut mit Thymian, Koriander, Pfeffer und Salz würzen, mit Portwein ablöschen, noch etwas weiter braten. Die abgekühlte Leber mit dem ausgelösten Hähnchenfleisch und dem Bratenfond in Moulinette zerkleinern, mit Sahne, Portwein und, je nach Wunsch, fruchtigen oder feurigen Zugaben verfeinern und abschmecken. Gekühlt mit Baguette und einem Straw Wine (z.B. Boschendal 2009) servieren.

Line-Fish (gebacken)
Zutaten: 4 Fischfilets, weiß (800 g), 400 g grüner Spargel, 200 ml Fischfond (Glas), 200 ml Weißwein, 1 Becher Creme Double, 4 Schalotten, 50 g Butter, 1 Limette, Pfeffer, Salz
Zubereitung: klein gehackte Schalotten in Butter anschwitzen, Wein hinzu geben, reduzieren, Fond zugeben und einkochen, Creme Double zu fügen, bis zu einer dickflüssigen Sauce reduzieren; mit Limettensaft beträufelte Fischfilets in einer eingeölten Pfanne 5-8 min im Ofen bei 180 °C (Umluft) garen, parallel den Spargel bissfest braten, den Fisch auf dem Spargel anrichten und die abgeseihte Sauce darüber geben. Dazu passt ein Sauvignon Blanc (z.B. Kleine Zalze, Stellenbosch).

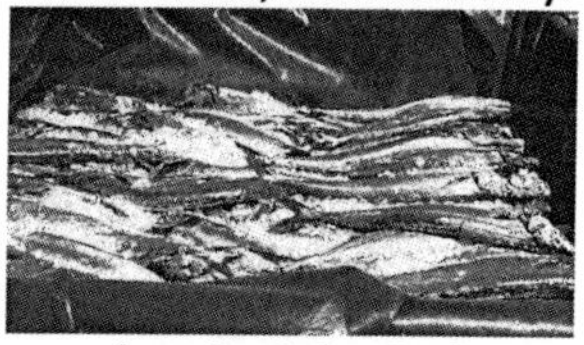

(catch of the day)

Braai

ist die Bezeichnung für ein südafrikanisches Barbecue, also das Grillen diverser Fleischstücke sowie Boerewurst über Holzkohle. Bei „wenig" Wetter grillen wir stattdessen ein Stück Straußenfleisch im Ofen.
Dazu legen wir das marinierte Fleisch auf die mittlere Schiene des auf 180 °C geheizten Ofens und grillen bei geschlossener Tür das Fleisch gar, vielleicht noch eine Beilage nach Wunsch, in jedem Fall aber ein guter Pinotage (z.B. Neil Ellis 2009).

Vanilleeiskugel mit Amarula
Zutaten: Vanilleeis, Amarula, geraspelte Schokolade
Zubereitung: eine große Kugel Eis in ein Ballonglas geben, ca. 4 cl Amarula darüber gießen und mit Handquirl zu einer Creme verrühren, mit Schokoflocken bestreuen und mit einem Glas Sekt (z.B. Pierre Jourdan Brut, Haute Cabriere, Franschhoek) servieren.

Baltische Küche [219]

Eingelegte Fischhäppchen und **Lettischer Kartoffelsalat** Zutaten: 1 kg Kartoffeln, ca. 450 g Gewürzgurken, 3 hartgekochte Eier, 1 Gemüsezwiebel, 2 Becher Saure Sahne, 1 Becher Schmand, 1 EL Senf, viel Dill, Pfeffer, Salz Zubereitung: Kartoffeln kochen, pellen, abgekühlt in Scheiben schneiden, ebenso die Gurken, etwas Sud auffangen, hartgekochte Eier achteln, Saure Sahne, Schmand, Senf, etwas Sud verrühren, mit Pfeffer und Salz abschmecken und den Zutaten mischen, nochmals abschmecken und im Kühlschrank ziehen lassen	**Zanderfilet, Estnische Art** Zutaten: 6 Fischfilets zu 150 g, 2 Zitronen oder Limetten, 5 EL feines Rapsöl, einige Gewürzkörner (Piment, Pfeffer, Senf, Wacholder), Salz, Weißwein, Petersilie, 6 festkochende Kartoffeln Zubereitung: Fischfilets in eine Marinade aus Öl, Zitronensaft, Wein, zerstoßenen Körnern ca. 1 Stunde einlegen, herausnehmen, mit der Haut nach oben in eine Auflaufform legen, abgeseihte Marinade darüber gießen (Fisch sollte nicht ganz zur Hälfte in Flüssigkeit liegen), mit vorgegarten Kartoffelspalten umlegen, salzen, mit Petersilie bestreuen und ca. 25 min bei 180°C im Ofen backen und heiß servieren
Litauische Blaubeer-Teigtaschen Zutaten: 3 Tassen Weizenmehl, 1 Tasse Wasser, 1 Ei, Salz, 400 g Blaubeeren (frisch oder TK), 4 EL Zucker, Zimt, Butter, Sauerrahm Zubereitung: Nudelteig aus Mehl, Wasser, Ei, etwas Salz kneten, auf bemehlter Fläche ausrollen, Kreise ausstechen, einen Löffel gezuckerte Blaubeeren darauf geben, überklappen, Rand zukneifen. Die Taschen in kochendes, leicht gesalzenes Wasser geben, hochkommen lassen, herausnehmen und abgetropft in mit etwas Zimt geschmolzener Butter schwenken und mit einem Klecks Sauerrahm servieren.	 (in Kaunas, Litauen) **Getränke:** alle Ostsee-Anrainer zählen zu den pragmatischen Mitmenschen, getrunken wird, was schmeckt und was vorhanden ist. Prost und Guten Appetit!

Südtiroler Alpen-Küche [220]

Frittaten-Suppe

Zutaten: 1 l gute, kräftige Fleischbrühe, 3-4 Eier, 150 g Mehl, 250 ml Milch, 125 ml Sprudelwasser, Salz, Butterschmalz, Pfeffer, Muskat, 1 Bund Schnittlauch

Zubereitung: Eier und Mehl verquirlen, Milch und Wasser zufügen, salzen und gründlich zu einem glatten und flüssigen Teig verschlagen, ausquellen lassen.

In einer heißen Pfanne in wenig Butterschmalz dünne Pfannkuchen backen, diese aufrollen und schneiden.

Die heiße Brühe gut mit Muskat und Pfeffer abschmecken und über die in tiefen Tellern verteilten Frittaten verteilen, darüber Schnittlauchröllchen geben und servieren.

Fischfilet (gebraten) mit Pesto

Zutaten: 1000-1200 g Fisch-Filet (Forelle, Saibling, Äsche, Barsch o.ä.), Butter, Mehl, Pfeffer, Salz, Zitrone

Zubereitung: die frischen Filets von Süßwasser-Fischen völlig ohne Haut und Gräten kurz mit Pfeffer, Salz, wenig Zitrone würzen, in Mehl wenden und in Butter bei milder Hitze braten und sofort mit etwas frischem Pesto (Bärlauch oder Basilikum-Petersilie) beträufelt servieren.

Knuspriger Schweinebauch

Zutaten:2 kg frischer Schweinebauch, 400 ml Geflügelfond (Glas), Wurzelgemüse (geputzt, gewürfelt), Kümmel, Pfeffer, Salz, Honig, Zitrone, Kräuter

Zubereitung: Bräter ca. 3 cm mit Wasser füllen, Lorbeerblätter, Kümmel zugeben, aufkochen. Schweinebauch würzen, mit der Schwarte n. u. hineinlegen und ca. 15-20 min köchelnd garen. Herausnehmen, abkühlen lassen, die Schwarte mit einem scharfen Messer kreuz streifig ca. 0,5 cm tief einschneiden (alles am Vortag). Braten ca. 3 h vorm Servieren pfeffern, salzen, alle Seiten außer der Schwarte scharf anbraten, diese dann mit einer alpenländischen Honig-Zitrone Gewürzpaste einstreichen, in den Bräter legen, Schwarte nach oben, Fond angießen und mit Deckel für ca. 90 min in den auf 180 °C (keine Umluft) vorgeheizten Herd stellen, herausnehmen, Wurzelgemüse nach Wahl zur Flüssigkeit geben, umrühren, Fleisch auf das Gemüse setzen, weitere ca. 60 min o. Deckel schmoren, herausnehmen, warmhalten und vor dem Servieren ca. 5-10 min unter den Grill stellen, dazwischen Gemüse als Beilage herrichten und Bratflüssigkeit zur Sauce verarbeiten.

Apfelstrudel oder **Zitronenkuchen**

nehmt einfach eins der angegebenen Rezepte

Gut, dass noch einige wenige von den Südtiroler Wanderwochen mitgebrachten Flaschen im Keller liegen, die nur darauf warten, getrunken zu werden:

Cuvée Rosalie 2013 (Kellerei Meran-Burggräfler)
Sauvignon Blanc 2013(Kell. Terlan)
Vernatsch Kalterer See 2008 (E&N)
Lagrein Crescendo 2000 (Ritterhof)

Und als Aperitif müsste wohl die letzte Flasche Spumante, gekauft in dieser kleinen Vinothek in Neumarkt/Egna, dran glauben.

Ein Abend bei den Muschel-Frauen [221]

Eine geheimnisvolle Angelegenheit, fast so etwas wie eine Loge.
Nach meinen Informationen sollen wohl mehrere Frauen mittleren Alters daran beteiligt sein, Männer sind nicht zugelassen (vielleicht mit Ausnahme der Chippendales?).
Alle Informationen sind konspirativ, aber nicht in einem Recherche-Verbund ermittelt worden, ein Bild wurde versehentlich kopiert. Alles unterliegt einer strengen Schweigepflicht.
Zuwiderhandlungen können mit Essens- (und Liebes-) Entzug bestraft werden.

Nach herrschender Lehre beginnt so ein Abend mit einem Aperitif, wozu 1 Flasche Aperol und 2-3 Flaschen Sekt oder Prosecco bereitgehalten werden.
Frau hält sich zu diesem Zeitpunkt bereits in der Küche auf, kocht aber noch nicht, da immer eine kleine Vorspeise (z.B. ein **Guacamole-Dip**, o.ä.) von einer der Teilnehmerinnen (vielleicht als Strafe, sich mit einem Mann eingelassen zu haben?) mitgebracht werden muss.
Erst danach sind die Muscheln dran.

Muscheltopf

Zutaten: 4,5 kg frische Miesmuscheln, 750 ml Brühe, 1000 ml Weißwein, 3-4 dicke Zwiebeln (kleine Ringe), 3-5 Knoblauchzehen (gehackt), 3 El Olivenöl, 5-7 Tomaten (gebrüht, gehäutet, geschnitten oder 1 Dose), ca. 40 g Tomatenmark, Pfeffer, Salz, Estragon, Thymian, Paprika (edelsüß), Basilikum, Cayennepfeffer, 375 ml frische Sahne, 200 ml Crème fraîche
Zubereitung: Muscheln bürsten und waschen, geöffnete wegwerfen. Zwiebeln und Knoblauch im Öl andünsten, Tomaten, Kräuter und Mark zugeben, gut rühren, mit Brühe und Wein auffüllen, mit den Gewürzen abschmecken, dann ca. 15 min köcheln, danach Sahne und Crème fraîche einrühren. Danach die Muscheln portionsweise darin jeweils ca. 10 min kochen bis sie sich geöffnet haben (geschlossene wegwerfen)

(Die Schönen der Nacht)

Der weitere Verlauf des Abends liegt im Dunkeln (im wahrsten Sinne des Wortes). Es konnte bisher, trotz aller Bemühungen, nicht herausgefunden werden, ob es nach der Hauptspeise noch ein Dessert oder einen Espresso gibt. Das ist aber sehr wahrscheinlich auch nicht wirklich wichtig, da am nächsten Morgen eigentlich immer 6-8 leere Wein- und Sekt-Flaschen an dem Hexentanzplatz aufgefunden werden.

Ein Dank den engagierten Doppelgängern [222]

Zum Einstieg könnte **Anke** G. für jeden Doppelgänger etwas Feldsalat mit einer Scheibe Schinkenrolle anrichten. (Die Rolle käme von mir, der Spargel aus Beelitz und würde rechtzeitig vorher von **Gerd** Sp. vorbei gebracht werden.)

Dann etwas Erfrischendes. Wie wär's mit einer Art von Sorbet aus frischen, leicht gezuckerten und pürierten Erdbeeren, die in ein dekoratives Glas über eine Kugel Joghurteis gegeben und dann mit einem leicht süßen Prisecco aufgefüllt werden. **Asja** M. und **Thomas** P. könnten sich darum kümmern.

Gut, dass es in Urmitz eine Küche gibt. Pro Person ein Stück frisches **Lachsfilet** (könnte **Ulrike** N. mitbringen). Ohne Haut und Gräten in Öl kurz scharf anbraten, Temperatur reduzieren, einige Tl Balsamico, Spritzer Limette in die Pfanne geben, karamellisieren und die Lachsstücke darin schwenken (Salz, Pfeffer). Sie sollten wie **lackiert** aussehen. Parallel kleine Kugeln aus einer gewaschenen Zucchini ausstechen, in aufgeschäumter Butter andünsten und mit Pfeffer, Salz und etwas Limette abschmecken. Zusammen anrichten. Alkoholische Getränke gibt es nicht, schließlich muss noch gearbeitet werden.

Danach noch ein Stück Kuchen von **Helga** D.

Wäre wahrscheinlich ein vom Wochenende übrig gebliebener Feier(tags) Kuchen und neben der Kaffeekanne im Flur zu finden.

Bleibt nur noch, sich einen Becher Kaffee aus der großen Kanne zu drücken, und der Nachmittag ist gerettet.

Freunde am Niederrhein [223]

Es hat geklappt mit dem Besuch am Niederrhein. Das Wetter war ziemlich gut, das Weinfest in Duisburg (!) stark besucht; mit anderen Worten, die versammelten 50 Winzer aus verschiedenen Anbaugebieten hatten genug zu tun, und sie wurden auch nicht gezwungen, endlose Debatten über die Sensorik bzw. Olfaktorik ihrer Weine zu führen, es reichte, wenn diese die richtige Temperatur hatten, einfach nur schmeckten und sich immer einer aus der Runde fand, eine weitere Flasche zu holen.

Am nächsten Tag wurden schnell noch Xanten und Rees mit **Waltraut** und **Herbert R.** besichtigt und, bevor es zurück ging an den Mittelrhein, die verbleibende Zeit mit Kaffee, Kuchen und einem leichten Abendessen auf der Terrasse verbracht.

Kartoffel-Pfifferling-Salat

Zutaten: 1000 g Kartoffeln (vorw. festkochend), 300-350 g Pfifferlinge, 125 g Speckwürfel, 1 Zwiebel (gewürfelt), Öl, Essig, Balsamico (weiß), Pfeffer, Salz, 100-200 ml Gemüsebrühe, 2 Bd. Schnittlauchröllchen, etwas Petersilie (gehackt)

Zubereitung: Pellkartoffeln garen. Pfifferlinge putzen. Speck in 1 El Öl in einer großen Pfanne anbraten, Zwiebel zugeben und andünsten, Pilze mit 1 El Öl zufügen und einige min mitbraten, pfeffern und salzen. Die gepellten Kartoffeln in Scheiben direkt in die Pfanne schneiden, erhitzte Brühe mit Balsamico, Essig verrühren und über den Pfanneninhalt verteilen, dann Schnittlauch und Petersilie zugeben, alles gut durchmischen und nochmals abschmecken.

Dazu schmeckt ein gegrilltes oder gebratenes Kotelett vom Duroc-Schwein.

Prasselkuchen

Zutaten (für 1 Blech): 1 Pck. Blätterteig (Kühlregal), 1 Glas selbst gemachte Konfitüre (Aprikose, andere Früchte gingen auch)

(für die Streusel): 100-125 g Zucker, 100-125 g Butter, 175-200 g Mehl, 1 Pck. Vanillezucker

Zubereitung: Blätterteig auf ein mit Backpapier ausgelegtes Blech auslegen, noch mal drüber rollen, dann mit der Konfitüre dünn bestreichen. Zutaten für die Streusel mit den Händen verkneten und über das Blech gleichmäßig verteilen. Den Kuchen in den auf 200 °C (Ober-/Unterhitze) vorgeheizten Ofen geben, nach ca. 25 min sollten die Streusel eine appetitliche Farbe angenommen haben, herausnehmen und abkühlen lassen. Vor dem Servieren nach Gusto mit einem Puderzucker/Zitronensaft-Gemisch bestreichen.

Ein sehr schönes Wochenende; nicht nur das Wetter hat, als es drauf ankam, brav gehalten, auch Torhüter Flekken vom MSV hielt alles, was zu halten war, und rettete darüber hinaus den Zebras (und unserem Freund Herbert) praktisch in der letzten Minute (90+4) mit einem Hackentor ein 1:1 in Osnabrück (in der 3. Liga, aber ein wirklicher Fan bleibt Fan, und zwar über den Abstieg hinaus).

(blau-weißer Lastenträger)

Rezepte / Register

GERICHTE	KATEGORIE	NUMMER
Ein Dank den engagierten Doppelgängern	THE	222
Ente (gebraten, mit Rotkohl und Salzkartoffeln)	HFL	36
Ente (geschmort)	HFL	40
Ente (knusprig gebraten, mit Rotkohl und Kartoffelklößen) an Orangensauce	HFL	37
Ente à l`Orange	HFL	38
Entenbrust (gebraten) mit Rosenkohl	HFL	39
Entenleber (gebraten) mit Äpfeln und Zwiebeln	VST	42
Entrecote (für Männer-Abend)	HFL	45
Euter	ZKG	87
Falscher Hase (Variante 1)	HFL	46
Falscher Hase (Variante 2 / Mini-Hasen von Nadja)	HFL	47
Feldsalat (Vögerl-, Mausohren-) als Zwischengericht	VST	48
Fisch (Kabeljau-)-Eintopf	HFM	49
Fischfilet (gebraten) mit Pesto	HFM/THE	220
Fischfilet (überbacken)	HFM	50
Fisch-Kartoffel-Topf aus dem Ofen	HFM	51
Fischpastete	VST	52
Fischsuppe (Indian Ocean)	SUC	53
Forelle (gebraten)	HFM	54
Freunde am Niederrhein	THE	223
Frikadellen (Buletten/Klops/Fleischpflanzerl/Burger light)	ZKG	55
Frittaten-Suppe	VST/THE	220
Gaisburger Marsch mit Spätzle	EAF	56
Gans (geschmort)	HFL	41
Gänseleber (gebraten) mit Salbei	ZKG	43
Garnelen (im Wok) in Schwarzbohnensauce	ZKG	57
Gebackene Blunznradln	HFL	58
Geflügelpastete	VST/THE	218
Gefüllte Paprika	EAF	59
Gemüsesuppe(n)	SUC	107
Gerstl-Suppe	SUC	60
Geschmorte Kalbsvögerln	HFL	61
Gołąbki (Kohlrouladen)	HFL	62
Gorgonzola Surprise	NES	63
Graupen-Risotto	ZKG	64
Grießpudding	NES	65
Grillabend	ZKG	14
Grillteller (Türkisch)	HFL	15
Grünkohl mit Pinkel	EAF	67
Guacamole-Dip	VST	68
Gulasch (richtiges)	EAF	159

GERICHTE	KATEGORIE	NUMMER
Gulasch (scharfes)	EAF	158
Gulaschsuppe (von Margrit)	EAF	69
Harzer Schmandkuchen (mit Apfel)	NES	70
Hecht aus dem Ofen	HFM	71
Hechtklößchen (Badisch)	ZKG	72
Herbstmenü zu Weinen von der Ahr	MEN	216
Heringssalat (Bernd)	ZKG	74
Heringssalat (Rosi)	ZKG	75
Himmel und Erd	HFL	76
Hollerkoch mit Pofesen	NES	77
Hühnchen (Indonesisch, mariniert, im Wok)	ZKG	78
Hühnerbrühe	VST	79
Hühnerfrikassee	HFL	80
Hummus	VST/THE	215
Irish Coffee	ABC	81
Jahreszeiten-Tarte (herzhaft und einfach)	ZKG	82
Jakobsmuscheln (im Wok gebraten) mit grünem Spargel	ZKG	84
Jakobsmuscheln pur (Scallops)	HFM	83
Kabeljau-Filet (auf der Haut gebraten)	HFM	85
Kalbsfilet (gezopft)	HFL	86
Kalbskopf	HFL	88
Kamel-Burger	ZKG	19
Kaninchen (aus dem Ofen) mit Dicken Bohnen	HFL	31
Kaninchen (im Ofen gegart) mit einer Senf-Kräuter Sauce	HFL	89
Kaninchenleber (gebraten) auf Apfelscheiben	ZKG	44
Kartoffel-Anchovis-Auflauf (Janssons Frestelse/Versuchung)	EAF	90
Kartoffelgratin	ZKG	91
Kartoffelkuchen (Schwäbisch von Karin)	ZKG	213
Kartoffeln (Savoyer Art)	ZKG	92
Kartoffel-Pfifferling-Salat	ZKG/THE	223
Kartoffelpuffer	ZKG	93
Kartoffelsalat (Lettisch)	ZKG/THE	219
Kartoffelsalat (Norddeutsch)	ZKG	94
Kartoffelsalat (Ostpreußisch)	ZKG/THE	214
Kartoffelsalat (sommerlich mit Radieschen/ von Nina)	ZKG	96
Kartoffelsalat (Süddeutsch)	ZKG	95
Kartoffelsuppe	EAF	98
Käsekuchen (nach H.Levy)	ZKG	99
Käse-Platte	ZKG	100
Kaviar (dreierlei) mit Pellkartoffeln und Schmand	VST	102
Kaviar (vom Stör) satt, in Champagner-Begleitung	ZKG	101
Kirsch- (Chriesi) Wähe	NES	103

GERICHTE	KATEGORIE	NUMMER
Kirsch-Auflauf (Clafoutis)	NES	104
Klare Ochsenschwanzsuppe	VST	105
Knoblauch-Mayonnaise	VST	106
Kobe Beef Disinguished Gentleman Burger (von Gerd)	HFL	97
Königin-Eintopf	EAF	108
Königsberger Klopse	HFL	109
Königskuchen (von Oma Dora)	NES	110
Kotelett (doppelt dick, vom richtigen Schwein) mit Blumenkohl	HFL	111
Kürbis-Lachs-Lasagne (von Hanna)	ZKG	112
Labskaus	EAF	113
Lachsauflauf (Salmon Pie)	HFM	114
Lachsfilet (lackiert)	HFM	222
Lachsforelle im Salzmantel	HFM	115
Lachsforelle in Pergament aus dem Ofen	HFM	116
Lamm (à la Messina)	HFL	117
Lamm (Sechs (6) Stunden gegart)	HFL	202
Lammfleischbällchen (sehr scharf)	HFL	118
Lammhaxen (mit Dicken Bohnen)	HFL	31
Lamm-Küchelchen	ZKG	119
Lammrücken mit gerösteten Karotten und Kartoffeln	HFL	120
Lamm-und/oder Rindfleisch-Eintopf	EAF	121
Langusten und Hummer (in der Kumme serviert)	HFM	122
Lemon Curd (Englisch)	NES	123
Line Fish (gebacken)	HFM	218
Linseneintopf (nach Oma Liesel)	EAF	124
Linsensuppe (Asiatisch, pikant)	SUC	125
Linsensuppe (schön rot und scharf für mich)	SUC	126
Linsensuppe (ziemlich vegan von Marlen)	SUC	127
Lothringer Pastete	ZKG	128
Lufthansa-Cocktail	ABC	129
Makkaroni-Auflauf	EAF	130
Mansaf (Arabisch, Lammfleisch in Joghurt))	HFL	131
Marmorkuchen (von Oma Dora)	NES	110
Maultaschen (geschmälzt)	ZKG	132
Menü im Haus der Deutsch-Sowjetischen Freundschaft (DSF)	THE	217
Milli Pap	EAF	134
Mint Julep	ABC	135
Mockturtle-Suppe	SUC	136
Mohrenkopf	NES	137
Muscheltopf	HFM/THE	221
Mutabbal	VST/THE	215
New England Chowder	EAF	138

GERICHTE	KATEGORIE	NUMMER
Nieuwe Haring (Matjes)	ZKG	73
Nudeln mit Lachs (Penne al salmone)	ZKG	139
Obstsalat (Macedonia di frutta)	NES	140
Orangenfilets (mariniert/gratiniert)	NES	142
Orecchiette mit Brokkoli, Sardellen und Kirschtomaten	ZKG	143
Ossobuco alla milanese	HFL	144
Ostpreußens Küche für hungrige Besucher	THE	214
Parfait (mit Zwetschgen oder anderen Früchten)	NES	145
Pesto (Bärlauch)	VST	6
Pesto (Basilikum-Petersilie)	VST	7
Pfannkuchen mit (Blau) Beeren	NES	146
Piccata milanese (von Lindi)	HFL	147
Pisco Sour	ABC	148
Pista Kulfi	NES	149
Pizza	ZKG	150
Pommes frites (selbst gemacht)	ZKG	151
Powidltascherln mit Zwetschkenröster	NES	152
Prasselkuchen	NES/THE	223
Quiche Lorraine	ZKG	153
Ragout Fin	ZKG	154
Räucherlachsmousse	VST	155
Rehrücken	HFL	157
Remouladen-Sauce (von Lindi)	ZKG	161
Richtiges Gulasch (nach E. Witzigmann)	EAF	159
Rinderfilet (von der Hochebene Boliviens)	HFL	160
Risotto alla milanese	ZKG	144
Risotto mit weißen Trüffeln	ZKG	162
Rote Grütze	NES	66
Rough Food	EAF	133
Rouladen (nach Art der Familie Bohne)	HFL	163
Russische Eier	VST/THE	217
Saumagen	HFL	164
Saure (Blaue) Zipfel	ZKG	165
Scharfes Gulasch	EAF	158
Schaschlik (mit Leber, Nieren)	ZKG	166
Schaschlik (ungarisch)	ZKG	167
Schinkenröllchen (Rosis Röllchen / Bernds Rolle)	VST	168
Schnelles Forellenmousse (nach Rosi)	ZKG	156
Schnitzel (Wiener und sonstiger Art)	HFL	169
Schopska Salat	VST	170
Schottische Bauernsuppe	SUC	171
Schwarzsauer (Geflügel)	HFL	172

GERICHTE	KATEGORIE	NUMMER
Schwarzwurzelcreme	SUC	173
Schwarzwurzelgratin	ZKG	174
Schweinebauch (knuspriger)	HFL/THE	220
Schweinefleisch (im Wok, scharf-knusprig gebraten)	ZKG	175
Schweinefleisch-Ragout mit Polenta (Rumänisch)	HFL	176
Schweizer Käsefondue	ZKG	177
Seeteufel in Weißwein	HFM	179
Seezungenröllchen in Weißwein-/Pilzsauce	HFM	180
Semmelknödel	HFL	181
Senf-Eier	ZKG/THE	214
Singapore Sling	ABC	182
Spaghetti alle vongole (mit Venusmuscheln)	ZKG	183
Spaghetti mit Garnelen in Spinat-Sahne Sauce (von Ina)	ZKG	184
Spanferkel (Bolivianisch)	HFL	185
Spargel-Tortelloni-Pfanne (von Georg)	ZKG	186
Spirkel	ZKG/THE	214
Steckrüben- (Wruken) Eintopf	EAF	187
Steinbutt (im Ganzen aus dem Ofen)	HFM	188
Stielmus (von Eckhard)	EAF	189
Stifado	HFL	190
Stippmilch (von Lindi)	NES	141
Südafrikas Kap-Küche	THE	218
Südtiroler Alpen-Küche	THE	220
Sunday Roast	HFL	191
Tabouleh	VST/THE	215
Tagliatelle (mit Steinpilzen)	ZKG	192
Tagliatelle (mit Zitronensauce)	ZKG	193
Tarte Tatin (Apfelkuchen falsch rum)	NES	194
Thüringer Klöße	ZKG	195
Thüringer Rostbratwurst	ZKG	17
Tintenfisch (gegrillt)	HFM	196
Toast Hawaii	ZKG	197
Truthahn (von Heiner)	HFL	198
Vanilleeiskugel (mit Amarula)	NES	218
Vanillepudding (mit Erdbeeren aus dem Kalthaus)	NES	199
Viktoria-Spritzgebäck	NES	200
Walisischer Fleischtopf	EAF	201
Weihnachts-Raclette	ZKG	178
Wiener Schnitzel	HFL	169
Wild- (oder Wildschwein-) Gulasch	HFL	203
Windbeutel	NES	204
Wolfsbarsch (im Ganzen gegart)	HFM	205

GERICHTE	KATEGORIE	NUMMER
Zanderfilet (Estnische Art)	HFM/THE	219
Zanderschnitte (gekräutert)	HFM	206
Zicklein (im Ofen gegart)	HFL	207
Zitronencreme (Englisch)	NES	123
Zitronenkuchen	NES	209
Zitronentarte	NES	208
Zürcher Geschnetzeltes	HFL	210
Zwiebelkuchen	ZKG	211
Zwiebelkuchen (Schwäbisch von Karin)	ZKG	212
Zwiebel-Schmand	ZKG/THE	214

(Impression statt leerer Seite: Fast durch)

Adressen

Weingut	Aufricht, R.& A.	D	88709	Meersburg
Weingut	Az. Agr. Ottella	I	37019	Peschiera
Weingut	Bickel-Stumpf	D	97252	Frickenhausen
Weingut	Braun, Heinz	D	97332	Volkach/Fahr
Weingut	Bründlmayer	A	3550	Langenlois
Weingut	Bungert-Mauer	D	55437	Ockenheim
Kellerei	Bürgerspital	D	97070	Würzburg
Kellerei	Cantina Toblino	I	38072	Sarche di Calavino
Weinladen	Capewineland	D	53119	Bonn
Weingut	Chateau de Roquefort	F	13830	Roquefort
Weinladen	Chile Wein Contor	D	53909	Zülpich
Kellerei	Domaine des Amouriers	F	84190	Vacqueyras
Kellerei	Domaine Michelot-Buisson	F	21190	Meursault
Weingut	Dönnhoff	D	55585	Oberhausen
Weingut	Dostert, Matthias	D	54453	Nittel
Kellerei	Erste & Neue	I	39052	Kaltern
Weingut	Friedrich	A	8511	St. Stefan ob Stainz
Weingut	Gebr. Duhr	L	5401	Ahn
Weingut	Glaser-Himmelstoss	D	97334	Nordheim
Weingut	Heinrich, G. A.	D	74076	Heilbronn
Weingut	Horch-Göbel	D	56333	Winningen
Weinladen	Italia Import	D	53121	Bonn
Kellerei	Jakob-Gerhardt	D	55283	Nierstein
Kellerei	Juliusspital	D	97070	Würzburg
Weingut	Kirch, Franz	D	97332	Volkach/Fahr
Weingut	Klumpp	D	76646	Bruchsal
Weingut	Koehler-Ruprecht	D	67169	Kallstadt
Weingut	Krams-Semmler	D	65399	Kiedrich
Weingut	Kruger-Rumpf	D	55424	Münster/Sarmsheim
Weingut	Kurz-Wagner	D	74388	Talheim
Weingut	Lämmlin-Schindler	D	79418	Schliengen/Mauchen
Weingut	Laurentiushof	D	56814	Bremm
Restaurant	Lea Linster	L	5752	Frisange
Weingut	Markgraf von Baden	D	88682	Salem
Weingut	Markowitsch, Gerhard	A	2464	Göttlesbrunn
Weingut	Menger	D	67575	Eich
Kellerei	Meran-Burggräfler	I	39020	Marling
Weingut	Meyer-Näkel	D	53507	Dernau
Weingut	Nelles	D	53474	Heimersheim
Weingut	Pierre Amadieu	F	84190	Gigondas

Weingut	Pundel-Err	L	5481	Wormeldange
Kellerei	Querciabella	I	50022	Greve/Chianti
Kellerei	Quinta da Carvalhosa	P	5110	Armamar
Weingut	Schmidt, Heinrich	D	55452	Windesheim
Weingut	Schmitt`s Kinder	D	97236	Randersacker
Weingut	Schneider, Jakob	D	55585	Niederhausen
Weingut	Sermann-Kreuzberg	D	53505	Altenahr
Restaurant	Johanna Maier	A	5532	Filzmoos
Restaurant	Natusch	D	27572	Bremerhaven
Hotel/Gasthof	Gruberhof	I	39017	Verdins (Schenna)
Restaurant	Steinheuer	D	53474	Bad Neueuahr
Weingut	Trockene Schmitts	D	97236	Randersacker
Kellerei	Vega Sicilia	E	47359	Valbuena del Duero
Restaurant	Vieux Sinzig	D	53489	Sinzig
Weingut	Weitzel, Wilfried	D	55218	Ingelheim
Weingut	Welser, Werner	A	1190	Wien/Heiligenstadt
Kellerei	WG Mundelsheim	D	74395	Mundelsheim
Weingut	Wieninger-Steinbatz	A	1210	Wien/Stammersdorf

Danke

Ich möchte mich bedanken, nein, eigentlich muss ich mich bedanken, und zwar dafür, unterstützt aber auch in Ruhe gelassen worden zu sein, wenn ich nach oder mit einem Kaffee in meinem Büro verschwunden bin, um ein wenig an diesem Kaleidoskop, Machwerk oder, wie nannte es Gerd-Kristian noch, dieser Lebenskladde herumzuwerkeln.

Arbeit war es nämlich nicht, manchmal Frust (Windows sei Dank), meistens aber leichter Denksport (lasst mich bloß mit Kreuzworträtseln und Sudoku in Ruhe) und einsetzende Zufriedenheit (vor allem, wenn mal wieder ein Gericht gelungen war), hin und wieder auch willkommene Ablenkung (besonders nach der Lektüre der Zeitungen und dem Verfolgen von Nachrichten aus Politik, Wirtschaft und Gesellschaft. Mir war gar nicht (mehr) bewusst, auf was für ein niedriges inhaltliches Niveau die Berichterstattung in vielen Medien, und zwar fast egal, ob privat oder öffentlich-rechtlich zuzuordnen und zu welchen Themen, in den zurückliegenden Jahren bezüglich der Darstellung von Zusammenhängen abgesunken ist).

Also vielen Dank an Euch alle, die ihr meine Ausreden hingenommen und mich trotzdem unterstützt habt.

Und ein ganz besonders großes Dankeschön gilt Dir, liebe Rosi; nicht jede Ehefrau hätte einen gleichzeitig an- und doch abwesenden Mann in Haus (und Küche) ertragen können.

Ein sehr herzliches Dankeschön geht an alle, die Rezepte, Bilder oder Anregungen beigetragen haben; ich hoffe, dass sich möglichst viel davon im Buch wiederfinden lässt.

Ich entschuldige mich für alle Fehler, die ohne jeden Zweifel auf vielen Seiten zu finden sein werden (Pokémon Go ohne Smartphone), aber nur ganze 24 Monate auf einem Gymnasium, noch dazu einem mathematisch-naturwissenschaftlichen, lassen sich auf Dauer eben nicht verleugnen, und – wie vorauszusehen - konnte dies auch durch Windows 10 und die vielen zwischenzeitlich vorgenommenen Rechtschreibreformen nicht kompensiert werden.

Danke.

(Impression statt leerer Seite: Sind beim Wasser, haben fertig)